U0576689

國家社科基金
GUOJIA SHEKE JIJIN HOUQI ZIZHU XIANGMU
後期資助項目

花東子卜辭與殷禮研究

Research on Subject Oracle Inscriptions in
East Huayuanzhuang and Etiquettes of Yin Dynasty

章秀霞　齊航福　曹建墩　著

中華書局
ZHONGHUA BOOK COMPANY

圖書在版編目(CIP)數據

花東子卜辭與殷禮研究/章秀霞,齊航福,曹建墩著. —北京:
中華書局,2017.12
（國家社科基金後期資助項目）
ISBN 978-7-101-11902-2

Ⅰ.花…　Ⅱ.①章…②齊…③曹…　Ⅲ.①甲骨文–研究–中
國–商代②禮儀–研究–中國–商代　Ⅳ.①K877.14②K892.9

中國版本圖書館 CIP 數據核字(2016)第 125873 號

書　　名	花東子卜辭與殷禮研究
著　　者	章秀霞　齊航福　曹建墩
叢 書 名	國家社科基金後期資助項目
責任編輯	吳愛蘭
出版發行	中華書局
	(北京市豐臺區太平橋西里38號　100073)
	http://www.zhbc.com.cn
	E-mail:zhbc@zhbc.com.cn
印　　刷	北京市白帆印務有限公司
版　　次	2017 年 12 月北京第 1 版
	2017 年 12 月北京第 1 次印刷
規　　格	開本/710×1000 毫米　1/16
	印張26　插頁2　字數420千字
印　　數	1–1500 冊
國際書號	ISBN 978-7-101-11902-2
定　　價	96.00 元

國家社科基金後期資助項目出版說明

後期資助項目是國家社科基金設立的一類重要項目，旨在鼓勵廣大社科研究者潛心治學，支持基礎研究多出優秀成果。它是經過嚴格評審，從接近完成的科研成果中遴選立項的。爲擴大後期資助項目的影響，更好地推動學術發展，促進成果轉化，全國哲學社會科學規劃辦公室按照"統一設計、統一標識、統一版式、形成系列"的總體要求，組織出版國家社科基金後期資助項目成果。

全國哲學社會科學規劃辦公室

目　録

上編　花東子卜辭中禮制資料的
分類與排譜整理

下編　花東子卜辭與殷禮專題研究

緒　論

一、關於殷禮的探索

殷禮是中國古禮研究的一項重要内容。然而，幾千年來，苦於材料匱乏，對殷禮的探索，多是依據傳世文獻記載的一鱗半爪而作的粗略論述，難以窺見殷禮之全貌，瞭解非常有限。這一點，早在春秋時期，孔子已經慨嘆："夏禮，吾能言之，杞不足徵也；殷禮，吾能言之，宋不足徵也。文獻不足故也，足則吾能徵之矣。"（《論語・八佾》）但在孔子看來，殷禮又是確實存在的。《禮記・表記》曾記載孔子的話説："虞夏之質，殷周之文，至矣；虞夏之文，不勝其質，殷周之質，不勝其文。"可見在孔子的心目中，殷商不但有"文"，且其"文"勝其"質"。這裏的"文"，即是禮的表徵。

此後的殷禮探索，基本上是以經解經，一直缺乏有力而可靠的證據。直到 19 世紀末，伴隨着我國近代考古學的形成以及許多考古遺址的發現，尤其是殷墟甲骨文的發現，這種狀況才得以改觀。對殷禮的探索也逐漸改變了過去單純以經解經的研究方法，在很大程度上擺脱了"文獻不足徵"的困境。

安陽殷墟至今已有十幾萬片甲骨重現於世，爲我國上古史的重建，尤其是殷商史各方面的研究提供了可靠的第一手資料。羅振玉先生早就指出，"殷禮在斯堂"，顧頡剛先生亦曾提到，"應當從甲骨文中歸納出真商禮"。殷墟甲骨文自刊佈於世不久，即被早期的甲骨學者運用於殷禮研究[1]，並取得了顯著成績。但是，由於材料限制等原因，早期甲骨學者利用甲骨文對殷禮的考證和探索，其范圍比較有限，多集中在殷商世系、宗法及少量祭祀等問題上。之後，殷禮研究並未受到應有的重視。

直到近些年來，隨着甲骨文基礎整理工作持續深化和新材料不斷出

---

[1]　如 1904 年孫詒讓先生《契文舉例》即在正文中專門設置"典禮"一章，後来王國維先生《殷禮徵文》亦利用當時所見到的甲骨文材料考證殷商之禮等。

現,加之一些有識之士的呼籲①,殷禮研究範圍始得以不斷擴大和細化,其系統性存在獲得了越來越多的認可,新的研究成果也不斷出現。目前殷禮研究的範圍對傳統的吉、凶、賓、軍、嘉五禮内容都有不同程度的涉及。

可以説,殷禮研究作爲商史研究的重要組成部分,學者爲此作出了很大的努力,在不少方面取得了相當的成就。但總體來説,因年代久遠,有字甲骨多已碎裂成殘片,加之學界長時間的忽視,相對於商史中其他課題來説,學界對甲骨文中反映的殷禮問題的研究,還是相對薄弱和滯後的,在一些重大問題上,看法依然分歧。因此,殷禮研究仍然是一個需要繼續深入探討的重大課題,也有待於新材料的發現和補充。

二、關於花東子卜辭的研究概況

(一)花東子卜辭的發現和整理

1991年秋,因安陽市修建殷墟博物苑至安鋼大道的公路,中國社科院考古所安陽工作隊前往配合鑽探。在花園莊村東一百多米,北距殷墟博物苑四百餘米,東距安陽河(洹河)近百米的地方,一處編號爲91花東T4的中部偏北第3層下,發現了H3,此坑内出現甲骨堆積層,絕大多數爲龜卜甲。該坑内共清理出甲骨1583片,其中有刻辭者689片②,以大塊和完整的卜甲居多。1993年6月,這次考古發掘的《簡報》發表③,其中公佈了4版有字卜甲。這引起了學界的極大關注。1999年7月,這批甲骨的整理者劉一曼、曹定雲兩先生的部分整理和研究成果《選釋》一文發表④,文中公佈了23版有字甲骨。此後,學界開始討論其中的若干問題。2003年12月,在經過了發掘者十餘年的整理和初步研究後,這批甲骨材料的最終整理成果《殷墟花園莊東地甲骨》一書正式出版⑤,有字甲骨資料全部公佈。

---

①　如李學勤先生《甲骨學的七個課題》(《歷史研究》1999年第5期)一文中就將禮制的研究列爲21世紀甲骨學應着力探索的七大課題之一。
②　經發掘者綴合後,至《花東》一書出版時,有字甲骨編爲561片,若再除去該書出版後學界所指出的重出及漏綴部分,該書中有字甲骨實有550片。
③　中國社會科學院考古研究所安陽工作隊:《1991年安陽花園莊東地、南地發掘簡報》,《考古》1993年第6期。
④　劉一曼、曹定雲:《殷墟花園莊東地甲骨卜辭選釋與初步研究》,《考古學報》1999年第3期。
⑤　中國社會科學院考古研究所編著:《殷墟花園莊東地甲骨》,雲南人民出版社,2003年。

由于該批甲骨卜辭屬性明確，屬非王性質，其占卜主體爲“子”，但又與原子組卜辭的占卜主體不是同一人，加之它材料完整，内容豐富，來源清晰，是繼 1936 年 YH127 坑甲骨和 1973 年小屯南地甲骨發現以來殷墟甲骨文的第三次重大發現①，因此《花東》一書的出版激發了學術界的研究熱情，迅速掀起了甲骨學殷商史領域的一股研究熱潮。

（二）花東子卜辭的研究概況②

1.不同研究時期及其特點。到目前爲止，有關花東子卜辭的研究成果已達二百六十篇左右。回顧其研究歷程，可以分爲三個階段，每個階段出現的研究成果各有側重。

（1）自 1993 年《簡報》公佈 4 版有字卜甲到 1999 年《選釋》一文再次公佈 23 版有字甲骨爲第一階段。這一階段學界對其中的若干問題開始發表意見。

在此期間發表的成果有十餘篇論文，除《簡報》外，還有劉一曼《殷墟安陽花園莊東地甲骨坑發掘記》《安陽殷墟甲骨出土地及其相關問題》《近十年來殷墟考古的主要收穫》《殷墟甲骨文的三次重大發現》《殷墟花園莊東地甲骨坑的發現及主要收穫》③、楊錫璋、劉一曼《殷墟的發現與研究·補記》第 476～477 頁部分、《1980 年以來殷墟發掘的主要收穫》、《殷墟考古七十年的主要收穫》④，以及李學勤《花園莊東地卜辭的“子”》⑤和劉一曼、

---

① 爲方便叙述，本書討論時一般將該批甲骨卜辭稱爲花東子卜辭。

② 2005 年 4 月，劉源先生《殷墟花園莊東地甲骨文研究概況》（《歷史研究》2005 年第 2 期）一文曾對當時學界有關花東甲骨的研究情況作過很好的總結和探討。但其後至今，學者對花束甲骨的研究熱情一直持續，新的研究成果也不斷呈現，這裏主要在其基礎上再做一些補充和歸納。

③ 劉一曼：《殷墟安陽花園莊東地甲骨坑發掘記》，《文物天地》1993 年第 5 期，增補後收入《最新中國考古大發現——中國最近 20 年 32 次考古新發現》第 38～42 頁“甲骨文的第三次大發現——殷墟花園莊東地窖藏甲骨問世的經過”，山東畫報出版社，2002 年；劉一曼：《安陽殷墟甲骨出土地及其相關問題》，《考古》1997 年第 5 期；劉一曼：《近十年來殷墟考古的主要收穫》，臺灣《故宫文物月刊》第 188 期，1998 年 11 月；劉一曼：《殷墟甲骨文的三次重大發現》，《中國書法》1999 年第 1 期；劉一曼：《殷墟花園莊東地甲骨坑的發現及主要收穫》，臺灣師範大學國文系、中研院歷史語言研究所編《甲骨文發現一百周年學術研討會論文集》第 203～219 頁，臺灣文史哲出版社有限公司，1998 年。

④ 中國社會科學院考古研究所：《殷墟的發現與研究·補記》第 476～477 頁（楊錫璋、劉一曼撰寫），科學出版社，1994 年；楊錫璋、劉一曼：《1980 年以來殷墟發掘的主要收穫》，中國社會科學院考古研究所編《中國商文化國際學術討論會論文集》第 178～179 頁，中國大百科全書出版社，1998 年；楊錫璋、劉一曼：《殷墟考古七十年的主要收穫》，《中原文物》1999 年第 2 期。

⑤ 李學勤：《花園莊東地卜辭的“子”》，《河南博物院落成暨河南博物館建館 70 周年紀念論文集》，中州古籍出版社，1998 年。

曹定雲《殷墟花園莊東地甲骨卜辭選釋與初步研究》①等。

可以看出,這一階段的成果主要來自花東甲骨的發掘與整理者,以專門介紹或初步研究性的論文居多,内容涉及對其祭祀、"子"的身份、文例、字體等方面的初步討論。其中,劉一曼、曹定雲先生《選釋》和李學勤先生《花園莊東地卜辭的"子"》兩文比較有代表性,前者對花東甲骨刻辭的字體、文例、出現的祭祀物件、祭名等問題進行了討論,並考察了花東甲骨的時代和其"子"的身份地位,而後者亦對花東"子"的身份進行了推定。

(2)自1999年《選釋》一文公佈23版有字甲骨到2003年底《花東》一書出版爲第二階段。這一階段參與到花東甲骨研究隊伍中的學者及研究成果有了明顯增加,討論的内容范圍不斷擴大。

在此期間出現了近三十篇論文,除繼續探討第一階段曾經涉及的有關問題外,討論的範圍還擴大至其中的氣象、時稱、特殊字例、句型、行款,以及字詞、地名,甚至這批龜甲本身的種屬和甲骨埋藏狀況等。例如,李學勤《釋花園莊兩版卜雨腹甲》,黄天樹《殷墟甲骨文所見夜間時稱考》《殷代的日界》,朱岐祥《論子組卜辭的一些特殊字例》《釋讀幾版子組卜辭——由花園莊甲骨文所謂的特殊行款説起》,宋鎮豪《殷商計時法補論——關於殷商日界》,馮時《讀契劄記》第一則"亡司"解,饒宗頤《殷代地理疑義舉例——古史地域的一些問題和初步詮釋》,鄭傑祥《殷墟新出卜辭中若干地名考釋》,葉祥奎、劉一曼《河南安陽殷墟花園莊東地出土的龜甲研究》,蔣玉斌《甲骨文獻整理(兩種)》等文②,都涉及到對花東卜辭中相關問題的討論。

---

① 劉一曼、曹定雲:《殷墟花園莊東地甲骨卜辭選釋與初步研究》,《考古學報》1999年第3期。

② 李學勤:《釋花園莊兩版卜雨腹甲》,《夏商周年代學劄記》第240~244頁,遼寧大學出版社,1999年;黄天樹:《殷墟甲骨文所見夜間時稱考》,"第二屆中國古典文學國際研討會——紀念聞一多先生百周年誕辰"論文,臺灣清華大學國文系,1999年,收入《黄天樹古文字論集》第178~193頁,學苑出版社,2006年;黄天樹:《殷代的日界》,饒宗頤主編《華學》第四輯第17~25頁,紫禁城出版社,2000年,收入《黄天樹古文字論集》第165~177頁,學苑出版社,2006年;朱岐祥:《論子組卜辭的一些特殊字例》,《第五屆中國訓詁學研討會論文集》第47~58頁,臺中逢甲大學,2000年;朱岐祥:《釋讀幾版子組卜辭——由花園莊甲骨文所謂的特殊行款説起》,《中國文字》新27期,臺灣藝文印書館,2001年;宋鎮豪:《殷商計時法補論——關於殷商日界》,"中國古代文明的起源及早期發展國際學術研討會"論文,2001年,又《中國文字》新27期,臺灣藝文印書館,2001年;馮時:《讀契劄記》(第一則"亡司"解),王宇信、宋鎮豪主編《紀念殷墟甲骨文發現一百周年國際學術研討會論文集》第201~204頁,社會科學文獻出版社,2003年;饒宗頤:《殷代地理疑義舉例——古史地域的一些問題和初步詮釋》,《九州》第3輯第52~65頁,商務印書館,2003年;鄭傑祥:《殷墟新出卜辭中若干地名考釋》,《中州學刊》2003年第5期;葉祥奎、劉一曼:《河南安陽(轉下頁注)

2003 年 12 月，《花東》①一書出版，該書"前言"既是這一時期的一項重要研究成果，也是整理者對花東甲骨的發掘、整理過程所進行的一次全面介紹。

（3）自 2003 年底《花東》一書出版，花東甲骨材料全部刊佈以來至今爲第三階段。這一階段由於材料的全部公佈，學界的研究工作得以全方位、多角度地進一步深化，主要表現爲研究隊伍的空前壯大，研究熱情的空前高漲，研究内容的全面展開，研究角度的更加多樣，研究成果的井噴式增長等，並迅速掀起了甲骨學殷商史甚至是先秦史領域的一股研究熱潮，至今方興未艾。

這一階段湧現的研究成果達二百多篇，學界圍繞花東子卜辭的研究工作得以全面展開，並進一步深化和細化。除繼續對花東"子"的身份、所處時代、祭祀現象以及花東子卜辭本身的字體、文例、特殊字例、句型、行款等問題作熱烈討論，對其中更多字詞、地名進行考釋外，學界關注和探討的範圍也空前擴大，又涉及了《花東》一書的編纂體例、釋文中存在的問題、"丁"的身份、卜辭中的人物關係以及有關殷商時期的疾病、風俗禮制、學校教育、田獵、馬匹的使用、殷周關係等方面的問題，亦有不少從語言學角度對這批甲骨卜辭加以探索的成果②。

2.學界關注重點和研究内容。從花東子卜辭的研究歷程看，學界對它的討論内容非常廣泛，可以説涉及了甲骨學殷商史領域很多方面的研究課題。歸納起來，其關注重點和研究内容主要集中在以下十個方面：

（1）《花東》一書的編纂體例

《花東》一書出版後，它的編纂體例爲學界所稱道。該書是大型甲骨著録書中體例最爲完善的一部甲骨文著作，整理者不懼繁瑣，採用了三位一體，即通過彩照、拓本和摹本相結合的著録方式對甲骨文資料加以刊佈，其中拓本和摹本是左右對照，彩照亦有局部放大版，並製作了各種檢索表等。所有這些都最大限度地反映出了甲骨上的各種訊息，極大地方便了學界的

（接上頁注）殷墟花園莊東地出土的龜甲研究》，《考古》2001 年第 8 期；蔣玉斌：《甲骨文獻整理（兩種）》，《古籍整理研究學刊》2003 年第 3 期。

①　中國社會科學院考古研究所編著：《殷墟花園莊東地甲骨》，雲南人民出版社，2003 年。

②　限於篇幅，無法一一贅述，其主要成果可參下文有關論述及本書參考文獻，中"關於花東子卜辭的論著"。

利用。整理者還作出釋文,記録了每片甲骨的相關數據,這是其重要的研究成果。具體而言,《花東》全書共六大巨册,第一册包括“前言”“甲骨順序號”“圖版號目録表”“刻辭卜骨統計表”“刻辭背甲統計表”“卜甲反面文字統計表”“卜甲綴合統計表”“圖版凡例”,以及“拓本、摹本圖版”的第 1~130 號等,第二册和第三册分别包括“拓本、摹本圖版”的第 131~297 號、第 298~464 號,第四册和第五册分别包括花東甲骨的彩色照片圖版第 1~273 號、第 274~546 號,第六册則包括“釋文凡例”“殷墟花園莊東地甲骨釋文”“殷墟花園莊東地甲骨鑽鑿形態研究”“引書目録及簡稱”“所引凡例”“部首”“字形檢字表”“字詞索引表”“筆劃檢字表”以及“附録”等。

正是《花東》一書完善的編纂體例,爲學界全面深入地探討花東甲骨刻辭提供了客觀條件。該書出版後,學者都有比較中肯的評價,如黄天樹《體例最完善的大型甲骨文新著——〈殷墟花園莊東地甲骨〉》、葛英會《大型甲骨學研究專著——〈殷墟花園莊東地甲骨〉》、王宇信《代表當代甲骨學研究水平的著録書——讀〈殷墟花園莊東地甲骨〉》、張永山《甲骨著録新模式——讀〈殷墟花園莊東地甲骨〉》[①]等文。

(2)花東“子”的身份問題

花東中頻頻出現的“子”,是這批卜辭的占卜主體,但該“子”又非原子組卜辭中的“子”。那麼,花東之“子”究竟是誰? 其身份地位如何? 這引起了學界的極大興趣,也是學者們始終關注的重點問題之一。關於該“子”的身份問題主要有以下七種説法:

第一,朝中大臣説。1998 年,李學勤先生在《花園莊東地卜辭的“子”》一文中把花東“子”推定爲朝中大臣,其内涵比爵稱的“子”更爲廣泛,並將花東“子”與 YH127 坑甲骨文中的“子”加以比較,認爲二者不是同一人。李先生文中還指出花東甲骨文再次證明了非王卜辭存在的事實。2004 年8 月,李鋭《清華大學簡帛講讀班第三十四次研討會綜述》[②]一文中曾提到

---

① 黄天樹:《體例最完善的大型甲骨文新著——〈殷墟花園莊東地甲骨〉》,《中國文物報》2004年 4 月 14 日;葛英會:《大型甲骨學研究專著——〈殷墟花園莊東地甲骨〉》,《文物》2004 年第 9 期;王宇信:《代表當代甲骨學研究水平的著録書——讀〈殷墟花園莊東地甲骨〉》,《中國圖書評論》2004 年第 6 期;張永山:《甲骨著録新模式——讀〈殷墟花園莊東地甲骨〉》,《考古》2004 年第 12 期。

② 李鋭:《清華大學簡帛講讀班第三十四次研討會綜述》,“孔子 2000 網站”2004 年 8 月22 日,http://www.confucius2000.com/qhjb/qhjbjdb34cythzs.htm。我們轉引自《初步研究》第43 頁。

李先生的意見,認爲:"'子'是貴族稱謂,通過深入的研究,有可能推出'子'爲何人或可能的範圍,他有可能是皐或望乘。"

第二,羌甲(沃甲)之後説。此説以劉一曼、曹定雲先生爲代表。1999年,他們在《選釋》一文中提出,H3卜辭中的"子"不僅是一位族長,可能是沃甲之後這一支的宗子,而且又是朝中一位重臣。此"子"在武丁時代是一位權傾朝野的人物,其地位遠在目前所見其他非王卜辭主人之上。後在《論殷墟花園莊東地甲骨卜辭的"子"》①一文和《花東》"前言"中均維持了這一看法。2004年3月,曹定雲先生在《殷墟花園莊東地甲骨——殷代早期的珍貴史料》②一文中再次提出花東主人是沃甲之後的説法。趙誠先生在《羌甲探索》③一文中似乎同意此説,並對花東"子"不祭祀父輩的原因進行了解釋,認爲是陽甲傳位給盤庚而引起南庚一系不滿之故。

此説的主要依據是:該"子"所祭遠祖先公僅有上甲、大乙、大甲和小甲四位,且祭祀的次數較少,但祭祀近祖的次數多,較爲頻繁,尤其特别重視對祖乙祖甲的祭祀,而祖乙之下名甲者只有羌甲一人,故推定花東"子"很可能就是祖乙之子羌甲的後人。對此,劉源先生在《花園莊卜辭中有關祭祀的兩個問題》④一文中提出了不同看法,認爲花東中的諸祖不一定都能容納到先王系統中,諸妣也是存在疑問的,因商人慣用日名,所以花東甲骨刻辭中的諸祖諸妣也許屬於該"子"自己的一套祭祀系統。即使能夠與先王對應,也未必都是局限在直系範圍内。花東中祖甲、祖乙同旬受祭時,祖甲必排在祖乙的前一日,這種現象與將祖甲看作羌甲相矛盾。而且祖甲、祖乙、妣庚三者的排列順序也是不支持祖甲爲羌甲之説的。朱鳳瀚、楊升南等先生在其文中也都注意到了這種現象的存在。葛英會先生也注意到了這一矛盾,但認爲花園莊祭祀卜辭應當是一種不同於宗廟常祭的特殊祭禮。

---

①　劉一曼、曹定雲:《論殷墟花園莊東地甲骨卜辭的"子"》,王宇信、宋鎮豪主編《紀念殷墟甲骨文發現一百周年國際學術研討會論文集》第439~447頁,社會科學文獻出版社,2003年。

②　曹定雲:《殷墟花園莊東地甲骨——殷代早期的珍貴史料》,《中國教育報》2004年3月5日。

③　趙誠:《羌甲探索》,《揖芬集——張政烺先生九十華誕紀念文集》第165~174頁,社會科學文獻出版社,2002年。

④　劉源:《花園莊卜辭中有關祭祀的兩個問題》,《揖芬集——張政烺先生九十華誕紀念文集》第175~179頁,社會科學文獻出版社,2002年。

　　第三，武丁太子孝己説。此説以楊升南先生爲代表，韓江蘇從之。楊升南先生在《殷墟花東 H3 卜辭“子”的主人是武丁太子孝己》①一文中提出此説，文中將花東子卜辭中不祭父輩的原因解釋爲因該“子”之父是武丁，未死故不祭，並指祖乙和祖甲分别爲小乙和陽甲。加之花東“子”經濟實力強，與丁、婦好往來密切，因此提出他是武丁太子孝己之説，婦好應是他的生母。

　　第四，花東“子”是武丁較遠親的從父或從兄弟輩，其行輩不低於時王武丁。此説以朱鳳瀚先生爲代表。朱先生在《讀安陽殷墟花園莊東出土的非王卜辭》②一文中認爲，花東“子”並非武丁之子，但該家族在王族貴族中的地位甚高，規模較大，實力較強，是剛從王族分化出來另立族氏的時王之子所難以達到的。

　　第五，是武丁親子但並非孝己，可能是“子𡚬”。姚萱女士通過分析花東子卜辭的稱謂系統，提出花東子卜辭中的“祖乙”爲“小乙”、“祖甲”即“陽甲”的看法，並結合花東子卜辭中“子”與武丁的親密關係，考定花東“子”是時王武丁的子輩，而且當是親子，應與祖庚祖甲同輩，但不是孝己。或許有可能就是賓組卜辭中出現的“子𡚬”③。

　　第六，是武丁子輩，但不宜確指。2006 年，林澐先生在《花東子卜辭所見人物研究》一文中曾指出，“花東子卜辭中的‘子’的身份，不少研究者通過祭祀對象的綜合研究，認爲應該是武丁的子輩，我是同意的。但一定要確指爲孝己或子𡚬，則均感論據不足”④。

　　第七，是武丁時代一位管理内務的大臣。《中國歷史文物》2007 年第 1 期發表沈建華先生《花園莊東地卜辭看“子”的身份》一文，文中通過對“花東子族的居地與宗廟”“花東子組宗族的組織與結構”“花東子族的馬政”的討論分析，認爲花東“子”可以被看作是“隸屬王室大宗分立下的一個宗主，

　　①　楊升南：《殷墟花東 H3 卜辭“子”的主人是武丁太子孝己》，王宇信、宋鎮豪、孟憲武主編《2004 年安陽殷商文明國際學術研討會論文集》第 204～210 頁，社會科學文獻出版社，2004 年。
　　②　朱鳳瀚：《讀安陽殷墟花園莊東出土的非王卜辭》，王宇信、宋鎮豪、孟憲武主編《2004 年安陽殷商文明國際學術研討會論文集》第 211～219 頁，社會科學文獻出版社，2004 年，又收入《商周家族形態研究》（增訂本）第 598～612 頁，天津古籍出版社，2004 年。
　　③　姚萱：《試論花東子卜辭的“子”當爲武丁之子》，《故宫博物院院刊》2005 年第 6 期；《初步研究》第三章。
　　④　林澐：《花東子卜辭所見人物研究》，“第一屆古文字與古代史學術討論會”論文，2006 年 9 月，後收入陳昭容主編《古文字與古代史》第 1 輯第 13～34 頁，臺灣中研院歷史語言研究所，2007 年。

並在王朝中擔負馬政職務的大臣",他分管着向王室提供交通工具,並負責馬的納貢選善和馴養管理等工作。

(3)關於"丁"的身份問題

花東子卜辭中,常常出現一位人物"丁",其地位在花東"子"和婦好之上,對他的身份的考察,是學界關注的焦點之一。

包括花東整理者在內的許多學者都認爲丁的地位極高,在"子"和婦好之上,朱鳳瀚先生也曾提出,丁在商王朝內擔任重要職務,是"子"、婦好、沚或等的上一級貴族。

最早明確提出花東甲骨刻辭中的"丁"爲時王武丁的是陳劍先生。2004年,他在《説花園莊東地甲骨卜辭的"丁"——附:釋"速"》[①]一文中將花東子卜辭中的"丁唯子令伯或伐邵""丁唯好令比伯或伐邵""丁自正邵"等辭例與歷組卜辭中的"王正刀方""王比沚或伐召方"等辭例聯繫起來,認爲花東中的"邵方""伯或"即歷組卜辭中的"召方"和"沚或",故推定花東中的"丁"就是歷組卜辭中的"王",即武丁。

同年稍後,李學勤先生發表《關於花園莊東地卜辭所謂"丁"的一點看法》[②]一文,文中認爲花東子卜辭中的所謂"丁"字實爲"璧"的象形初文,在舊有子組卜辭與花東子卜辭裏讀爲"辟",義爲"君"。"辟"是對商王的稱謂。

2005年,裘錫圭先生在《"花東子卜辭"和"子組卜辭"中指稱武丁的"丁"可能應該讀爲"帝"》[③]一文中提出,丁應該讀作"帝",與"嫡庶"的"嫡"有着非常密切的關係,是一種强調直系繼承的宗族長地位比較崇高的尊稱。同年,朱岐祥先生《由語詞繫聯論花東甲骨的"丁"即武丁》[④]一文也從語詞繫聯的角度論證了花東甲骨中的"丁"就是武丁。

但葛英會、閻志兩先生則認爲,若將"丁"看作人名,則"死日"説將不再有立足之地,他們主張那些被認爲是人名的"丁"實應爲天干日名[⑤]。

① 陳劍:《説花園莊東地甲骨卜辭的"丁"——附:釋"速"》,《故宮博物院院刊》2004年第4期。

② 李學勤:《關於花園莊東地卜辭所謂"丁"的一點看法》,《故宮博物院院刊》2004年第5期。

③ 裘錫圭:《"花東子卜辭"和"子組卜辭"中指稱武丁的"丁"可能應該讀爲"帝"》,《黃盛璋先生八秩華誕紀念文集》,中國教育文化出版社,2005年,又收入《裘錫圭學術文集·甲骨文卷》第516~522頁,復旦大學出版社,2012年。

④ 朱岐祥:《由語詞繫聯論花東甲骨的丁即武丁》,《殷都學刊》2005年第2期。

⑤ 葛英會、閻志:《殷墟花園莊東地甲骨卜用丁日的卜辭》,北京大學震旦古代文明研究中心編《古代文明研究通訊》第22期,2004年;閻志:《殷墟花園莊東地甲骨卜用丁日的卜辭》,《故宮博物院院刊》2005年第1期。

張永山先生在《也談花東卜辭中的"丁"》①一文中則提出，花東中的丁既有作人名者，亦有作天干日名者。

（4）花東子卜辭的時代問題

學界雖然大多認爲花東子卜辭屬於武丁時期，但若再具體而言，則存在分歧。目前主要有以下七種説法。

第一，武丁早期説。花東甲骨整理者在《花東·前言》中根據花東 H3 坑的時代屬於殷墟文化一期晚段（即武丁早期），以及花東子卜辭中有屬於武丁早中期的人物如子歗、婦好等的活動記載，故將花東子卜辭的時代最終定爲武丁早期。

第二，小乙至武丁早期説。曹定雲先生後來在其文中主張花東子卜辭的主體是武丁即位以前的卜辭，其時代上限早到小乙時期，時代下限最遲在武丁早期②。

第三，武丁晚期説。陳劍先生在其文《説花園莊東地甲骨卜辭的"丁"——附：釋"速"》中據伐邵方卜辭的繫聯，認爲歷組卜辭屬武丁晚期，故花東子卜辭的時代也是恐在武丁晚期，最多可推斷上限及於武丁中期。黃天樹先生在其《簡論"花東子類"卜辭的時代》③一文中亦持晚期説的觀點。趙鵬則從共見於花東和舊有卜辭中人名及相關事類的角度出發，認爲花東子卜辭的時代應該主要屬於武丁晚期，上限應該早到武丁中期偏晚，下限下及武丁晚期，其存在時間應該在一二十年間④。

第四，武丁早期至中期偏早段説。朱鳳瀚先生據考古地層和人物婦好、丁、沚或等亦見於自、賓、歷一、原子組等卜辭中，以及甲骨學上分期和考古學上殷墟文化分期的粗細之別，而最終將花東子卜辭的時代定爲武丁早期至中期偏早段。

第五，武丁中期偏晚或武丁晚葉前期説。楊升南先生《婦好墓中"司母

①　張永山：《也談花東卜辭中的"丁"》，《古文字研究》第 26 輯第 19～22 頁，中華書局，2006 年。

②　曹定雲：《殷墟花東 H3 卜辭中的"王"是小乙——從卜辭中的人名"丁"談起》，《古文字研究》第 26 輯，中華書局，2006 年；《三論殷墟花東 H3 卜辭中占卜主體"子"》，《殷都學刊》2009 年第 1 期。

③　黃天樹：《簡論"花東子類"卜辭的時代》，原載《古文字研究》第 26 輯，後收入《黃天樹古文字論集》，學苑出版社，2006 年。

④　趙鵬：《殷墟甲骨文人名與斷代的初步研究》第 304 頁，綫裝書局，2007 年。

辛"銅器的作者與花東 H3 甲骨時代》①一文中認爲,花東子卜辭的時代應在武丁中期偏晚或武丁晚葉前期。

第六,還有學者主張,花東子卜辭的時代應處於武丁早期向中期過渡的階段,相當於自組卜辭與武丁時期賓組卜辭的交叉階段,韓江蘇《殷墟花東 H3 卜辭時代再探討》②一文即此意見。

第七,賓組早中期説。魏慈德先生《論同見於花東卜辭與王卜辭中的人物》③一文認爲花東子卜辭時代相當於賓組早中期。但文中没有言明具體相當於武丁的哪一時期。

(5)"子"的日常活動情況

花東子卜辭中所反映的"子"的日常活動主要包括向丁、婦好進行貢獻,接受丁、婦好的賞賜,主持家族的祭祀,接受學校教育,常因患疾而行禳祓之祭,做夢等。宋鎮豪先生在這方面用力頗多,如他利用花東甲骨資料對商代的醫療保健、疾病、教育等情況進行了考察,可參其《商代的疾患醫療與衛生保健》《從新出甲骨金文考述晚商射禮》《從甲骨文考述商代的學校教育》《甲骨文中的夢與占夢》④等文。

(6)花東子卜辭中的祭祀現象

花東子卜辭中祭祀材料十分豐富,信息量大,學界相關研究也較多。詳參本書一至三章,此不贅述。

(7)人物關係,尤其是子、丁、婦好之間的關係

對於花東子卜辭中反映的人物關係,特別是子、丁、婦好之間的關係,學界尤爲關注,這方面代表性的研究成果主要有魏慈德《論同見於花東卜辭與王卜辭中的人物》、常耀華《花東 H3 卜辭中的"子"——花園莊東地卜辭人物通考之一》、林澐《花東子卜辭所見人物研究》、朱鳳瀚《殷墟花園莊

---

①　楊升南:《婦好墓中"司母辛"銅器的作者與花東 H3 甲骨時代》,《甲骨文與殷商史》新 2 輯第 77～83 頁,上海古籍出版社,2011 年。

②　韓江蘇:《殷墟花東 H3 卜辭時代再探討》,《故宫博物院院刊》2008 年第 4 期。

③　魏慈德:《論同見於花東卜辭與王卜辭中的人物》,《故宫博物院院刊》2005 年第 6 期。

④　宋鎮豪:《商代的疾患醫療與衛生保健》,《歷史研究》2004 年第 2 期;宋鎮豪:《從新出甲骨金文考述晚商射禮》,《中國歷史文物》2006 年第 1 期;宋鎮豪:《從甲骨文考述商代的學校教育》,王宇信、宋鎮豪、孟憲武主編《2004 年安陽殷商文明國際學術研討會論文集》第 220～230 頁,社會科學文獻出版社,2004 年;宋鎮豪:《甲骨文中的夢與占夢》,《文物》2006 年第 6 期。

東地甲骨卜辭中的人物關係再探討》①等文。對人物關係的研究，對於探討其所處時代、殷商社會性質、甲骨卜辭屬性等都有重要的意義。

（8）花東子卜辭的文例

作爲新出材料，花東子卜辭一個最突出的特點就是其文例形式的多樣化，這種多樣化是以前所不曾見到的。因此，学界的關注和研究成果較多，除整理者在《花東·前言》中所述之外，還有不少研究論文，如劉源《試論殷墟花園莊東地卜辭的行款》、張桂光《花園莊東地卜甲刻辭行款略説》、朱岐祥《釋讀幾版子組卜辭——由花園莊甲骨文所謂的特殊行款説起》及筆者《花東卜辭行款走向與卜兆組合式的整理與研究》等②。

（9）花東子卜辭反映的禮制訊息

花東子卜辭作爲非王卜辭，無疑爲我們提供了一個從其他殷商貴族而非商王的角度來考察殷禮問題的獨特視角。花東材料刊佈後，李學勤先生較早地注意到了其中反映的禮制訊息，如其《從兩條〈花東〉卜辭看殷禮》③一文，通過將《花東》480、363 兩版上的兩條卜辭與《殷契萃編》1000 和 1965 年陝西長安大原村發現的商青銅器始尊的銘文（拓本見《殷周金文集成》6000）相對比，認爲儘管它們時代相距甚遠（花東爲武丁時期，《殷契萃編》1000 屬無名組偏晩的王卜辭，應在康丁前後，始尊年代更晩，其形制紋飾應屬商末），但其中反映的有關貴族勞王的禮儀却幾乎全同。李先生文中還指出，從禮制角度研究甲骨卜辭，是進一步發展甲骨學的重要方向。將花東子卜辭與殷禮研究相聯繫的重要研究成果還有宋鎮豪《從花園莊東

---

① 　魏慈德：《論同見於花東卜辭與王卜辭中的人物》，《故宮博物院院刊》2005 年第 6 期；常耀華：《花東 H3 卜辭中的"子"——花園莊東地卜辭人物通考之一》，臺灣東海大學中文系編《甲骨學國際學術研討會論文集》第 289～330 頁，2005 年；林澐《花東子卜辭所見人物研究》，陳昭容主編《古文字與古代史》第 1 輯第 13～34 頁，臺灣中研院歷史語言研究所，2007 年；朱鳳瀚：《殷墟花園莊東地甲骨卜辭中的人物關係再探討》，李宗焜主編《古文字與古代史》第 3 輯第 55～78 頁，臺灣中研院歷史語言研究所 2012 年。

② 　劉一曼、曹定雲：《花東·前言》，雲南人民出版社，2003 年；劉源《試論殷墟花園莊東地卜辭的行款》，《故宮博物院院刊》2005 年第 1 期；張桂光《花園莊東地卜甲刻辭行款略説》，臺灣東海大學中文系《甲骨學國際學術研討會論文集》第 61～71 頁，2005 年；朱岐祥《釋讀幾版子組卜辭——由花園莊甲骨文所謂的特殊行款説起》，《中國文字》新 27 期，臺灣藝文印書館，2001 年；章秀霞《花東卜辭行款走向與卜兆組合式的整理與研究》，《紀念王懿榮發現甲骨文 110 周年國際學術研討會論文集》第 174～192 頁，社會科學文獻出版社，2009 年。補注：近來亦有孫亞冰《殷墟花園莊東地甲骨文例研究》一書出版，是花東文例集中研究的重要成果，創獲甚豐。

③ 　李學勤：《從兩條〈花東〉卜辭看殷禮》，《吉林師範大學學報》2004 年第 3 期。

地甲骨文考述晚商射禮》、劉源《商周祭祖禮研究》135～142 頁、韓江蘇《從殷墟花東 H3 卜辭排譜看商代學射禮》、楊州《從花園莊東地甲骨文看殷代的玉禮》[①]等。

（10）疑難字詞的考釋

花東子卜辭中有不少以前我們從未見到過的商代文字，可稱之爲"新見字"；也有一些"異體字"，可稱之爲"新見字形"。花東整理者、黃天樹、姚萱、魏慈德、李靜、齊航福等都曾有過探討。據我們初步統計，花東子卜辭中的新見字約有 103 個，而花東子卜辭出土以前我們雖曾見到過，但這次出土的卻是與它們字形結構不一樣的"異體字"，即新見字形約有 51 個。還有一些難以理解的字、詞等。因此，對花東子卜辭中疑難字詞的考釋，也是學界用力頗多的一項重要工作。

這方面的考釋成果主要有時兵先生《花園莊東地甲骨卜辭考釋三則》、姚萱女士《殷墟花園莊東地甲骨卜辭考釋（三篇）》、蔡哲茂先生《花東卜辭"不電"釋義》和《花東卜辭"白屯"釋義》、羅立方先生《殷墟花園莊東地甲骨卜辭考釋三則》、劉一曼、曹定雲先生《殷墟花園莊東地甲骨卜辭考釋數則》、方稚松先生《釋殷墟花園莊東地甲骨中的瓚、祼及相關諸字》、何景成先生《釋〈花東〉卜辭中的"索"》和《釋"花東"卜辭的"所"》、王暉先生《花園卜辭合字音義與古戈頭名稱考》、趙平安先生《釋花東甲骨文的"痎"和"稽"》[②]等，限於篇

---

　①　宋鎮豪：《從花園莊東地甲骨文考述晚商射禮》，臺灣東海大學中文系編《甲骨學國際學術研討會論文集》第 73～91 頁，2005 年，後該文內容又刊發於《中國歷史文物》2006 年第 1 期；劉源《商周祭祖禮研究》第 135～142 頁，商務印書館，2004 年；韓江蘇《從殷墟花東 H3 卜辭排譜看商代學射禮》，《中國歷史文物》2009 年第 6 期；楊州《從花園莊東地甲骨文看殷代的玉禮》，《中原文物》2009 年第 3 期。

　②　時兵：《花園莊東地甲骨卜辭考釋三則》，《東南文化》2005 年第 2 期；姚萱《殷墟花園莊東地甲骨卜辭考釋（三篇）》，《古漢語研究》2006 年第 2 期；蔡哲茂《花東卜辭"不電"釋義》，《紀念王懿榮發現甲骨文 110 周年國際學術研討會論文集》第 152～155 頁，社會科學文獻出版社，2009 年；蔡哲茂《花東卜辭"白屯"釋義》，中國社科院歷史所先秦史研究室網站 2006 年 5 月 20 日；羅立方《殷墟花園莊東地甲骨卜辭考釋三則》，《古文字研究》第 26 輯，中華書局，2006 年；劉一曼、曹定雲《殷墟花園莊東地甲骨卜辭考釋數則》，《考古學集刊》第 16 輯，科學出版社，2006 年；方稚松：《釋殷墟花園莊東地甲骨中的瓚、祼及相關諸字》，《中原文物》2007 年第 1 期；何景成：《釋〈花東〉卜辭中的"索"》，《中國歷史文物》2008 年第 1 期；何景成：《釋"花東"卜辭的"所"》，《古文字研究》第 27 輯，中華書局，2008 年；王暉：《花園卜辭合字音義與古戈頭名稱考》，《紀念王懿榮發現甲骨文 110 周年國際學術研討會論文集》第 148～151 頁，社會科學文獻出版社，2009 年；趙平安：《釋花東甲骨文的"痎"和"稽"》，"中國文字學會第五屆年會暨漢字學國際學術研討會"論文，2009 年，後收入陳偉武主編《古文字論壇·第 1 輯·曾憲通教授八十慶壽專號》第 74～79 頁，中山大學出版社，2015 年。

幅，此不一一列舉。

綜上，花東子卜辭自公佈之日起，學界就以極大的熱情投入到研究工作中，並取得了豐碩的成果，在很多方面形成了一些共識。但不可否認的是，學界關注的一些重要研究課題，如花東子卜辭的具體時代、"子"的具體身份、一些疑難字詞的理解等，學者間並没有達成一致意見。但花東子卜辭材料系統又完整，其内容豐富且又有不少新見資料①，其占卜主體地位獨特，加之其禮制資料信息多，尚有進一步系統研究之必要，因此本書希望通過對花東子卜辭反映禮制問題的討論，站在非王卜辭主人這一獨特視角，能對有關分歧問題的研究有所裨益。

三、關於本項研究的若干説明

本書引用甲骨文時，釋文一般用寬式，如讀爲"貞"的"鼎"字直接寫作"貞"，讀爲"在"的"才"字直接寫作"在"等，書中不再一一加注。引用的釋文中，□表示缺一字，▨表示所缺之字數目不詳，外加[]號之字，則表示該字乃按照文例所擬補。異體字、通假字等一般隨文注明，用來注釋的字則外加（）號。書中所引綴合（用"＋"表示）和重片（用"＝"表示完全相同，用"＞"或"＜"表示部分相同），多參看蔡哲茂先生《甲骨綴合集》和《甲骨綴合續集》。舊有綴合成果凡見於兩書者，一般僅標明綴合者。較新的綴合則除標明綴合者外，還注明其來源。凡一版有綴合者，又有加綴者時，綴合者全部標出，但僅注明最新綴合來源。另外，書中對於殷墟甲骨文組類的判定主要依據黄天樹先生《殷墟王卜辭的分類與斷代》一書以及其後發表的關於各類舊有非王卜辭研究方面的文章，同時並參照李學勤、彭裕商兩先生的《殷墟甲骨分期研究》一書。

另，針對不同的具體情況和實際需要，爲方便列引和討論，本書對所涉甲骨文辭例來源的標注方式主要有兩種：一是在圖版序號後用"（）"形式標示其辭條序號。如《花東》176版（1）辭；二是不方便用"（）"形式標示其辭

---

① 參黄天樹《花園莊東地甲骨中所見的若干新資料》，載《陝西師範大學學報（哲社版）》2005年第2期。

條來源者，則用小數點"."將圖版序號和辭條序號隔開加以標示。如《花東》176.1，亦表示《花東》176 版（1）辭。

　　以上諸項，特此説明，書中不再贅述。

上　編

花束子卜辭中禮制資料的分類與排譜整理

説　明

　　本部分爲對花東子卜辭材料的整理，包括兩大部分：分類整理和排譜整理。

　　在分類整理中，主要將花東子卜辭中有關祭祀、田獵與征伐、射、貢納、藉田、婚姻、兆序字等方面的材料分別加以集中，在吸收學界對《花東》釋文校讀成果的基礎上，集以我們個人的研讀心得，對其進行了系統的分類整理。有些花東子卜辭辭例因缺漏過甚而不知其意者，或與本書研究内容無關而無法歸類者，則暫不録。關於"兆序字"的整理中，所列爲最大兆序字所在的甲骨著録圖版在《花東》中的編排序號及所在辭條，如"176.1（一至十）"表示依《花東》所排順序，第176版第（1）條卜辭，其兆序字爲從一到十。對於卜辭辭例内容則不再一一羅列。另外，對於卜辭内容相同且兆序字相連者，則整合爲一處。

　　在排譜整理中，主要是綜合考慮具體的占卜内容和占卜時間、地點，並關注盡可能多的細節。具體操作時，一般情況下是排出"直接相關"的辭條，而非羅列出所有可以"間接繫聯"的辭條。利用這些材料時，可以根據文中專門製作的關於花東子卜辭的"所涉每版排譜情況"，來查詢不同版之間的繫聯關係，以增排出其他可以間接繫聯的辭條。

壹:花東子卜辭禮制資料的分類整理

一、祭祀類

1(H3:1)

(2)癸卜:☑又? 一

(3)癸卜:☑[妣庚]? 一

(4)癸卜:☑。 一

(5)癸卜:朁☑。 一

(6)癸卜:☑。 二

(7)甲卜:丁令? 一

(8)甲卜:其☑妣庚? 一

(13)☑卯三□?

3(H3:7＋34＋94＋269＋1559)

(1)丙卜:𡥈又由女,子其告于婦好,若? 一

(5)歲妣庚牡? 一

(6)己卜:惠豕于妣庚? 一

(7)己卜:惠牝于妣庚? 三

(8)庚卜:五日子馘🕯? 一

(9)庚卜:弜禦子馘,🕯? 一

(10)辛卜,貞:往鳶,疾不死? 一

(11)辛卜:子弗艱? 一

　　按:據拓本和照片,(6)辭中的兆序字應爲"一",《花東》釋文中誤爲"二"。(8)(9)兩辭中的"馘",原釋爲"而",今從學者釋"馘"之説[1]。"🕯"

　　① 林澐:《商代兵制管窺》,1987年9月在安陽召開的中國殷商文化國際討論會上宣讀的論文,後載《吉林大學社會科學學報》1990年第5期,又收入《林澐學術文集》第148頁,中國大百科全書出版社,1998年;李圃:《甲骨文選注》第168頁,上海古籍出版社,1989年。

字,字形像兩手各執一絲緒,表將其搓成絲綫或繩索一類東西之意。姚萱女士在《初步研究》中認爲該字是"搓"的表意初文,可以讀爲表示"病癒"義的"差"或"瘥"。何景成先生則認爲該字應釋"索",這裏訓作"求","弜禦子馘,索"即"不爲子馘舉行禦祭,爲他索求(福宜)"①。但無論釋作何字,兩辭均爲子馘患疾之記録。

4(H3:9)

(1)甲寅:歲祖甲白豟一,伇𠚑一,叀自西祭? 一二

(2)甲寅:歲祖甲白豟一? 一二

(3)乙卯:歲祖乙白豟一,叀自西祭,祖甲延? 一

(4)乙卯:歲祖乙白豟一,叀自西祭,祖甲延? 二

按:"叀"字,沈培先生讀爲"登"②。《花東》釋文在"叀"後點斷,我們則從《初步研究》與後連讀。另,(1)辭中的兆序字"二",《花東》釋文漏釋,摹本中亦漏摹,今補。

5(H3:11+283+468+1519+1521+1522+1531+1537+1543)

(16)癸巳卜:子夢异告,非艱? 一

6(H3:19)

(1)甲辰夕:歲祖乙黑牡一,惠子祝,若,祖乙侃? 用。翌日吞。一

按:"侃"字,《花東》釋文作"永",今從裘錫圭先生説改之③。"日"字,《花東》釋文作"丁",《初步研究》釋爲"日"。姚説可從。

7(H3:22+1515+1575)

(1)丁酉:歲祖甲牝一、𠚑一,子祝? 在麗。一

(8)牝? 二

(9)二

(2)惠一羊于二祖用,入自麗? 一

① 何景成:《釋〈花東〉卜辭中的"索"》,載《中國歷史文物》2008年第1期。

② 沈培:《殷墟花園莊東地甲骨"叀"字用爲"登"證説》,載《中國文字學報》第1輯,商務印書館,2006年。

③ 裘錫圭:《釋"衍"、"侃"》,臺灣師範大學國文系、中國文字學會編《魯實先先生學術討論會論文集》,1993年。又載《人文論叢》2002年卷,武漢大學中國傳統文化研究中心編,武漢大學出版社,2003年。

（5）庚子卜，在我：〔祖〕☒。一

（11）乙卯夕卜：子弜飲？用。一二

　　按：（1）辭中的"子祝"，《花東》釋文以及《初步研究》中均置於"在龗"後，《求疵》從辭例和刻寫位置兩方面論證"子祝"實際上應該在前，此外還認爲原（8）（9）兩辭均爲對祖甲祭祀用牲的占卜，只不過兩辭省略特別多而已，從而把兩辭置於（1）後來讀。其説似可信。（11）辭中的兆序字"一二"拓片上十分清楚，摹本中僅摹出"二"，《花東》釋文及《初步研究》均漏。

9（H3：24＋50）

（1）丙寅夕：宜在新束，牝一？一二三四

（2）丙寅夕：宜在新束，牝一？一二三

（3）丙寅夕卜：由，虞于子？一

（4）丙寅夕卜：侃，不虞于子？一

　　按：（1）（2）兩辭中的"束"，《花東》釋文中後讀，並把它視爲用牲法。《初步研究》（第185～190頁）認爲"束"應前讀，"新束"是指新地的宗廟一類的建築。其説可從。（3）（4）兩辭句讀以及"虞"字釋讀亦參看《初步研究》。

13（H3：47＋984）

（1）甲午：歲祖甲牡一，子祝？在𠁁。一

（2）乙未：歲祖乙牡，子祝？在𠁁。一二

（3）弜巳祝，惠之用于祖乙？用。一二

（4）惠子祝，歲祖乙牡？用。一二

（5）丁酉：歲妣丁牡一？在𠁁。一

（6）乙巳：歲祖乙牝，子祝？在𠁁。一二

（7）乙巳：歲祖乙牝一，子祝？在𠁁。三

（8）☒歲☒。

　　按：（2）辭"牡"後，《正補》增補數詞"一"，但本辭拓片和照片處均不清楚，不知是否應如此。（3）辭與（2）辭或（4）辭之間構成正反對貞關係，所以（3）中的代詞"之"就是指代"牡"。

16（H3：55）

（1）丙卜：子其往潢，蚊乃飲，于作呼皀迺來？一

(2)丙卜:子往灘? 曰:又求。曰:往灘。一

　　按:"灘"字,《花東》釋文中作"吕",學者現多從釋"灘"之説①,本文亦從此説。

17(H3:60)

(1)甲辰:歲祖甲一牢,子祝? 一

(2)乙巳:歲祖乙一牢,𧻚祝? 一

18(H3:61)

(1)東?

(2)西?

(3)南?

(4)𨛜? 一

　　按:(4)辭兆序字"一"摹本中已經摹出,但《花東》釋文及《初步研究》均漏釋。本版辭例過于簡略,參照《花東》第 144 版,我們懷疑本版亦與祭祀有關,故把本例置於祭祀類中。

21(H3:67)

(1)乙亥卜,貞:子雍友敉又複,弗死? 一

(2)丁丑卜:其禦子往田于小示? 用。一

(3)乙巳:歲祖乙白[彘],又㞢? 一二

　　按:《花東》指出,(2)辭可以理解爲"子往田,其禦于小示",從辭意方面來看這種理解無疑是正確的,但是似乎不必在"子往田"三字前後點斷。在"其禦子往田于小示"中,"子往田"用來作"禦"的賓語。爲"子往田"這件事而向小示舉行禦祭。(3)辭"白"後一字,《花東》釋文中作"豕",在對比《花東》第 29、297 版相關辭例後,《初步研究》(第 237 頁脚註 1)認爲當爲"彘"字或"彘一"二字。

23(H3:71)

(2)己巳卜:子燕上甲,又用? 一

---

　　①　宋鎮豪:《從花園莊東地甲骨文考述晚商射禮》,原載臺灣東海大學中文系編《甲骨學國際學術研討會論文集》,臺灣東海大學,2005 年。又載於《中國歷史文物》2006 年第 1 期;《研究》第 102～104 頁;韓江蘇:《從殷墟花東 H3 卜辭排譜看商代學射禮》,載《中國歷史文物》2009 年第 6 期。

按：《花東》釋文爲"己巳卜：子燕田叉？用。"把"燕"後一字釋爲"田"，把"叉"視爲地名。其説非是[1]。在對比第338版"甲辰卜：子往宜上甲，叉用？ 㠱"辭後，《求疵》認爲本版所謂的"田"應爲"上甲"，其説可信[2]。《初步研究》第237頁雖仍將"燕"後之字釋爲"田"，但該書第48頁提到"上甲"時也列舉了本版，可能《初步研究》的本意也應是將其釋爲"上甲"的。

25(H3:81)

(1)癸卜：□令▨見□□子▨。

(2)▨妣己▨。

(3)▨[歲]祖乙小宰、豿，又皀？ 一二

26(H3:86)

(8)丙：歲妣庚羊，衩鬯，告夢？ 一

(9)丙：歲妣庚羊，衩鬯，[告]夢？ 二

27(H3:89)

庚卜，在麄：歲妣庚三羊，又鬯二，至禦，𠶷百牛又五？ 三四

按：本版與32版第(1)辭及320版第(6)辭同文，參下文32版按語。

28(H3:101+168+1549)

(1)丙卜：唯亞奠作子齒？

(2)丙卜：唯小臣作子齒？ 一

(3)丙卜：唯婦好作子齒？ 一

(4)丙卜：丁虞于子，唯親齒？ 一

(5)丙卜：丁虞于子，由从中？ 一

(6)戊卜：六〈今〉其酌子興妣庚，告于丁？ 用。

(7)戊卜：戠(待)，弜酌子興妣庚？ 一

(8)戊卜：子其告于▨。 一

(9)戊卜：▨。 一

按：(6)辭中的"六"字，《花東》認爲是人名，《正補》亦讀爲"六"。但是，花東子卜辭裏爲了祛除"子興"的疾病而舉行的祭祀中，主持祭祀者和把某事告

① 魏慈德先生也認爲該辭中的"叉"字"疑非地名"，參看《研究》第88～89頁。

② 參看《求疵》文。

於武丁者都是"子",所以我們認爲,把"六"看作另一人的名字,是比較可疑的。沈培先生曾指出,此處的"六"字實是"今"字的誤刻[1],應該是正確的。此外,《花東》釋文在(6)(7)兩辭"子興"後使用頓號,是把"子興"和"妣庚"一起看作受祭對象了。或不妥。"酚子興妣庚"爲"祭祀動詞＋原因賓語＋神名賓語"式的雙賓語結構,意思是爲子興之事而向妣庚舉行酚祭[2]。

29(H3:105)

(1)丙寅卜:其禦唯賈[3]視馬于癸子,惠一伐、一牛、一乇,曁夢?用。一二

(2)庚寅:歲祖□牝一,𢆶祝? 一二

(3)庚寅卜:惠子祝? 不用。一二

(5)乙巳:歲祖乙白麑一,又戠,祖乙侃? 一

　　按:《花東》釋文及《初步研究》等均在(1)辭"禦"後點斷,非是。點斷之後,"其禦,唯賈視馬于癸子,惠一伐、一牛、一乇"可能會讓人理解爲,要舉行禦祭了(禦祭原因不詳),是否要用"賈視馬"(賈所視之馬)、"一伐、一牛、一乇"爲祭品來祭祀癸子。如果這樣理解,則疑惑有二:1.爲什麼同樣是牲名卻分別在前面加上"惠"和"唯"分置於兩處? 2."唯＋牲名＋于＋神名"式中哪個是動詞? 這樣省略動詞的例子有是有,但還是罕見的。林澐先生把"禦"和"唯賈視馬于癸子"連讀[4],似可信。因賈所視之馬遇到了不好的事情,遂爲禦除疾患而用"一伐、一牛、一乇"祭祀"癸子"。何以言"曁夢"? 大概夢中發生的事情與賈所視之馬有關。289 版"賈馬[異],弗馬"、60 版"自賈馬其有死"即爲賈所視之馬遇到了不好的事情,381 版"其有奔馬"或也與此有關。

---

① 沈培:《談殷墟甲骨文中"今"字的兩例誤刻》,載張玉金主編《出土文獻語言研究》第 1 輯,廣東高等教育出版社,2006 年。

② 齊航福:《殷墟甲骨文賓語相關問題研究》第 113 頁,首都師範大學博士學位論文,2010 年。

③ "賈"字所釋從李學勤先生説,參看李學勤《魯方彝與西周商賈》,載《史學月刊》1985 年第 1 期;李學勤:《兮甲盤與駒父盨》,收入《新出青銅器研究》,文物出版社,1990 年。

④ 林澐:《花東子卜辭所見人物研究》,收入臺灣中研院歷史語言研究所編《第一屆古文字與古代史學術討論會論文集》,2006 年;後又收入陳昭容主編《古文字與古代史》第 1 輯,臺灣中研院歷史語言研究所,2007 年。

30(H3:109+1511)

　　☑[妣]己牝一? 在🦌。二

31(H3:111)

(2)☑歲☑牝一☑。

(3)☑卯☑妣庚☑。

32(H3:113+1518)

(1)庚卜,在麗:歲妣庚三牝,又🦌二,至禦,啙百牛又五? 一

(2)庚卜,在麗:惠五牝又🦌二用,至禦妣庚? 一二三

(3)庚卜,在麗:惠七牝[用,至禦]妣庚? 一二三

(4)庚卜,在麗:惠五牝用,至禦妣庚? 一二

　　按:(1)辭與《花東》27 及《花東》320 第(6)辭同文。《花東》釋文及《初
步研究》等多在(1)(2)兩辭中的"又🦌二"前點斷。對比(3)(4)兩辭後,我
們認爲(2)辭中應以前讀爲是,(1)辭中疑也應前讀①。

34(H3:115+241+246)

(3)甲辰:歲祖甲牢,权一🦌? 一二

(4)甲辰:宜丁牝一,丁各,戾于我,翌[日]②于大甲? 用。一二

(5)甲辰卜:于麥(來)乙,又于祖乙宰? 用。一二

(6)乙巳卜:歲祖乙牢,权🦌一,祖甲☑丁各? 一二

(13)戊申卜:歲祖甲豕一、牝一? 一

37(H3:123+373)

(1)癸酉卜:惠勿(物)牡歲甲祖? 用。一

(2)癸酉卜:惠勿(物)牡歲甲祖? 用。二

(8)丁酉:歲祖甲牝一,权🦌一? 在麗。一

(9)丁酉:歲祖甲牝一,权🦌一? 在麗。二

(11)惠牝又🦌祖甲? 一

(12)甲辰:歲妣庚牝一,权🦌? 在麗。二

(13)甲辰:歲祖甲牡一、牝一? 在麗。三

---

①　我們傾向於這類"又🦌+數字",甚至"权🦌+數字"均應與前連讀,文中暫從學界通行觀
點在其前點斷。

②　此"日"字乃據《初步研究》補足。

(23)癸丑卜：歲食牝于祖甲？用。二

(24)乙卯卜：惠白豕祖乙？不用。一

(25)乙卯：歲祖乙狃，权卺一？一

(26)惠三人？一

　　按：(1)(2)兩辭中的"甲祖"即他辭中常見的"祖甲"倒稱。(23)辭中有"食牝"語，確切含義不明，有兩種可能的解釋：一、指某種牝，這時"食"是用作"牝"的定語；二、如《正補》認爲"食爲以簋盛食的祭品，與牝並列"，這時"食"和"牝"之間當斷開。

38(H3:127)

(1)乙卜：其禦[子疾]肩妣庚，曹三十□？一

(2)壬卜：其禦子[疾]肩妣庚，曹三豕？

(3)壬卜：其禦子疾肩妣庚，曹三豕？一

(6)南弗死？一二三

(7)死？一二三四

　　按：(1)(2)(3)辭中的"肩"字，《花東》釋文中作"骨"，今從徐寶貴、裘錫圭先生說改釋①。(6)辭中的兆序字"一"，《花東》釋文及《初步研究》均漏釋，今補。

39(H3:130＋1123)

(1)惠狃于妣己？一

(2)叀妣己友嚛？一

(3)叀妣己友嚛？二

(4)乙：歲妣庚牡，又卺？一

(12)乙：歲妣庚牡，又卺？二

(5)乙：歲妣庚牡？一

(6)惠兆妣庚？一

(20)惠兆妣庚？二

(7)惠宰？一

(8)惠牛？一

---

①　裘錫圭：《說"丮凡有疾"》，載《故宮博物院院刊》2000年第1期。

(9)卯宰? 一

(13)丙卜:惠豕妣庚? 一

(14)歲妣庚? 一

(15)惠豷于妣丁? 一

(16)丙卜:惠豷于妣丁? 二

(18)己卜:其酚子興妣庚? 一

(19)夕:歲小宰啞妣庚? 一

(21)庚卜:弜羣,子耳鳴,亡小艱? 一

按:(2)(3)辭中的"友"字有三種可能的解釋[1]:一是用爲名詞,指的應該是人名"僚友"或者是"友"。該條卜辭貞問的是,要把"友"這個人送過來的羲奉獻於妣己嗎? 二是爲用爲連詞,只是它前面的連接成分被省略了而已。該條卜辭貞問的是,要把(其他東西)和羲一塊登獻於妣己嗎? 三是用爲動詞,或者可以讀作"醓"[2],卜辭貞問是否要登獻給妣己醓祭過的羲。另,(12)(20)辭分別置於(4)(6)辭後,乃據《初步研究》調整。

43(H3:146)

庚卜:子艱及☒。 一

44(H3:151)

(1)子不延,有𤼈? 一

(2)妹有? 一

按:《花東》認爲兩辭正反對貞,"妹"用爲否定詞。其説可從。《初步研究》把第(1)辭在"延"後點斷,亦可從。以辭意,(1)辭"子不延"後省略"疾",(2)辭"妹有"後省略𤼈。

45(H3:161+332)

(1)丙☒羊?

(2)庚□歲☒。

(3)歲妣庚小宰,又彡? 三

---

① 齊航福:《花東卜辭中的祭祀動詞雙賓語句試析》,收入《河南省史學會 2006 年年會暨學術討論會論文集》(列印稿),2006 年,後載《古漢語研究》2010 年第 1 期。

② 沈培:《殷墟花園莊東地甲骨"𣥂"字用爲"登"證説》,載《中國文字學報》第 1 輯,商務印書館,2006 年。

按：(3)辭中的"妣庚"，《花東》釋文及《初步研究》等均作"十"，《校勘》認爲"十"字爲"妣庚"之誤。從該版局部照片來看，《校勘》説應可信。

47(H3:166＋167)

(2)癸亥：宜牝一，在☒。一

按：本辭或與《花東》240 第(1)(2)辭卜同事。果真如此，則"在"後之地名應爲"入"。

48(H3:179)

癸亥：歲子癸牝一，皀自丁黍？一二三

49(H3:182)

(1)丁[丑]：歲妣庚羖一，卯胴？一二三

(2)丁丑：歲妣庚羖一，卯胴？一二三

(3)丁丑：歲祖乙黑牝一，卯胴？一

(4)丁丑：歲祖乙黑牝一，卯胴二于祖丁？一二

按：(3)辭中的兆序字"一"，《花東》釋文及《初步研究》中均誤爲"二"，今正。

53(H3:196＋197＋871)

(1)丙卜：子其往瀧？曰：又求。曰：往瀧。一

(2)戊卜：酚妣庚，湏于奴？一

(3)戊卜：酚妣庚，湏于奴？二

(4)戊卜：酚妣庚？在引，自奴。一

(5)戊卜：酚妣庚？在引，自奴。二

(6)戊卜：子其皿🐾[舞]，酚☒。一

(7)戊卜：子其皿🐾舞，酚二牛妣庚？一

(8)戊卜：于睯己[延]休于丁？一

(9)戊卜：以酉櫛神？一

(10)戊卜：其櫛神？一

(11)戊卜：酚妣庚？在並。一

(12)己卜：惠豕于妣庚？一

(13)己卜：惠麂妣庚？一

(14)己卜：惠牝于妣庚？　一

(15)己卜：惠牝于妣庚？　二

(16)己卜：惠宰于妣庚？　二

(17)己卜：其酚禦妣庚？

(18)己卜：惠丁作子興①，尋丁？　一

(19)己卜：惠子興往妣庚？　一

(20)己卜：于官蚊？　一

(21)己卜：惠多臣禦往妣庚？　一

(22)己卜：吉，又妣庚？　一

(23)歲妣庚白羲？　一

(24)癸□：子夢，子于吉[爰]？　一

(25)癸卜，貞：子耳鳴，亡害？　一

(26)癸卜，貞：子耳鳴，亡害？　二

　　按：《花東》釋文在(2)(3)兩辭中的“湏”前使用頓號，並認爲其“似先公名，被祭祀之對象”。《初步研究》認爲本版(2)與(4)、(3)與(5)應爲對貞的兩組卜辭，從而主張“湏”是動詞，其前應點逗號。本文暫從姚説。(16)辭中的兆序字“二”，摹本中已經摹出，但《花東》釋文及《初步研究》均漏收，當補。

　　55(H3:199＋201＋1614)

　　(3)☑往滿禦？　一

　　(4)己丑：歲妣庚牝一，子往滿禦？　四

　　56(H3:200)

　　辛丑卜：禦丁于祖庚至[牡]一，卋羌一人、二牢；至牡一祖辛禦丁，卋羌一人、二牢？　一

　　按：本辭標點參照《初步研究》。前面一“牡”字是我們據辭意所補。“禦丁于祖庚至[牡]一”與“至牡一祖辛禦丁”均是表示爲了某人而用某犧牲向神靈舉行祭祀之意，但語序剛好相反。從拓本看，應還有兆序字一，《花東》漏摹漏識，《初步研究》亦然。

───────────────

　　①　“子興”也有可能應後讀。下同。

59（H3:207）

（2）壬申卜：目喪，火言曰：其水。允其水？一

（3）壬申卜：不允水？子占曰：不其水。

　　按：（2）辭《花東》讀爲“壬申卜：目喪火言曰：其水？允其水。一”，若此，“允其水”似應解爲驗辭。《初步研究》亦作此點斷，但理解不同，認爲此辭“喪”字下或漏刻一“明”字或與之義近之字，“目喪□，火言曰：其水。允其水”當理解爲“子”有“目喪□”即眼睛有疾病之事，“火”這個人說會“水”，遂占卜是否“允其水”。（3）辭“壬申卜：不允水？子占曰：不其水”與（2）辭處於對貞位置，“允其水”與“不允水”相對①。《正補》則在“火”後點斷，將“言曰”理解爲符合動詞，讀爲“壬申卜：目喪火，言曰：其水？允其水。一”。按《初步研究》的理解是正確的，（2）辭中“允其水”應讀入命辭，它與（3）辭中“不允水”是從正反兩方面進行的卜問。但（2）辭最好在“火”前點斷，讀爲“壬申卜：目喪，火言曰：其水。允其水？一”。

60（H3:208）

（3）乙丑：自賈馬有剢？一

（4）亡其剢賈馬？一

（5）唯左馬其有剢？一

（6）右馬其有剢？一

（7）自賈馬其有死？子曰：其有死。一

61（H3:212 正）

（3）甲辰：歲妣庚家一？一

63（H3:215）

（5）癸丑卜：歲食牝于祖甲？用。

（6）乙卯卜：惠白豕祖甲〈乙〉？不用。一二

（7）乙卯：歲祖乙豝一，权豈一？一二

　　按：《初步研究》（第250頁脚註1）認爲（6）辭於乙日卜祭祀祖甲不合常理，並依據該辭與同版他辭的關係，得出“祖甲”乃“祖乙”誤刻之結論。其說可信。

---

① 《初步研究》第248頁脚註3。

67(H3:224)

(1)乙亥夕:歲祖乙黑牝一,子祝? 一二

(2)乙亥夕:歲祖乙黑牝一,子祝? 三四

(3)己丑:歲妣己羖一? 一二三

(4)一二三

69(H3:232＋233＋569＋572＋595)

(1)戊卜:☒妣庚☒牝☒。 一

(2)戊卜:子☒。 二

(3)戊卜:其☒妣庚☒。 一

(4)己☒岂☒。

(5)二

(6)己卜:丁終虞于子疾? 一

(7)己卜:丁終不虞于子疾? 一

(8)辛卜:子☒牛☒。 一

(9)子其☒牛,黑☒。 一

(10)癸卜☒。

　按:(1)(3)兩辭中的兆序字"一",(2)(9)兩辭中的兆序字"二"均是我們據照片所補。

70(H3:237 正)

(1)三牢? 一二

(2)三小宰? 一二

(3)三牢?

(4)五小宰? 一二三

(5)子貞。 一

75(H3:243)

(1)戊卜:子作丁臣叴,其作子艱? 一

(2)戊卜:子作丁臣叴,弗作子艱? 一

(3)戊卜:子令? 一

(4)戊卜:子[作]? 二

(5)戊卜:子作? 二

(6)戊卜:惠五宰,卯伐妣庚,子禦? 一

按:(4)辭中的兆序字"二"《花東》釋文中誤爲"一",此從《求疵》。(6)辭"宰"前之數詞,《花東》誤摹誤釋爲"一",單育辰先生已指出其爲"五"之誤①。本書從單先生説。另,我們懷疑"卯伐妣庚"語也應該與前文連讀。"卯伐"的犧牲就是"五宰"。

76(H3:255)

(1)乙卯:歲祖乙殺,惠子祝? 用。一

(2)乙卯卜:其禦大于癸子,曾狂一,又毁? 用。有疾。一二三

按:(2)辭中"大"字,《花東》《正補》皆誤爲"疾",《初步研究》指出應爲"大"字,可從。按若没有同文辭例478相對照的話,將76(2)中的"有疾"讀入用辭,理解爲是對命辭所卜祭祀事的説明,應該是没有問題的。但對比同文辭例478"乙卯卜:其禦大于癸子,曾狂一,又毁。用。有疾子凭。一二三"可知,76(2)中的"有疾"實是"有疾子凭"之略,將其理解爲對命辭祭祀之事的説明就明顯不妥,因爲命辭是爲禦除大的疾病而祭,"有疾子凭"則是對子凭的有疾記録。這裏暫從《初步研究》之説,將"有疾""有疾子凭"讀爲驗辭,該驗辭與命辭之間的關係不太明確,可能由於占辭省略未記所致②。(1)辭之兆序字,《花東》釋文及《初步研究》中均作"二",可是據《花東》摹本,該辭所摹之卜兆中並不見有兆序字,查看照片,我們確實也没有發現該卜兆中有兆序字。不過,我們發現近千里路處還有一爲摹本漏摹的卜兆,其上兆序字作"一"。

78(H3:259 正)

(2)貞:兂不死? 一

(3)貞:兂?

按:《合集》734(典賓早)中有"己巳卜,㱿貞:兂不殟③? 王占曰:吉,勿殟"。辭,"殟"有昏厥、暴死之意,顯然與本版(2)(3)兩辭卜同事④。

---

① 參《初步研究》第 252 頁脚註 2。
② 參《初步研究》第 76 頁。
③ 陳劍:《甲骨金文考釋論集》第 427～436 頁,綫裝書局,2007 年。
④ 黃天樹:《簡論"花東子類"卜辭的時代》,原載《古文字研究》第 26 輯,後收入《黃天樹古文字論集》,學苑出版社,2006 年。

81(H3:266)

(1)壬子卜:其將[妣庚]示,宫于東官? 用。

(2)丁卯:右馬有[刻]? 一

(3)壬申:歲妣庚犯一? 在狀。 一

(6)羊。 一

　　按:(1)辭《花東》讀爲:"壬子:[將]□□示宫,于東官。用。"《正補》作
"壬子:[將]……"均漏釋"卜""其"二字,《初步研究》第253頁脚註1指出
其誤。又該辭"宫"字《花東》前讀,《初步研究》指爲動詞,當後讀。(2)辭
《花東》漏釋兆序字"一",《校勘》已指出。(3)辭"妣庚"後之祭牲,《初步研
究》及《校勘》均指出《花東》中作"豕",實爲"犯"字之誤。可信。

84(H3:276)

(1)羌入,惠𦏵[叙]用,若,侃? 用。 一①

(2)𥦪。 一

85(H3:279)

(4)歲□羊于庚,[告][發][來]? 一

(5)歲二羊于庚,告發來? 三

　　按:(5)辭兆序字"三"《花東》摹本中已摹出,但釋文中誤爲"二"。

86(H3:281)

(1)丙辰卜:延奏商,若? 用。 一二三四五

(2)己巳卜:其宜[犯]☒。用。 一

　　按:(1)辭與《花東》382同文。(2)辭之"犯"字,《花東》釋文中誤作
"羊",這點《初步研究》和《正補》均已經指出。兩文同時還指出,(2)辭辭末
有"用"字,《花東》漏摹漏釋,其説可信。我們從《校勘》把"用"字讀爲用辭。

87(H3:287＋394＋1511)

(1)丁巳卜:子益妙,若,侃? 用。 一

(2)庚申卜:子益商,日不雨? 孚。 一

(4)其雨? 不孚。 一

────────────────

① 　兆序字"一",《花東》釋文及《初步研究》均漏,《校勘》已經補足。

（3）庚申卜：惠今庚益商，若，侃？用。一二

按：本版"益"字所釋以及辭序調整從《初步研究》。"孚"字釋讀從裘錫圭先生説①。（1）（2）（3）辭之兆序字，《花東》釋文及《初步研究》中均無，今從《校勘》增補。

88（H3:288＋1615）

（4）丙卜：☒。

（5）丙卜：其☒。一

（6）丙卜：[惠]三牛蚊妣庚？二

（7）丙卜：☒丁其☒庚？

（8）丁卜：☐日蚊☒牛☒。二

（9）己卜：惠☒妣庚？

（10）甲子：歲妣甲䏌一，卲三小宰又置一？一

（11）甲卜：惠盜廼☒甲☒。

（12）甲卜：☒旨☒廼☒。

（13）甲卜：☒。

（14）乙丑卜，在㭖：子有鬼心，其方遘戌？一

（15）戊卜：弜[蚊]羊一☒。

（16）☒丁☒妣丁☒。

（17）☐卜：☒丁？用。

按：（10）辭"又"後之字釋"置"，裘錫圭先生説②。"置"後之數詞"一"，乃據《正補》和《初步研究》增補。（11）辭之"盜"，《花東》釋文中作"監"，黄天樹先生認爲該字與見於《合集》4284（典賓類）、《合集》3042（＝《懷特》957，賓一類）中的"盜"爲一字，字從"次"從"皿"，可能當釋爲"盜"。甲骨文中皆用作人名③。（14）辭"子"字，據《初步研究》增補。辭末兆序字"一"，《花東》釋文及《初步研究》《正補》《校勘》等皆脱釋，今補。

---

①　裘錫圭：《㝅公盨銘文考釋》，保利藝術博物館編著《㝅公盨》第 48 頁，綫裝書局，2002 年；又載《中國歷史文物》2002 年第 6 期。該字馮時先生讀爲"節"，訓止，參見馮時《㝅公盨銘文考釋》，載《考古》2003 年第 5 期。

②　裘錫圭：《甲骨文中的幾種樂器名稱——釋"庸""豐""鞀"》（附：釋"万"），原載《中華文史論叢》1980 年第 2 輯，後收入《古文字論集》，中華書局，1992 年。

③　參看《初步研究》第 256 頁脚註 2。

89（H3：291）

（2）☑五小宰☑。一

90（H3：299 正）

（2）其又妣庚☑。三

（3）甲卜：弜又☑。一

（4）☑歲☑。

（7）☑禦小宰妣庚☑。

92（H3：304）

（3）☑妣庚☑。一

93（H3：305）

（2）癸巳：爵？一

95（H3：313）

　壬申卜，在攸：其禦于妣庚，甽十宰，［又］十乇？用。在麗。一
二三

　按：辭末兆序字"一二三"，照片和拓片中均十分清楚，摹本中也已正確
摹出，《花東》釋文及《初步研究》均漏釋。

97（H3：331）

　乙卯夕：宜牝一？在入。一

102（H3：330）

（1）乙卜，貞：賈豆有口，弗死？一

（2）乙卜，貞：中周有口，弗死？一

（3）乙卜，貞：二卜有咎，唯見，今有心敜，亡囚？一

　按：本版（3）辭與88（14）"乙丑卜，在芇：子有鬼心，其方遘戉？一"均爲
乙日占卜，兩版或卜同事。

106（H3：352）

（1）乙卜☑妣庚☑。一

（2）丁☑禦于史☑伐☑甽☑子？一

（4）☑牝☑。

（6）☑妣庚☑。一

（7）☑妣庚☑。

(8)壬卜:于日雋蚊牝姒庚,入又函于丁? 用。一

110(H3:366＋369＋1560)

(2)庚申卜:引其死? 一二

(3)庚申卜,貞:☑。一

113(H3:368＋430)

(5)速丁? 一

(6)弜速丁? 一

(7)蚊宰,迺速丁? 一

(8)速丁? 二

(9)弜速丁? 二

(10)乙卜:丁有鬼夢,亡囚? 一

(11)丁有鬼夢,蚩在田? 一

(14)多左在田,肩若? 一

(12)丙卜,貞:多尹亡囚? 一

(13)貞:多尹亡害? 一

(15)面多尹四十牛姒庚? 三

(17)曹四十牛姒庚,凶牽(禱)其于狩,若? 一

(23)己卜,貞:子亡不若? 一

(24)庚卜:子興有疾,子☑惠自丙? 三

(25)夕用五羊,辛迺用五豕? 一

(26)傳五牛彭發以生于庚? 四

(27)惠三牛于庚? 二

　　按:(5)～(9)辭"速"字釋讀從陳劍先生説①。(14)辭"左"字,《花東》釋文中作"尹",今從《初步研究》改之。《初步研究》認爲(14)辭與(11)辭當爲對貞,可信,故將之前置。(15)辭"面"字釋讀從黄天樹先生説②。(17)

---

　　①　陳劍:《説花園莊東地甲骨卜辭的"丁"——附:釋"速"》,載《故宮博物院院刊》2004 年第 4 期。

　　②　黄天樹:《花園莊東地甲骨中所見的若干新資料》,原載《陝西師範大學學報(哲社版)》2005 年第 2 期,後收入《黄天樹古文字論集》,學苑出版社,2006 年。

辭"禱"字釋讀,從冀小軍先生説①。"禱"前一字,《花東》釋文中誤爲"洒",《初步研究》以爲應作"凶",似可信。另,我們亦暫從學者把本辭"若"字置於辭末之説。(24)辭較爲複雜,《初步研究》認爲"丙"後有一個"人"字未摹未釋,可從,但認爲"自"前是"弓"字,則非,從照片上看還是視爲"惠"更好。另,《初步研究》分讀該辭爲兩辭,從行款上説難以成立②,未見兩條卜辭圍繞同一卜兆契刻的例子,《花東》釋文釋讀的行款在花東子卜辭中却不乏其例,故不改爲好。該辭應還有兆序字三(或二?)。(26)辭中的"發",《花東》釋文中作"彈",釋"發"乃從裘錫圭先生説③。"發以生"是指"發"這個人送來的犧牲。"庚"字乃"妣庚"之省稱。從拓片和照片來看,(27)辭"于"後之神名,亦是"妣庚"之省"庚"字,《花東》誤摹誤釋爲"妣庚"二字,《正補》《初步研究》和《校勘》亦誤從之,《花東類纂》亦失察。

114(H3:372)

(1)丙卜:子其敕于歲禦事? 一

(2)丙卜:子弜敕于歲禦事? 一

115(H3:374)

(2)乙巳:歲祖乙牢、牝,汎于妣庚小宰? 一二三

(3)甲寅:歲祖甲牝,歲祖乙宰、白豕,歲妣庚宰,祖甲汎奴卯? 二

按:(2)辭兆序字爲"一二三",但從摹本來看,《花東》所摹出的一卜兆所附之兆序字"一"乃"二"之誤識。在此卜兆左右各有一卜兆漏摹,其兆序字分別爲"一""三"。

117(H3:380)

其延疾? 一

118(H3:387)

壬午卜:引其死,在𡧧,亡其事? 二

120(H3:391)

---

① 冀小軍:《説甲骨金文中表祈求義的兼字——兼談兼字在金文車飾名稱中的用法》,載《湖北大學學報(哲社版)》1991年第1期。

② 《校勘》(第22頁)亦説:"細審原片可知期與花東卜辭行款不符。"

③ 裘錫圭:《釋"勿""發"》,原載香港中文大學《中國語文研究》1981年第2期,後收入《古文字論集》,中華書局,1992年。

(1)☒牛☒。一

(2)乙卜:☒妣庚?

(5)☒牛☒。一

(7)☒二十黑☒。

122(H3:400)

(1)婦☒侃于僕亦唯丁☒子?

(2)子炅貞:其有艱? 一

按:(1)辭《花東》釋文和《初步研究》讀"丁☐子亦唯侃于僕☒丁婦",但據照片,"婦"字左側一字下部似有刮痕,不一定就是"丁"字,只是其上部從"☐"而已,或許是"子"。該辭辭意不明,但從行款的角度看,若這樣釋讀,則卜辭行款並不符合花東子卜辭的刻寫習慣,所以該辭很可能應倒過來讀①。

123(H3:401+1607)

(1)辛酉晨:歲妣庚黑牝一,子祝? 一二三

(2)辛酉晨:歲妣庚黑牝一,子祝? 一二三

(3)辛酉卜:子其蚊黑牝,唯值往,不雨? 用。妣庚☒。一二三

124(H3:404+1380)

(2)丙又? 一

(4)戊卜:弜☒。一

(5)弜又? 二

(1)戊卜:丙又二羊? 一

(3)惠小狃一? 一

(6)戊卜:☐多母興其☒。

(9)戊卜:子夢𣦼,亡艱? 一

(10)子夢𣦼☒。一

(11)子夢𣦼,用牡,告,又㞢妣庚? 一

(12)妣庚咎?

---

① 趙偉先生在《校勘》中也主張該辭行款釋讀有誤,但他同時也認爲"唯"後三字作"婦子丁",與本文稍異。

按：(1)～(5)辭釋讀順序從《初步研究》調整。(11)辭《花東》釋文中作
"子夢牵用牡，告又㝬妣庚"，《初步研究》作"子夢牵，用牡告、又㝬妣庚"。我
們認爲，對比《花東》314 版第(5)辭"子夢，裸告妣庚"可知，本版"用牡"確
實不應前讀，應讀爲"子夢牵，用牡，告，又㝬妣
庚"。其中"用牡，告，又㝬妣
庚"的正常語序應爲"用牡又㝬告妣庚"，這裏的"用牡又㝬"與《花東》314
版中的"裸"一樣用作"告妣庚"的方式，只是本辭中祭品之間被"告"字隔開
而已，"告"乃"告夢"之省①。此外，本版另有(13)辭"一"，我們認爲所謂的
"一"從照片上看明顯是界劃綫的一部分，並非"一"字，故該辭當删。

　　　125(H3:405)

　　　(1)丁卜：子令庚侑有母，呼求凶，索尹子人？子曰：不于戊，其于
壬人。一②

　　　126(H3:411)

　　　貞：右馬其死？一

　　　128(H3:424)

　　　(1)☒妣庚☒。用。一

　　　(2)☒二牛？

　　　130(H3:431+433)

　　　(1)己卯卜：子用我瑟，若，弜屯（純）敓用，侃？舞商。一

　　　(2)屯（純）敓瑟不用？一

　　按："瑟"字釋讀，從徐寶貴先生説③。(1)辭"弜純敓用"正常語序爲
"弜純用敓"，即"弜純用敓瑟"之省。屯（純），可以訓爲"皆"。"敓"和前文
的"我"一樣都是地名。上引徐先生文把"用"讀爲用辭，從沈培先生説把
"弜屯敓瑟"解爲"不要皆彈奏瑟"，似乎是把"敓"看作動詞，訓爲彈奏。這
與我們的理解有别。(2)辭《花東》讀爲"屯敓柬？不用。一"，《初步研究》也
將"不用"讀爲用辭。《求疵（二）》對比本版(1)辭"己卯卜：子用我瑟，若，弜
屯（純）敓用，侃？舞商"中之"弜屯敓用"語，認爲"不"前不應點斷，即"不

---

　　① 參看《求疵（二）》。
　　② 本辭釋讀較為複雜，詳見《校勘》。我們這裏的讀法從《初步研究》。
　　③ 徐寶貴：《殷商文字研究兩篇·釋"瑟"》，載《出土文獻與古文字研究》第 1 輯，復旦大學出
版社，2006 年。

用”應讀入命辭，而“屯敉彔不用”句式與花東 7(8)“右用”、7(9)“右不用”同，是一個受事主語句。此説可從。但 130(1)中“舞商”《初步研究》視爲用辭則可取。

132(H3:435)

(1)庚戌卜：辛亥歲妣庚豚、牝一，妣庚侃？用。一

(2)辛亥：歲妣庚豚、牝一，齒禦歸？一

(3)辛亥：歲妣庚豚、牝一，齒禦歸？二

按：(2)(3)兩辭中“齒”的用法，《花東》中給出兩種解釋：1.用其本義，“齒禦”即“禦齒”，爲攘除齒疾而祭祀；2.用作人名。我們認爲參照《花東》319、《合集》22172(子組)“肩禦祟”語，可知本辭之“齒”應是用作本義的，“歸”才是人名。

135(H3:441)

(2)己卜：☒妣庚☒。

(5)辛卜：子于☒。

(6)☒于子☒。

(8)☒舌☒。一

(11)☒丁入告☒。二

按：本版刻辭經過刮削，大部分字已不可辨識。但是把照片放大以後可以看出，(5)辭“子”後一字乃“于”字，《花東》釋文及《初步研究》等均誤爲“其”字。(11)辭之“丁”字，據《正補》增補。另，本辭兆序字“二”，照片上依稀可見，《花東》漏摹漏釋，當補。如果把本版(11)辭“入告”語與《花東》149版第(7)辭“庚戌卜：子于辛亥告亞，休，若？用”及第(8)辭“辛亥卜：子告有口疾妣庚，亡嚮☒”相比較，可知《花東》135 與《花東》149 兩版内容疑應相關。

136(H3:442＋1523)

(1)丁未：歲妣丁彘一？一

137(H3:443 正)

(4)羌入，孜乃惠入杯？用。一

139(H3:445)

(1)乙卜：季母亡不若？　一二

(5)己卜：惠二牡☐。　一

(6)己卜：惠麀、牛妣庚？　四

(7)庚卜，在𩫖：惠牛妣庚？　二

(8)辛卜：其宜，惠豕？　一

(9)辛：其宜，惠大入豕？

(10)辛：宜𡰯妣庚？　一

(11)歲妣庚牝？　一

(12)歲妣庚牝？　二

　　按：(6)辭兆序字，《花東》誤摹誤釋爲"三"，從照片來看，疑應爲"四"。(9)辭中有"🐖"，《花東》認爲它是一字，"似爲棚下豢養的豬"。黃天樹先生以及《正補》《校勘》兩文均認爲其應爲"入豕"二字，"大入豕"即"大"這個人向"子"貢納豬[①]。《花東》148 版第(10)辭有"☐入豕☐"殘辭，或許可作本辭釋讀之佐證。(11)辭兆序字"一"，《花東》漏摹漏釋。(12)辭之"牝"，《花東》釋文中誤爲"牡"。此外，(11)(12)兩辭中的"牝"，摹本中摹寫皆不確。

　　140(H3：465)

(1)惠☐蚊？　一

(2)乙卜：子𢆶[②]？　二

(3)丁卜：豕宜？用。　一

(4)丁卜：子𢆶☐。　一

(7)☐卜：子𢆶☐。

　　142(H3：450＋458)

(1)甲戌：其☐，惠牝？用。　一

(2)　一

(10)　一

---

①　黃天樹：《簡論"花東子類"卜辭的時代》，原載《古文字研究》第 26 輯，後收入《黃天樹古文字論集》，學苑出版社，2006 年。

②　該字學者或釋"金"，參見黃天樹《體例最完善的大型甲骨文新著——〈殷墟花園莊東地甲骨〉》，載《中國文物報》2004 年 4 月 14 日。又黃天樹：《花園莊東地甲骨中所見的若干新資料》，載《陝西師範大學學報(哲社版)》2005 年第 2 期，後收入《黃天樹古文字論集》，學苑出版社，2006 年。

(3)祝,于白一牛用,彳歲祖乙用,子祝? 一二三

(4)祝,于二牢用,彳歲祖乙用,子祝? 一二三

(5)乙亥:彳歲祖乙二牢、勿(物)牛、白犰,犐曱一,子祝? 二三

(6)戊子:歲妣庚一犬? 一二

(7)辛卯:宜豕一? 在入。 一二

(8)☑丁,壬午丁各? 用。 二三四

(9)☑[子]祝?

　　按:(1)辭中的"犰",《花東》誤摹誤釋爲"豕",辭末兆序字"一",《花東》亦漏摹漏釋。今從《校勘》改之。(8)辭第二個"丁"後一字照片上作"█",黃天樹先生以及《正補》認爲應釋爲"各",此説可從。《花東》釋文中釋該字爲"龍",乃誤識字形所致。退一步講,若該字確如原摹那樣,釋爲"贏"①或更妥。另,《校勘》指出:"本版左右尾甲近千里路處有兩辭,均只有兆序'一',摹本已摹出。(2)辭爲其中之一,《花東》釋文顯然還漏一辭。今作爲本版第(10)辭補入。"此説甚是,我們把《校勘》所補(10)辭前置於(2)辭後。

　　144(H3:462)

(2)☑未:南三日有至? 一

(3)三伐?

(4)五伐?

(5)西。

(6)西。

　　按:本版(2)辭"未"後一字,《花東》釋"夆",《正補》《初步研究》釋"南",《校勘》從之。當以釋"南"爲妥。《初步研究》認爲,本版(2)(5)(6)諸辭與《花東》208版(2)辭"庚卜:西五六日至"及《花東》47版(1)辭"南"當系卜同事,《校勘》認爲本版(2)辭與《花東》290版(4)辭"自今三旬有至南"及(5)辭"亡其至南"相類等,這些都是可信的。另,《花東》《初步研究》《校勘》均將該辭均點讀爲"☑未,南三日又至。一",不妥。《正補》點讀爲"☑未:南三日又至"更合適,"☑未"應視爲前辭,"南三日又至"爲命辭。

────────────────

　　①　卜辭中"贏"字所釋,可以參看王蘊智《贏字探源》,收入《追尋中華古代文明的蹤跡——李學勤先生學術活動五十年紀念文集》,復旦大學出版社,2002年。

148(H3:474)

(4)甲卜：☐妣庚☐。

(6)☐[𪊍]☐。一

(10)☐入豕☐。

按：(10)有“入豕”殘辭，或與《花東》139版(9)辭“辛：其宜，叀大入豕”之卜有關。

149(H3:478+1259+1540+1617)

(1)甲午：歲祖甲牝一，衩鬯一，☐祝大牝一？一二二

(3)己亥卜：子夢人見(獻)子琡，亡至艱？一

(4)丁未卜：其禦自祖甲、祖乙至妣庚，𠕋二牢，麥(來)自皮鼎酓興？用。一二三

(5)于麥(來)自伐迺𡠧牝于祖甲？用。一

(6)庚戌卜：雨禦宜，𣅀壬子延酓，若？用。一

(7)庚戌卜：子于辛亥告亞休，若？用。一

(8)辛亥卜：子告有口疾妣庚，亡𠕋☐？一二

(9)甲寅：歲白豭？一

(10)甲寅：歲祖甲白豭，衩鬯一，又㿝？一

(12)甲戌：歲祖甲牢、幽廌，祖甲侃子？用。一二

按：(3)辭“琡”字所釋從陳劍先生說①。(6)辭“雨”字，據《初步研究》《校勘》補。辭末兆序字“一”，摹本中已經摹出，但釋文漏釋。(7)辭“用”字爲單育辰先生所補②，兆序字“一”爲《校勘》所補。

150(H3:479)

(1)甲辰夕：歲[子]☐。一

(2)己酉夕：翌日𠯑妣庚黑牡一？一二三四五

(3)甲寅卜：乙卯子其學商，丁侃？用。子臀。一

(4)甲寅卜：丁侃于子學商？用。一

(5)丙辰卜：延奏商？用。一

---

① 陳劍：《説殷墟甲骨文中的“玉戚”》，載《“中央研究院”歷史語言研究所集刊》第78本第2分，2007年。

② 參看《初步研究》第271頁脚註2。

　　按:(3)辭"臀"字,《花東》釋文中作"尻",張秉權、李孝定等學者釋其爲
"臀"①,本文暫從此説。

154(H3:484)

(1)辛酉卜:丁先狩,迺又伐? 一二

(2)辛酉卜:丁其先又伐,迺出狩? 一二

　　按:本版左右後甲中部各有一辭,皆僅存兆序字"二"。這點《校勘》已
經指出並把它們分別作爲本版(3)(4)辭補入。我們認爲兩兆序字"二"應
分別讀入(1)(2)辭,所以本文不將兩兆序字"二"單獨列爲兩辭。

155(H3:485 正)

(2)☑至☑于又☑。

(3)☑宰☑。 二

(5)丁小艱亡☑。 一

156(H3:485 反)

禦敉。

157(H3:486)

(3)甲戌卜:祝彭甲祖一? 用。 一

(4)甲戌卜:祝彭甲祖二? 用。 一

(5)丁丑②:歲妣丁小宰? 一二

(6)丁丑:歲妣丁小宰? 一二三

(7)己卯卜,貞:龜不死? 子曰:其死。 一

(9)貞:其死? 一

(8)己卯卜,貞:龜不死? 子曰:其死。 一

(10)貞:其死? 一

(11)辛巳卜:我祈☑丁蚊? 用。 一

　　按:(4)辭之"甲祖",《花東》釋文及《初步研究》等均作"祖甲",不妥。

---

①　參看《甲詁》第 0026 條所引各家觀點。

②　這一類卜辭中的干支字,學者或讀入命辭,即把它們視爲祭日,而非卜日。參見《研究》第
56 頁。

"甲祖",即"祖甲"之倒文①。(3)(4)辭之"犾毁甲祖一""犾毁甲祖二"語序特殊,祭品名稱與祭品數目被神名隔開了。另,(3)(4)兩辭中的兆序字摹本已經正確摹出,但釋文漏釋。(5)辭中的兆序字"一"、(6)辭中的兆序字"一二",《花東》均漏摹漏釋。(9)辭前置,從《初步研究》説。從照片上看,(8)辭刻寫兆序字的位置有一紅短劃,我們懷疑這是兆序字"一"先書後刻,但此處疑漏刻。

159(H3:490)

(1)癸未卜:今月六日☒于生月有至南? 子占曰:其有至,量月夏。 一

(2)癸未卜:亡其至南? 一

按:本版内容可以參照《花東》144 等版。

160(H3:496)

(2)子亡害? 一

161(H3:502)

(1)辛未:歲祖乙黑牡一,犾毁一,子祝,曰:毓祖非日云兄正,祖唯日象畂不𢆶𠹤? 一

(2)乙亥夕:歲祖乙黑牝一,子祝? 一

按:(1)辭"子祝"後面的部分較爲複雜,學者理解不一。《初步研究》《正補》等都有分析。本辭標點參照《初步研究》。

162(H3:515)

(1)戊卜:惠莫禦往妣己? 一

(2)[戊]卜:惠莫禦往妣己? 二

(3)歲妣庚妣? 三

(4)己卜:自又二祖禦雨? 一

163+506(H3:505+520+1546)

(1)庚午卜,在彤:禦子齒,于妣庚[曾]牢、勿(物)牝、白豕? 用。一二

---

① 齊航福:《花東卜辭中的祭祀動詞雙賓語句試析》,收入《河南省史學會 2006 年年會暨學術討論會論文集》(列印稿),2006 年,後載《古漢語研究》2010 年第 1 期。

（2）庚午卜，在𠂤：子其有齒，于妣庚曾牢、勿（物）牝、白豕至𣥏一？用。一二三

按：《初步研究》認爲，花東506版似可與本版綴合，可從。（2）辭乃據綴合版所作釋文。

165（H3:510＋735）

（1）子有夢，唯□吉？一

（3）貞：𠂤，亡艱？一

（4）亡艱？二

167（H3:517）

丁未：歲妣丁𣥏一？一二三

169（H3:529）

（1）甲辰卜：丁各，戾于我，翌日①于大甲？一

（2）甲辰卜：歲祖乙牢，惠牡？一二

170（H3:532）

（1）癸丑：宜鹿？在入。一

（2）甲寅，在入：𢀛？用。

（3）甲寅：歲祖甲白𣥏一，伐卯一，𢀛自西祭？一

（4）甲寅：歲祖甲白𣥏一？一

按：（4）辭“白”後之牲名，《花東》釋文中作“𣥏”，其實該字照片上非常清晰，爲從豕從匕的“𣥏”字。此外，《求疵》指出，從拓片和照片上看，（3）辭“𣥏”下僅有一個“一”，但不知道它是牲數還是兆序字，抑或“身兼二職”？

171（H3:533）

（1）[乙]巳：舌祖乙[暨]，牝一？在𠂤，宿☒。一

（2）乙巳：歲祖乙三豕，子祝，𢀛黍？在□。一二

按：（1）辭天干“乙”“暨”二字及（2）辭兆序字一，拓本依稀可辨，《花東》釋文和《初步研究》漏識。

173（H3:537）

───────────────

① “翌日”二字據《初步研究》補。

（2）丙申卜：丁☒晵？子占曰：其賓。孚。一

（3）丙申卜。子占曰：亦惠兹孚，亡賓。一

（4）丙申卜：子其往𢓊，蚊妣庚？用。羊。一二

（5）丙申卜：子往𢓊，歲妣庚羊一？在𢓊。一二

（6）丙申卜：子其往于𢓊，侃？用。一

按：（2）辭“丁”字據《初步研究》補。（4）辭中命辭部分《花東》《初步研究》《校勘》等點讀爲“子其往𢓊，蚊妣庚用羊”，將“用”“羊”二字讀入命辭，或不妥。按“用”“羊”兩字應視爲用辭，不應讀入命辭。花東子卜辭中“蚊”常用爲動詞，是一種用牲法，常與犧牲類名詞連用，如236（9）（10）“蚊宰妣庚，若／蚊宰妣庚，若”、223（12）“惠牝蚊妣己”等，但有時犧牲類名詞也常被省略，其後直接跟祭祀物件，如276（5）（6）“惠今蚊妣庚／于晵蚊妣庚。用”、322“弜蚊于妣庚”、374（10）“弜蚊妣庚”、374（12）“蚊其妣庚”、446（3）“子有心，蚊妣庚”等。再對比228（3）“甲申卜：惠小歲蚊于祖甲？用。一羊。一二”，我們認爲173（4）辭應點讀爲“丙申卜：子其往𢓊，蚊妣庚？用。羊。一二”更妥。173（5）中“在𢓊”《初步研究》視爲用辭則可從。

175（H3：540）

辛酉㞷：歲妣庚黑牝一，子祝？一二

176（H3：541）

（1）丁丑卜：子禦于妣甲，㞢牛一，又𠧪一，□災，入商彭？在麗。一二三四五六七八九十

（2）丁丑卜：子禦妣甲，㞢牛一，𠧪一？用。一

（3）乙酉：歲☒。

178（H3：546＋1517）

（1）庚子卜：子糴，惠昇罙琅肇？用。一

（2）庚子卜：子糴，惠昇罙琅肇？用。一

（3）庚子卜：子糴，惠昇罙琅肇？用。二三

（4）癸卯夕：歲妣庚黑牝一，在入，陟盂？一二三四五

（5）陟盂？用。一

（8）己酉夕：伐羌一？在入。庚戌宜一牢，發。一

（9）己酉夕：伐羌一？在入。一

（10）庚戌：歲妣庚乩一？　一

（11）庚戌：宜一牢？　在入。　發。　一二

（12）庚戌：宜一牢？　在入。　發。　一

　　按：（4）（5）兩辭中的"峀"字，從《初步研究》文。（10）辭"妣庚"後的祭牲名，《花東》釋文及《初步研究》中均作"乩"，《校勘》根據局部放大照片認爲其爲"乩"之誤。《校勘》之説非常正確，該字剪圖作"〔圖〕"。（9）辭兆序字"一"，亦據《校勘》補。

179（H3：547）

（1）己亥卜：其有至艱？　一

（2）甲辰卜：歲莧，友祖甲毚，惠子祝？　用。　一

　　按：（2）辭中的"莧"，《説文·卷十·莧部》訓作："山羊細角者。""友"，沈培先生認爲或許應該讀爲"醢"①。卜辭大意是，劇殺莧，並醢毚來祭祀祖甲，是否需要子來主持？在《花東》釋文及《初步研究》中，"莧"與其後部分連讀，齊航福《花東卜辭中的祭祀動詞雙賓語句試析》以及趙偉《校勘》等文都主張分讀②。我們贊成分讀説。

180（H3：550）

（4）乙丑卜：子弜速丁？　用。　一二

（5）□□蚊舌祖乙，牢、牝？　一

（6）庚：歲妣庚牝一？　一

（7）辛未：歲祖甲黑牡一？　日雨。　一③二

181（H3：553）

（6）己卜：其又妣庚？　一

（7）己卜：弜又于妣庚，其戠权？　一

（8）己卜：惠多臣禦往于妣庚？　一

　　①　沈培：《殷墟花園莊東地甲骨"皀"字用爲"登"證説》，載《中國文字學報》第 1 輯，商務印書館，2006 年。魏慈德先生看法與沈先生一樣，他也認爲這些辭例中的"友"爲一種祭儀，參看《研究》。

　　②　齊航福：《花東卜辭中的祭祀動詞雙賓語句試析》，收入《河南省史學會 2006 年年會暨學術討論會論文集》（列印稿），2006 年，後載《古漢語研究》2010 年第 1 期。

　　③　兆序字"一"及其所附卜兆《花東》漏摹漏釋，當補。

(9)己卜:惠白豕于妣庚,又埊? 一

(10)惠牝一于妣庚? 一

(11)歲牡于妣庚,又埊? 一

(12)歲牡于妣庚,又埊? 二

(13)歲牡于妣庚,又埊? 三

(14)己卜:子其疫,弜往學? 一

(15)己卜:丁各,惠新□舞,丁侃? 一

(16)己卜:惠三牝于妣庚? 一

(17)己卜:丁虞,不幽? 一二

(18)己卜:惠黻? 一

(19)庚卜:子心疾,亡延? 一

(20)辛卜:其禦子馘于妣庚? 一

(21)惠及禦子馘妣庚? 一

(22)辛卜:其禦子馘于妣己眔妣丁? 一

(23)辛卜:子其舞戉,丁侃? 一

(24)辛卜:禦,子舞戉,蚑一牛妣庚,卲宰,又埊? 一

(25)辛卜:禦,子舞戉,蚑一牛妣庚,卲宰,又埊? 二三

(26)壬卜:子舞戉,亡言,丁侃? 一

(27)壬卜:子舞戉,亡言,丁侃? 二

(28)壬卜:子令? 一

(29)壬卜:子令? 一

(30)壬卜:子令? 一

(31)壬卜:惠子興往于子癸? 一二

(32)歲子癸小宰? 一

(33)歲子癸小宰? 二

(34)惠豕于子癸? 一

(35)卜不吉,貞:亡囚,妣庚小宰? 用。一

　　按:(10)辭中的祭牲數"一",《花東》漏摹漏釋,當補。(15)辭"新"字、(18)辭"黻"字,皆從《初步研究》。(24)(25)兩辭中的"禦",《花東》釋文及《初步研究》中連讀,非是。"子舞戉"並不是作"禦"的賓語,參同版他辭知"禦"是指向妣庚舉行禦除子馘疾患之事,而"子舞""蚑牛""卲宰"和"見

（獻）㞢”則是在祭祀過程中的不同儀式，所以“禦”後以斷開爲宜，可以參看《求疵（二）》。（27）辭中的兆序字“二”，《花東》誤摹誤釋爲“一”。（35）辭，學界讀法不一，我們認爲《校勘》可從。

183（H3:560 正）

（1）丙卜：丁來視，子舞？　一

（2）丙卜：用二卜，曹五宰妣庚？　一

（3）丙卜：子令？　一二

（4）丙卜：㩱妣丁？　一

（5）丙言子[興]？　一

（6）歲妣丁小宰？　一

（7）往于舞，若，丁侃？

（8）壬卜：丁虞延？　一

（9）壬卜：丁不虞？

（10）壬卜：子夗？

（11）癸卜：不稽旬日雨？　一

（12）癸：歲妣庚牡？　一

（13）歲妣庚豕？　一

　　按：《初步研究》雖然把（1）辭中的“丁來視子舞”讀爲一句，但同時也認爲“丁來視”後可能當點斷。《正補》《校勘》亦主張點斷説。我們認爲丁來“視”的賓語不一定專指“子舞”，所以我們取點斷説。（2）辭之“卜”，從《初步研究》增補。（3）辭之兆序字“二”，《花東》誤摹誤釋爲“一”，這裏據照片改之，另有兆序字“一”當補。（5）辭“丙”後一字，拓本作􀀁，《花東》釋文作“舌”，《初步研究》認爲可能應釋“言”字，暫從後者。（6）辭兆序字“一”，拓片中依稀可辨，《花東》誤摹誤釋爲“二”。（7）辭之“往”和（9）辭之“丁”，《花東》漏摹漏釋，《初步研究》已補。《花東》416 第（3）辭“庚寅卜：子往于舞，侃，若。用”辭例與本版（7）辭相近，可以參照。（11）辭中的“稽”字，訓“至”，從趙平安先生説[1]。

----

　　① 趙平安：《釋花東甲骨中的“痒”和“稽”》，收入陳偉武主編《古文字論壇（第一輯）：曾憲通教授八十慶壽專號》第 74～79 頁，中山大學出版社，2015 年。

185(H3:561)

(1)☑于□母？用。

186(H3:563)

貞：莫不死？一

187(H3:565正)

(3)☑腹，秦（禱）妣庚？二

189(H3:566)

(2)☑[夢]蚊☑。

(6)☑小宰☑。二

191(H3:571)

(2)戊卜：其日用馭，不坚？一

(3)弜日用，不坚？一

(4)馭其坚？一

(5)馭不坚？二

(6)其坚？一

(7)不坚？一

195(H3:586＋1006＋1536)

(5)癸丑卜：其將妣庚[示]于狀東官？用。二

(6)乙卯：歲牡，权㕥祖乙？用。一二三

(7)壬戌卜：在狀葬韋？用。一

(8)于襄葬韋？不用。一

　　按：(6)辭中的兆序字"一"及其所附卜兆，《花東》皆漏，當補。(7)辭中的"在狀"，《花東》釋文中讀入前辭，非是。對比(8)辭即可知"在狀葬韋"與"于襄葬韋"爲一組選貞卜辭。"狀""襄"均地名，"韋"是人名。距離遠的地點前加介詞"于"，距離近的地點前加介詞"在"。(7)(8)兩辭是花東主人"子"爲死去的貴族"韋"選貞墓地，貞問是葬在近處的狀地好還是葬在遠處的襄地好①？

---

① 黃天樹：《〈殷墟花園莊東地甲骨〉中所見虛詞的搭配和對舉》，原載《清華大學學報（哲社版）》2006年第2期，後收入《黃天樹古文字論集》，學苑出版社，2006年。

196（H3：590）

（4）己酉：歲祖甲羒一，歲〔祖乙〕羒一，入自麗？　一

（5）弜又彑？　用。　一

（6）庚戌：歲妣庚羒一，入自麗？　一

197（H3：596）

（1）甲卜：☑。　一二

（2）甲卜：庚其☑。　一

（3）辛卜：子禦𠂤妣庚，又饗？　一

（4）壬卜：☑禦☑。

（5）壬卜：☑。　一

（6）☑亏？　在入。

（7）〔再〕丁☑其☑。　二

（8）☑犮于妣庚？

按：（2）辭中的"其"字、兆序字"一"，據《校勘》補。本辭辭末《校勘》還補有"吕（即本文的"灘"，筆者按）"字，但不知是否可信，因爲從照片上看所謂的"吕"和"其"字刻寫過於緊密，而且字體太小。此外，《校勘》還在（6）辭補兆序字"二"，照片上看確有兆序字但難以辨識是否爲"二"，存疑。

198（H3：599）

（1）乙亥：歲祖乙□，权彑一？　二

（2）辛卯卜：子障宜，至二日？　用。　一

（3）辛卯卜：子障宜，至三日？　不用。　一

（4）辛卯卜：惠口宜□鼃、牝，亦惠牡用？　一

（5）辛卯卜：子障宜，惠幽鬳用？　一

（6）（7）壬辰卜：子障宜，右、左惠鷹用，中惠觟用？

（8）壬辰卜：子亦障宜，惠觟，于左、右用？　一

（9）壬辰卜：子障宜，惠唯□用？　一

按：本版（6）（7）辭，《花東》讀爲兩辭"壬辰卜：子障宜，右、左惠鷹用／中惠觟用"，《初步研究》合讀爲一辭。從照片上看，該處僅有一個卜兆，因此不大可能有兩條卜辭依守，合讀爲一辭應是符合實際的。

199（H3：600）

（1）☒🔥？　一

（2）□卜：宰☒首☒。　一

204（H3：613）

（1）又歲牛于妣己？　一

（2）☒乃☒。

（3）☒又〔歲牛于〕妣己？

206（H3：616）

（1）丁丑卜，在🌿：子其🌾舞戉，若？不用。　一

（2）子弜🌾舞戉于之，若？用。多萬又災，引祁。　一

按：（2）辭中"引"後一字，《花東》釋文中作"🌾"。釋"祁"，從張亞初先生說[1]。此外，（1）（2）兩辭中均有兆序字"一"，《花東》摹本已摹，但釋文漏釋。🌾，拓本作🔳，《花東》認爲是"惠"字異構，暫存疑。

208（H3：619＋1346）

（1）戊卜，貞：呈亡至艱？　一

（2）庚卜：西五六日至？　一

（3）庚卜：毋至？　一

按：（2）辭"西"字，《花東》釋文中作"凶"，今從《初步研究》改之。

209（H3：620）

庚申卜：歲妣庚牝一，子臂禦往？　一二三四五六

212（H3：626）

（2）☒妣庚☒。

214（H3：631）

（1）辛未卜：子弜祝？　用。　一

（2）辛未卜：子弜祝？　用。　一

（3）癸酉：歲癸子乩，呈目禦？　一

（4）其呈禦往？　一

（5）戊寅卜：歲祖甲小宰，祖乙小宰，叠自西祭，子祝？　一二

---

① 張亞初：《甲骨金文零釋》，載《古文字研究》第 6 輯，中華書局，1981 年。

215（H3：632）

（3）庚辰：歲妣庚豾一、豾一，子祝？　一二三

按：辭中兩"豾"字，字形不一樣，一作"𥏦"，另一作"𥏦"，《花東》認爲："雖然兩字均表示母豬，但意義稍有差異，可能前者是泛指（即通稱），後者指某一類母豬（如產過仔的母豬）。"《初步研究》則認爲第一個應爲"狅"。

217（H3：641）

（1）丁未：歲妣丁黇一？　在𦎫。　一

（2）丁未：歲妣丁黇一？　在𦎫。　二

220（H3：645）

（1）丁丑：歲祖乙黑牝一，卯胴？子占曰：未（妹），其有至艱。其戉。用。　一

（2）戊寅卜：子禦有口疾于妣庚，卅牝？　一

（3）甲申：歲祖甲狅一，惠𠱾祝？用。　一

（4）甲申：歲祖甲狅一？　一

（5）弜又妛？用。　一

（8）乙酉卜：呼崖鷫，若？用。　一

（9）乙酉卜：呼崖鷫，若？用。　一二

按：（2）辭"口"字，（3）辭"惠"字，皆從《初步研究》補。《校勘》指出，（3）（4）兩辭中《花東》釋爲"狅"字者皆當釋爲"豾"，核對原片知趙說可信。（8）辭中的兆序字"一"及其所附卜兆，《花東》漏摹漏釋，當補。

223（H3：654）

（6）□卜：其蚊卯五牛？　一

（7）戊卜：其宜卯牛？　二

（8）戊卜：歲牡？用。　三

（9）己卜：歲牛妣己？用。　一

（10）己卜：歲牡妣己？用。　一

（11）己卜：歲牡妣己？用。　二

（12）己卜：惠牝蚊妣己？　一

（13）惠牡于妣己？　一

（14）惠牝于妣己？　一

(15)□卜：弜禦☒于妣己？　一

(16)庚卜：于曙枛（夙）①蚊伐？　二

(17)庚卜☒。

226（H3：659）

(2)丁酉：歲妣丁牝一？　一

(3)丁酉：歲妣丁牝一？　二

(4)丁酉：歲妣丁牝一？　三

(5)丁巳：歲祖乙牝一，舌祖丁彡？　三

(6)戊：往裸酌伐祖乙，卯牡一，𢀖豐一，口又伐？　一

(7)庚申：歲妣庚牡一？　子占曰：面□自來多臣殴？　一

(8)庚申：禦量目癸子，晳伐一人，卯宰？　一

(9)辛酉：宜𡩁牝罘量豝，戻蚊？　一二

(10)辛酉：宜𡩁牝罘量豝？　一

(11)庚辰卜：舌彡妣庚，用牢又牝，妣庚侃？　用。　一

　　按：(7)辭中的兆序字"一"，《花東》誤摹誤釋爲"二"。(8)辭中的"目"，《花東》誤摹誤釋爲"罘"，今從《初步研究》《正補》《校勘》等改之。(11)辭中"舌"後一字，《花東》釋文中作"三"，遂有"三妣庚"之新見稱謂，對比同版(5)辭後即知此"三"乃"彡"之誤②。

228（H3：662）

(1)辛巳卜：吉牛于宜？　一

(2)甲申：惠大歲又于祖甲？　不用。　一二

(3)甲申卜：惠小歲蚊于祖甲？　用，一羊。　一二

(4)甲申卜：歲祖甲牝一？　用。　一

(5)乙酉：歲祖乙牝一？　一

(6)乙酉：歲祖乙牝一？　三四

(7)丁亥卜：戠（待），弜酌羊，又豐癸子？　用。　一

---

　　①　該字原釋爲"蓻"，釋"夙"從沈培先生説。參看沈培《説殷墟甲骨卜辭的"枛"》，載《原學》第3輯，中國廣播電視出版社，1995年。

　　②　《花東》427版第(3)(4)兩辭與本版(11)辭爲異日卜同事，兩辭中的"三妣庚"之"三"亦是"彡"之誤。朱岐祥、姚萱均已經指出，分別參見朱岐祥《正補》、姚萱《初步研究》第16頁。

(8)丁亥卜：吉牛東于宜？一

(9)丁亥卜：吉牛皆于宜？一

(10)吉牛于宜？一

(11)吉牛其于宜，子弗艱？一

(12)丁亥卜：吉牛于宜？一

(13)吉牛于宜？一

(14)丁亥卜：吉牛于宜？二

(15)戊子卜：吉牛于示，有剢，來又🞐？一

(16)戊子卜：吉牛其于示，亡其剢于宜，若？一

(17)戊子卜：吉牛于示？一

(18)吉牛亦示？一

(19)戊子卜：有吉牛，弜隩于宜？一

按：上述諸辭中的"吉"，讀爲"佶"，健壯之意①。(9)辭之"皆"，《花東》釋文中漏釋，此據《初步研究》《校勘》增補。

233(H3：672)

(2)▨臭▨。一

234(H3：674＋848)

(1)丙寅夕卜：子有言在宗，唯侃？一

(2)丙寅夕卜：非侃？一

236(H3：684＋1152)

(1)丙卜：其酚妣庚，若？一

(2)丙：子夙興又牡妣庚？一

(3)丁卜：酚伐兄丁，卯宰，又盅？一二

(4)酚伐兄丁，告妣庚，[又]禍？一

(5)酚伐兄丁，告妣庚，又歲？一

(6)酚伐兄丁，告蚊一牛妣庚？一

(7)酚伐兄丁，告妣庚，又伐妣庚？一

(8)丁卜：蚊二牛，禦伐，作穽妣庚？一

---

① 參看《初步研究》第213頁；張玉金：《殷墟甲骨文"吉"字研究》，載《古文字研究》第26輯，中華書局，2006年。

(9)丁卜：蚊宰妣庚，若？一

(10)丁卜：蚊宰妣庚，若？二

(11)丁卜：蚊宰□□，[若]？三

(12)丁卜：歲妣庚牡又二麂？一

(13)丁卜：歲妣庚牡又二麂？二三

(21)己卜：哉（待），弜往禦妣庚？一

(22)己卜：其往禦妣庚？一二

(23)歲妣己牝？一

(24)歲妣己牝？二

(25)庚卜：丁饗鬳？一二

(26)庚卜：丁弗饗鬳？一二

(27)壬：盂于室卜（外）？一

(28)壬卜：子弗其有国？二

(29)歲子癸牝？一

　　按：(2)辭"子夙興"，《花東》釋文中誤讀作"蓺子興"，此從黄天樹先生說改之①。(3)～(7)辭標點，暫依《校勘》。(22)辭兆序字"一"及其所附卜兆，《花東》漏摹漏釋。(23)(24)辭中的祭牲名，《花東》釋文中作"牛"，實乃"牝"字之誤識，《初步研究》及《求疵》均已指出。(27)辭"卜（外）"之釋讀，從《初步研究》説。

　　237(H3：685)

(1)甲寅：歲祖甲☒。一

(2)乙卯卜：惠☒豕？不用。一二

(3)丁巳：歲祖乙牡一，吿祖丁彡？一

(4)甲子：歲祖甲白狀一，犾妣一？一二

(5)惠白狀□祖甲？

(7)甲戌：歲祖甲牢、幽鷹、白狀，犾一妣？一

(8)甲戌：歲祖甲牢、幽鷹、白狀，犾二妣？一二三

(9)乙亥：歲祖乙牢、幽鷹、白狀，犾二妣？一二三

　　① 黄天樹：《殷墟甲骨文白天時稱補説》，原載《中國語文》2005 年第 5 期，後收入《黄天樹古文字論集》，學苑出版社，2006 年。

(10)乙亥：歲祖乙牢、幽廌、白犿，权兇二？　四

(11)乙：歲延祖乙？用。一二

(12)庚寅：歲祖甲牝一，子雍見（獻）？　一二三四

(13)庚寅：歲祖甲牝一，子雍見（獻）？　一

(14)弜告丁，肉弜入［丁］？用。一

(15)入肉丁？用。不率。一

　　按：(4)辭"白犿"後的祭牲數"一"，辭末兆序字"一"及其所附卜兆，《花東》皆漏摹漏釋。

　　238(H3:720＋736)

(5)壬卜：叀白豕☑。一

(6)壬卜：歲☑。二

(7)壬卜：☑豕☑。一

(8)壬卜：叀小宰☑。一

(9)☑其告☑妣庚☑人？

(10)☑又☑。

(11)☑［益］☑又。

(12)□卜：☑妣庚？用。

　　239(H3:696＋1539)

(3)癸酉卜：弜刿新黑馬，有刻？一

(4)癸酉卜：弜刿新黑☑。二

(5)癸酉卜：叀召［呼］刿馬？一

　　按：(5)辭"召"下一字，原片中殘缺，摹本也只摹出其下部，《初步研究》補其爲"呼"，此說可從。

　　240:(H3:701)

(1)癸亥：宜牝？在入。一

(2)癸亥：宜牝一？在入。一

(3)戊辰：歲妣庚牝一？一

(4)戊辰：歲妣庚牝一？一二

(5)戊辰：宜□□㸬？用。在入。二

(6)于妣庚宜牝？不用。一二

（7）子腹疾，弜禦☒。一

（8）己巳：利亡艱？一

（9）庚午：歲妣庚牝一，犬彡一？一二

（10）庚午：歲妣庚牝一，犬彡一？

按：（5）辭辭末兆序字"二"，《花東》摹本中已經摹出，但釋文漏釋，當補。

241（H3：713）

（6）乙巳卜：于既蚊舌，迺蚊牝一祖乙？用。一二

（7）丁未卜：子其妝用，若？一二三四

（8）勿妝用？一二三四

（9）唯之疾子腹？一二

（10）非唯？一二

（11）辛亥卜，貞：玟羌有疾，不死？子占曰：羌其死唯今，其𦥑①亦唯今。一二

（12）辛亥卜：其死？一二

（13）辛亥：歲妣庚牝一？一

（14）癸丑：歲癸子牝一？一

按：（7）（8）兩辭中的"妝"，《花東》釋文及《正補》均視爲"疾"字異體。《初步研究》却認爲"妝"是"用"的對象，當指用以祭祀的犧牲。《合集》22483（劣體類）有"𤕫"字，是"妝"可用爲焚祭時所用的犧牲之證。本書標點及釋義暫從《初步研究》。

243（H3：716＋727）

乙亥夕：酚伐一[人]祖乙，卯牡五、牝五，犬一彡，子肩禦往？一二三四[五]六

按：由於該版"質地很差，嚴重碎裂，甲面受腐蝕"，"伐"後二字十分難辨，《花東》釋文、《正補》《校勘》均認爲是"一人"，而《初步研究》却認爲是

---

① 該字或視作"搓"字表意初文，讀爲表示病愈義的"瘥"，參看《初步研究》第199～213頁；或隸定爲"要"，讀爲"校"，認爲有"動亂"之意，參看時兵《花園莊東地甲骨卜辭考釋三則》，載《東南文化》2005年第2期；或釋作"索"，參看何景成《釋〈花東〉卜辭中的"索"》，載《中國歷史文物》2008年第1期。

"一于",核對拓片和照片,我們傾向於前説。

　　245(H3:728)

　　(1)甲卜:☑牢?

　　(2)甲卜:☑。

　　247(H3:733+911)

　　(2)己酉卜:禦□,在𠛱又伐,若,侃? 一

　　(3)癸丑卜:大叙,弜禦子口疾于妣庚? 一

　　(5)庚申卜:子益商,侃? 一

　　(6)癸亥卜:弜禦子口疾,告妣庚? 曰:𠂤,告。 一

　　(15)己丑:歲妣庚牝一,子往㸚禦?

　　(17)庚寅:歲妣庚豭一? 一

　　248(H3:737)

　　(1)癸丑:將妣庚,[其]歲妣庚牢? 在狀。 一二三

　　(2)癸丑卜:子祼新鬯于祖甲? 用。 一

　　(3)癸丑卜:子祼? 二

　　(4)[甲]寅卜:弜速丁? 用。

　　(5)戊申卜:其將妣庚于狀東官? 用。 一

　　按:(1)辭之"其",據《初步研究》增補。(2)辭從拓本上看應有兆序字
"一",《花東》釋文和《初步研究》均漏。(5)辭之天干字,《花東》釋文作
"壬",《初步研究》認爲是"戊",而"于"下之字拓本作"𦦤",《花東》釋文未識,
《初步研究》認爲很可能是第(1)辭中的"狀"字,這裏均暫從後説並調整
辭序。

　　249(H3:738 正)

　　(8)惠牛歲妣庚? 一

　　(9)妣庚宰? 在藁。 二

　　(10)歲妣庚宰? 在[藁]。 三

　　(11)☑于丁,妣庚?

　　(12)在藁卜:惠牝歲妣庚? 一二

　　(21)乙卜:☑鬯妣庚?

　　(22)乙卜:惠牝歲[妣庚]? 一

251(H3：744)

己未：歲妣己牝一？　一

252(H3：750＋763)

(1)乙亥：歲祖乙黑牡一，又牝一，［又］皀，子祝？　二三

(2)乙亥：歲祖乙黑牡一，又牝，又皀，子祝？　一

(7)戊寅夕：宜牝一？　在入。　二

(8)戊寅夕：宜牝一？　在［入］。

按：(2)辭之“牡”，《花東》摹本中已經正確摹出，但釋文誤爲“牝”。“又皀”之“又”，《花東》漏摹漏釋，據《初步研究》增補。此外，《初步研究》據(1)(2)辭兆序字而調整其順序，可從。(7)辭兆序字“二”，《花東》摹本誤爲“一”，釋文亦誤爲“一”，《初步研究》亦然。

253(H3：751＋1001)

(1)辛未卜：□爐☒。　一

(2)癸巳：歲癸子牝一？　一

(3)癸巳：歲癸子牝一？　二

按：(1)辭“爐”字隸釋從《初步研究》。另外，《花東》釋文在該字前標以“☒”，在其後標以句號，非是。《校勘》據拓片，認爲“卜”和“爐”之間只有一字的空間，“爐”後還有刻辭的殘留筆劃。其説可信。(2)(3)兩辭中的祭牲名，《花東》釋文中均爲“牡”。從拓片和照片上看，(3)辭之“牡”明顯是“牝”之誤識；(2)辭之“牡”照片上不清，但據拓片也應是“牝”之誤識，摹本亦誤摹①。

255(H3：754)

(1)甲寅卜：弜宜丁？　一

(2)甲寅卜：弜言來自西祖乙，口又伐？　二

(3)弜呼發燕？　一

(4)呼崔燕？　不用。　一

(5)乙亥卜：弜呼崔燕？　用。　一

(7)己丑：歲妣庚一牝，子往漸禦興？　一二三

———————

① 參看《求疵(二)》。方稚松先生亦有同樣的觀點，參看《初步研究》第303頁腳註2。

按：(2)辭之"言"，(5)辭之"崖""用"，(7)辭之"己"，《花東》釋文中均誤，皆從《初步研究》改之。但《初步研究》在(7)辭"禦"前點斷，則没有必要，因爲花束子卜辭中"往禦""禦往"之語他辭中還曾多次出現過，如《花東》53、181"惠多臣禦往妣庚"、《花東》55、247"子往溝禦"、《花東》162"惠奠禦往妣己"、《花東》209"子臀禦往"、《花東》214"其崖禦往"、《花東》236"往禦妣庚"、《花東》243"子肩禦往"、《花東》299"乙亥惠禦往"、《花東》352"子往于溝禦"、《花東》427"在兹往崖禦癸子"、《花東》459"禦往田"等。

256(H3：757)

(4)己[卜]：☑牛、羊☑庚☑。一

(5)[己卜]：☑小宰☑妣庚？二

按：(4)辭"卜"字和(5)辭"己卜"，據《求疵》增補。(5)辭兆序字"二"，《花東》摹本摹寫正確，但釋文中誤爲"一"。

257(H3：758)

(3)□卜：□告戌禦☑于[母丁]？一二

(5)甲卜：歲妣庚☑禦畄其□于丁，☑。一一

(10)☑妣庚阽告，亡虞？二

(11)己卜：☑妣庚☑。

(15)☑妣庚？在濑。二三

(17)☑祖☑。

按：(3)辭"于"字後，《花東》釋文及《初步研究》中均摹寫原篆，《校勘》認爲其可能是"母丁"二字，本文從《校勘》。(5)辭"卜"字，據《求疵》及《初步研究》增補。(10)辭《花東》釋文釋讀行款有誤，今從《初步研究》説改之。

258(H3：759＋1157)

(3)庚辰：歲妣庚牝？一

(4)于日雨入？

按：(4)辭《花東》釋文中作"☑禦于丁，雨？用"，參照拓片和照片後，這裏從《初步研究》改之。

261(H3：767)

(1)甲午：歲妣甲牝一，又㞢？一二三

（2）乙未：歲妣庚牝一，又㞢？　一二

262（H3:768）

（3）癸卜：子弜執燕，受丁祼？　一

264（H3:772）

（1）乙巳：歲祖乙牝一，子祝？在□。　一

（2）己未卜，貞：賈豆有疾，亡［延］？　一

（3）己未卜，在𠚣：其延有疾？　一

265（H3:775）

（5）辛未：歲妣庚宰，又㞢？用。　二

（6）辛未：歲妣庚小宰，告，又肇𢀸，子祝，㞢祭？　一二三四四

（7）辛未：歲妣庚，先暮牛蚊，廼蚊小宰？用。　一

（8）辛未：宜牝二，在入卯，又肇𢀸？　一二三

（9）辛未：歲妣庚小宰，☒。用。　一

（10）辛未：歲妣庚小宰，告，又肇𢀸，子祝，㞢祭？　一

　　按：（6）（10）兩辭中的"告"字，《花東》釋文中與其後面部分連讀，《初步研究》改爲前讀，疑均誤。對比《花東》314 第（4）辭"歲妣庚牝一，告夢"可知，本版"告"乃"告夢"之省，"告"應該獨字成句。另，對照《花東》481 第（2）辭可知本版"登祭"有可能當屬用辭，表實際施用情況[1]。（6）辭兆序字中有兩個"四"，第二個"四"也刻爲四橫劃，從該組兆序字所在卜兆的佈局看，該"四"字疑少刻一橫劃，或應爲"五"字誤刻，因爲花東中"五"字有刻爲五橫劃的例子，如 178 版第（4）辭中兆序字"五"即被刻爲五橫畫。（8）辭"宜"後牲名，《花東》誤摹誤釋作"羊"，今從《初步研究》改之。"牝"後祭牲數，照片中比較清楚，作"▩"，明顯爲"二"，《花東》釋文及《初步研究》等均誤作"一"。

267（H3:789）

（1）己亥卜：子于狀宿，夙蚊牢妣庚？用。　一

（2）庚子：歲妣庚在狀牢？子曰：卜未子彭。　一

（3）甲辰卜：叉（旱）祭祖甲，惠子祝？　一

---

[1]　《花東》171 版第（2）辭之"登黍"二字也應屬用辭。

(4)甲辰：叉（早）祭祖甲友氼一？　一

(5)甲辰：叉（早）祭祖甲友氼一？　二

(6)乙巳：叉（早）祭祖乙友氼一？　一

(8)戊申卜：惠子祝？用。　一

(9)戊申卜：惠子祝？用。　二

(10)庚戌：叉（早）祭妣庚友白犹一？　一

按：(2)辭"子曰：卜未子髟"，《花東》釋文作"子卜曰：未子岂"，今從《初步研究》。(3)～(6)及(10)辭之"早"字釋讀，從黃天樹先生説①。

268(H3：790)

(1)☒妣庚☒。

(3)丙卜，貞：其☒乙亥☒庚☒。

(6)☒㘽印妣庚☒。　五

(7)巳☒癸，丙祖☒步于子☒。

269(H3：791)

(3)☒歲？用。　一

(4)乙卜：在兹☒子☒歲☒牛一？　一

(5)☒牛于妣庚？　二三

(6)癸卜：其宜又牛？　一

按：《校勘》在(4)辭"兹"前補"在"字，並認爲《花東》釋文中的兆序字"四"顯非本辭所有，此説可信②。

270(H3：820)

(1)巳巳：宜氼一于南？　一二三四

(2)巳巳：宜氼一于南？　五

273(H3：801)

(1)于女由羍子馘▦。　一

(2)子馘▦，其羍妣巳罙妣丁？　一

---

① 黃天樹：《花園莊東地甲骨中所見的若干新資料》，原載《陝西師範大學學報（哲社版）》2005年第2期，後收入《黃天樹古文字論集》，學苑出版社，2006年。

② "四"所附之卜兆旁有一"卜"字尚可辨識，《花東》摹本中也已經摹出，但釋文中漏釋，當補。

(3)其禦子馘妣己眔妣丁？一

(4)☐羊妣庚？

(6)☐妣庚☐。

按：(1)(2)兩辭釋文參《初步研究》。《初步研究》已指出《花東》釋文中
兆序字"二"爲"于"字之誤，但其釋文中兆序字"二"依舊保留，或係筆誤
所致。

274(H3：808)

乙巳：歲妣庚豝，舌祖乙眔？一二三

275＋517[1](H3：816＋1221)

(1)己巳卜，貞：子利[女]不死？一

(2)其死？一

(5)癸酉卜：子耳鳴，唯癸子害？一

(6)乙亥：歲妣庚二豝？二

(7)乙亥卜：舌祖乙乡，宰、一牝，子亡肇丁？一

(8)乙亥卜：舌祖乙乡，牢、一牝，子亡肇丁？二

按：(6)辭是據綴合版所作釋文。(7)(8)兩辭"祖乙"後一字，《花東》釋
文中誤爲"三"，《初步研究》已指出。(7)辭之"宰"，《花東》誤摹誤釋爲
"牢"，《初步研究》亦然，從《校勘》改之。

276(H3：822)

(1)乙卜：其又伐，于灘作，妣庚各？一

(3)乙卜：其又伐，于灘作，妣庚各？二

(2)乙卜：其又十凸妣庚？一

(4)乙夕卜：歲十牛妣庚，祝凸五？用。在灘。一

(5)乙夕卜：惠今蚊妣庚？一

(6)乙夕卜：于眔蚊妣庚？用。三

(7)己卜：歲牛妣庚？用。一

(8)戊卜：其蚊牛妣己？一二三

---

① 蔣玉斌先生綴合，參《花東甲骨新綴一則》，中國社會科學院歷史研究所先秦史研究室網
站，2005年12月5日，後收入蔣玉斌《殷墟子卜辭的整理與研究》第220～221、229、246頁，吉林大
學博士學位論文，2006年。

(9)戊卜:于暨蚊牛姒己? 一二

(10)戊卜:歲牛子癸? 用。一二

按:前三辭之釋讀及辭序之調整從《初步研究》。前輩學者曾説:"卜辭近稱的紀時之前加虛字'叀',遠稱者加虛字'于'。"[1]此説是可靠的,(5)(6)兩辭即爲其例[2]。(8)辭兆序字"三"及其所附卜兆,《花東》皆漏摹漏釋,當補。(9)辭"暨"後,《花東》釋文中衍"日"字,應删。

278(H3:829)

(1)二牛? 二

(2)戠(待),弜又姒庚? 一二

(3)三牛? 一

(4)叀小宰、白豼? 一二

(5)二牢、白豕? 一二

(6)五豕? 一

(7)叀二黑牛? 一

(8)二黑牛? 二

(9)白一豕,又圉? 二

(10)夕:白豕、牡,酚二牢? 一

(11)叀二勿(物)牢□白豕姒庚? 一

(12)三羊? 一二三

(13)先蚊白豼宜黑二牛? 一

(14)叀一白豕,又圉? 一

按:(1)(9)兩辭中的兆序字"二",照片清晰,《花東》皆誤摹誤釋爲"一"。(10)辭"牡",《花東》摹本中摹寫無誤,但釋文誤爲"牝"。

279(H3:836)

(1)□子有[鬼夢],亡田? 一

按:本版右前甲中部還有一卜兆,其兆序字爲"一",《花東》皆漏摹漏

---

[1] 陳夢家:《殷虛卜辭綜述》第227頁,科學出版社,1956年。
[2] 黃天樹先生也有論述,參看黃天樹《〈殷墟花園莊東地甲骨〉中所見虛詞的搭配和對舉》,原載《清華大學學報(哲社版)》2006年第2期,後收入《黃天樹古文字論集》,學苑出版社,2006年。

釋。《校勘》已經指出，此可補爲第(4)辭。

280(H3：840＋859)

(1)丁亥：子其學爗妖？用。一

(2)癸巳：歲妣癸一牢，☒祝？一二三

按：(2)辭兆序字"三"及其所附卜兆位於左後甲，《花東》皆漏摹，釋文亦缺釋。

281(H3：844)

(1)☒牡卯☒庚☒。

(2)☒歲妣□☒。

(3)［歲又］☒。

282(H3：845)

(1)庚子：歲妣庚豭？一

(2)辛丑：宜牝？在𠭴。一二

(3)癸☒十羊？一

283(H3：849)

(2)牢？

284(H3：855＋1612)

(1)戊卜：歲十豕［妣庚］？在瀧。一

(2)戊卜：其呼□蚊豕于瀧？一二

(3)戊卜：侯莫其作子齒？一二

(4)戊卜：侯莫不作子齒？一二

按：(1)辭之"妣庚"殘存部分筆劃，《花東》漏釋，這裏從《初步研究》《正補》和《校勘》訂補。本辭兆序字"二"，拓片中不清，摹本中也沒有摹出。(4)辭"戊卜"二字，摹本中已經摹出，但《花東》漏釋，此據《初步研究》補。

286(H3：864 正)

(1)辛卜：晝入牡宜？一

(2)其宜，惠牝？二

(3)辛卜：惠牝宜？一

(4)辛卜：其宜，惠牝？一

　　(9)壬卜：其燎妣庚,于兹束告,有彔,亡延⿰彳⿱从? 一

　　(10)壬卜：束亡延⿰彳⿱从? 一

　　(11)壬卜：束彔弜若巳,唯有辭? 一

　　(12)叀三羊燎妣庚? 一二

　　(13)叀五羊燎妣庚? 一

　　(14)叀七羊燎妣庚? 一

　　(15)癸卜：甲其燎十羊妣庚? 一二

　　(16)癸卜：哉(待),弜燎于妣庚? 一二

　　(17)癸卜：其燎羊妣庚? 三

　　(20)己卜：于日牧(羞)中蚊三牛妣庚? 一

　　(21)己卜：其酚三牛作祝,叀之用妣庚? 用。一二

　　(22)己卜：其酚三牛作祝,叀之用妣庚? 用。三

　　(23)己卜：其三牛妣庚? 一二

　　(24)己卜：其在用,卯三牛妣庚? 一二

　　(25)己卜：暮蚊,卯三牛妣庚? 一

　　(26)己卜：暮蚊,卯三牛妣庚? 二

　　(27)庚卜：子弜歆其[彡][刖][父丙]? 一

　　(28)辛：于既呼食酒宜? 一

　　(31)癸卜：子其告人亡由于丁,[亡]以? 一

　　按:(9)～(11)辭之句讀從《初步研究》。(20)辭中的"牧",《花東》認爲
是新出之字,非是。《補編》7296 上似有此字①。黄天樹先生認爲"牧"是
"羞"字異體,本辭"日羞中",他辭或稱"羞中日"(《合集》20908)、"羞中"
(《合集》20922),是表示時稱的,猶"逼近中日時分"②,非常正確。(28)辭
"呼食"二字,《花東》釋文中誤爲"糗",今亦從《初步研究》改之。

　　288(H3:865)

　　(1)癸巳：歲(?)癸子虻一? 一

　　(7)甲午卜：子速,不其各? 子占曰:不其各,呼饗。用。吉祖甲

---

① 參看《求疵》文。

② 黄天樹:《釋殷墟甲骨文中的"羞"字》,原載《古文字研究》第 25 輯,中華書局,2004 年,後
收入《黄天樹古文字論集》,學苑出版社,2006 年。

彡。一二

(8)甲午卜:丁其各,子惠徉肇琡丁? 不用。吾祖甲彡。三

按:《花東》釋文中(1)辭作“癸子羊一? 癸子羌一?”《初步研究》説其甚爲不辭,所謂的“羊”疑爲“歲”字,前一“一”字當爲兆序字。由於該辭没有局部放大照片,所以無法確知姚説是否正確,但從“一”字刻寫位置來看,筆者傾向於姚説。(7)辭“不其各”後面的部分,《花東》釋文標點不妥,這裏從姚説。

289(H3:873)

(2)癸亥:歲癸子[羌]一? 二

(3)癸亥:歲癸子羌一? 一

(5)丙寅卜:賈馬[異],弗馬? 一

(6)丙寅:其禦唯賈視馬于癸子,惠一伐、一牛、一鬯,甾夢? 用。
一二

按:(2)辭中的“羌一”《花東》漏摹漏釋,當補。(6)辭中的“唯”,從《初步研究》《正補》增補。需要特別指出的是,本辭學者多在“禦”後點斷,非是。點斷之後,“其禦,唯賈視馬于癸子,惠一伐、一牛、一鬯”可能會讓人理解爲,要舉行禦祭了(禦祭原因不詳),是否要用“賈視馬”(賈所視之馬)、“一伐、一牛、一鬯”爲祭品來祭祀癸子。如果這樣理解,則疑惑有二:1.爲什麽同樣是姓名却分別在前面加上“惠”和“唯”分置於兩處? 2.“唯+姓名+于+神名”式中哪個是動詞? 這樣省略動詞的例子是有,但還是罕見的。林澐先生把“禦”和“唯賈視馬于癸子”連讀[1],似可信。因賈所視之馬遇到了不好的事情,遂爲禦除疾患而用“一伐、一牛、一鬯”祭祀“癸子”。何以言“甾夢”? 大概夢中發生的事情與賈所視之馬有關。《花東》289“賈馬[異],弗馬”、《花東》60“自賈馬其有死”即爲賈所視之馬遇到了不好的事情,《花東》381“其有奔馬”或也與此有關[2]。

290(H3:876)

(1)辛卯卜,貞:婦母有言,子從崖,不從子臣? 一

---

① 林澐:《花東子卜辭所見人物研究》,收入臺灣中研院歷史語言研究所編《第一屆古文字與古代史學術討論會論文集》,2006年;後又收入陳昭容主編《古文字與古代史》第1輯,臺灣中研院歷史語言研究所,2007年。

② 齊航福:《殷墟甲骨文賓語語序研究》第356～357頁,中西書局,2015年。

(2)壬辰卜:呼[崖]禦于又示? 二

(3)壬辰卜:子祼朶? 一二三

(7)甲午卜:其禦宜戻,乙未戻,暨酌大乙? 用。一

(8)乙未卜:呼多賈及西饗? 用。戻。一

(9)乙未卜:呼多賈及西饗? 用。戻。二

(10)乙未卜:呼崖燕,見(獻)? 用。二

(11)乙未卜:呼崖燕,見(獻)? 用。二

(13)戊戌卜:有至艱? 一

　　按:(2)辭"又",《花東》釋文中作"右",《初步研究》認爲有讀"右"和"有"兩種可能。(2)辭辭末兆序字"二",《初步研究》删去則疑非,從照片上看似乎有"二"字存在。(3)辭"子"後一字,《花東》釋文中寫作原篆"𥛱",本文從釋方稚松先生"祼"説①。(8)(9)兩辭釋讀從《初步研究》。(10)(11)兩辭中"見(獻)",《花東》釋文及《初步研究》等與前連讀,我們認爲"燕"與"見"是兩個動作,應以分讀爲是,下同。

　　291(H3:877)

(1)庚辰:歲妣庚小宰,子祝? 在麗。一

(2)甲申:歲祖甲小宰,叔卺一,子祝? 在麗。一二

(3)乙酉:歲祖乙小宰、牡,叔卺一? 一二

(4)乙酉:歲祖乙小宰、牡,叔卺一,𢆶祝? 在麗。三四五

　　按:(4)辭之兆序字,《花東》釋文及《初步研究》《校勘》等中均作"二三四",《花東類纂》中亦失察。若果真如此,則本辭兆序字"四"居於中間,而"二""三"分別居於左右兩邊,這種情況很是罕見。仔細查看拓片或照片即可知,所謂的"二"作"▨"實際上是"五"。這樣一來,其兆序字的分佈就十分常見了。

　　292(H3:896)

(1)惠大䊮,其作宗? 二

(2)惠小䊮? 二

(4)□歲宰▨。

_____

① 　方稚松:《釋殷墟花園莊東地甲骨中的瓚、祼及相關諸字》,載《中原文物》2007年第1期。

293（H3：879）

（1）惠［孃］舞？二

（2）庚午卜：惠奴先舞？用。一

（3）辛未卜：子其告舞？用。

（4）辛未卜：子弜告奏？不用。一

　　按：（1）辭“舞”前一字，《花東》釋文中作“婆”，《初步研究》認爲該字是“孃”字誤識，其説可從。（3）辭辭末《花東》釋文中有兆序字“一”，從摹本中的位置來看，“用”字右邊所摹一短橫顯非兆序字，從拓片與照片中我們也看不出兆序字之所在，故“一”係衍增。

294（H3：880）

（8）乙卯卜：歲祖乙牢，子其自，弜速？用。一二

（9）庚申卜，貞：執死？一二

　　按：《花東》釋文中在（8）辭“速”字前漏釋一“弜”字，陳劍先生曾指出：“‘弜’字《花東》摹本已摹出但釋文漏釋。‘自’下應是漏刻了一個跟‘禽’相類的動詞。”①對比《花東》454 版第 3 辭“乙卯卜：子其自飲，弜速？用。一二”、4 辭“乙卯卜：子其飲，弜速？用。三”，知陳説可從。尹春潔、常耀華先生也補足了該辭中的“弜”字②。（9）辭之“申”，《花東》誤摹誤釋爲“午”，《求疵》以及《校勘》均已經指出。

296（H3：884）

（2）庚子：歲妣庚豝？一

（6）甲辰：歲祖甲羊一？一二三

（7）乙巳：歲祖乙白彘，又皂？一二

（8）丁未：歲妣庚豝一，皂？一二三

　　按：（6）辭兆序字“一”，《花東》漏摹漏釋。

297（H3：886）

---

① 陳劍：《説花園莊東地甲骨卜辭的“丁”——附：釋“速”》，載《故宫博物院院刊》2004 年第 4 期。

② 尹春潔、常耀華：《讀〈殷墟花園莊東地甲骨〉》，載《中國社會科學院研究生院學報》2005 年第 3 期。

己未卜：子其尋宜，惠往于日？用。往𠂤。一二三

299(H3:895)

(1)丁卯卜：乙亥惠禦往？　一

(2)有吉牛，惠之蚊？　一

(3)惠白一牛？　一

(5)戊辰卜：大有疾，亡延？　一

(6)其延？　一

300(H3:897)

(1)丙寅卜，在𦎫：甾友有凡，唯其有吉？　一

(2)唯樓？

302＋344(H3:903)

乙亥：歲祖乙牢，权(?)卪一，唯狩禦往？　一

按：林宏明先生將本版與《花東》344綴合①，這裏的釋文即依據綴合版。

304(H3:906)

(1)甲卜：子疾首，亡延？　一

(2)子疾首，亡延？　二

(3)乙卜：㞢又于庚？　一

(4)乙：歲于妣庚[彘]？　一②

(5)乙：歲于妣庚彘？　二

(6)丙：宜羊？　一

(7)丙：㞢宜？　一

(8)戊卜：將妣己示罪妣丁，若？　一

305(H3:914)

(1)甲子卜：子其舞，侃？　不用。一二

(2)甲子卜：子戠(待)，㞢舞？　用。一二

按：《花東》把(2)辭中的"子戠"當作人名，陳劍先生已辨其非，并指出

---

① 參林宏明《醉古集——甲骨的綴合與研究》第312組。

② 從拓片上看兆序字的確是"一"，但照片中的"▓▓"似乎是"二"，存疑。

當從裘錫圭先生的觀點，讀其爲等待的"待"①。

309(H3:939)

(1)辛亥卜：在□亞于商？　一二

(2)壬子：歲祖甲☒于□亞？　一

(4)☒祖甲白牝一，祖乙白牝一，妣庚白牝一？　二

(5)己未：又☒牝一？　一

(6)乙卜：☒又祭☒祖乙？

(7)一二三

　按：(1)辭之兆序字"一"，《花東》漏摹漏釋，當補。(6)辭"祭"字，《花東》誤摹誤釋爲"司"，今從《初步研究》改之。《花東》釋文(7)辭中有"玉"字，經核對原片後我們認爲所謂的"玉"似爲兆序字"三"之誤識。在(7)辭兆序字爲"二"的左邊還有一卜兆及其兆序字"一"，《花東》漏摹漏釋。這樣看來(7)辭我們僅能看到三個兆序字。

310(H3:940)

(1)甲戌夕：歲牝一祖乙，舌彡☒。　一二三

(2)甲戌夕：酚伐一祖乙，卯☒。　九十

311(H3:974)

庚午：歲妣庚牢、牝，祖乙延蚊？在[狀]。　一二三

313(H3:984)

(1)戊戌卜：惠羊歲妣己？用。　一

(3)己亥：歲妣己[羊]？用。　一

(2)己亥卜：于妣庚叙，亡豕？用。　一二

　按：(2)(3)兩辭辭序互調，參看《求疵(二)》。

314(H3:957)

(1)甲戌卜：暮蚊祖乙歲？用。　一

(2)乙亥卜：惠賈視眔匕？用。　一

①　裘錫圭：《説甲骨卜辭中"叙"字的一種用法》，收入《古文字論集》第111～116頁，中華書局，1992年；陳劍：《説花園莊東地甲骨卜辭的"丁"——附：釋"速"》，原載《故宮博物院院刊》2004年第4期，後收入陳劍著《甲骨金文考釋論集》第81～98頁，綫裝書局，2007年。

(4)丙子：歲妣庚牡，告夢？一

(5)丙子卜：子夢，祼告妣庚？用。一

(6)子从蚊牡，又彳妣庚，夢？用。一

(7)己卯：歲妣己戕一？一

(8)己卯：歲妣己戕一？一二三

按：(2)辭與《花東》391 版第 7 辭"庚辰卜：惠賈視罘匕。用。一"卜同事。《花東》釋文中在 391 版中讀"匕"爲"妣"，而《初步研究》則讀爲"比"，本文存疑。(5)辭"夢"後點斷，從《初步研究》。(6)辭"夢"前點斷，從《求疵（二）》。此外，(6)辭兆序字"一"，摹本中已經摹出，但釋文漏釋。

316(H3:963)

(1)戊申：歲祖戊犬一？一二

(2)壬子卜：其蚊，戈友若？用。一二

(5)四

按：(5)辭刻寫於(2)辭下方，從位置來看，(5)辭與(2)辭或應合讀爲一辭，或應爲卜同事。

318(H3:972)

(2)甲子卜：二彳祼祖甲□歲彳三？一

(3)甲子□：二彳祼祖甲？用。一

(4)甲子卜：祼戌彳祖甲？用。一

(5)甲子卜：二彳祼祖甲？用。二

按：(5)辭兆序字"二"，《花東》拓片與照片中十分清楚，但漏摹漏釋。單育辰先生以及《校勘》均已補足"二"①。

319(H3:975)

(1)乙丑：歲祖乙黑牡一，子祝，肩禦圭？在剁。一

(2)乙丑：歲祖乙黑牡一，子祝，肩禦圭？在剁。一二

320(H3:976)

(6)庚卜，在麓：歲妣庚三牡，又彳二，至禦，哲百牛又五？

---

① 單育辰先生説轉引自《初步研究》第 328 頁脚註 4。

按：本辭之"玨"，《花東》摹本無誤，但釋文誤爲"玐"。

321(H3：977)

(1)甲辰：歲癸子牡一？ 一

(2)甲辰：歲癸子牡一？ 二

(3)丙辰卜：妙又取，弗死？ 一

(4)庚申：歲妣庚小牢，叙凸一，祖乙延，子饗？ 一

(5)甲子卜，貞：貉中周妾不死？ 一二

(6)甲子卜：貉其死？ 一二

322(H3：981)

甲卜：弜蚨于妣庚？ 一

323(H3：986)

□子□□妣庚小宰，𠂤祝？ 在犾。 一

324(H3：994)

(1)戊戌卜：其宜，子鼎丙？ 用。 一

(2)己亥卜：弜巳馶罘甶黑？ 一

(3)己亥卜：子惠今☒？ 用。唯豕亡。 一

(4)己巳：歲妣己妣？ 一

(5)弜食多[工]？ 用。 一

按：(1)辭"丙"字，從《初步研究》補。《花東》釋文中(2)辭錯誤較多，我們亦據《初步研究》調整。(3)辭"用"後三字，《花東》釋文中作"唯豕亡"，認爲"豕亡"乃"亡豕"之倒文。《初步研究》改讀爲"唯亡豕"，並把"唯亡豕"和"用"均讀入命辭。我們認爲，《花東》釋文的讀法更符合花東子卜辭行款走向的一般習慣，故(3)辭點讀從《花東》釋文。

330(H3：1023)

甲子：歲祖甲軌，子祝？ 在𠂤。 一二

331(H3：1028)

(1)辛卜：婦母曰子：丁曰：子其有疾。允其又？ 一二

(2)其㝱，若？ 一

按：(1)辭句讀《花東》釋文中有誤，本釋文參照陳劍先生説。(2)辭"其"後一字拓片中作"𤶅"，《花東》釋文中隸釋作"疾"，以爲表示有病在家

或在家養病。《合集》20966（自小字類）有字作"🔲"，黄天樹先生認爲該字當是"瘇"字的初文①。《初步研究》認爲，"🔲"跟（2）辭"🔲"比較只多一"口"形，因此"🔲"當是"瘇"字表意初文。

335（H3:1038＋1457＋1579）

（1）丁酉卜：今夕🔲往🔲？ 一

（2）［甲］辰：宜［丁］牝一，［丁］各，戻于我，翌日于大甲？ 一二三

336（H3:1039）

（1）甲寅卜：乙卯子其學商，丁侃？子占曰：其有𡆥艱。用。子臀。一二三四五

（3）丙辰卜：于妣己禦子臀？用。一二

（2）丙辰：歲妣己𧓔一，告臀？ 一

（4）丙辰：歲妣己𧓔一，告子臀？ 二三四

按：本版辭序有誤，應先讀（3）辭，再讀（2）（4）兩辭。（3）辭"于妣己"的介詞結構是句子的焦點，該辭是在貞問爲了"子尻"之事是否應該對"妣己"舉行袚疾之祭？用辭爲"用"，表明占卜的結果是要對妣己舉行祭祀，故而（2）（4）辭繼續占問是否要用"歲𧓔一"的方式舉行祭祀？（2）（4）辭分別爲第一和二、三、四卜②。又，（1）辭的"子臀"，《初步研究》第74～75頁對照150（3）（4）、336（1）～（4）、487（1）（2）、209 等相關卜辭，認爲應是驗辭，"學商"與樂舞有關，兩辭貞卜子在乙卯日"學商"之事，336（1）中占辭"其有𡆥艱"和487（2）中占辭"有咎"，都是説子在乙卯日"學商"會有不好的事發生，"子臀"實際指的當是乙卯日子臀有不好的事如生病等，遂被認爲是"有咎"和"其有𡆥艱"占斷的應驗，作爲驗辭略記於諸有關卜辭之末。此説可從。

337（H3:1041）

（1）乙：歲羊妣庚？ 一二

338（H3:1042）

（1）甲辰：歲莧祖甲，又友？用。 一

---

① 黄天樹：《殷墟甲骨文所見夜間時稱考》，原載朱曉海主編《新古典新義》，臺灣學生書局，2001年，後收入《黄天樹古文字論集》，學苑出版社，2006年。

② 參看《求疵（二）》文。

(2)甲辰:歲祖甲覓一,友[彘]? 一

(3)甲辰:歲祖甲覓一,友彘? 二三

(4)甲辰卜:子往宜上甲,又用? 𩛥。一

按:(4)辭辭例可以對比《花東》23 版第 2 辭"己巳卜:子燕上甲,又用?"詳見前文《花東》第 23 版按語。

340(H3:1047)

(1)癸巳:宜牝一? 在入。一二

(2)甲午:宜一牢,伐一人? 在[入]☒。一二三

(3)暮酌,宜一牢,伐一人? 用。一二

343(H3:1066)

(1)甲戌卜:其夕又伐祖乙,卯鷹? 一

(2)甲戌卜:其又□伐祖乙? 不用。一二

按:《初步研究》指出(2)辭"其"後的"又"字,《花東》釋文中誤爲"夕"。姚説可從。

345(H3:1069)

(1)又羌? 一

(2)勿又羌? 一

(3)惠一牛? 一

(4)弜?

(5)弗正?

(6)惠牝? 一

(7)惠二牛? 一

按:(4)辭之"弜",《花東》釋文中在其下有"☒",《初步研究》《正補》《校勘》等皆已指出其下並無缺文。(7)辭之"二",《花東》誤摹誤釋爲"一",今從《求疵》改之。

346(H3:1078)

(2)敊。

(3)三成。一

(4)四成。一二

按：(4)辭漏摹漏釋兆序字"一"及其所附之卜兆。

349(H3:1106)

(2)☒弜[卯]于☒。一

(3)子亡☐？

(4)☐于☐弜☒于☐，乙☐其丁有疾？

(14)子亡☒？二

(19)子夢丁，亡☒？一

(20)子有鬼夢，亡☒？一

350(H3:1109)

甲辰夕：歲祖乙黑牡一，子祝？翌日舌。一

　　按：《花東》第6版第1辭作"甲辰夕：歲祖乙黑牡一，惠子祝，若，祖乙侃？用。翌日舌。一"，該辭顯然與《花東》350版同文，兩辭相互比照，可以知道《花東》350之"翌日舌"也應該屬於用辭而非命辭。《花東》釋文及《初步研究》等中皆誤植入命辭。

351(H3:1111)

(1)一二三

(2)一二三

(3)戊子卜，在𡇗，貞：不子𫞩有疾，亡延，不死？一二三

(4)戊子卜，在𡇗，貞：其死？一二三

(5)戊子卜，在𡇗：言曰：翌日其于萑（舊）官宜，允其？用。一①

352(H3:1113)

(1)己丑：歲妣庚牝一，子往于𣶒禦？一

(6)丙申夕卜：子有鬼夢，祼告于妣庚？用。一

353(H3:1122)

(1)己酉：歲妣己牝一？一

(2)庚戌卜：小子舌妣庚？一

354(H3:1125＋1126＋1317＋1574)

(1)乙亥：歲祖乙小䍆，子祝？在麗。一

---

① 本辭之釋讀參看《初步研究》第335頁腳註1。

(4)甲申:歲祖[甲]小宰,权凸一,子祝? 在麗。一

(3)甲申:又凸? 用。一

按:(1)辭之"在",《花東》釋文中誤爲"左",應爲筆誤。"在"於摹本中不誤。(3)辭兆序字"一",《花東》漏摹漏釋,單育辰先生及《校勘》等均已補足[①]。根據殷人往往有在與先人日干名相同的天干日祭祀該先人的習慣,(3)辭也應是對祖甲的祭祀,(4)辭具體而(3)辭簡略,所以兩辭辭序應調整,參看《求疵(二)》文。

355(H3:1128)

(1)乙巳卜:子其□[多]尹令飲,若? 用。一

(2)乙巳卜:于□飲若? 用。一二三四五

(3)乙巳卜:于入飲? 用。一二

(4)丙午卜:其入自西祭,若,于妣己酉? 用。一二

(5)戊申:歲祖戊犬一? 一

按:(1)辭之"令",《花東》釋文中誤爲"卩",今從《初步研究》改之。《初步研究》另補"其"後一字爲"惠",亦可信。

356(H3:1131 正)

(1)己卜:子其□□于之,若? □庚☒。一

(2)甲卜:暨乙□□?

(3)甲[卜]暨乙弜☒丁?

(4)☒唯☒示☒卯☒。一

按:(1)辭位於右後甲下部,《花東》原讀一辭,《初步研究》分讀兩辭。從卜辭所守卜兆看,後者可從。該辭可分讀爲"己卜:子其□□于之,若? 一""□庚☒"兩辭。《初步研究》指出,(2)(3)兩辭"日"前一字當爲"翌",而《花東》皆誤摹誤釋爲"弜",(3)辭之"丁"《花東》漏摹漏釋,其說可從。《校勘》認爲(2)(3)兩辭辭末有兆序字"一",亦可從。(4)辭"示""卯"二字,據《求疵》補足。

---

① 單先生説參看《初步研究》第 336 頁脚註 1。

358(H3：1138)

□又㓟。

361(H3：1149 正)

(1)丙卜：子既祝，有若，弗左妣庚？ 一

按：《校勘》指出“本版中甲左部有一兆序爲‘二’，拓片不可見，照片十分清晰”，甚是。另，細察照片，在與《校勘》所補卜兆相對應的中甲右部，同樣還有一卜兆，其兆序字爲“一”。

363(H3：1155)

(3)［辛卜］：歲祖［乙］牝，眚自丁［黍］？ 在斝，祖甲［延］。 一

按：本辭“乙”爲我們據辭意補足。“丁黍”二字爲《初步研究》補。

364(H3：1158)

(1)貞：子亡囚？ 一

(2)有囚子？ 二

按：《花東》中(2)辭作“子囚又”，《初步研究》認爲“此辭位于腹甲左半，二字横列，應該與原釋讀方向相反而自左自右讀爲‘有囚子’”。可從。“有囚子”屬於主語後置句。

368(H3：1163)

(1)▨妣庚▨至于▨。

(2)▨至于▨。

(3)▨［賈］▨于▨。

(4)▨卜：▨其□羊▨。 一

369(H3：1164)

壬辰卜，貞：右馳弗安，又赴，非鷹□？ 子占曰：三日不死，不其死。 一

按：本辭之“赴”，《花東》誤摹爲“𧺆”，誤隸釋爲“趄”，此從《初步研究》《校勘》訂正。

372(H3：1177)

(1)乙酉卜：惠［堂／崖］鏞？ 用。 一

(2)乙酉卜：惠子［鏞］？ 不用。

(3)乙酉卜：☑。一

(4)丙戌卜：子惠辛瑟用，子罘？一二二

(5)丙戌卜：子☑瑟用？一二二

(6)甲午卜：歲祖☑惠祝？一

(7)甲午卜：惠子祝？曰：非夅(孽)唯疒(疾？)。一

(8)甲午卜：子作㪤分卯，[告]于丁，亡[以]？用。

(9)己酉卜：子寢燕？

(11)☐申卜：惠子？一

按：(1)辭之堂(或崖)字，據《初步研究》補，(7)(8)兩辭亦據《初步研究》改之。(9)辭"寢"字後，《花東》釋文中標以"☐"，其爲"燕"乃據《求疵》及《初步研究》增補。

373(H3:1182)

(1)癸卯卜，貞：☐吉，右史死？一

(2)不其吉，右史其死？一

374(H3:1185)

(5)壬卜：☑于☑三[史]庚告☑。

(6)壬卜：☑三㲋？

(7)☑癸☐：曰告☑。

(8)壬卜：惠三牛？二

(9)☐子☐☐妣庚？一

(10)辛卜：弜蚑妣庚？一

(12)辛卜：蚑其妣庚，若？二

(13)壬卜：歲妣庚☑。一

(14)壬卜：子☑牡☐白三豕？

按：(8)～(10)(12)(13)諸辭之兆序字乃據《校勘》增補。因經過刮削，本版辭例中許多字都不清楚，但是(9)辭"妣庚"前一字，《花東》釋文中作"往"，《初步研究》《花東類纂》亦然。疑非是。(14)辭，《花東》釋文中作"壬卜：子☑牡☑三☐?"經查核，"三"下有"豕"字，"豕"右邊似有"白"字。在《花東》中"白"字修飾的祭牲中，除去有兩例修飾"牛"，其餘均爲修飾"豕"或"牡""牝""麑"的例子。其中《花東》238版第5辭有"惠白豕"、《花東》278

第10辭有“夕白豕、䍧，酚二牢”語，尤其是後者，更能印證本版(14)辭的讀法可能是正確的，前者是在“壬”這天貞問是否用白豕對某祖先進行祭祀，後者則同用“白豕”和“䍧”等祭牲來進行祭祀①。

375(H3:1186)

(1)戌卜，在麓：駜有，曰？一

(2)乙丑卜：甾又其延有凡，其艱？二

按：兩辭《花東》釋文中錯誤較多，這裏從《初步研究》改之。

376(H3:1187)

(1)戊申卜：子[裸]于妣丁？用。一

(2)子□？一

(3)己酉夕：伐羌一？在入。庚戌宜一牢，發。一

按：(3)辞中“在入”爲附記前辭，“庚戌宜一牢，發”爲用辭。

380(H3:1205)

庚戌卜：子于辛亥祆？子占曰：舭卜。子臀。用。一二三

382(H3:1215)

丙辰卜：延奏商，若？用。一二三四

383(H3:1219)

(1)□秋□。二

按：兆序字爲我們據拓本所卜，該字拓本可見。

384(H3:1218)

(1)壬卜：子有求，曰：往[兮]皂？一

(2)壬卜：子有求，曰：視丁官？一

(5)壬卜：其蚑牛妣庚？一

(6)壬卜：惠宰蚑妣庚？一

按：(1)辭“兮”字花東中僅此一見，《正補》認爲該字應隸作“乎”。原字形確爲“兮”，不過它有可能是“呼”之誤刻。此外，本版左尾甲近左後甲與

① 參看《求疵(二)》文。

千里路處尚有一辭，單育辰先生補爲“壬子：子☒”①，《求疵（二）》補爲“壬卜：子［又］求，曰往入（?）☒”，並認爲該辭似應爲第一辭。

386（H3：1239）

（2）百? 一

（3）宰?

按：《花東》釋文（2）辭“百”前有“☒”，《校勘》認爲“百”前並不缺文。

387（H3：1242）

（3）☒莫用□己☒。

（5）☒，其有疾? 一

（6）☒子☒。 一

按：圖版中（6）辭位於（5）辭左下方，《花東》漏摹漏釋，《校勘》據照片增補（6）辭。

391（H3：1246）

（1）己巳卜：子匪燕? 用。庚。 一

（2）弜巳匪燕? 一

（3）辛未卜：匪燕? 不用。 一

（4）弜巳匪燕? 用。 一

（5）丁丑卜：惠子舞? 不用。 一二三

（6）弜子舞? 用。 一二三

（7）庚辰卜：惠賈視罙匕? 用。 一

（8）庚辰卜：惠乃馬? 不用。

（9）惠乃馬罙賈視? 用。 一

按：若據摹本，則（5）（6）兩辭的兆序字均爲“二三”，查看照片即可知在與兆序“三”相對應的後甲部分分別還有兆序字“一”及其所附卜兆，《花東》皆漏摹漏釋。

392（H3：1251）

（1）辛未：歲祖乙黑牡，权豈一，子祝? 二

---

① 單先生説參看《初步研究》第 343 頁脚註 3。

394(H3：1257)

(1)☒[妣庚]☒。

(2)乙卯：歲祖乙牝一？ 一

(3)庚申：酚畱宜？用。 一

395＋548：(1258)

(6)壬申卜：母戊移？ 一

(7)壬申卜：祼于母戊，告子齒[疾]？[用]。

按：方稚松先生已經將此版與《花東》548綴合①。本釋文即據綴合版。

397(H3：1263A、B)

1263A 丙戌：歲☒。在☒。

1263B 庚子：歲☒。

按：兩部分分別與《花東》561、553重。

401(H3：1275)

(1)乙卜：惠羊于母、妣丙？ 一

(2)乙卜：惠小宰于母、祖丙？ 三

(3)乙卜：皆毚母二、妣丙？ 一

(4)乙卜：其蚊五牛妣庚？ 一

(5)乙夕卜：歲十牛妣庚于灘？用。 一

(6)乙卜：其蚊三牛妣庚？ 一

(7)乙卜：其蚊七牛妣庚？ 一

(8)乙卜：惠今蚊妣庚？ 二

(9)乙卜：于暨[蚊]妣庚？用。 二

(10)乙卜：惠今蚊妣庚□？[在灘]。 二

(11)乙卜：于暨蚊妣庚□？在灘。 一

(16)戊卜：其宜牛？ 一

(14)戊卜：其宜牛？ 二

(15)戊卜：其先蚊歲妣庚？ 一

---

① 黃天樹、方稚松：《甲骨綴合九例》第8例，原載中國文字學會、河北大學漢字研究中心編《漢字研究》第1輯，學苑出版社，2005年，後收入黃天樹主編《甲骨拼合集》第77則，學苑出版社，2010年。

(17)戊卜:其蚊豾,肉入于丁? 一

按:(3)辭中有"母二妣丙"語,《花東》釋文中作"母丙""二妣丙",即把"二妣丙"當作一先妣稱謂。若此,則仿照本版(1)(2)兩辭之讀法,(3)辭"二"應後讀且與前文"母"之間斷開。暫從之。不過,也不能排除本辭"二"字或許是修飾"豾"的,只不過兩者之間被"母"字隔開了①。這種祭牲(或祭品)與其數目字之間被別的詞語隔開的例子卜辭中是有的,如《花東》157版第3辭"彡甲祖一"以及第4辭"彡祖甲二"即是。(7)辭"牛"前之牲數字,《花東》摹釋作"十",方稚松先生認爲該字拓本作■形,當釋爲"七"。方説可從②。(10)辭據《初步研究》增補"在灘"二字,(17)辭《花東》釋文錯誤較多,亦據《初步研究》改之。另外,(16)辭應調至(14)辭之前。

　　402(H3:1278)
　　(2)□母□余于☒妣庚☒。一
　　(3)☒妣庚☒〔于〕☒。
　　403(H3:1279)
　　(1)己卜:子有夢,叔裸③,亡至艱? 一
　　(2)己卜:有至艱? 一
　　409(H3:1287)
　　(1)丙卜:其禦子馘于妣庚? 一
　　(2)丙卜:其禦子馘于子癸? 一
　　(3)丙卜:惠羊又彡禦子馘于子癸? 一
　　(4)丙卜:惠牛又彡禦子馘于子癸? 一
　　(5)丙卜:其禦子馘妣丁牛? 一二
　　(6)丙卜:其禦子馘妣丁牛? 三
　　(7)丙卜:弜禦子馘? 一
　　(8)丙卜:惠小宰又及妾禦子馘妣丁? 一

---

　　① 魏慈德先生即認爲"二"是指豾的數量,而且他并不認爲諸辭中的"丙"爲共用,而認爲只是"母"配祭於先祖"祖丙"、先妣"妣丙"而已。參見《研究》第39～40頁。
　　② 轉引自《初步研究》第349頁脚註1。
　　③ "叔"後一字,《花東》釋文中作"■"。釋"裸",從方稚松先生説,參看方稚松《釋殷墟花園莊東地甲骨中的瓚、裸及相關諸字》,載《中原文物》2007年第1期。

(9)丙[卜]：子其祓妣庚，亡曾？ 一

(10)丙卜：吉，蚊于妣丁？ 一

(11)丙卜：惠子興往于妣丁？ 二

(12)丙卜：惠羊于妣丁？

(13)丙卜：惠子興往于妣丁？ 一

(14)歲妣丁豕？ 一

(15)丙卜：惠五羊又嚓禦子馘于子癸？ 二

(16)丁卜：子令？ 一

(17)丁卜：子令？ 一

(18)丁卜：子令，凶心？ 一

(19)丁卜：子令？ 一二

(20)己卜：惠丁作子興，尋丁？ 二

(21)己：又三嚓？ 一

(22)己卜：至禦子馘兆妣庚？ 一

(23)己卜：惠三牛禦子馘妣庚？ 一

(24)己卜：惠子興往妣庚？ 二

(25)己卜：又嚓又五置禦子馘妣庚？ 一

(26)己卜：吉，又妣庚？ 二

(27)己卜：惠及臣又妾禦子馘妣庚？ 一

(29)壬卜：于乙延休丁？ 一

(30)[甲]卜：子其延休，暚乙，若？ 二

(31)甲卜：子其延休？ 五

(33)甲▢。 四

　　按：(1)辭之"于"、(9)辭之"亡"、(27)辭之"又"，俱爲《初步研究》增補。《花東》釋文誤(10)辭之"吉"爲"告"，誤(18)辭之"凶"爲"由"，俱爲《初步研究》訂正。(12)辭《花東》釋文中有衍增的兆序字"一"。(15)辭《花東》釋文中有兆序字"四"，《校勘》指出"兆序'四'非屬本辭，而是與本版兆序字爲'五'的(31)辭處於對貞位置。其附近刻辭被刮削，僅存辭首'甲'字，且摹本已經摹出。此可補作本版第33辭"。其說應可信。(21)辭之"卜"，乃《校勘》據照片增補。

411(H3:1291)

(1)⧄卜:告子⧄父瞖⧄己歲于⧄于□二祖?

(2)⧄貞[[illegible]]⧄。

按:本版通篇被刮削,因此刻辭十分不清,這裏主要參《求疵(二)》。

412(H3:1295)

(1)乙卜:弜歸馬? 一

(2)歸? 一

(3)己卜:不吉,唯其有艱? 一

413(H3:1298)

(1)□寅卜:丙[侑]祖甲? 用。一

(2)乙□□□兆祖乙告⧄祖甲?

(3)丁虞于子?

(4)□其夕蚑牝于妣庚? 不用。一

(5)⧄蚑牝于[妣]庚? 用。

按:(3)辭之"丁",《花東》釋文中缺釋,此從《初步研究》《正補》訂正。

416(H3:1307)

(1)己丑卜:𨇭妻友𠯑□□妻□子弜示,若? 一

(2)己丑卜:子妻示? 一

(3)庚寅卜:子往于舞,侃,若? 用。一二

(4)庚寅:歲妣庚小宰,登自丁黍? 一

(5)庚寅:歲妣庚小宰,登自丁黍? 二

(6)庚寅卜:子弜[往]裸,惠子妻? 用。

(7)壬辰卜:子心不吉,侃? 一

(13)庚子卜:子炅? 一

(14)庚子卜:子利其[有]至艱? 一

按:(5)辭之兆序字"二",《花東》誤摹誤釋作"一"。(14)辭之"利",《花東》未摹未釋,今從《初步研究》補足。

420(H3:1314)

(1)甲辰卜:丁各,戾于我? 用。一

(2)甲辰：宜丁牝一，丁各，戾于我，翌日于大甲？　一二

(3)甲辰卜：于祖乙歲牢又一牛，惠□？　一

(4)庚戌卜：唯王令余呼燕，若？　一

(5)壬子卜：子丙速？用。[丁]各，呼[飲]。　一二

　　按：(5)辭之"用"屬用辭，"[丁]①各，呼[飲]"部分屬於驗辭，《花東》釋文均讀入命辭。又，"各"前一字殘掉，從照片看，該字殘存筆劃作▇，拓本作▇，似非"丁"，但《正補》《初步研究》推測是"丁"字，若據辭意，或可從。

421(H3:1325)

(1)壬辰夕卜：其宜牝一于妣，若？用。　一

(2)壬辰夕卜：其宜牝一于妣，若？用。　二三

426(H3:1347)

(1)癸巳卜：暨甲歲祖甲牡一，叔鬯一，于日出？用。　一

(2)甲午：歲祖甲牡一，叔鬯一？　一

(3)甲午卜：歲祖乙牝一，于日出蚊？用。　一二

(4)甲午卜：歲祖乙牝一，于日出蚊？用。　三

(5)乙未：歲祖乙牝一，叔鬯一？　一二

427(H3:1348)

(1)丁丑卜：在茲往崔禦癸子，弜于妣？用。　一

(3)己卯卜：庚辰舌彡妣庚，先蚊牢，炙蚊牝一？用。　一二三

(4)己卯卜：庚辰舌彡妣庚，[先蚊]牢，炙蚊牝一？用。　四

(5)庚辰：歲妣庚牢、牝，彡舌？　一

(6)丁亥：歲妣丁祝一？　一

(7)己丑：歲妣己祝一？

　　按：(3)(4)兩辭中的"彡"，《花東》釋文中誤爲"三"，詳見前文第226版按語。此外，(3)(4)兩辭中的"先"、(5)辭中的"牢"均爲《初步研究》增補。(5)辭"牝"後點斷，從《求疵(二)》。

――――――――――

①　《初步研究》第354頁脚註2説："據辭意當是'丁'。"

428＋561①（H3:1349＋1350＋1368）

(1)庚辰卜:于既□宰,蚊牝一,凸妣庚? 用。彡吉。一

(2)丙戌:歲祖甲羊一,歲祖乙牡一? 在甘,子祝。

(3)馬? 用。

(4)丙戌:歲祖甲牡一,歲祖乙羊一? 在甘,子祝。二

(5)庚戌:歲妣庚牝一,入自麗? 一

(6)庚申卜:弜□鹿□。用。一

按:這裏的釋文是據蔣玉斌先生綴合版而作。(1)辭"于"後《花東》釋文中作兩缺文符號,從該字拓本作"𣪘"來看,《初步研究》認爲是"既"字是對的。(3)辭《花東》讀爲"馬,用",劉一曼、曹定雲《殷墟花東 H3 卜辭中的馬——兼論商代馬匹的使用》文中將兩字連讀於同版 2 辭末,視爲驗辭②。《初步研究》讀爲"馬。用",似是將"馬"視爲命辭,"用"爲用辭。按同版(2)(4)兩辭爲卜祭祖甲、祖乙用牲事,若將"馬用"視爲驗辭,即這次祭祀是以"馬"爲祭牲,但花東中并無其他明顯的祭牲用馬之例。又《花東》46 有"呼用馬",196(2)(3)有"日用馬于之,力/弜日用馬于之,力",因此筆者懷疑例(23)中"馬用"即"用馬"意,當解爲命辭妥,從花東 428 右甲卜兆分佈情況看,左甲"馬用"兩字右上方也應有一卜兆,或即其所守之兆,只是殘掉了而已。據照片,(4)辭"牡"後明顯有"一"字,《花東》漏摹漏釋。(6)辭之"鹿",據《初步研究》增補。

430(H3:1358＋1557)

(1)旬貞亡多子囧? 一

(2)旬□亡囧。二

(3)三

431(H3:1359)

(2)貞:右馬不死? 一

(3)其死? 一

① 蔣玉斌先生綴合,參《殷墟子卜辭的整理與研究》第 220～221、229、245 頁,吉林大學博士學位論文,2006 年。

② 劉一曼、曹定雲:《殷墟花東 H3 卜辭中的馬——兼論商代馬匹的使用》,《殷都學刊》2004 年第 1 期。

432＋553(H3:1362A)

庚子:歲妣庚𣥠一? 一

按:《初步研究》已經將本版與《花東》553(《花東》397 重)綴合,這裏的釋文即據綴合版。

433＋434＋529(H3:1362B)

辛酉昃:歲妣庚☒。 一

按:方稚松先生已經將本版與《花東》434、529 綴合[①],這裏的釋文即據綴合版。

437(H3:1364 正)

(7)辛酉昃:歲妣庚黑牝一,子祝? 一二

按:兆序字"一"及其所附卜兆位於左中甲,《花東》漏摹漏釋,當補。

439(H3:1365 正)

(1)癸子且上屮丁。 二

(2)己亥八十于? 一

(3)于。 一二

(4)大、庚、屮于夕,其? 二三

441(H3:1366)

(3)貞:肉?

(7)貞:又𠬝司庚? 二

(8)貞:爵凡? 一

443(H3:1376 正)

(1)☒歲☒牛☒。 四

(2)☒餘☒示☒壬☒。

(3)貞:☒㚸(㒼)☒☒。 一

(7)■入人☒于□牛,歲又☒。 一一[②]

---

① 黃天樹、方稚松:《甲骨綴合九例》第 9 例,原載中國文字學會、河北大學漢字研究中心編《漢字研究》第 1 輯,學苑出版社,2005 年,後收入黃天樹主編《甲骨拼合集》第 78 則,學苑出版社,2010 年。

② 我們認爲兩个兆序字不能確定屬於同一條卜辭。

按：(3)辭兆序字"一"乃我們據拓本所補，拓本清晰可見。

446(H3：1379)

(1)甲卜：乙歲牡妣庚？　一

(2)甲卜：乙歲牡妣庚？　二

(3)甲卜：子又心，蚊妣庚？

(4)甲卜：子疾？　一

(5)甲卜：子首疾，亡延？　一二

(6)甲卜：子其往□，子首亡延？　一

(7)乙卜：弜巳速丁？

(8)乙卜：入🍶，丁貞又□？　一

(9)乙卜：其歲牡母、祖丙？　一

(10)丙[卜]：卯牛于曀日？[用]。

(11)丙卜：夕又伐妣庚？

(12)丙卜：五日子目既疾？　一

(13)丙卜：三日子目□[疾]？　一

(14)子弗艱目疾？　一

(15)己卜：惠牝妣庚？　二

(16)狂一？　用。三

(17)歲妣庚狂一？　一

(19)歲妣庚狂一？　二

(21)歲妣庚一狂？　三

(18)己卜：☑牝？　一

(20)己卜，貞：歲卜亡吉，亡田？　一

(22)庚卜：丁各，侃？　一

(23)壬卜：弜巳速丁？　一

(24)壬卜：丙速丁？　一

(25)子令？

(26)子令？　一

(27)子令？

(28)弜牛蚊，惠□？　一

　　按:(7)辭辭末《花東》釋文中有兆序字"二",應刪。(8)辭"又"後之缺文,拓片中作"■",《初步研究》認爲當釋爲"肉"。(10)辭"日"字,《初步研究》以及《求疵》等均已補出。《求疵(二)》還指出,《花東》釋文在(17)辭中脫釋祭牲數"一",(17)(19)和(21)三辭分別爲對同一事的第一、二、三卜,故辭序應相連。

　　　　449(H3:1387)

　　　　(5)癸酉卜:祖甲侃子? 一

　　　　(4)癸酉卜,貞:子利爵祖乙,辛亡艱? 一

　　　　(3)貞:子妻爵祖乙,庚亡艱? 一

　　　　(6)甲戌:歲祖甲牝,彴䈎? 二

　　　　(7)乙亥:弜巳,叙盈黽于室? 用。 一

　　　　(8)乙亥:歲祖乙,雨禦,否彡,牢、牝一? 一

　　按:(3)～(5)辭辭序疑誤,應調整爲(5)(4)(3)。考慮到花東子卜辭中往往先貞問對祖甲的祭祀,然後再貞問對祖乙的祭祀,所以(5)似乎應放在(4)前較爲妥當。(7)辭"盈"字釋讀從《初步研究》説。(8)辭"牢"前點斷從《求疵(二)》。

　　　　450(H3:1388)

　　　　(1)壬戌卜,在□利:子耳鳴,唯有祠,亡至艱? 一二

　　　　(2)壬戌卜:子弜卬? 用。 一

　　　　(4)丁卯卜:子其入學,若,侃? 用。 一二三

　　　　(5)丁卯卜:子其入學,若,侃? 用。 四五六

　　按:(2)辭疑應與原(3)辭合讀爲一辭,詳見下文"貢納類"第450版下按語。

　　　　451(H3:1390)

　　　　(1)己巳卜:瞍庚歲妣庚黑牡又羊,暮蚊? 用。 一二三四五

　　　　(2)庚午:歲妣庚黑牡又羊,子祝? 一二三四五六

　　　　(4)庚辰:歲妣庚��一? 一二

　　　　(5)一二三

　　　　(6)壬午夕:歲犬一妣庚? 一二三

(7)壬午夕：歲犬一妣庚？　四

按：(1)辭之"牡"，《花東》誤摹誤釋爲"牛"，當改之。此外，我們懷疑(5)辭中的三個兆序字本應屬於(7)辭，存疑。

452(H3：1396)

［庚］戌：歲妣庚牝一，子祝？在麗。一

453(H3：1397)

(1)☑甲☑羊一☑羊二☑一餘☑。

(2)甲卜：呼多臣見(獻)瞪于丁？用。二

(3)☑羊☑。

(4)戊卜：☑其☑一□牡☑。

(9)己☑其☑餘☑宰☑。

按：(2)辭之兆序字"二"，《花東》摹本中已摹出，但釋文漏釋。《初步研究》《校勘》均已補足。《花東》92與本版爲成套卜辭。

454(H3：1404)

(1)庚戌卜：子呼多臣燕，見(獻)？用，不率。一

(2)庚戌卜：弜呼多臣燕？　一

(3)乙卯卜：子其自飲，弜速？用。一二

(4)乙卯卜：子其飲，弜速？用。三

按：《花東》釋文中(3)(4)辭"弜速"與前連讀，《校勘》指出"皆宜與前文分讀"，我們從《校勘》文。

455(H3：1405)

(1)甲子卜：歲妣甲牝一，酚三小宰又置一？在羕。一

(2)延有凡，甾友其艱？　一

(3)乙丑卜：我人甾友子冥？　一

(4)子冥南？　一

按：(3)辭"子"，《花東》釋文中誤爲"于"。同辭"人"後一字，《花東》釋文中作"甾"。該字照片中不清，拓片中作"🔲"，《初步研究》認爲這與同版(2)辭"甾"作"🔲"不同，疑其爲"舌"。這裏暫從《花東》釋文。

457(H3:1406)

己酉夕：翌日昏歲妣庚黑牡一？ 庚戌酻牝一。 一二三

按：《花東》釋文及《初步研究》等中辭末均衍增兆序字“四”，拓片與照片中很清楚均沒有“四”，摹本中亦沒有摹出。

458(H3:1409)

孜[乃]先春𥄗，迺入阱？ 用。 一

459(H3:1417)

(1)癸丑卜：惠二牢于祖甲？ 不用。 一

(2)癸丑卜：惠一牢又牝于祖甲？ 不用。 一

(3)癸丑卜：子祼新鬯于祖甲？ 用。 三

(4)甲寅：惠牝一祖乙？ 不用。 一

(5)乙卯：歲祖乙𢀛一，祤鬯一？ 一

(6)甲子：歲祖甲白𢀛一，祤鬯一？ 一二三四五

(7)惠黑豕祖甲？ 不用。

(8)癸酉卜：歲子癸豕？ 用。 一

(9)戊寅卜：子祼小示，習𢀛，禦往田？ 一

(10)己卯：歲妣己麂一？ 一

(11)己卯：歲妣己麂一？ 二

按：《花東》釋文誤(9)辭“小示”爲“祤”，誤“田”字爲“上甲”，《初步研究》均已訂正。

463(H3:1434)

(1)癸卯：歲祖乙𢀛一，祤鬯一？ 在麗，子祝。 一二三

(2)甲辰：歲妣庚𢀛一，祤鬯一？ 在麗。 一

(3)甲辰：歲祖甲牡一、牝一？ 在麗。 一二

(5)甲辰：歲祖甲牡一、牝一？ 在麗。 一

(6)乙巳：歲祖乙三𢀛，在麗。 一二

按：(6)辭兆序字“一”，《花東》漏摹漏釋。

465(H3:1436 正)

(1)甲卜：乙☒告子☒于妣庚☒。

(2)□豕,告子□。—

467(H3:1441)

(1)子肩未其👤? —

(6)庚子卜,在［我］:祖□其罕甾鷹? —

(7)唯甾鷹子? 不用。—

按:(6)辭"我"字據《初步研究》增補,《花束》釋文中作缺文號"□"。

468(H3:1450)

(1)西邁□。

(2)歲彘妣丁? 用。—

(3)戌卜:其□禦□。—

469(H3:1452＋1461)

(1)□［祝］?

471(H3:1454)

(1)□乙□子□牛□又□。

472(H3:1455)

(2)乙又羊? —

(3)弜又羊? —

(4)于庚夕酚? —

(5)于辛亥酚? —

(6)三羊? —

(7)一羊? —

(8)弜又羊?

(9)［戠(待)］,弜又? —

(10)惠豕,□。—

(11)惠一豕? —

按:(5)辭辭末有兩個兆序字"一",從拓片、照片甚至摹本來看,位於"于"字右邊的一短橫不是兆序字,故當刪除一個"一"。

473(H3:1458)

(1)甲申:子其學羌,若,侃? 用。—

(2)孜乃弜往又砒,若? 用。二

474(H3：1463)

(1)甲子卜：子冥？　一

(2)甲子卜：夕歲祖乙，祼告妣庚？用。　一

(3)乙丑卜：子學？　一

(4)己巳卜：子祼告，其叀韋于妣庚？　一二

(5)率酓韋？不用。　一

(6)子惠狀田，言妣庚眔一宰，酓于狀？用。　一

(7)庚午卜：子其祼于癸子？　一二

(8)辛未：歲祖乙麀，子舞奻？　一二

(9)辛巳卜：于癸蚊旬牛？不用。于甲蚊。　一

　　按：(2)辭兆序字"一"，從拓片上看似乎是"二"，故《花東》誤摹誤釋爲"二"，但核對照片後，我們認爲"▓▓▓▓"其實應爲"一"。(8)辭兆序字"二"，《花東》漏摹漏釋。

475(H3：1467)

(1)癸卯卜：曙祼于戌？用。　一

(5)庚戌卜：子惠發呼見(獻)丁，眔大，亦燕？用，戌。　一

(6)庚戌卜：丁各？用。夕。　一

(7)庚戌卜：丁各？用。夕。　二三

(8)辛亥卜：丁曰：餘不其往。毋速？　一

(9)辛亥卜：子曰：餘丙速。丁令子曰：往眔婦好于受麥，子速？　一

(10)壬子卜：子弜速，呼飲？用。　一

　　按：(9)辭之"丙"，《花東》未摹未釋，今從《初步研究》增補。又，陳劍、黃天樹、姚萱等先生視"丁令子曰：往眔婦好于受麥。子速"爲驗辭[1]。另，《校議》認爲 475(9)辭辭末"速"下脫一"禦"字。僅從拓本上看，此所謂"禦"字居中縫處，恰與中縫相疊，是否爲"禦"字，待考[2]。(5)辭較複雜，

　　① 陳劍：《説花園莊東地甲骨卜辭的"丁"——附：釋"速"》，《故宮博物院院刊》2004 年第 4 期；黃天樹：《簡論花東卜辭的時代》，《黃天樹古文字論集》第 149～156 頁，學苑出版社，2006 年。又收入《古文字研究》第 26 輯，中華書局，2006 年；姚萱《初步研究》第 166 頁。
　　② 近見孫亞冰《殷墟花園莊東地甲骨文例研究》第 143 頁指出，該辭最後一字，即洪颺誤爲"禦"者，實爲"孚"字，又結合 475(8)辭，將 475(9)辭中的"子速"讀入命辭。按若"孚"字釋讀可信的話，則將"子速"視爲命辭爲妥。

《花東》把"昃"讀入命辭，《初步研究》改讀爲用辭，但同時把"罙大"後讀。我們認爲《初步研究》對於辭意的理解應是正確的，但爲了更好地表達辭意，"罙大"不如單獨讀爲一小句①。

477A（H3：1469 正）

（1）〔庚〕☒妣庚☒。

（2）☒丁☒二囗册☒。——

（3）☒丁☒。

478（H3：1470）

乙卯卜：其禦大于癸子，曶犹一，又��？用。有疾子災。一二三

480（H3：1472）

（2）癸酉卜，在��：丁弗賓祖乙彡？子占曰：弗其賓。用。一二

（6）丙子：歲祖甲一牢，歲祖乙一牢，歲妣庚一牢？在��，來自

��。一

481（H3：1476）

（2）乙亥：歲祖乙黑牡一，又兆一，惠子祝？用。又皀。一二

484（H3：1479）

（1）酘？一

（2）弜酘，毋正祖乙？一

（3）酘？二

（4）毋正？二

按：（2）辭兆序字，《花東》誤摹誤釋爲"二"。

487（H3：1488）

（1）甲寅卜：乙卯子其學商，丁侃？用。一

（2）甲寅卜：乙卯子其學商，丁侃？子占曰：有咎。用。子臋。一二三

（3）甲戌：酘上甲旬，歲祖甲兆一，歲祖乙兆一，歲妣庚麂一？一二三四五六

按：（2）辭兆序字"一"《花東》漏摹漏釋，當補。（3）辭《花東》《初步研

---

① 參看《求疵（二）》文。

究》均點讀爲"甲戌:酚上甲,旬歲祖甲乩一,歲祖乙乩一,歲妣庚彘一? 一
二三四五六",該辭當以魏慈德、劉源兩位先生將"旬"字上讀更妥①,"酚上
甲旬"乃是以祭祀上甲事來計時,应理解爲祭祀上甲是在固定的某一旬,而
对於該辭中記載於甲戌日内附祭祖甲、祖乙和妣庚三位先祖,則非常類似
於出組和黃組卜辭中的周祭卜辭。此例大致是在甲戌日貞問是否於酒祭
上甲之旬進行歲祭祖甲祖乙和妣庚之事。

　　　　488(H3:1489)

　　　　(1)☒甲☒一宰☒。一

　　　　(2)己[卜]:□以[生]☒。

　　　　(3)☒多臣禦于妣庚☒。二

　　　　(4)歲三☒[來]? 一

　　　　(6)甲午:妣庚告☒。

　　　　(7)☒三十豕曾妣丁☒。二

　　　　(9)☒惠刉妣庚?

　　　　(10)☒[禦]妣庚? 一

　　　　(11)☒生□[妣庚]☒。

　　　　489(H3:1490)

　　　　(1)☒[⬛]一☒。一二

　　　　(2)☒一☒。三

　　按:(1)辭之"[⬛]",照片中不清楚,《花東》摹作"乚",字形近"云",《校
勘》以爲是"卯"字,今存疑。

　　　　490(H3:1492)

　　　　(6)庚辰:子祼妣庚,有言妣庚,若? 一

　　　　(7)庚辰:歲妣庚牢,舌彡,牝彡蚊? 一二三

　　　　(10)庚戌:歲妣庚乩一,入自麗? 一

　　　　(12)壬子卜:其將妣庚示,宫于東官? 用。一

　　按:在對比《花東》427 版第(3)(5)辭後,《求疵(二)》認爲本版(7)辭

　　① 魏慈德《研究》第43頁;劉源:《讀殷墟花園莊東地甲骨卜辭札記二則》,《東方考古》第4
集,科學出版社,2008年。

"牝"字應後讀。(12)辭"于"前一字,拓本作"",《花東》釋文作"宮",暫從之,但下讀則從《初步研究》。

491(H3:1493)

庚午:酌革妣庚二小宰,权豐一? 在狀,來自狩。一二

按:"在"字《花東》漏摹漏釋,今從《初步研究》《校勘》增補。

493(H3:1496)

(2)戊子:宜牝一妣庚? 在入。一

(3)庚寅:歲妣庚牡一? 一

(4)庚寅:歲妣庚牝一? 在狀。一

(5)庚寅:歲妣庚牡一? 三

(6)壬辰卜:(向)癸巳夢丁祼,子用瓚,亡至艱? 一

(7)甲午:歲祖甲羖一,唯蚁? 一

(8)甲午:歲祖甲羖一,唯蚁? 二三四

按:(6)辭"(向)"字釋讀,從裘錫圭先生說①。"祼"及"瓚"釋讀,則從方稚松先生說②。

495(H3:1499)

丁未卜:宜牝祖乙,丁飲? 用。一

496(H3:1501 正)

(1)丙卜:其將妣庚示,歲祳(脤)? 一

(2)丙卜:其將妣庚示? 二

(3)丙卜:其將妣庚示? 三

501(H3:1509)

(1)丁卜:子耳鳴,亡害? 一

(2)丁卜:今庚其作豐,速丁飲,若? 一二

(3)丁卜:今庚其作豐,速丁飲,若? 三

按:(2)辭"今"字,《花東》釋文中誤爲"令",當爲筆誤。摹本不誤。

---

① 裘錫圭:《釋殷虛卜辭中的""""等字》,收入《第二屆國際中國古文字學研討會論文集》,香港中文大學中國語言及文學系編集,1993年。

② 方稚松:《釋殷墟花園莊東地甲骨中的瓚、祼及相關諸字》,載《中原文物》2007年第1期。

502(H3:1510)

(1)言? 一

(2)凿(臺)? 一

(3)臺于南?

(4)于北?

(5)戌:歲妣庚牡一? 在□。 一

　　按:(1)(2)兩辭均僅刻一字,兩辭所守卜兆上方均有界劃綫,故兩字都刻在了兆幹內側兆枝下方。 參同版(3)辭"臺于南"和(4)辭"于北"可知,(1)(2)兩辭中兩字應屬命辭,且兩辭是一組選貞卜辭。 (2)(3)兩辭"臺"字所釋,從《初步研究》。

505(H3:1520+1524+1525+1527+1553+1572)

(1)(2)子貞:☑豐亡至囚?

(3)貞:妻亡其艱? 一

(4)□貞:目𠂤,亡其又甘?

　　按:(1)(2)兩辭同守一兆,當讀爲一辭。《初步研究》《正補》《校勘》均已指出。

510(H3:1534)

不奏。

515(H3:1551)

[𡠹]。在麗。 二

　　按:"𡠹"字,拓片中不見,照片中該字有殘缺,《花東》認爲:"從殘存筆道看,似爲'𡠹'字。"由於該版內容太少,不知是否一定爲祭祀卜辭。如果殘字確爲"𡠹",花東子卜辭中其他例之"𡠹"又均用爲祭品,那麼我們暫置該版於祭祀類中。

518(H3:1558+1561)

☑于子,亡囚? 二

519(H3:1562)

貞:囚𠙇?

521+531(H3:1564)

辛酉昃：歲☒。一

按：蔣玉斌先生已經將本版與《花東》531 綴合①，此釋文即據綴合版。

522(H3:1566)

賈馬其東？二

523(H3:1567)

妣庚一牝？

525(H3:1569)

東☒，自賈馬？

526(H3:1570)

庚寅：歲☒。二

530(H3:1577)

舌祖☒。

550(H3:1619)

(1)☒麥（來）自皮鼎酓☒。

(2)☒竆☒。

按：此釋文據《初步研究》。

551(H3:1620)

［黑］牝。

二、田獵與征伐類

(一)田獵類

3(H3:7＋34＋94＋269＋1559)

(2)［丙］卜：丁不延虞？一

(3)丁延虞？一

(4)丁不延虞？二

①　蔣玉斌：《殷墟子卜辭的整理與研究》第 220～221、229、246 頁，吉林大學博士學位論文，2006 年。

(12)壬卜:于乙延休丁? 一

(13)壬卜:子其延休? 二

(14)壬卜:子其往田,丁不虞? 一

(15)壬卜:于既呼臭迺☒。 一

按:(4)辭兆序字"二",摹本中已經正確摹出,《花東》釋文及《初步研究》均誤作"一"。(12)辭之"丁",《花東》釋文中誤爲"不",今從《初步研究》《校勘》以及《求疵》改之。

7(H3:22+1515+1575)

(10)乙卯夕卜:子弜往田? 用。 一

9(H3:24+50)

(5)辛未卜:从圭往田? 用。 一

(9)辛未卜:圭往☒。 二

(6)辛未卜:从圭往田? 用。 三

(7)辛未卜:𨼅? 用。 一

(8)辛未卜:𨼅☒。 二 三

按:此版《花東》釋文在兆序、辭序等方面均有不確處。(6)辭位於左前甲,照片和拓本均十分清晰,兆序爲"三",非"二",摹本誤;(9)辭位於右前甲右部,"往"下之字已殘掉,該辭兆序爲"二",下部一橫劃照片及拓本上均依稀可辨,摹本誤爲"一",《花東》釋文則漏。 由此可知,(5)(9)(6)三辭分別爲同一日對同一事的第一、二、三卜[①],故(9)辭應調至(5)辭後,(6)(7)(8)三辭辭序依次後延。

10(H3:30)

(1)乙未卜:子宿在𠚖,終夕□□自□? 子占曰:不牽。 一

(2)乙未卜,在𠚖:丙[不雨]? 子占曰:不其雨。 孚。

(3)其雨? 不用。

按:(2)辭"丙不雨"之"不"字,《花東》釋文中誤作"其",《初步研究》《正補》等均已訂正。

————————

① 《校勘》一文也持這樣的觀點。

11(H3:54)

(1)孜乃弜往[又砒，若？用。]

(2)䘒椿䜌彭？一二

(3)狩，惠新止？用。一二

按：(1)辭所補釋文據同卜例《花東》473第2辭。(2)辭《花東》釋文漏兆序字"二"，拓本雖不清，但照片清晰可見且摹本不誤；(3)辭漏兆序字"一"，拓本不清，摹本漏摹，但照片清晰可見。

14(H3:52)

(1)乙酉卜：子又(有？)之阱南小丘，其眔，獲？一二三四五

(2)乙酉卜：弗其獲？一二三四五

(3)乙酉卜：子于曄丙求阱南丘豕，遘？一二三四

(4)以人，遘豕？一二

(5)乙酉卜：既呼皀，往敝，遘豕？一二

(6)弜敝？一二

(7)遘阱鹿？子占曰：其遘。一二

(8)一二

(9)一二

按：(3)辭之"曄"，《花東》釋文中誤爲"翌日"二字，《求疵》及《初步研究》已指出。

21(H3:67)

(2)丁丑卜：其禦子往田于小示？用。一

按：本辭可以參看前文祭祀類部分本條下。

28(H3:101＋168＋1549)

(11)辛卜：丁涉，从東兆狩？一

(10)辛卜：丁不涉？一

按：(11)辭"東"後一字，《花東》釋文爲"湃"，釋"兆"從《初步研究》。(11)(10)兩辭正反對貞，從刻辭內容以及在龜甲上的位置來看，我們主張(11)辭在前。

35(H3：119)

(1)壬申卜：子往于田，从昔听？用。擒四鹿。一

(2)壬申卜：既呼食，子其往田？用。一二

按：(1)"听"字《花東》隸釋爲"斳"，(2)辭之"呼食"二字《花東》隸釋爲"糧"一字，俱從《初步研究》説改之。(2)辭之誤，《正補》也已經指出。

36(H3：126＋1547)

(1)丁卜，在✦：其東狩？一

(2)丁卜：其二？一

(3)不其狩，入商？在✦。一

(4)丁卜：其涉河，狩？一二

(5)丁卜：不狩？一二

(6)其涉河，狩，至于糞？一

(7)不其狩？一

按：(6)"糞"字，原作"✦"，《花東》釋文中僅予隸定，今從胡厚宣、詹鄞鑫、徐中舒等先生説釋爲"糞"①。

50(H3：189＋217＋284＋1529＋1542)

(1)丁亥卜：子立于右？一二

(2)丁亥卜：子立于左？一二

(3)乙②未卜：子其田，从圭，求豕，遘？用。不豕。一二三

(4)乙未卜：子其［往］田，惠豕求，遘？子占曰：其遘。不用。一

(5)乙未卜：子其往田，若？用。一

(6)乙未卜：子其往田，惠鹿求，遘？用。一

59(H3：207)

(1)辛未卜：子其亦彔，往田，若？用。一

85(H3：279)

(3)終小甲日，子呼狩？一

103(H3：333)

---

① 參看《綜覽》0577 條所引諸家説。

② 《花東》釋文中誤作"丁"，摹本不誤，《初步研究》已經指出。

(1)丁卯卜：雨不至于夕？一

(2)丁卯卜：雨其至于夕？子占曰：其至，亡暚戊。用。一

(3)己巳卜：雨不延？一

(4)己巳卜：雨其延？子子占曰：其延終日。用。一

(5)己巳卜，在狀：庚不雨？子占曰：其雨，亡司夕雨。用。一

(6)己巳卜，在狀：其雨？子占曰：今夕其雨，若。己雨，其于暚庚亡司。用。一

按：本版(2)(6)兩辭中的“暚”，《花東》釋文作“翌”，《校勘》作“翌日”二字，俱誤。按該字從日從翌，應隸釋爲“暚”。需要指出的是，(6)辭中“暚”所從兩個偏旁，原片中是分刻於千里路兩側的，這種情形並不多見。(2)(3)(6)辭中的兆序字“一”，摹本中均已摹出，但《花東》釋文漏釋。(4)辭中衍刻一“子”字，(5)(6)兩辭中“司”字釋，可參《初步研究》。又，《正補》對比(6)中的“己雨，其于暚庚亡司”，將(2)辭中“亡暚戊”理解爲驗辭，認爲是“亡司暚戊”之省，言因丁日傍晚至雨，故翌日戊不進行祭祀的意思。《初步研究》則將“亡暚戊”讀入占辭。按命辭問的是“雨其至于夕”，若有驗辭，似乎也應爲“雨允至”之類，“亡暚戊”還是理解爲占辭合適。

108(H3：356＋917＋9471565)

(1)辛丑卜：子妹其獲狼？孚。一

(2)辛丑卜：惠今逐狼？一二

(3)辛丑卜：于翌逐狼？一二

(4)辛丑卜：其逐狼，獲？一

(5)辛丑卜：其逐狼，弗其獲？一

(6)辛丑卜：暚壬，子其以中周于狀？子曰：不其□。孚。一

按：(6)“暚”字，《花東》誤作“翌日”二字。“孚”字據《初步研究》讀爲孚辭。

113(H3：368＋430)

(1)子致獲，嵒？一

(2)子致獲，弗嵒？一

(3)子致獲，弗嵒？二

(4)子致獲，弗嵒？三

(17)晋四十牛妣庚,凶棄(禱)其于狩,若? 一

(20)叙人狀于,若? 一

按:(4)辭兆序字本爲"三",《花東》照片上清楚,但誤摹誤釋爲"四"①。
(17)辭,可以參看前文祭祀類部分本條下。

139(H3:445)

(2)乙夕卜:丙不雨? 一

(3)丁卜:日雨? 一

(4)丁卜:不雨? 一

154(H3:484)

(1)辛酉卜:丁先狩,迺又伐? 一二

(2)辛酉卜:丁其先又伐,迺出狩? 一二

按:有關兩辭可以參看前文祭祀類部分本條下。

181(H3:553)

(1)甲卜:子其延休翌乙,若? 一

(2)甲卜:子其延休翌乙,若? 二

(3)甲卜:子其往上甲? 曰:有咎,非樓。一二

(4)甲卜:哉(待)□? 一

(5)甲卜:弜哉(待),哉(待)裸,子其往田? 一二

按:(1)(2)兩辭中的"翌",《花東》釋文中均誤作"翌日"二字。(5)辭中
的"裸"字,《花東》釋文中均隸釋爲"福"或"禍",今從郭沫若、島邦男等先生
説改釋。另,(5)辭兆序字"一",儘管拓本中不太清晰,但照片中清晰可見,
《花東》漏摹漏釋②。《初步研究》結合同版(3)(4)辭,疑(5)辭中的"哉(待)
裸,子其往田"不是命辭是占辭,是子針對命辭"弜哉(待)"而作出的跟命辭
相反的占斷。暫從之。

227(H3:661)

癸亥夕卜:日延雨? 子占曰:其延雨。用。一

---

① 章秀霞:《花東田獵卜辭的初步整理與研究》,載《殷都學刊》2007年第1期。
② 章秀霞:《花東田獵卜辭的初步整理與研究》,載《殷都學刊》2007年第1期。

234(H3:674+848)

(3)辛未卜:擒?子占曰:其擒。用。三麑。一二

241(H3:713)

(1)壬寅卜:子有擒?子占曰:其有擒。一

(2)其有?一

(3)亡?一

(4)其有?二

(5)亡?二

244(H3:723+990+1512)

(1)丁卯卜:既雨,子其往于田,若?孚。一

(2)一

247(H3:733+911)

(13)丁丑卜:子其往田,亡害?一二

(14)丁亥卜:子冭其往,亡災?一

按:(13)辭兆序字"一",《花東》漏摹漏釋。唐蘭先生曾經指出,甲骨文中"从火从今"之字疑爲金字①。根據花東中的材料,黃天樹先生認爲,唐先生的懷疑大概是可信的。所以(14)辭之"冭",黃先生釋爲"金"字②。"子冭",《花東》釋文中讀入命辭,我們懷疑很有可能當讀入前辭,即"子冭"爲貞人。

252(H3:750+763)

(3)丁丑卜:其彈于魯,惠入人,若?用。子占曰:毋有孚,雨。一二三四五六七八

(4)惠剢人呼先奏,入人迺往。用。一

(5)惠剢人呼先奏,入人迺往。用。一二

(6)惠入人呼。用。一

按:本版(4)(5)兩辭中的"先",《花東》認爲是地名或國名,《正補》認爲"先奏……迺往"是前後順序的選擇,《初步研究》亦認爲"先"與"迺"相呼

---

① 唐蘭:《甲骨文自然分類簡編》第7頁,山西教育出版社,1999年。

② 黃天樹:《花園莊東地甲骨中所見的若干新資料》,原載《陝西師范大學學報》2005年第2期,後收入《黃天樹古文字論集》第447～453頁,學苑出版社,2006年。

應，即先後之先。按後兩者的理解是可取的，(4)(5)兩辭與(6)辭爲選擇性的對貞卜辭，參本版(3)辭"丁丑卜：其彈于魯，惠入人，若。用"可知，(4)(5)(6)三辭也應省刻了前辭，且(6)辭的命辭部分也有所略。

　　　256(H3：757)

　　　(1)壬卜：☒。

　　　(2)壬卜：三日雨至？　一

　　　(3)壬卜：五日雨至？　一二

按：(2)辭辭末兆序字，《花東》釋文以及《初步研究》等中衍增"二"。

　　　258(H3：759＋1157)

　　　(4)于日雨入？

按：本辭之釋讀從《初步研究》。

　　　259(H3：760)

　　　(1)辛巳卜：新馭于以，萑（舊）在麗入？用。子占曰：奏艱。孚。一

　　　(2)辛巳卜：子惠賈視用逐？用。獲一鹿。一

按：(2)辭原句讀有誤，今從《初步研究》改之。(1)辭之"萑"，《初步研究》讀爲"舊"把它後讀，暫存疑。又，《花東》將(1)辭中的"孚"字讀入占辭，《正補》亦然，此從《初步研究》讀爲孚辭。

　　　263(H3：770)

　　　(1)丁☒日雨？

　　　271(H3：793 正)

　　　(1)甲夕卜：日雨？子曰：其雨，小。用。一

　　　(2)甲夕卜：日不雨？　一

按：《初步研究》指出："'小'字《花東》漏釋。拓本、照片均可見，本爲三小點▮，且與'雨'距離甚大▮。摹本只摹作兩小點，誤。"

　　　288(H3：865)

　　　(12)己亥卜：毋往于田，其有事？子占曰：其有事。用。有宜。一

按：本辭之"田"，摹本中已經摹出，但釋文漏釋。《初步研究》《正補》均

已補足。

289(H3:873)

(4)丙卜：子其往于田，弜由佰，若？用。一二

(7)丁卯卜：子其往田，从邲西狩，遘獸？子占曰：不三，[其]一。孚。二三

按：(4)辭行款特殊，這裏的釋文參《初步研究》。(7)辭《花東》《正補》《校議》《初步研究》等均衍釋序辭"一"。

295(H3:882)

(1)戊午卜：子又呼逐鹿，不奔馬？用。一二三

(2)庚申卜：于既呼[逐鹿，不奔馬？]用。一二三四

(3)辛酉卜：从昔昕，擒？子占曰：其擒。用。三鹿。一二

(4)壬戌奠(?)卜：擒？子占曰：其一(?)鹿。用。一二

按：(3)中前辭與命辭部分，《花東》點讀爲"辛酉卜，从曰：昔昕擒"，《校勘》從之，《正補》認爲"从曰"之"曰"字可能是因鄰近另一辭的"子占曰"的"曰"字的影響而重複誤置於此，《初步研究》則改爲"辛酉卜：从曰昔昕，擒"，并認爲"昔"爲地名，"昕"爲與田獵有關的動詞[1]，"从曰"二字乃誤倒刻，《求疵(二)》對照35.1、395.5之"壬申卜：子往于田，从昔昕"，懷疑"曰"字也可能是"昔"字所從"日"旁之誤刻，從而可以直接讀爲"辛酉卜：从昔昕，擒？""从"字應非"人名"，而應是一個介詞。(4)辭兆序字"一"《花東》漏摹漏釋。"其"後二字，《花東》誤釋爲"牢"，《初步研究》已經指出。命辭部分"擒"字前面兩个字，《花東》釋文以及《初步研究》中均釋爲"奠卜"。從照片上看，釋"卜"非是，釋"奠"亦可疑。我們懷疑緊挨"戌"字右邊似有一"卜"字[2]。

302＋344(H3:903)

乙亥：歲祖乙牢，叔(?)鬯一，唯狩禦往？一

312(H3:985)

(1)戊午卜：我人擒？子占曰：其擒。用。在野。一

---

① 也有學者認爲"昔昕"可能作地名，如黃天樹《甲骨綴合九例》，《漢字研究》第1輯，學苑出版社，2005年；又收入《黃天樹古文字論集》第257～264頁，學苑出版社，2006年。

② 參看《求疵(二)》文。

(2)戊午卜:▩擒? 一

(3)戊午卜,在斝:子立于录中▩? 子占曰:▩。 一

　　按:(3)辭“▩”,《花東》釋文讀爲“企梧”二字,沈建華先生認爲本當爲一字,釋作“賈(賣)”,讀作“束”①。

316(H3:963)

(3)癸丑卜:暨甲寅往田? 子占曰:其往。用。从西。一二

(4)癸丑[卜]:▩。

318(H3:972)

(6)戊辰卜:丁往田? 用。 一

332:(H3:1030)

辛未卜:西饗(向)橄? 一

　　按:該辭兆序爲“一”,《花東》誤摹誤釋爲“二”②。

337(H3:1041)

(5)十月丁出狩? 一

352(H3:1113)

(2)壬辰:子夕呼多尹□阹南豕,弗遘? 子占曰:弗其遘。用。 一

　　按:《花東》釋文中“豕”字後讀,非是。本辭與《花東》14 版第 3 辭“乙酉卜:子于暨丙求阹南丘豕,遘? 一二三四”卜同事。兩辭對比即知“豕”應前讀,缺文部分應爲“求”字。

363(H3:1155)

(1)□卜,在▩京:迄㹜[大]獸□□? [用]。

(2)□[迄]㹜[大]獸▩。

(4)丁卯卜:子勞③丁,再屶圭一、珥九? 在▩,狩[自]斝。 一

　　按:本版甲面腐蝕,字不清,這裏的釋文從《初步研究》。

_____

　　① 沈建華:《甲骨金文釋字舉例》,原載香港中文大學中國語言及文學系《第四届國際中國古文字學研討會論文集》,2003 年,後又收入《初學集:沈建華甲骨學論文選》,文物出版社,2008 年。
　　② 章秀霞:《花東田獵卜辭的初步整理與研究》,載《殷都學刊》2007 年第 1 期。
　　③ 該字原篆作“或”,從衣,中間有幾點,李學勤先生認爲該字應讀爲“勞”,參看李學勤《從兩條〈花東〉卜辭看殷禮》,載《吉林師範大學學報(人社版)》2004 年第 3 期。

366(H3:1162)

(1)乙丑卜:皀☒宗,丁稽乙亥不出狩? 一三

(2)乙丑卜:丁弗稽乙亥其出? 子占曰:庚、辛出。 一二三

378(H3:1199)

(1)戊戌夕卜:暨[己],子求豕,遘,擒? 子占曰:不三,其一。 用。
一二三四

(2)弗其擒? 一二三四

(3)擒豕? 子占曰:其擒。用。 一二

按:(1)辭與下文《花東》381卜同事。參(1)(2)兩辭可知,(3)辭中前辭省刻。

381(H3:1209)

(1)戊戌夕卜:暨己,子其[逐],從圭人饗(向)敓,遘? 子占曰:不三,其一。其二,其有遱(奔馬)。用。 一

(2)于既呼? 用。 二三

按:(1)辭可以對比卜同事的上文《花東》378第(1)辭,釋讀從《初步研究》說。又該辭《花東》《正補》均漏摹漏釋用辭,《初步研究》《校勘》均有補釋。(2)辭兆序字"二三",《花東》分別誤摹誤釋爲"一二",《初步研究》中亦誤釋。

395+548:(1258)

(1)辛未卜:其延馭麂? 一

(2)辛未卜:暨獲入? 用。 一

(3)辛未卜:子其往于田,弜戠(待)佰? 用。 一二

(4)辛未卜:弜入麂,其馭? 用。 一二

(5)壬申卜:子其往于田,[從]昔听? 用。 一二

(8)癸酉卜:子其往于田,從郯,擒? 用。 一

(9)癸酉卜:子其擒? 子占曰:其擒。用。四麂、六兔。

(10)癸酉卜:既呼,子其往于田,凶亡事? 用。

　　按：方稚松先生已經將此版與《花東》548 綴合①，本釋文即據綴合版。
(10)辭“凶”之釋讀，從《初步研究》説。（5）（8）兩辭中的兆序字“一”，《花
東》漏摹漏釋。

　　400(H3:1271)

　　(1)乙亥夕卜：日不雨？　一

　　(2)乙亥夕卜：其雨？　子占曰、占曰：今夕雪，其于丙雨，其多日。
用。　一

　　(3)丁卜：雨不延于庚？　二

　　(4)丁卜：[雨]其[延]于庚？　子占曰：□。用。　二

　　按：(1)辭之“日”，《花東》釋文中作“丁”，從《初步研究》説改之。

　　474(H3:1463)

　　(6)子惠狀田，言妣庚眔一宰，酚于狀？　用。　一

　　480(H3:1472)

　　(1)丙寅卜：丁卯子勞丁，再黹圭一、珥九？　在𥀚，來狩自斝。　一二
三四五

　　(3)癸酉，子灵，在𠚣：子呼大子禦丁宜，丁丑王入？　用。　來狩自
斝。　一

　　(4)甲戌卜，在𠚣：子又令[馭]，子𡨄丁告于𠚣？　用。　一二

　　(6)丙子：歲祖甲一牢，歲祖乙一牢，歲妣庚一牢？　在鄰，來自斝。　一

　　按：(3)辭中“在𠚣”部分前讀入前辭，從《初步研究》。(4)辭《花東》讀爲
“甲戌卜：在𠚣，子又令[馭]，子𡨄丁告于𠚣。用。　一二”，《正補》亦如此，《初
步研究》則讀爲“甲戌卜，在𠚣：子又令[馭]丁告于𠚣。用。子𡨄。　一二”。按
前辭點讀，《初步研究》亦可從，“干支卜，在某”是花東中常見的一種前辭形
式，但“子”字以後部分的點讀，《花東》《正補》讀爲“子又令[馭]，子𡨄丁告于
𠚣。用。　一二”更合花東子卜辭行款實際。若依《初步研究》，該辭行款走
向與卜兆結合後作⿰狀，這種組合花東子卜辭中不存在，若依《花東》《正
補》，該辭行款走向與卜兆結合後作⿰狀，這種組合則較常見。

_____

　　①　黃天樹、方稚松：《甲骨綴合九例》第 8 例，原載中國文字學會、河北大學漢字研究中心編
《漢字研究》第 1 輯，學苑出版社，2005 年，後收入黃天樹主編《甲骨拼合集》第 77 則，學苑出版社，
2010 年。

484（H3：1479）

（8）壬卜：其遘雨？　一

491（H3：1493）

庚午：酚革姒庚二小宰，㱃磬一？ 在狱，來自狩。　一二

按：本辭之“在”刻於兆幹上，《花東》漏摹漏釋。《初步研究》《校勘》均已補足。

（二）征伐類

38（H3：127）

（5）壬卜：丁聞子呼［視］戎，弗作虞？　一

按：《花東》釋文中在“聞”後點斷，因爲“子呼視戎”用作“聞”的賓語，故《初步研究》中把“聞”與其後連讀較爲可信。

125（H3：405）

（1）丁卜：子令庚侑有母，呼求囚，索尹子人？子曰：不于戉，其于壬人。　一

237（H3：685）

（6）辛未卜：丁唯好令比［伯］或伐卲？　一

按：“令”後一字，《花東》釋文中作“从”，今從學者釋“比”之説。“比”有協同的意思。

264（H3：772）

（4）己未卜，在㓞：子其呼射告眔我南征，唯仄若？　一二

（5）弜呼眔南于若？　一二

275＋517（H3：816＋1221）

（3）辛未卜：丁唯子令比伯或伐卲？　一

（4）辛未卜：丁唯多丯臣令比伯或伐卲？　一

按：（4）辭是據綴合版所作釋文。

429（H3：1351）

丙戌卜：㣫涉邖转（虜）？　一

按:《花東》釋文中在"涉"字前有缺文符號,《初步研究》則認爲從拓本和照片看並無缺文,姚說可信。"敕",讀爲"虜",從裘錫圭先生說①。

449(H3:1387)

(1)辛未卜:伯或冉册,唯丁自征邵? 一

(2)辛未卜:丁弗其比伯或伐邵? 一

三、射類

7(H3:22+1515+1575)

(3)己亥卜,在濰:子☒。二

(4)弜射于之,若? 二

37(H3:123+373)

(6)甲午卜,在麗:子其射,若? 一

(7)甲午:弜射于之,若? 一

(10)己亥卜,在濰:子其射,若? 不用。一

(14)乙巳卜,在麗:子其射,若? 不用。一

(15)乙巳卜,在麗:子弜徲(遲)彝弓出日? 一

(16)惠丙弓用射? 一

(17)惠丙弓用? 不用。一

(18)丙午卜:子其射疾弓于之,若? 一

(19)戊申卜:惠疾弓用射雈? 用。一

按:(10)(14)(17)(19)辭中的兆序字"一",《花東》釋文中均漏釋,當補。《花東》釋文又在(18)辭中的"疾弓"前讀斷,亦誤。因爲(19)辭"惠疾弓用射雈"一語即是用疾弓射雈的意思,所以在(18)辭中"疾弓"應該是用作"射"字的賓語,它們之間不應讀斷。《初步研究》中就把兩者連讀,其說是可從的。

124(H3:404+1380)

(7)戌卜:子入二弓? 一

① 裘錫圭:《說"撟函"——兼釋甲骨文"櫓"字》,載《華學》第1輯,中山大學出版社,1995年。

(8)戊卜：二弓以子田，若？一

　　按：《初步研究》(第 171 頁)認爲兩辭係貞問"子是將'二弓'獻納給王，還是自己用這些弓去田獵"。宋鎮豪先生雖然對"二弓以子田"的理解同於《初步研究》，但他認爲"子入弓，即子獻納射器，是就子參與弓矢習射競技而言"①，這點顯然與《初步研究》有別。以情理而論，獻納射器似乎並没有必要貞問是否"若"，更不需言某人或某神靈是否喜樂這件事。這樣看來，宋先生的理解似乎欠妥。但綜合《花東》288（見下文）的用辭來看，宋先生之説更勝一籌。因爲如果納弓是向商王武丁，則《花東》288 第一辭和第二、三辭之間就有矛盾，即究竟最終是選擇了向王貢納弓矢，還是選擇了用三把弓矢去田獵？不可能同時用這三把弓矢做了這兩件事②。

149(H3:478＋1259＋1540＋1617)

(11)癸亥卜：子迄用丙吉弓射，若？一

288(H3:865)

(9)乙未卜：子其往阤，獲？不黿。獲三鹿。一

(10)乙未卜：子其往于阤，獲？子占曰：其獲。用。獲三鹿。二

(11)乙未卜：子其入三弓，若，侃？用。一

(12)已亥卜：毋往于田，其有事？子占曰：其有事。用。有宜。一

　　按：(9)辭"往"字後《花東》衍一"于"字，《初步研究》已指出，《正補》亦衍"于"字。"不黿"，宋鎮豪先生認爲可能是説無廢矢，驗辭"獲三鹿"謂三弓射中三鹿，可從③。"不黿"，本文暫將其讀入驗辭。(10)占辭部分點讀從《初步研究》，將"用"字讀爲用辭。(12)辭之"田"，《花東》漏釋。

467(H3:1441)

(2)戊戌卜，在浔：子射，若？不用。一

(3)戊戌卜，在浔：子弭射于之，若？一

---

　　①　宋鎮豪：《從花園莊東地甲骨文考述晚商射禮》，原載臺灣東海大學中文系編《甲骨學國際學術會論文集》，2005 年，又載於《中國歷史文物》2006 年第 1 期。
　　②　我們的看法是基於例(10)中的三辭同卜，後兩辭中田獵獲鹿就是通過用第一辭中所述的三把弓矢。花東 288 整版中只有這三條辭例爲乙未日貞卜，這種假設是可能的。
　　③　宋鎮豪：《從花園莊東地甲骨文考述晚商射禮》，原載臺灣東海大學中文系編《甲骨學國際學術會論文集》，2005 年，又載於《中國歷史文物》2006 年第 1 期。

(4)己亥卜,在濰:子其射,若? 不用。一

(5)弜射于之,若? 一

(8)戊卜:惠邵呼勾? 不用。二

(9)戊申卜:惠赧呼勾[馬]? 用。在麗。二二

(10)惠䍇呼勾? 不用。一

(11)惠䍇呼勾? 不用。二

　按:(2)～(4)辭中的"在淂"和"在濰",《花東》釋文讀入命辭,也有學者讀入前辭,這裏暫從前辭説。另,(4)辭兆序字《花東》釋文誤爲"二",(9)辭中的兆序字《花東》釋文中誤爲"一二三",均改之。

四、貢納類

6(H3:19)

　(2)乙丑卜:有吉亏,子具龶,其以入,若,侃,又鬠值? 用。一二三四

　(3)乙丑卜▨。

　(4)乙丑卜。用。五

　按:(2)辭中的"鬠",《花東》作"岂",此從蔣玉斌先生説[1]。(4)辭《花東》點讀爲"乙丑卜:用。五",將"用"作命辭。《初步研究》第78頁則將"用"看作用辭,理由是"用"字與"乙丑卜"三字之間明顯距離較大,應自成一組,且單以"用"字作命辭的除此例外花東未見,認爲該辭的命辭省略未計。按同版有"乙丑卜:有吉亏,子具龶,其以入,若,侃,有鬠值。用。一二三四",其同文例還見於333、342、481(1)、合集21853(合集21123)+京津2993等,該辭所省命辭很可能與這組同文卜辭中的命辭相同。

7(H3:22+1515+1575)

　(6)丁未卜:新馬其于賈視,右用? 一

　(7)丁未卜:新馬于賈視,右不用? 一

20(H3:63反)

---

[1]　蔣玉斌:《殷墟子卜辭的整理與研究》第229頁,吉林大學博士學位論文,2006年。

屰入六。

23(H3:71)

(1)卯。

26(H3:86)

(1)自賈[乞]。

(2)子其出宜? 不用。一

補:歆(待),弜☑。

(3)甲戌卜:子其出宜? 不用。二

(4)歆(待),弜出宜? 用。二

(5)甲申卜:子其見(獻)婦好☑。一

(6)甲申卜:子惠豕效眔魚見(獻)丁? 用。

(9)戊子卜:子障宜一于之,若? 一

(10)戊子卜:子障宜二于之,若? 一

按:所補之辭"歆(待),弜☑"乃據《初步研究》。

29(H3:105)

(4)己亥卜:于庭再琡屮? 用。二

34(H3:115+241+246)

(1)辛卯卜:子障宜,惠幽麃? 用。一

(2)辛卯卜:子障宜,惠郯□? 不用。一

(7)乙巳卜:子大再? 不用。一

(8)乙巳卜:丁各,子再小? 用。一

(9)乙巳卜:丁各,子再? 用。一二

(10)乙巳卜:丁[各],子弜巳再? 不用。一二

(11)乙巳卜:丁各,子[于庭]再? 用。一

(12)乙巳卜:子于[寢]再? 不用。一

(14)己酉卜:暨庚,子呼多臣燕,見(獻)丁? 用,不率。一

按:(2)辭"惠"後,《花東》釋文中作"☑",此據《初步研究》改。(14)辭"用不率"三字,《花東》釋文誤讀入命辭,今從《求疵》《初步研究》改讀爲用辭。

37(H3:123＋373)

(3)己卯卜:子見(獻)睎以玓丁? 用。一

(4)以一皀見(獻)丁? 用。一

(5)癸巳卜:子糠,惠白璧肇丁? 用。一

(20)壬子卜:子以婦好入于狀,肇玓三,往羃? 一二

(21)壬子卜:子以婦好入于狀,子呼多賈見(獻)于婦好,肇䊵八? 一

(22)壬子卜:子以婦好入于狀,子呼多禦正見(獻)于婦好,肇䊵十,往羃? 一二三四五

按:(5)辭"白"字,《花東》誤摹誤釋爲"日",《正補》《初步研究》等均已指出。另,辭末兆序字"一",摹本中已經正確摹出,但釋文漏釋。(22)辭"正"字後,《花東》釋文中斷讀,應以連讀爲妥。

38(H3:127)

(4)壬卜:子其入膚、牛于丁? 一

39(H3:130＋1123)

(17)戌卜:子其取吳于夙,丁弗作? 一

60(H3:208)

(1)卯。

63(H3:215)

(1)自賈乞。

(2)辛亥卜:子其以婦好入于狀,子呼多禦正見(獻)于婦好,肇䊵十,往羃? 一

(3)辛亥卜:發肇婦好䊵三,崖肇婦好䊵二? 用。往羃。一

(4)辛亥卜:惠發見(獻)于婦好? 不用。一

按:(1)辭之"乞",《花東》釋文中誤作"三",下文皆同。

71(H3:237 反)

封。

75(H3:243)

(8)癸卜:中□休又舁子?

79(H3:259 反)

[illegible]乞。

80(H3:264)

(1)癸卜:子告官于丁,其取田? 一

81(H3:266)

(4)癸酉:其右[illegible]于賈視? 一

(5)丙子卜:或馳于賈視? 一

按:(4)辭之“視”,乃《初步研究》據照片補足,《花東》釋文中作“□”。(5)辭“于”前之字,《花東》釋文爲“馳”,《初步研究》認爲:“從照片看其左半所從的下端還有一小短横,明顯當改釋爲‘馹’”,而《校勘》則不同意此説,趙先生説:“細審照片,所謂一短横極可能是甲面殘點。”其説可信。

83(H3:274 反)

屰入六。

89(H3:291)

(3)☒肇丁☒。一二

90(H3:299 正)

(5)乙卜:速丁,以琡? 一

(6)琡、[illegible]其入于丁,若? 一

91(H3:299 反)

[illegible]入十。

92(H3:304)

(1)甲卜:惠盜具丁? 用。一

(2)甲卜:呼多臣見(獻)[illegible]丁? 用。一

按:(2)辭之“[illegible]”,《花東》釋文中爲“翌日”二字,應改。《花東》453 與本版爲成套卜辭。

94(H3:306 反)

三十。

99(H3:318)

(1)三十☒。一

(2)☒入于丁? 一

106(H3:352)

(8)壬卜：于日隻蚊牝妣庚，入又函于丁？用。一

113(H3:368＋430)

(16)五十牛入于丁？一

(18)三十牛入？一

(19)三十豕入？一

(21)丙入肉？一

(22)弜入肉？一

(26)傳五牛酚發以生于庚？四

114(H3:372)

(3)己卯卜，在羕：子其入旬，若？

119(H3:386)

朕。

124(H3:404＋1380)

(14)辛卜：其速丁？一二

(15)弜速丁？一二

(16)甲卜：暨乙，其昔，丁侃？一二

　　按：(14)(15)兩辭中的兆序字"一"及其所附卜兆分別位於兆序字爲"二"的卜兆下方，《花東》皆漏摹漏釋。

133(H3:437 反)

史入。

138(H3:443 反)

會十。

139(H3:445)

(9)辛：其宜，惠大入豕？

146(H3:466)

(1)卯。

(4)庚戌卜：其匄禾馬賈？一

(5)庚戌卜：弜匄禾馬？一

(6)庚戌卜：其匄禾馬賈？二

　　按：(4)(6)兩辭中的"賈"，《花東》釋文於前點斷，非是。"勾禾馬賈"是個雙賓語結構。

　　147(H3：470)

　　(1)丙卜，貞：璺？　一

　　149(H3：478＋1259＋1540＋1617)

　　(2)己亥卜：惠今夕再琡屮，若，侃？　用。　一

　　(3)己亥卜：子夢人見（獻）子琡，亡至艱？　一

　　按：(2)辭之"屮"，《花東》拓本中可見，但漏摹漏釋，《正補》已經增補。(3)辭之"人""亡"二字，拓本均可辨識，《花東》漏摹漏識，《初步研究》增補。

　　158(H3：489 反)

　　三十。

　　168(H3：526)

　　(1)其右賈馬［于］新？　一

　　(2)其右耤于賈視？　一

　　172(H3：535 反)

　　封十。

　　173(H3：537)

　　(1)朕。

　　178(H3：546＋1517)

　　(1)庚子卜：子䅲，惠异罙琅肇？　用。　一

　　(2)庚子卜：子䅲，惠异罙琅肇？　用。　一

　　(3)庚子卜：子䅲，惠异罙琅肇？　用。　二三

　　(13)庚戌卜：其异旛尹膏，若？　一

　　179(H3：547)

　　(3)丙午卜：其敕火勾賈禾馬？　用。　一

　　(4)弜勾？　一

　　(5)丁未卜：惠卯呼勾賈禾馬？　一

　　(6)惠虩呼勾賈禾馬？　一

　　(7)弜勾黑馬？　用。　一

　　按：諸辭"賈"後之"禾馬"，原篆作"㹥"，乃合文形式。(7)辭之兆序字

"一",《花東》摹本已摹,但釋文漏釋。

180(H3:550)

(1)甲子:丁[各],子再☑。一

(2)甲子卜:乙,子肇丁璧眔珷? 一

(3)惠黃璧眔璧(?)? 一

184(H3:560 反)

大示五。

190(H3:567 反)

(1)庚入五。

(2)庚入五。

192(H3:573 反)

[大][示]□。

193(H3:583)

乙亥:子惠白圭再用,唯子[見(獻)]? 一

按:"見(獻)"乃據《初步研究》改之,《花東》釋文中作"若"。此外,我們懷疑本辭也有可能當讀為"乙亥:子惠白圭再? 用,唯子[見(獻)]? 一",即"用"屬於用辭,"唯子見(獻)"屬於驗辭或用辭。

195(H3:586+1006+1536)

(1)辛亥卜:子肇婦好珷,往霉? 在狀。一二

(2)辛亥卜:呼崖面見(獻)于婦好? 在狀。用。一

按:兩辭中的"在狀"《花東》釋文中均誤讀入命辭。

196(H3:590)

(1)丙午卜,在麗:子其呼多尹入璧,丁侃? 一

(4)己酉:歲祖甲牝一,歲[祖乙]牝一,入自麗? 一

(6)庚戌:歲妣庚牝一,入自麗? 一

198(H3:599)

(10)癸巳卜:惠璧肇丁? 一

(11)子肇丁璧? 用。二

(12)癸巳:惠珷肇丁? 不用。一

201（H3:601 反）

　　壴。

202（H3:609）

　（7）庚卜:子其見（獻）丁□,以？用。

　（8）庚卜:子其見（獻）丁鹵,以？用。二

　（9）庚□。一

　（10）癸卜:子□。

　（11）癸卜:子□。二

　（12）□子□癸□。一

　　按:(8)辭《花東》和《初步研究》均漏釋用辭,《求疵(二)》補足。据照片,該字位於左前甲和左首甲相接的卜甲坼紋處,作█,尚依稀可見其豎筆殘留部分。另,《花東》釋文(7)(8)兩辭中的命辭部分均連讀,這種句讀使得辭意不易明瞭。《初步研究》認爲可在"鹵"前或"以"前點斷,甚是。此外,我們懷疑(7)辭漏刻兆序字"一"。

　　　203（H3:610＋713）

　（4）□卜:惠三十牛肇丁？二

　（5）丙卜:惠三十牛肇丁？三

　（6）丙卜:惠十□。

　（7）丙卜:惠十牛肇丁？用。一

　（8）丙卜:惠十牛肇丁？用。二

　（10）丙卜:□翌丁□。

　（11）丙卜:惠子措圭用罘耳再丁？用。一

　　按:(7)辭之"用",《花東》摹本已摹,但釋文漏釋。《初步研究》已補。

　　　218（H3:642）

　（2）丙辰卜,子叏:其匄黍于婦,若,侃？用。一

　（1）丙辰卜,子叏:惠今日匄黍于婦,若？用。一

　　按:兩辭辭序有誤,當互調,參看《求疵》。

　　　220（H3:645）

　（6）甲申卜:惠配呼曰婦好,告白（伯）屯？用。一

（7）□□卜：子其入白（伯）屯，若？　一

按："白屯"，《花東》第 1647 頁讀爲"白純"，解釋爲"白色的絲織品"。姚萱認爲，此説恐不可信。她并指出，"屯"當是人牲，"伯屯"例同"侯屯"[①]，是指侯伯帶來的人牲。蔡哲茂先生把"白"讀爲"百"[②]，考慮到卜辭中"多屯"常見，其説亦可參考。

223（H3:654）

（1）戊卜：于己入黄𓏤于丁？　一

（2）戊卜：子弜入黄𐀼？　一

（3）戊卜：子其入黄𐀼？　二

（4）戊卜：子其入黄𐀼于丁，侃？　三

（5）戊卜：子其入黄□于丁，侃？

按:《校勘》在（3）辭"𐀼"字後補"于丁"二字，在（4）辭"𐀼"字補"于"字。核對照片，可知（4）辭所補甚是，（3）辭所補疑非。

225（H3:657 反）

三十。

226（H3:659）

（1）萬家見（獻）一。

229（H3:663）

（1）壬卜□。

（2）壬卜：子其入黄𐀼，丁侃？　一

按:（2）辭"黄𐀼"二字據《初步研究》《校勘》增補，但從照片上看，"黄𐀼"與"丁"字之間應無字，《花東類纂》亦失察。另，我們懷疑本辭之"丁"或許應前讀。

230（H3:668 正）

（3）癸☒肇☒。　二

231（H3:668 反）

史入。

---

① 《初步研究》第 289 頁。

② 蔡哲茂:《花東卜辭"白屯"釋義》，中國社會科學院先秦史研究室網站，2006 年 5 月 20 日。

236(H3：684＋1152)

(14)戊卜：子其往？　一

(15)戊卜：弜子往？　一

(16)己卜：家其有魚，其屮丁，侃？　一

(17)己卜：家其有魚，其屮丁，侃？　二

(18)己卜：家其有魚，其屮丁，侃？　三

(19)己卜：家弜屮丁？　一

(20)弜屮？

237(H3：685)

(12)庚寅：歲祖甲牝一，子雍見（獻）？　一二三四

(13)庚寅：歲祖甲牝一，子雍見（獻）？　一

(14)弜告丁，肉弜入〔丁〕？　用。　一

(15)入肉丁？　用，不率。　一

242(H3：714 反)

侖十。

249(H3：738 正)

(15)甲卜，在壴：啻見（獻）㠱于丁？　二

(16)㠱☑〔牝〕？

(17)☑見（獻）丁，妣庚☐？

(18)在壴卜：燎〔妣庚〕☑。　一

(19)甲卜，在壴：賈〔並〕☐子☑見（獻）丁？　一二

(20)甲卜，在壴：㠱見（獻）于丁？　一二

　　按：(15)辭"在壴"《花東》釋文誤讀入命辭，"于丁"二字誤摹誤釋爲"妾"，今從《初步研究》改之。(18)辭"妣庚"二字，亦從《初步研究》增補。

250(H3：738 反)

三十。

255(H3：754)

(6)乙亥卜：弜呼多賈見（獻）？　用。　二

257(H3：758)

(18)辛卜：子其有肇臣自☑。　一二

（19）辛卜：唯疒畁子？　一

（20）辛卜：丁曰：其肈子臣。允？　一

（21）辛卜：子其有［肈］臣自［钟］寮？　一

　　按：（18）辭“自”前《花東》釋文點斷，對比（21）辭即知其非。（18）和（21）兩辭還可互補。（19）辭《花東》釋文誤讀行款，《初步研究》據照片改讀。（20）辭之“允”，《花東》誤摹誤釋作“人”，今從陳劍先生説改之①。

259（H3：760）

　　（1）辛巳卜：新駇于以，隺（舊）在麗入？　用。子占曰：奏艱。孚。　一

　　（2）辛巳卜：子惠賈視用逐？　用。獲一鹿。　一

　　按：可以參看前文田獵類本條下。

265（H3：775）

　　（1）戊辰卜：子其以磬妾于婦好，若？　一二三四五

　　（2）哉（待）？　用。　一二三四五

　　（3）庚午卜：子其以磬妾于婦好，若？　一二三

　　（4）哉（待）？　用。　一二三

　　（6）辛未：歲妣庚小宰，告，又肈邑，子祝，皀祭？　一二三四四

　　（8）辛未：宜羋二，在入卯，又肈邑？　一二三

　　（10）辛未：歲妣庚小宰，告，又肈邑，子祝，皀祭？　一

　　按：（2）（4）兩辭中的“用”《花東》釋文中誤讀入命辭。（1）辭與（2）辭、（3）與（4）辭之間爲正反對貞關係。“用”表明最終選擇了反問這一卜。（6）（8）（10）三辭之釋讀，可以參看前文祭祀類本條下。

267（H3：789）

　　（7）乙巳卜：出，子亡肈？　用。　一

　　按：“出”字，《花東》釋文中視爲貞人名，因而讀入前辭。今從《初步研究》改讀入命辭。

―――――――――――

①　陳劍：《説花園莊東地甲骨卜辭的“丁”――附：釋“速”》，載《故宮博物院院刊》2004 年第 4 期。

269(H3:791)

(8)[乙亥]卜:子其入白一于丁? 一

272(H3:793 反)

會十。

275+517(H3:816+1221)

(7)乙亥卜:昏祖乙彡,宰、一牝,子亡肇丁? 一

(8)乙亥卜:昏祖乙彡,牢、一牝,子亡肇丁? 二

(9)乙亥卜:其呼多賈見(獻),丁侃? 一

(10)呼多賈罘辟,丁侃? 一

(11)丙子卜:丁不各? 一

　　按:(7)(8)兩辭釋讀參看前文祭祀類本條下。(9)(10)兩辭中的"丁"後讀,從《初步研究》說。

286(H3:864 正)

(1)辛卜:晝入牡宜? 一

(5)壬卜:子有求,曰:□賈? 一

(6)壬卜:子有求,曰:取紙受? 一二

(7)壬卜:子有求,曰:視剝官? 一

(8)壬卜:子有求,曰:往饅? 一

(18)丙卜:惠𦥑吉圭冉丁? 一

(19)丙卜:惠玄圭冉丁,亡珥? 一

　　按:(8)辭"饅"之隸釋,從《校勘》說。(18)辭"圭"字,《花東》漏摹漏釋,方稚松先生已經指出①。(19)辭之"玄",《花東》誤釋爲"幻",今從《初步研究》改正。

287(H3:864 反)

三十。

288(H3:865)

(2)乙酉卜:妍婦好六屄,若,侃? 用。一

(3)乙酉卜:□[妍]婦好□。

①　轉引自《初步研究》第 317 頁脚註 1。

(4)［戊］子卜：迺☒眔屳？

(5)戊子卜：其呼子妻勾［馬］，不死？用。一

(6)戊子卜：其勾馬，又力引？一

(7)甲午卜：子速，不其各？子占曰：不其各，呼饗，用。舌祖甲彡。
一二

(8)甲午卜：丁其各，子惠徉玨肇丁？不用。舌祖甲彡。三

(11)乙未卜：子其入三弓，若，侃？用。一

按：(2)辭"六"後一字，《花東》釋文及《初步研究》等均作"人"，陳佩君先生指出，所謂的"人"實際上是"屳"之誤識①。我們查看拓片與照片後知，陳說可信。此字可隸釋爲屳。又，《花東》釋文把"妟"與後文點斷，《初步研究》從《花東》釋"人"之説，但指出所謂"妟婦好六人"是雙賓語句，主張"妟"與後文當連讀，其説可信。(7)辭《花東》釋文標點有誤，此從《初步研究》。

289(H3:873)

(1)惠昔□又璺②，若？二

(6)丙寅：其禦唯賈視馬于癸子，惠一伐、一牛、一鬯，曶夢？用。
一二

按：(1)辭兆序字，《花東》釋文作"一"，摹本中不見，核對原片知該兆序字應爲"二"。(6)辭釋讀，參前文祭祀類本條下。

290(H3:876)

(10)乙未卜：呼崖燕，見(獻)？用。二

(11)乙未卜：呼崖燕，見(獻)？用。二

296(H3:884)

(3)癸卯卜：其入玨，侃？用。二

314(H3:957)

(2)乙亥卜：惠賈視眔匕？用。一

315(H3:958 反)

---

① 轉引自《正補》。
② 楊州先生以爲該字下部表意上部表聲，即《尚書·顧命》中的"瞿"字，本來所指可能是一種戚鉞類兵器。參見楊州《説殷墟花園莊東地甲骨文"🀅"》，載《北方論叢》2007 年第 3 期。

十

318（H3：972）

（1）卯。

320（H3：976）

（7）庚寅：子[入]四凹于丁？在麓。一

按：本辭兆序字"一"，《花東》漏摹漏釋。

327（H3：1009 反）

周入四。

329（H3：1021 反）

疋。

333（H3：1032）

乙丑卜：有吉亡，子具𠂤，其以入，若，侃，又鬶值？用。五六七八

按：《花東》第 6 版第（2）辭"乙丑卜：有吉亡，子具𠂤，其以入，若，侃，又鬶值？用。一二三四"與本辭成套，本辭之釋讀可以參看前文。

335（H3：1038＋1457＋1579）

（1）丁酉卜：今夕□往𤔲？一

（2）[甲]辰：宜[丁]牝一，[丁]各，戻于我，翌日于大甲？一二三

342（H3：1070）

乙丑[卜]：有吉亡，子具☒。一

348（H3：1085 反）

三十。

352（H3：1113）

（3）于賈視？一

（4）于賈視？一

357（H3：1131 反）

三十。

359（H3：1148 正）

丙卜：惠小白圭☒。二

按："白"字拓本和照片中可見，但《花東》誤摹誤釋爲"㠯"，此從《初步

研究》改之。《花東》釋文"圭"後還有"子"字,《初步研究》已疑其非,《校勘》明確指出"非其字",我們贊同其説。《校勘》另補兆序字"二",從照片來看,其説亦可從。

360(H3:1148 反)

三十。

362(H3:1149 反)

庚入五。

363(H3:1155)

(4)丁卯卜:子勞丁,再觜圭一、珥九? 在𠭯,狩[自]粵。 一

(5)丁卯卜:再于丁,𩰍(卮)在庭迺再,若? 用。在𠭯。 一二

按:(4)辭"狩"後,《花東》釋文中點斷,參異日卜同事之辭《花東》480第(1)辭可知其非。(5)辭兆序字"二",《花東》誤摹誤釋爲"一"。

367(H3:1180)

(1)朕。

(2)癸亥卜:新馬于賈視? 一二

(3)于賈視? 一二

(4)新馬,子用右? 一

(5)新馬,子用左? 一

(6)賈視,子用右? 一

(7)賈視,子用右? 一

372(H3:1177)

(10)[惠婦]子母□[呼]見(獻)丁? 用。 一

379(H3:1203)

(1)丙辰卜:子其匄黍于婦,惠配呼? 用。 一

(2)丙辰卜,子冎:丁往于黍? 一

(3)不其往? 一

按:(2)辭"子冎",《花東》釋文讀入命辭,今讀入前辭,從《初步研究》説。

386(H3:1239)

(1)匄黑馬? 二三

（4）于小禾馬？

按：《校勘》認爲（1）辭所謂的兆序字“二三”從位置來看“非屬本辭”，“可補爲本版第 5 辭”，其説值得考慮。

389（H3：1243 反）

三十。

391（H3：1246）

（7）庚辰卜：惠賈視㠯匕？用。一

（8）庚辰卜：惠乃馬？不用。

（9）惠乃馬㠯賈視？用。一

396（H3：1262）

卯。

399（H3：1270 反）

𠦪入十。

407（H3：1285 反）

□四。

410（H3：1290）

（1）壬卜，在麗：丁畀子圉臣？一二

（2）壬卜，在麗：丁曰：餘其肇子臣。允？一二

按：（1）辭兆序字“二”，《花東》漏摹漏釋。（2）辭兆序字“一”，摹本中已經摹出，但釋文漏釋。

416（H3：1307）

（4）庚寅：歲妣庚小宰，豈自丁黍？一

（5）庚寅：歲妣庚小宰，豈自丁黍？二

（8）壬辰卜：子呼比射發㫃，若？一

（9）弜比㫃？不用。一

（10）壬辰卜：子呼射發𤔲取又車，若？一

（11）癸巳卜：子惠大令，呼比發取又車，若？

按：（4）（5）兩辭已見於前文祭祀類。（10）辭句讀從《初步研究》。

417（H3:1308 反）

　　舍十。

　　　　425（H3:1343 反）

乇入五。

427（H3:1348）

（2）戊寅卜：翌己子其見（獻）琡于丁，侃？ 用。 一

　　按：本辭之"丁"，《花東》誤摹誤釋爲"皿"，《初步研究》《校勘》均已改之。

436（H3:1360 反）

入十。

437（H3:1364 正）

（5）庚申夕卜：子其呼刵剢于，若？ 用。 一二

（1）（3）庚申卜：弜取在狀斦，延成？ 一二三

（2）（4）（6）庚申卜：取在狀斦，弜延？ 一二三

　　按：（5）辭中"呼"後一字，《花東》隸釋作"剚"。朱岐祥先生在《正補》一文中指出，此字"從耳從刀，或亦取字異體"。我們認爲，從本版他辭中"取"字所從之"耳"的寫法看，該字確爲從耳從刀，但是否"取"字異體，可疑。

　　另外，從整版卜甲的規劃情況看（插圖），本版右前甲記有兆序字"一""二"和右後甲記有兆序字"三"的三個卜兆，與左前甲記有兆序字"一""二"和左後甲記有兆序字"三"的三個卜兆，恰好位於左右對貞位置。因此，右前甲處的兆序字"二"和右後甲處的兆序字"三"或應讀入（1）辭，而左前甲處的兆序字"二"和左後甲處的兆序字"三"則應讀入（2）辭，即 437.1、2 兩辭均對應有三個卜兆，分別爲第一、二、三卜。《花東》將兩兆序字"二"分讀爲（3）（4）辭，將右後甲的兆序字"三"讀入（5）辭，而屬於（5）辭的兆序字"一""二"則被漏釋，又將左後甲的兆序字"三"另讀爲（6）辭。我們認爲，這種讀法不妥。本版第（7）辭兆序字爲"一""二"，其中兆序字"一"位於左中甲，《花東》釋文、摹本及《初步研究》均漏。辭中"斦"字前讀從《初步研究》。此外，原釋這幾條卜辭的辭序疑也需調整，參看《求疵（二）》。

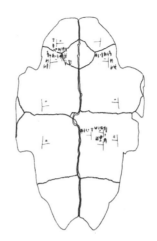

花東 437（拓本）　　　　　　　花東 437（摹本）

438（H3：1364 反）

三十。

440（H3：1365 反）

［羑］乞。

443（H3：1376 正）

(8)其賈馬？　一

按：兆序字"一"，《花東》漏摹漏釋。

444（H3：1376 反）

［羑］乞。

447（H3：1383 反）

佘十。

450（H3：1388）

(2)(3)壬戌卜：子弜印？用。癸亥子往于魯，肇子丹一、盎龜二。

　　按：《花東》釋文(3)辭所謂的兆序字"一"距離其下面所應附屬的卜兆較遠，這與花東子卜辭中常見的兆序字與歧出的兆枝十分接近區別較大①，故而它極有可能並不是兆序字。考慮到"一"字緊挨着"丹"，我們懷

---

　　①　關於花東子卜辭中兆序字與卜兆的位置關係，可參看蔣玉斌《殷墟子卜辭的整理與研究》第 164 頁，吉林大學博士學位論文，2006 年。

疑它應是修飾"丹"的數詞①。"肇子丹一、盥黽二"是"肇"字雙賓語句，
"丹"和"盥黽"②均是獻納給"子"的物品。此外，(3)辭之行款在花東子卜
辭中僅此一例，甚爲特殊。如前所述，它距離其下面應附屬的卜兆較遠，反
而離其上面(2)辭的卜兆較近。更爲重要的是，上下"兩辭"之間刻寫特別
緊湊，所以所謂的"兩辭"實際上可能應讀爲一辭。讀爲一辭後的行款，花
東子卜辭中較爲常見。《花東》認爲所謂的第(2)(3)辭之間有界劃，實誤，
這點在本版局部放大照片上比較清楚③。

451(H3:1390)

(3)戊寅卜：自𧊒帶其見(獻)于婦好？用。二

　　按："帶"字，《花東》釋文中作"𣬈"，此從《初步研究》説改釋。

453(H3:1397)

(2)甲卜：呼多臣見𣌾于丁？用。二

454(H3:1404)

(1)庚戌卜：子呼多臣燕，見(獻)？用，不率。一

(2)庚戌卜：弜呼多臣燕？一

462(H3:1433 反)

三十。

466(H3:1436 反)

昼入。

470(H3:1453 反)

我五。

475(H3:1467)

(2)乙巳卜：惠璧？用。一

(3)乙巳卜：惠琅？一

(4)乙巳卜：有圭，惠之昇丁，珥五？用。二

---

　　①　陳劍先生認爲"一"字乃《花東》釋文漏釋，與我們認爲這屬於《花東》釋文誤數詞"一"爲兆
序字"一"有別。陳説參看《説花園莊東地甲骨卜辭的"丁"——附：釋"速"》第 58 頁脚註 2，載《故宮
博物院院刊》2004 年第 4 期。

　　②　關於對"盥黽"的理解，可參看《初步研究》。

　　③　參看《求疵(二)》。

(5)庚戌卜:子惠發呼見(獻)丁,眔大,亦燕?用,昃。一

按:(5)辭之釋讀,可以參看前文祭祀類本條下。

477B(H3:1469反)

三十。

480(H3:1472)

(1)丙寅卜:丁卯子勞丁,爯黹圭一、珥九?在[illegible],來狩自斝。一二三四五

(3)癸酉,子炅,在[illegible]:子呼大子禦丁宜,丁丑王入?用。來狩自斝。一

(5)甲戌卜:子呼㝅妨婦好?用。在[illegible]。一

按:(1)(3)兩辭已經見於前文田獵類本條下。

481(H3:1476)

(1)乙丑卜:有吉夸,子具[illegible],其以入,若,侃,又鬃值?用。一

按:本辭與《花東》6第(2)辭、《花東》333、342版卜同事,請參看前文。

483(H3:1477反)

犇乞。

488(H3:1489)

(2)己[卜]:□以[生]☑。

490(H3:1492)

(1)己卯:子見(獻)晳以璧、瑕于丁?用。一

(2)己卯:子見(獻)晳以圭眔[illegible]、璧丁?用。一二三

(3)己卯:子見(獻)晳以圭于丁?用。一

(4)己卯:子見(獻)晳以瑕丁,侃?用。一

(5)己卯卜:丁侃子?孚。一

(8)乙酉卜:入肉?二

(9)乙酉卜:入肉?子曰:舣卜。一

(10)庚戌:歲妣庚兆一,入自麗?一

(11)辛亥老卜:家其匄有妾,有畀一?一

按:(5)辭句讀從《初步研究》。(9)辭兆序字"一",《花東》誤摹誤釋爲

“一”。

492(H3：1495)

壬寅卜，子𡥈：子其屰𡥷于婦，若？用。一

493(H3：1496)

(1)戊子卜：惠子妻呼勾馬？用。一二

497(H3：1501 反)

三十。

498(H3：1502)

癸卯卜，在糞：發以馬？子占曰：其以。用。一二

按：本辭兆序字“一”，《花東》漏摹漏釋，《校勘》已經補足。

500(H3：1506 反)

亞。

502(H3：1510)

(6)□見（獻）一。

516(H3：1552＋1556)

(1)丁卯卜：自賈？　一

按：本版《花東》釋文及《初步研究》均誤讀行款，並漏兆序字“一”。這裏的釋文從《正補》《校勘》。

522(H3：1566)

賈馬其東？二

525(H3：1569)

東▨，自賈馬？

559(H3：1637)

勾黑二□。

五、藉田類

365(H3：1159)

(5)耤，弜力蚊，若？

六、婚姻類

321(H3:977)

(3)丙辰卜:妙又取,弗死? 一

(5)甲子卜,貞:🐾中周妾不死? 一二

(6)甲子:🐾其死? 一二

490(H3:1492)

(11)辛亥老卜:家其㔿有妾,有畀一? 一

七、兆序字

最大兆序字爲"十"者:

　176.1(一至十);310.2(九至十)

最大兆序字爲八者:

　252.3(一至八);6.2 和 333(一至四、五至八)

最大兆序字爲六者:

　209(一至六);243(一至六①);450.4、5(一至六);451.2(一至六);
487.3(一至六)

最大兆序字爲五者:

　6.4(五);14.1(一至五);14.2(一至五);37.22(一至五);86.1(一至
五);150.2(一至五);207.4(五);254.3(二、五);265.1(一至五);265.2
(一至五);268.6(五);270.1、2(一至五);291.3、4(一至五);336.1(一
至五);355.2(一至五);409.31(五);451.1(一至五);459.6(一至五);
480.1(一至五);178.4(一至五②)

最大兆序字爲四者:

---

① 　兆序字"五"殘掉。
② 　該辭界劃綫却圈圍了六個卜兆,或爲刻手失誤。

9.1(一至四);14.3(一至四);27(三至四);38.7(一至四);45.5(四);55.4和255.7(一至四);67.1、2(一至四);101(一至四,無卜辭);113.26(四);127.6(四);139.6(四①);142.8(二至四);166.6(一至四);182.2(二至四?);228.5、6(一、三至四);237.9、10(一至四);237.12(一至四);241.7(一至四);241.8(一至四);265.6(一至四②);269.4(一、四);295.2(一至四③);308.5(三至四);316.2、5(一至四④);336.2、4(一至四);378.1(一至四);378.2(一至四);382(一至四);404.4(四);415.1(一、四);415.2(一、四);427.3、4(一至四);443.1(四);451.6、7(一至四);482.2(一至四);493.7、8(一至四);494.3(三至四⑤);494.4(三至四)

最大兆序字爲三者:

3.7和53.14、15(一至三);9.2(一至三);9.5、9.6(一至三⑥);13.6、7(一至三);32.2(一至三);32.3(一至三);38.6(一至三);45.3(三);45.4(三);48(一至三);49.1(一至三);49.2(一至三);50.3(一至三);67.3(一至三);67.4(一至三);70.4(一至三);76.2(一至三);80.4(一至三);85.4、5(一、三);95(一至三);113.2、3、4(一至三⑦);113.15(三);113.28(三);115.2(一至三);115.4(三⑧);123.1(一至三);123.2(一至三);123.3(一至三);127.4(三);127.5(三);142.3(一至三);142.4(一至三);142.5(二至三⑨);149.1(一至三);149.4(一至三);157.6(一至三);162.3(三);163+506.2(一至三⑩);167(一至三);178.2、3(一至三);181.11、12、13(一至三);181.24、25(一至三);195.6(一至三⑪);

---

① 《花東》原摹原釋均誤爲"三",照片上看似爲"四"。

② 該辭有兩個兆序字"四",疑最後一個應爲"五",或爲刻手誤刻所致。

③ 該辭所在卜甲位置有殘缺,是否還有更大的兆序字無法確知,故暫置於此。

④ 從照片看,第2、5兩辭或應合讀爲一辭,兆序字"四"讀入第2辭。卜辭所守應爲四個卜兆。

⑤ 該辭與494.1、2、4辭卜同事,卜日相鄰。

⑥ 《花東》將第6辭兆序字誤摹誤釋爲"二",第9辭兆序字誤摹爲"一",亦漏釋。原辭序誤。

⑦ 《花東》釋文第(4)辭兆序字誤爲"四"。

⑧ 該辭所在卜骨位置有殘缺,兆序字"三"是否爲最大無法確認,暫置此。

⑨ 疑辭中"𡆥一"之"一"或爲一字二用,又用爲兆序字"一"。

⑩ 《初步研究》指出,此版與第506版或可綴合,綴合後此辭最大兆序字爲"三"。

⑪ 兆序字"一"《花東》漏摹漏釋。

197.9（三）;203.5（三）;203.9（一至三）;205.2（二至三）;205.5（三）;
207.3（三）;215.2（一至三）;215.3（一至三）;223.3、4（二至三）;223.8
（三）;226.2、3、4（一至三）;237.3 和 226.5（一、三）;236.9、10、11（一至
三）;236.12、13（一至三）;236.16、17、18（一至三）;237.8（一至三）;248.1
（一至三①）;248.2、3 和 459.3（一至三）;249.9、10（二至三）;252.1、2（一至
三）;257.15（二至三）;258.1（一至三）;260（一、三）、261.1（一至三）;
265.3（一至三）;265.4（一至三）;265.8（一至三）;269.5（三）;274（一至
三）;276.6（三）;276.8（一至三）;278.12（一至三）;280.2（一至三②）;
286.15、17（一至三）;286.21、22（一至三）;288.7、8（一至三）;289.7（二
至三）;290.3（一至三）;294.5（一至三）;294.6（一至三）;295.1（一至
三）;296.6（一至三）;296.8（一至三）;297（一至三）;298（三）;310.1（一
至三③）;311（一至三）;314.8（一至三）;335.2（一至三）;338.2、3（一至
三）;340.2（一至三）;351.1（一至三）;351.2（一至三）;351.3（一至三）;
351.4（一至三）;366.1（一至三）;366.2（一至三）;380（一至三）;381.2
（二至三）;386.1（二至三）;391.5（一至三）;391.6（一至三）;401.2
（三）;409.5、6（一至三）;421.1、2（一至三）;426.3、4（一至三）;430.3
（三④）;437.1（一至三）;437.2（一至三）;446.16（三）;446.17、19、21（一
至三⑤）;451.5（一至三）;454.3、4（一至三）;457（一至三）;248.2、3 和
459.3（一至三）;463.1（一至三）;463.3 和 37.13（一至三）;472.1（一至
三）;475.6、7（一至三）;478（一至三）;487.2（一至三⑥）;490.2（一至
三）;490.7（一至三）;493.3、5（一、三）;496.1、2、3（一至三）;501.2、3
（一至三）

最大兆序字爲二者：

3.2、4（一至二）;3.13（二）;4.2（一至二）;4.3、4（一至二）;5.1（一至

---

① 該辭所在位置有殘缺,兆序字"三"是否爲最大無法確認,暫置此。
② 該辭中兆序字"三"《花東》漏摹漏釋。
③ 該辭所在位置有殘缺,兆序字"三"是否爲最大無法確認,暫置此。
④ 疑應讀入第 2 辭,暫置於此。
⑤ 兆序字"一"《花東》漏摹。
⑥ 《花東》漏摹漏釋兆序字"一"。

二);5.2(一至二);5.10(一至二);5.11(二①);7.3(二);7.4(二);7.8(二);7.9(二);7.11(一至二);9.7、8(一至二②);11.2(一至二);11.3(一至二);13.2(一至二);13.3(一至二);13.4(一至二);14.4(一至二);14.5(一至二);14.6(一至二);14.7(一至二);14.8(一至二);14.9(一至二);15.9(二);21.3(一至二);25.3(一至二);26.2、3(一至二);26.4(二);26.7、8(一至二);29.1(一至二);29.2(一至二);29.3(一至二);29.4(二);30(二③);32.4(一至二);34.3(一至二);34.4(一至二);34.5(一至二);34.6(一至二);34.9(一至二);34.10(一至二);35.2(一至二);36.4(一至二);36.5(一至二);37.1、2(一至二);37.8、9(一至二);37.12(二);37.20(一至二);37.23(二);39.2、3(一至二);39.4、5、12(一至二);39.6、20(一至二);39.15、16(一至二);41.8(二④);42、49.4(一至二);50.1(一至二);50.2(一至二);53.2、3(一至二);53.4、5(一至二);53.25、26(一至二);58.2(二);58.3(二);63.6(一至二);63.7(一至二);68.2(二);69.2(二);69.5(二);70.1(一至二);70.2(一至二);75.1、4(一至二);75.2、5(一至二);81.7、8(一至二);87.3(一至二);88.6(二);104.1(二);104.2(二);105.3(一至二);108.2(一至二);108.3(一至二);110.1(二);110.2(一至二);113.5、8(一至二);113.6、9(一至二);113.27(二);114.4(二);115.3(一至二);118(二);124.5(二);124.14(一至二);124.15(一至二);124.16(一至二);127.2(二);127.3(二);132.2、3(一至二);139.1(一至二);139.7(二);139.11、12(一至二);141.4(二);142.6(一至二);142.7(一至二);143.1、2(一至二);146.4、6(一至二);147.2(二);149.8(一至二⑤);149.12(一至二);154.1(一至二);154.2(一至二);157.5(一至二);162.1、2(一至二);163＋506.1(一至二);165.2(二);165.3、4(一至二);169.2(一至二);171.2(一至二);173.4(一至二);173.5(一至二);175(一至二);178.11(一至二);180.4(一至二);180.7(一至二);181.1、2(一至二);181.3(一至二);

---

① 該辭所在位置有殘缺,兆序字"二"是否爲最大無法確認,暫置此。
② 《花東》以爲第(8)辭兆序字爲"二三",從照片上看,"三"應非兆序字。
③ 該辭所在位置有殘缺,兆序字"二"是否爲最大無法確認,暫置此。
④ 本版刮削嚴重,這裏據原摹本暫置於此。
⑤ 該辭所在位置有殘缺,兆序字"二"是否爲最大無法確認,暫置此。

181.5（一至二）；181.17（一至二）；181.31（一至二）；181.32、33（一至二）；183.3（一至二①）；183.14、15（一至二）；183.17、18（一至二②）；191.5（二）；195.1（一至二）；195.5（二）；196.2（一至二）；196.3（一至二③）；198.1（二）；198.11（二）；202.8（二④）；203.4（二）；203.7、8（一至二）；205.3（二）；205.4（二）；214.5（一至二）；217.1、2（一至二）；219.2（二）；220.9（一至二）；223.7（二）；223.10、11（一至二）；223.16（二）；224.3（二）；224.4（二）；226.7（二）；226.9（一至二）；228.2（一至二）；228.3（一至二）；228.12、14（一至二）；234.3（一至二）；236.3（一至二）；236.22（一至二）；236.23、24（一至二）；236.25（一至二）；236.26（一至二）；236.28（二）；237.2（一至二）；237.4（一至二⑤）；237.11（一至二）；239.1、2（一至二）；239.3、4（一至二⑥）；240.4（一至二）；240.5（一至二）；240.6（一至二）；240.9（一至二⑦）；241.2、4（一至二）；241.3、5（一至二）；241.6（一至二）；241.9（一至二）；241.10（一至二）；241.11（一至二）；241.12（一至二）；247.8、9（一至二）；247.11（二⑧）247.13（一至二⑨）；247.16（一至二⑩）；249.1、3（一至二）；249.6、7（一至二）；249.12（一至二）；249.13、14（一至二）；249.15（二）；249.19（一至二）；249.20（一至二）；252.5（一至二）；252.7、8（一至二）；253.2、3（一至二）；255.2（二）；255.6（二）；255.8（二）；256.3（一至二）；256.8（一至二）；257.18（一至二）；257.24（二）；258.2（二）；261.2（一至二）；264.4（一至二）；264.5（一至二）；265.5（二）；267.4、5（一至二）；267.8、9（一至二）；275＋517.6（二）；275＋517.7、8（一至二）；276.1、3（一至二⑪）；276.9（一至二）；276.10（一至二）；278.2（一至二）；278.4（一至二）；278.5（一至

---

① 《花東》釋文有兆序字"一"，但從照片上看應還有兆序字"二"。
② 《花東》將第17辭中的兆序字"一"漏摹漏釋。
③ 《花東》將兆序字"二"誤摹誤釋爲"一"。
④ 疑該版第7辭爲第一卜，但無兆序字"一"。
⑤ 《花東》漏摹漏釋兆序字"一"，《初步研究》亦然。
⑥ 第4辭所在位置殘，兆序字"二"是否爲最大無法確認，暫置此。
⑦ 《花東》漏摹兆序字"一"。
⑧ 該辭所在位置有殘缺，兆序字"二"是否爲最大無法確認，暫置此。
⑨ 《花東》漏摹漏釋兆序字"一"，《初步研究》亦然。又該辭所在位置有殘缺，兆序字"二"是否爲最大無法確認，暫置此。
⑩ 該辭所在位置有殘缺，兆序字"二"是否爲最大無法確認，暫置此。
⑪ 兆序字"二"刻寫位置特殊，刻於276.3辭中"卜"字之後。

二);278.9(二);279.3(二);282.2(一至二);284.2(一至二);284.3(一至二);284.4(一至二);286.4、2(一至二);286.6(一至二);286.12(一至二);286.16(一至二);286.23(一至二);286.24(一至二);286.25、26(一至二);288.9、10(一至二);289.2、3(一至二);289.4(一至二);289.6(一至二);290.2(二);290.8、9(一至二);290.10(二);290.11(二);291.2(一至二);292.1(二);292.2(二);293.1(二);294.1(一至二);294.7(一至二);294.8(一至二);294.9(一至二);295.3(一至二);295.4(二①);296.3(二);296.4、5(一至二);296.7(一至二);299.4(二);304.1、2(一至二);304.4、5(一至二);305.1(一至二);305.2(一至二);308.1(一至二);308.2(一至二);308.4(二);309.1(一至二);313.2(一至二);316.1(一至二);316.3(一至二);318.3、5(一至二);319.2(一至二);321.1、2(一至二);321.5(一至二);321.6(一至二);326.1、2(一至二);330(一至二);331.1(一至二);334(二②);336.3(一至二);337.1(一至二);340.1(一至二);340.3(一至二);343.2(一至二);349.10、16(一至二);349.12、13(一至二);349.8、18(一至二);355.3(一至二);355.4(一至二);363.5(一至二);364.2(二);367.2(一至二);367.3(一至二);370.3、4(一至二③);375.2(二);378.3(一至二);161.1和392.1(一至二);395.3(一至二);395.4(一至二);395.5(一至二);400.3(二);400.4(二);401.8(二);401.9(二);401.10(二);401.14(二);409.11、13(一至二);409.15(二④);409.19(一至二);53.19和409.24(一至二);53.22和409.26(一至二);409.30(二);410.1(一至二);410.2(一至二);416.3(一至二);416.4、5(一至二⑤);416.12(一至二);420.2(一至二);420.5(一至二);426.5(一至二);428＋561.4(二);430.2(二⑥);437.5(一至二);437.7(一至二);442.1、2(一至二);446.1、2(一至二);446.5(一至二);446.15(二);449.6(二);450.1(一至二);451.3(二);451.4(一至二);453.2(二);459.10、11(一至二);460.1(二);

---

① 從該辭守有兩個卜兆看,兆序字"一"或漏刻。
② 《花東》摹本將卜兆位置摹錯。
③ 第4辭所在位置有殘缺,其兆序字"二"是否爲最大無法確認,暫置此。
④ 《花東》將"四"讀入該辭恐不確,從該辭所守卜兆的情況看,"四"或應另讀一辭。
⑤ 第5辭中兆序字"二"《花東》摹誤誤釋爲"一",《初步研究》已指出。
⑥ 該辭所在位置有殘缺,兆序字"二"是否爲最大無法確認,暫置此。

463.6(一至二);467.8(二);467.9(二二①);467.10、11(一至二);473.2
(二);474.4(一至二);474.7(一至二);474.8(一至二);475.4(二);480.2
(一至二);480.4(一至二);481.2(一至二);484.1、3(一至二);484.4
(二);486.1(二);490.9、8(一至二②);491(一至二);493.1(一至二);
494.1(一至二);494.2(一至二);498(一至二);507.2(一至二)

最大兆序字爲一者約有近千條,此從略。

另外,花東中還有一些辭例中未見兆序字,如 2.4、53.17 等,但此類現
象不太多,或應視爲兆序字一的省刻。

---

① 兆序字《花東》釋文爲"一二三",摹本爲"一二二",從照片上看,兆序字"一""三"不存在,
只有兩個兆序字"二"。疑或爲刻手將兆序字"一二"誤刻爲了"二二"。
② 《花東》將第9辭中的兆序字"一"誤摹爲了"二",故8、9兩辭辭序亦應調整。

貳:花東子卜辭禮制資料的排譜整理

甲骨文的排譜工作非常重要,這是學界的共識。但是,甲骨文排譜工作十分繁瑣,需要學者靜下心來對相關卜辭進行耐心細緻的爬梳整理。因花東子卜辭這批材料相當珍貴,所以學界十分重視其排譜工作。姚萱、韓江蘇等學者在這方面用功較多,收穫也較大①。由於工作的需要,本文在他們研究的基礎上,重新對這批材料進行排譜。在我們的排譜過程中,遇到了不少困惑處,如下述兩例卜辭:

> 甲申:歲祖甲牡一,惠&祝? 用。 — 220.3

> 乙酉:歲祖乙小宰,牡,叔凷一,&祝? 在麗。三四五 291.4

如果考慮到甲申、乙酉是緊挨着的兩天,祖甲、祖乙兩位祖先經常同時受祭,祭牲都有牡,且主持祝禱的人又都是&,我們很容易把上述兩辭排在一起,但是考慮到 291 同版第 2 辭是:

> 甲申:歲祖甲小宰,叔凷一,子祝? 在麗。一二 291.2

所以如果把 220.3 與 291.4 排在一起就很有問題了。甲申那天到底是用什麼祭牲,是牡還是小宰呢? 由誰負責祝禱來祭祀祖甲,是&還是子呢?

上文所述這類卜辭較爲複雜,但即使是看起來比較簡單些的卜辭有時候也不好處理,如:

> 丁未:歲妣丁靁一? 在剢。 — 217.1

> 丁未:歲妣丁靁一? 在剢。二 217.2

> 丁未:歲妣丁靁一? — 136.1

兩版都是在丁未日卜問是否劓殺一頭靁祭祀妣丁事。但問題是,絕大多數卜辭都不記年月,何以證明兩版爲同一個丁未日? 更何況 136 同版中

---

① 姚萱女士的排譜工作見《初步研究》第 383~433 頁。韓江蘇女士的排譜工作,可以參見韓江蘇《殷墟花東 H₃ 卜辭主人"子"研究》第 574~654 頁,綫裝書局,2007 年版。

没有出現地名"㑔"，設想一下，要是 136.1 中的卜問地點（祭祀地點）是㑔之外的另外一個地方，不是更能證明兩版不是卜同事嗎？所以這類卜辭也不太好處理。

在對花東子卜辭排譜時，比較麻煩的是，如何認定不同的卜辭是否屬於圍繞同一件事情而進行的占卜？因爲所謂的"同一件事情"，其範圍可大可小。有的卜辭辭條之間是直接相關，有的卜辭辭條之間則是可以間接繫聯。考慮到同版中的不同辭條之間可能並不一定都是卜同事的，因此我們的做法是，既考慮具體的占卜内容，同時又考慮占卜時間、地點，關注儘可能多的細節。在具體的排譜過程中，我們一般情況下是僅排出"直接相關"的辭條，而並非羅列出所有可以間接繫聯的辭條。所以，從這個意義上講，我們的排譜基本上是最基礎的直接相關辭條的繫聯整理。利用這些材料時，完全可以根據研究工作的實際需要，再增排出其他可以間接繫聯的辭條。因此，我們在本排譜的第四部分，又專門製作了關於花東子卜辭的"所涉每版排譜情況"，以供查詢不同版之間的繫聯關係。

一、排譜第一類

該類中的每一組，無論是包含兩版，還是兩版以上的卜辭，都是圍繞同一件事情占卜。

▲478、76、299 卜禦大疾之事

乙卯卜：其禦大于癸子，曶牝一，又鬯？用。有疾子巳。一二三 478

乙卯卜：其禦大于癸子，曶牝一，又鬯？用。有疾。一二三 76.2

乙卯：歲祖乙豕，惠子祝？用。一 76.1

戊辰卜：大有疾，亡延？一 299.5

其延？一 299.6

▲32、320、27 庚日在麓地卜至禦妣庚事

庚卜，在麓：歲妣庚三牝，又鬯二，至禦，曶百牛又五？一 32.1

庚卜，在麓：惠五牝又鬯二用，至禦妣庚？一二三 32.2

庚卜，在麓：惠七牝[用，至]禦妣庚？一二三 32.3

庚卜，在麓：惠五牝用，至禦妣庚？一二 32.4

庚卜，在麓：歲妣庚三牝，又鬯二，至禦，曶百牛又五？320.6

庚卜,在龖:歲妣庚三牝,又鬯二,至禦,晋百牛又五? 三四 27

▲223、229 卜子入黄𢆶于丁事

戊卜:于己入黄𢆶于丁? 一 223.1

戊卜:子弜入黄𢆶? 一 223.2

戊卜:子其入黄𢆶? 二 223.3

戊卜:子其入黄𢆶于丁,侃? 三 223.4

戊卜:子其入黄□于丁,侃? 223.5

壬卜:子其入黄𢆶,丁侃? 一 229.2

▲522、525 卜柬賈馬事

賈馬其柬? 二 522

柬☑,自賈馬? 525

▲516、524 卜丁卯自賈馬事

丁卯卜:自賈? 一 516

馬☑。524.1

丁卯〔自〕☑。524.2

▲92、453 甲日卜呼臣獻丁事

甲卜:惠盜具丁? 用。一 92.1

甲卜:呼多臣見(獻)曙丁? 用。一 92.2

甲卜:呼多臣見(獻)曙于丁? 用。二(字中填朱)453.2

▲257、410 卜丁畀子臣事

辛卜:子其有肇臣自☑。一二 257.18

辛卜:唯疫畀子? 一 257.19

辛卜:丁曰:其肇子臣。允? 一 257.20

辛卜:子其有□臣自[勿]寮? 一 257.21

壬卜,在龖:丁畀子圂臣? 一二 410.1

壬卜,在龖:丁曰:餘其肇子臣。允? 一二 410.2

▲337、154、366 卜十月丁出狩事

十月丁出狩? 一 337.5

辛酉卜:丁先狩,乃又伐? 一二 154.1

辛酉卜:丁其先又伐,乃出狩? 一二 154.2

乙丑卜:𦥆☑宗,丁稽乙亥不出狩? 一三 366.1

乙丑卜:丁弗稽乙亥其出? 子占曰:庚、辛出。一二三 366.2

▲13、264 乙巳日在𠚣地卜用劋殺牝的方式祭祀祖乙事

乙巳:歲祖乙牝,子祝? 在𠚣。一二 13.6

乙巳:歲祖乙牝一,子祝? 在𠚣。三 13.7

乙巳:歲祖乙牝一,子祝? 在□。一 264.1

按:264 同版有"𠚣"地。

▲451、258 庚辰日卜歲一牝祭祀妣庚事(兩版都有子到某地及下雨等事)

己巳卜:翌庚歲妣庚黑牡又羊,暮蚊? 用。一二三四五 451.1

庚午:歲妣庚黑牡又羊,子祝? 一二三四五六 451.2

戊寅卜:自𦥑帶其見(獻)于婦好? 用。二 451.3

用。二 258.2

庚辰:歲妣庚牝? 一 258.3

庚辰:歲妣庚牝一? 一二 451.4

一二三 258.1

一二三 451.5

壬午夕:歲犬一妣庚? 一二三 451.6

壬午夕:歲犬一妣庚? 四 451.7

丙戌卜:子其往于𠚣,若? 用。子不宿,雨。一 451.8

于日雨入? 258.4

▲277、266 卜是否稽五旬做什麼事

一旬? 277.2

☑,二旬? 277.3

三旬? 266.2

其稽五旬? 277.4

弗稽五旬? 277.5

其稽五旬□? 266.1

弗稽五旬? 266.3

▲218、379 丙辰日卜勾黍于婦事

丙辰卜,子炅:其勾黍于婦,若,侃? 用。一 218.2

丙辰卜,子炅:惠今日勾黍于婦,若? 用。一 218.1

丙辰卜:子其勾黍于婦,惠配呼? 用。一 379.1

丙辰卜，子炅：丁往于黍？　一　379.2

不其往？　一　379.3

▲354、291 甲申日在麗地卜用宰叔曑的方式祭祀祖甲等事

乙亥：歲祖乙小靯，子祝？ 在麗。　一　354.1

　一　354.2

庚辰：歲妣庚小宰，子祝？ 在麗。　一　291.1

甲申：歲祖［甲］小宰，叔曑一，子祝？ 在麗。　一　354.4

甲申：又曑？ 用。354.3

甲申：歲祖甲小宰，叔曑一，子祝？ 在麗。　一二　291.2

乙酉：歲祖乙小宰、狄，叔曑一？　一二　291.3

乙酉：歲祖乙小宰、狄，叔曑一，及祝？ 在麗。　三四五　291.4

▲110、118 卜引是否會死事

庚申卜：引其死？ 一二　110.2

壬午卜：引其死，在圍，亡其事？　二　118

▲310、243 甲戌、乙亥日卜酚伐一祖乙事

甲戌夕：歲牝一祖乙，舌彡囗。一二三　310.1

甲戌夕：酚伐一祖乙，卯囗。九十　310.2

乙亥卜：酚伐一［人］祖乙，卯牡五、牝五，叔一曑，子肩禦往？一二三四［五］
六 243

▲150、457、380、487、336、382、86、209 祭祖乙、妣庚禦子臀（86、150、382 卜
延奏商事）

甲辰夕：歲［子］囗。一　150.1

己酉夕：翌日舌歲妣庚黑牡一？ 庚戌酚牝一。一二三　457

己酉夕：翌日舌妣庚黑牡一？ 一二三四五　150.2

庚戌卜：子于辛亥秋？ 子占曰：舡卜。子臀。用。一二三　380

甲寅：乙卯子其學商，丁侃？ 用。子臀。一　150.3

甲寅卜：丁侃于子學商？ 用。一　150.4

甲寅卜：乙卯子其學商，丁侃？ 用。一　487.1

甲寅卜：乙卯子其學商，丁侃？ 子占曰：有咎。用。子臀。一二三　487.2

甲寅卜：乙卯子其學商，丁侃？ 子占曰：其有邑艱。用。子臀。一二三四五
336.1

丙辰卜:于妣己禦子臂? 用。一二 336.3

丙辰:歲妣己犰一,告臂? 一 336.2

丙辰:歲妣己犰一,告子臂? 二三四 336.4

丙辰卜:延奏商? 用。一 150.5

丙辰卜:延奏商,若? 用。一二三四 382

丙辰卜:延奏商,若? 用。一二三四五 86.1

庚申卜:歲妣庚牝一,子臂禦往? 一二三四五六 209

▲11、473、137、84、458 卜孜乃去某地事

孜乃弜往[又砒,若? 用。]11.1

龖椿壹彭? 一二 11.2

孜乃弜往又砒,若? 用。二 473.2

丙往屎,龖? 一 137.1

弜往屎? 137.2

惠[⊞口用龖? 一 137.3

龖。一 84.2

二 84.3

羌入,孜乃惠入怀? 用。一 137.4

羌入,惠[⿰月戈]□用,若,侃? 用。一 84.1

孜[乃]先春⿱羽⿱, 迺入怀? 用。一 458

二、排譜第二類

　　與"第一類"相比,該類比較複雜。每小組雖然也是圍繞同一件事情占卜,但這些小組之間却相互關聯。僅從每小組中出現的版號而言,至少其中的一版在兩個或兩個以上的小組中出現過。即,第一小組中的甲、乙兩版因某一件事情而關聯,第二小組中的乙、丙兩版又因另外一件事情而關聯,這樣就因乙版的存在,第一、二小組之間也有了關聯。本文把這些有關聯的小組稱爲"關聯組"。通過相關卜辭的輾轉繫聯,我們共找出一大一小兩個關聯組。

(一)關聯組一

　　本組共 135 版:2、3、4、5、6、7、9、14、16、21、26、28、29、34、35、36、37、39、49、50、53、55、60、63、67、80、81、86、87、90、123＋輯佚 561、124、130、146、149、150、157、161、165、168、169、170、175、178、179、180、181、183、187、193、195、196、198、203、214、220、226、234、237、240、247、248、249、252、253、255、275＋517、276、279、286、288、289、290、291、293、294、295、296、304、305、314、316、319、333、335、336、338、342、349、350、352、354、355、359、363、367、371、372、376、378、381、382、384、391、392、395＋548、401、409、416、420、427、428＋561、433＋434＋529、437、446、449、454、459、463、467、474、475、480、481、487、490、491、492、493、494、496、521＋531、550、合集 22172＋合集 22351、合集 21853(合集 21123)＋京津 2993。

▲494、286 卜子告人亡由于丁事

戊卜,在麓:其告人亡由于丁,若? 一二 494.1

戊卜,在麓:于商告人亡由于丁,若? 一二 494.2

己卜,在麓:其告人亡由于丁,若? 三四 494.3

己卜,在麓:于商告人亡由于丁,若? 三四 494.4

癸卜:子其告人亡由于丁,[亡]以? 一 286.31

▲180、203、286、480、363、193、359 卜子向丁進獻玉器事

甲子:丁[各],子禺☒。一 180.1

甲子卜:乙,子肇丁璧罘琡? 一 180.2

惠黃璧罘璧(?)? 一 180.3

乙丑卜:子弜速丁? 用。一二 180.4

丙卜:惠子揖圭用罘珥禺丁? 用。一 203.11

丙卜:惠𠂤吉圭禺丁? 一 286.18

丙卜:惠玄圭禺丁,亡珥? 一 286.19

丙寅卜:丁卯子勞丁,禺𩥑圭一、珥九? 在𢀖,來狩自羿。一二三四五 480.1

丁卯卜:子勞丁,禺𩥑圭一、珥九? 在𢀖,狩[自]羿。一 363.4

乙亥:子惠白圭禺用,唯子[見(獻)]? 一 193

丙卜:惠小白圭☒。359

▲181、401、249、286、416、384 卜子往田有咎等事

甲卜:子其往田? 曰:有咎,非樓。一二 181.3

丙卜:丁呼多臣複,囟非心于不若? 唯吉,呼行。— 401.12

丙卜:子其往鑊? 曰:有咎,非樓。— 401.13

戊卜:子其往戛? 曰:有咎,非樓。— 249.23

庚卜:子心疾,亡延? — 181.19

壬辰卜:子心不吉,侃? — 416.7

壬辰卜:子呼比射發旋,若? — 416.8

弜比旋? 不用。— 416.9

壬辰卜:子呼射發甼取又車,若? — 416.10

壬卜:子有求,曰:□賈? — 286.5

壬卜:子有求,曰:取紒戛? 一二 286.6

壬卜:子有求,曰:視刳官? — 286.7

壬卜:子有求,曰:往鑊? — 286.8

壬卜:子[有]求,曰:往入(?)☒。384

壬卜:子有求,曰:往[兮]皀? — 384.1

壬卜:子有求,曰:視丁官? — 384.2

癸巳卜:子惠大令,呼比發取又車,若? 416.11

▲180、427、490、37 卜獻丁玉器及祭祀妣庚事

甲子:丁[各],子禹☒。— 180.1

甲子卜:乙,子肇丁璧罙琡? — 180.2

惠黄璧罙璧(?)? 一 180.3

乙丑卜:子弜速丁? 用。一二 180.4

戊寅卜:翌己子其見(獻)琡于丁,侃? 用。— 427.2

己卯:子見(獻)暊以璧、琡于丁? 用。— 490.1

己卯:子見(獻)暊以圭罙胄、璧丁? 用。一二三 490.2

己卯:子見(獻)暊以圭于丁? 用。— 490.3

己卯:子見暊以琡丁,侃? 用。— 490.4

己卯卜:子見(獻)暊以琡丁? 用。— 37.3

以一罍見(獻)丁? 用。— 37.4

己卯卜:丁侃子? 孚。— 490.5

己卯卜：庚辰舌彡妣庚，先蚊牢，彡蚊牝一？用。一二三 427.3

己卯卜：庚辰舌彡妣庚，［先蚊］牢，彡蚊牝一？用。四 427.4

庚辰：歲妣庚牢、牝，彡舌？一 427.5

庚辰：子裸妣庚，有言妣庚，若？一 490.6

庚辰：歲妣庚牢，舌彡，牝彡蚊？一二三 490.7

癸巳卜：子龏，惠白璧肇丁？用。一 37.5

▲288、371、420、475、446、454、248、294、180 卜從甲午到乙丑日速丁事

甲午卜：子速，不其各？子占曰：不其各，呼饗。用。舌祖甲彡。一二 288.7

己亥卜：甲其速丁往？一 371.1

甲辰卜：丁各，昃于我？用。一 420.1

甲辰：宜丁牝一，丁各，昃于我，翌日于大甲？一二 420.2

甲辰卜：于祖乙歲牢又一牛，惠□？一 420.3

乙巳卜：惠璧？用。一 475.2

乙巳卜：惠琅？一 475.3

乙巳卜：有圭，惠之昇丁，珥五？用。二 475.4

乙卜：弜巳速丁？ 446.7

乙卜：入↯，丁貞又□？一 446.8

庚戌卜：子惠發呼見（獻）丁，罙大，亦燕？用。昃。一 475.5

庚戌卜：唯王令余呼燕，若？一 420.4

庚戌卜：子呼多臣燕，見（獻）？用。不率。一 454.1

庚戌卜：弜呼多臣燕？一 454.2

庚戌卜：丁各？用。夕。一 475.6

庚戌卜：丁各？用。夕。二三 475.7

庚卜：丁各，侃？一 446.22

辛亥卜：丁曰：餘不其往。毋速？一 475.8

辛亥卜：子曰：餘丙速。丁令子曰：往罙婦好于受麥。子速？一 475.9

壬子卜：子弜速，呼飲？用。一 475.10

壬子卜：子丙速？用。［丁］各，呼［飲］。一二 420.5

壬卜：弜巳速丁？一 446.23

壬卜：丙速丁？一 446.24

［甲］寅卜：弜速丁？用。248.4

乙卯卜:子丙速? 不用。一二 294.7

乙卯卜:歲祖乙牢,子其自,弜速? 用。一二 294.8

乙卯卜:子其自飲,弜速? 用。一二 454.3

乙卯卜:子其飲,弜速? 用。三 454.4

甲子:丁[各],子再⊿。一 180.1

甲子卜:乙,子肇丁璧罘琡? 一 180.2

惠黄璧罘璧(?)? 一 180.3

乙丑卜:子弜速丁? 用。一二 180.4

▲181、409、3、183 子往田,丁延休、棷

甲卜:子其延休瞹乙,若? 一 181.1

甲卜:子其延休瞹乙,若? 二 181.2

[甲]卜:子其延休瞹乙,若? 二 409.30

甲卜:子其延休? 五 409.31

甲卜:子其往田? 曰:有咎,非棷。一二 181.3

甲卜:敤(待)□? 一 181.4

甲卜:弜敤(待)? 敤(待)裸,子其往田。一二 181.5

[丙]卜:丁不延棷? 一 3.2

丁延棷? 一 3.3

丁不延棷? 二 3.4

壬卜:于乙延休丁? 一 3.12

壬卜:子其延休? 二 3.13

壬卜:子其往田,丁不棷? 一 3.14

壬卜:丁棷延? 一 183.8

壬卜:丁不棷? 183.9

壬卜:于乙延休丁? 一 409.29

▲409、28、53、3、39、181 卜禦除子興、子馘、多臣疾患事(同版有其他卜同事的例子)

丙卜:其禦子馘于妣庚? 一 409.1

丙卜:其禦子馘于子癸? 一 409.2

丙卜:惠羊又⻊禦子馘于子癸? 一 409.3

丙卜:惠牛又⻊禦子馘于子癸? 一 409.4

丙卜:其禦子馘妣丁牛? 一二 409.5

丙卜:其禦子馘妣丁牛? 三 409.6

丙卜:弜禦子馘? 一 409.7

丙卜:惠小宰又艮妾禦子馘妣丁? 一 409.8

丙[卜]:子其祛妣庚,亡咎? 一 409.9

丙卜:吉,蚑于妣丁? 一 409.10

丙卜:惠子興往于妣丁? 一 409.13

丙卜:惠子興往于妣丁? 二 409.11

丙卜:惠羊于妣丁? 409.12

歲妣丁豕? 一 409.14

丙卜:惠五羊又卪禦子馘于子癸? 二 409.15

戊卜:六〈今〉其酓子興妣庚,告于丁? 用。28.6

戊卜:戠(待),弜酓子興妣庚? 一 28.7

己卜:惠丁作子興,尋丁? 二 409.20

己:又三卪? 一 409.21

己卜:至禦子馘尣妣庚? 一 409.22

己卜:惠三牛禦子馘妣庚? 一 409.23

己卜:惠子興往妣庚? 二 409.24

己卜:又卪又五置禦子馘妣庚? 一 409.25

己卜:吉,又妣庚? 二 409.26

己卜:惠艮臣又妾禦子馘妣庚? 一 409.27

己卜:惠豕于妣庚? 一 53.12

己卜:惠豕于妣庚? 一 3.6

己卜:惠麤妣庚? 53.13

己卜:惠牝于妣庚? 一 53.14

己卜:惠牝于妣庚? 二 53.15

己卜:惠牝于妣庚? 三 3.7

己卜:惠宰于妣庚? 一 53.16

己卜:其酓子興妣庚? 一 39.18

己卜:其酓禦妣庚? 53.17

己卜:惠丁作子興,尋丁? 一 53.18

己卜:惠子興往妣庚? 一 53.19

己卜:惠多臣禦往妣庚? 一 53.21

己卜:吉,又妣庚? 一 53.22

歲妣庚白彘? 一 53.23

己卜:其又妣庚? 一 181.6

己卜:弜又于妣庚,其𢦏羖? 一 181.7

己卜:惠多臣禦往于妣庚? 一 181.8

己卜:惠白豕于妣庚,又鬯? 一 181.9

惠牝一于妣庚? 一 181.10

歲牡于妣庚,又鬯? 一 181.11

歲牡于妣庚,又鬯? 二 181.12

歲牡于妣庚,又鬯? 三 181.13

己卜:惠三牡于妣庚? 一 181.16

庚卜:弜羣,子耳鳴,亡小艱? 一 39.21

庚卜:五日子鹹𢦏? 一 3.8

庚卜:弜禦子鹹,𢦏? 一 3.9

辛卜:其禦子鹹于妣庚? 一 181.20

惠𠬝禦子鹹妣庚? 一 181.21

辛卜:其禦子鹹于妣己眔妣丁? 一 181.22

辛卜:子其舞羖,丁侃? 一 181.23

辛卜:禦,子舞羖,蚊一牛妣庚,曶宰,又鬯? 一 181.24

辛卜:禦,子舞羖,蚊一牛妣庚,曶宰,又鬯? 二三 181.25

壬卜:子舞羖,亡言,丁侃? 一 181.26

壬卜:子舞羖,亡言,丁侃? 二 181.27

壬卜:惠子興往于子癸? 一二 181.31

歲子癸小宰? 一 181.32

歲子癸小宰? 二 181.33

惠豕于子癸? 一 181.34

卜不吉,貞:亡田,妣庚小宰? 用。一 181.35

▲16、53 丙日卜子往灘事

丙卜:子其往灘,蚊乃飲,于作呼𠣕迺來? 一 16.1

丙卜:子往瀗? 曰:有咎。曰:往瀗。一 16.2

丙卜:子其往瀗? 曰:有咎。曰:往瀗。一 53.1

▲183、409、3、181 子令

丙卜:子令? 一二 183.3

丁卜:子令? 一 409.16

丁卜:子令? 一 409.17

丁卜:子令,囚心? 一 409.18

丁卜:子令? 一二 409.19

壬卜:子令? 一 3.16

壬卜:子令? 一 181.28

壬卜:子令? 一 181.29

壬卜:子令? 一 181.30

▲305、293、474、183、181、416 卜丁視,子舞事

甲子卜:子其舞,侃? 不用。一二 305.1

甲子卜:子歆(待),弜舞? 用。一二 305.2

庚午卜:惠𢎟先舞? 用。一 293.2

惠［嬬］舞? 二 293.1

辛未卜:子其告舞? 用。一 293.3

辛未卜:子弜告奏? 不用。一 293.4

辛未:歲祖乙彘,子舞𢎟? 一二 474.8

丙卜:丁來視,子舞? 一 183.1

往于舞,若,丁侃? 183.7

己卜:丁各,惠新□舞,丁侃? 一 181.15

庚寅卜:子往于舞,侃,若? 用。一二 416.3

辛卜:子其舞𢎟,丁侃? 一 181.23

辛卜:禦,子舞𢎟,蚊一牛妣庚,曶宰,又鬯? 一 181.24

辛卜:禦,子舞𢎟,蚊一牛妣庚,曶宰,又鬯? 二三 181.25

壬卜:子舞𢎟,亡言,丁侃? 一 181.26

壬卜:子舞𢎟,亡言,丁侃? 二 181.27

▲276、401 乙日卜何時蚊牲祭妣庚事(同版都出現有瀗地)

乙卜:惠今蚊妣庚? 二 401.8

乙卜:于暨[蚊]妣庚? 用。二 401.9

乙卜:惠今蚊妣庚□? [在灘]。二 401.10

乙卜:于暨蚊妣庚□? 在灘。一 401.11

乙夕卜:惠今蚊妣庚? 一 276.5

乙夕卜:于暨蚊妣庚? 用。三 276.6

▲226、214、427 卜祭癸子禦甡目事

庚申:禦甡目癸子,冎伐一人,卯宰? 一 226.8

辛酉:宜卻牝罘甡犬,昃蚊? 一二 226.9

辛酉:宜卻牝罘甡犬? 一 226.10

癸酉:歲癸子牝,甡目禦? 一 214.3

其甡禦往? 一 214.4

丁丑卜:在茲往甡禦癸子,弜于狀? 用。一 427.1

▲275＋517、449、427、226、490 卜用牢、一牝舌彡祭祖乙妣庚事

乙亥卜:舌祖乙彡,牢、一牝,子亡肇丁? 一 275＋517.7

乙亥卜:舌祖乙彡,牢、一牝,子亡肇丁? 二 275＋517.8

乙亥:歲祖乙,雨禦,舌彡,牢、牝一? 一 449.8

己卯卜:庚辰舌彡妣庚,先蚊牢,夋蚊牝一? 用。一二三 427.3

己卯卜:庚辰舌彡妣庚,[先蚊]牢,夋蚊牝一? 用。四 427.4

庚辰卜:舌彡妣庚,用牢又牝,妣庚侃? 用。一 226.11

庚辰:歲妣庚牢、牝,彡舌? 一 427.5

庚辰:歲妣庚牢,舌彡,牝夋蚊? 一二三 490.7

按:428＋561"庚辰卜:于既□宰,蚊牝一,凼妣庚? 用。彡舌。一"辭也有可能應歸入本組。又,本組或與"180、427、490、37"組卜同事。

▲7、354、291、37、463、196、428＋561、490 在麗地或其附近卜對二祖和妣庚的祭祀等事

癸酉卜:惠勿(物)牡歲甲祖? 用。一 37.1

癸酉卜:惠勿(物)牡歲甲祖? 用。二 37.2

乙亥:歲祖乙小靯,子祝? 在麗。一 354.1

一 354.2

庚辰:歲妣庚小宰,子祝? 在麗。一 291.1

甲申:又凼。用。一 354.3

甲申:歲祖[甲]小宰,衩鬯一,子祝? 在麗。一 354.4

甲申:歲祖甲小宰,衩鬯一,子祝? 在麗。一二 291.2

乙酉:歲祖乙小宰、狄,衩鬯一? 一二 291.3

乙酉:歲祖乙小宰、狄,衩鬯一,又祝? 在麗。三四五 291.4

丁酉:歲祖甲牝一、鬯一,子祝? 在麗。一 7.1

丁酉:歲祖甲牝一,衩鬯一? 在麗。一 37.8

丁酉:歲祖甲牝一,衩鬯一? 在麗。二 37.9

惠一羊于二祖用,入自麗? 一 7.2

癸卯:歲祖乙牝一,衩鬯一? 在麗,子祝。一二三 463.1

甲辰:歲妣庚牝一,衩鬯一? 在麗。一 463.2

甲辰:歲祖甲牡一、牝一? 在麗。一二 463.3

甲辰:歲祖甲牡一、牝一? 在麗。一 463.5

甲辰:歲妣庚牝一,衩鬯? 在麗。二 37.12

乙巳:歲祖乙三牝? 在麗。一二 463.6

丙午卜,在麗:子其呼多尹入璧,丁侃? 一 196.1

戊申卜:日用馬于之,力? 一二 196.2

戊申卜:弜日用馬于之,力? 一二 196.3

己酉:歲祖甲牝一,歲[祖乙]牝一,入自麗? 一 196.4

弜又鬯? 用。一 196.5

庚戌:歲妣庚牝一,入自麗? 一 196.6

庚戌:歲妣庚牝一,入自麗? 一 428＋561.5

庚戌:歲妣庚牝一,入自麗? 一 490.10

▲248、490、81、195 卜將妣庚于狄東官事

戊申卜:其將妣庚于[狄]東官? 用。一 248.5

壬子卜:其將妣庚示,宮于東官? 用。一 490.12

壬子卜:其將[妣庚]示,宮于東官? 用。81.1

癸丑:將妣庚示,[其]歲妣庚牢,在狄。一二三 248.1

癸丑卜:其將妣庚[示]于狄東官? 用。二 195.5

▲63、195、37 辛亥、壬子日卜子以婦好入狄,獻于婦好

辛亥卜:子其以婦好入于狄,子呼多禦正見(獻)于婦好,肇紤十,往鬯? 一
63.2

辛亥卜:發肇婦好紒三,崑肇婦好紒二? 用。往鋬。一 63.3

辛亥卜:惠發見(獻)于婦好? 不用。一 63.4

辛亥卜:子以婦好入于狀? 用。一 195.3

辛亥卜:子肇婦好琡,往鋬? 在狀。一二 195.1

辛亥卜:呼崑面見(獻)于婦好? 在狀。用。一 195.2

辛亥卜:惠入人? 用。一 195.4

壬子卜:子以婦好入于狀,肇琡三,往鋬? 一二 37.20

壬子卜:子以婦好入于狀,子呼多賈見(獻)于婦好,肇紒八? 一 37.21

壬子卜:子以婦好入于狀,子呼多禦正見(獻)于婦好,肇紒十,往鋬? 一二三四五 37.22

▲2、37、467、7、149 卜子其射事

戊子卜,在麗:子其射,若? 一 2.1

戊子卜,在麗:子弜射于之,若? 一 2.2

甲午卜,在麗:子其射,若? 一 37.6

甲午:弜射于之,若? 一 37.7

戊戌卜,在潯:子射,若? 不用。一 467.2

戊戌卜,在潯:子弜射于之,若? 一 467.3

己亥卜,在灘:子其射,若? 不用。一 467.4

弜射于之,若? 一 467.5

己亥卜,在灘:子其射,若? 不用。一 37.10

己亥卜,在灘:子☐。二 7.3

弜射于之,若? 二 7.4

乙巳卜,在麗:子其射,若? 不用。一 37.14

乙巳卜,在麗:子弜遲彝弓出日? 一 37.15

惠丙弓用射? 一 37.16

惠丙弓用? 不用。一 37.17

丙午卜:子其射疾弓于之,若? 一 37.18

戊申卜:惠疾弓用射隺? 用。一 37.19

癸亥卜:子迄用丙吉弓射,若? 一 149.11

▲37、198、288 癸巳、甲午日卜肇丁玉器事

癸巳卜:子糚,惠白璧肇丁? 用。一 37.5

癸巳卜：惠璧肇丁？一 198.10

子肇丁璧？用。二 198.11

癸巳：惠琡肇丁？不用。一 198.12

甲午卜：子速，不其各？子占曰：不其各，呼饗。用。舌祖甲彡。一二 288.7

甲午卜：丁其各，子惠徉琡肇丁？不用。舌祖甲彡。三 288.8

按：本組或與"391、372"中甲午日卜子作琡分卯，是否告丁事卜同事。

▲37、63、459、195 癸丑日卜歲食牝于祖甲、乙卯日卜用豕牲和鬯祭祀祖
乙事

癸丑卜：歲食牝于祖甲？用。二 37.23

癸丑卜：歲食牝于祖甲？用。63.5

乙卯卜：惠白豕祖乙？不用。一 37.24

乙卯：歲祖乙牡，衩鬯一？一 37.25

乙卯：歲祖乙牡一，衩鬯一？一 459.5

乙卯卜：惠白豕祖甲〈乙〉？不用。一二 63.6

乙卯：歲祖乙牡一，衩鬯一？一二 63.7

乙卯：歲牡，衩鬯祖乙？用。一二三 195.6

按：本組或與"149、4、170"組卜同事。

▲37、178、475、196 卜以玉器肇丁事

己卯卜：子見（獻）暗以琡丁？用。一 37.3

以一鬯見（獻）丁？用。一 37.4

癸巳卜：子褮，惠白璧肇丁？用。一 37.5

庚子卜：子褮，惠異罘琅肇？用。一 178.1

庚子卜：子褮，惠異罘琅肇？用。一 178.2

庚子卜：子褮，惠異罘琅肇？用。二三 178.3

乙巳卜：惠璧？用。一 475.2

乙巳卜：惠琅？一 475.3

乙巳卜：有圭，惠之界丁，珥五？用。二 475.4

丙午卜，在麗：子其呼多尹入璧，丁侃？一 196.1

▲247、449、237、275+517 卜辛未日伐卲事

乙丑卜：叙吊，子弗臣？一 247.7

乙丑卜：呼吊加，若？一 247.8

乙丑卜：呼吊刟，若？二 247.9

辛未卜：伯或再册，唯丁自征卲？一 449.1

辛未卜：丁弗其比伯或伐卲？一 449.2

辛未卜：丁唯好令比［伯］或伐卲？一 237.6

辛未卜：丁唯子令比伯或伐卲？一 275＋517.3

辛未卜：丁唯多羋臣令比伯或伐卲？一 275＋517.4

▲275＋517、255 乙亥日卜呼多賈獻丁事

乙亥卜：其呼多賈見（獻），丁侃？一 275＋517.9

呼多賈罙辟，丁侃？一 275＋517.10

乙亥卜：弜呼多賈見（獻）？用。二 255.6

按：255.8 也有丁侃之辭。

▲247、240、449 卜呼令子麥、子利做事是否無艱

乙丑卜：呼麥告子，弗艱？一 247.10

弗艱？一 247.12

己巳：利亡艱？一 240.8

癸酉卜，貞：子利爵祖乙，辛亡艱？一 449.4

貞：子麥爵祖乙，庚亡艱？一 449.3

▲336、487、150、382、86、247、87 卜子學商、奏商、益商，丁是否侃事

甲寅卜：乙卯子其學商，丁侃？子占曰：其有邑艱。用。子臀。一二三四五 336.1

甲寅卜：乙卯子其學商，丁侃？用。一 487.1

甲寅卜：乙卯子其學商，丁侃？子占曰：有咎。用。子臀。一二三 487.2

甲寅卜：乙卯子其學商，丁侃？用。子臀。一 150.3

甲寅卜：丁侃于子學商？用。一 150.4

丙辰卜：延奏商，若？用。一二三四 382

丙辰卜：延奏商，若？用。一二三四五 86.1

丙辰卜：延奏商？用。一 150.5

庚申卜：子益商，侃？一 247.5

庚申卜：子益商，日不雨？孚。一 87.2

庚申卜：惠今庚益商，若，侃？用。一二 87.3

▲288、124 卜子入弓事（同版都有"速丁"）

乙未卜：子其往阤，獲？ 不黿。獲三鹿。一 288.9

乙未卜：子其往于阤，獲？ 子占曰：其獲。用。獲三鹿。二 288.10

乙未卜：子其入三弓，若，侃？ 用。一 288.11

戊卜：子入二弓？ 一 124.7

戊卜：二弓以子田，若？ 一 124.8

▲288、493 戊子日卜呼子㚯勾馬事

戊子卜：其呼子㚯勾[馬]，不死？ 用。一 288.5

戊子卜：其勾馬，又力引？ 一 288.6

戊子卜：惠子㚯呼勾馬？ 用。一二 493.1

▲253、288 癸巳日卜用劀殺一隻羝的方式祭祀癸子事

癸巳：歲癸子羝一？ 一 253.2

癸巳：歲癸子羝一？ 二 253.3

癸巳：歲(?)癸子羝一？ 288.1

▲50、288 乙未日卜子田獵求鹿求豕事

乙未卜：子其田，从圭，求豕，遘？ 用。不豕。一二三 50.3

乙未卜：子其[往]田，惠豕求，遘？ 子占曰：其遘。不用。一 50.4

乙未卜：子其往田，若？ 用。一 50.5

乙未卜：子其往田，惠鹿求，遘？ 用。一 50.6

乙未卜：子其往阤，獲？ 不黿。獲三鹿。一 288.9

乙未卜：子其往于阤，獲？ 子占曰：其獲。用。獲三鹿。二 288.10

乙未卜：子其入三弓，若，侃？ 用。一 288.11

▲34、169、335、420 甲辰、乙巳日卜祭祀祖甲、大甲、祖乙事

甲辰：歲祖甲牢，伇一罍？ 一二 34.3

甲辰：宜丁牝一，丁各，戠于我，翌[日]于大甲。用。一二 34.4

甲辰卜：于麥(來)乙，又于祖乙宰。用。一二 34.5

甲辰卜：丁各，戠于我，翌日于大甲？ 一 169.1

甲辰卜：歲祖乙牢，惠牡？ 一二 169.2

[甲]辰：宜[丁]牝一，[丁]各，戠于我，翌日于大甲？ 一二三 335.2

甲辰卜：丁各，戠于我？ 用。一 420.1

甲辰：宜丁牝一，丁各，戠于我，翌日于大甲？ 一二 420.2

甲辰卜：于祖乙歲牢又一牛，惠□？ 一 420.3

乙巳卜：歲祖乙牢，叙鬯一，祖甲☐丁各？一二 34.6

▲420、34、475、454、90、7 卜丁各再丁事

甲辰卜：丁各，昃于我？用。一 420.1

甲辰：宜丁牝一，丁各，昃于我，翌日于大甲？一二 420.2

甲辰卜：于祖乙歲牢又一牛，惠☐？一 420.3

甲辰：宜丁牝一，丁各，昃于我，翌[日]于大甲？用。一二 34.4

乙巳卜：歲祖乙牢，叙鬯一，祖甲☐丁各？一二 34.6

乙巳卜：子大再？不用。一 34.7

乙巳卜：丁各，子再小？用。一 34.8

乙巳卜：丁各，子再？用。一二 34.9

乙巳卜：丁[各]，子弜巳再？不用。一二 34.10

乙巳卜：丁各，子[于庭]再？用。一 34.11

乙巳卜：子于[寢]再？不用。一 34.12

乙巳卜：惠璧？用。一 475.2

乙巳卜：惠琅？一 475.3

乙巳卜：有圭，惠之昇丁，珥五？用。二 475.4

己酉卜：暨庚，子呼多臣燕，見（獻）丁？用。不率。一 34.14

庚戌卜：唯王令余呼燕，若？一 420.4

庚戌卜：子呼多臣燕，見（獻）？用。不率。一 454.1

庚戌卜：弜呼多臣燕？一 454.2

庚戌卜：子惠發呼見（獻）丁，罘大，亦燕？用。昃。一 475.5

庚戌卜：丁各？用。夕。一 475.6

庚戌卜：丁各？用。夕。二三 475.7

壬子卜：子丙速？用。[丁]各，呼[飲]。一二 420.5

壬子卜：子弜速，呼飲？用。一 475.10

乙卜：速丁，以琡？一 90.5

琡、🦴其入于丁，若？一 90.6

乙卯卜：子其自飲，弜速？用。一二 454.3

乙卯卜：子其飲，弜速？用。三 454.4

乙卯夕卜：子弜飲？用。一二 7.11

▲26、34、198、420 卜子障宜等事

子其出宜？不用。一 26.2

甲戌卜：子其出宜？不用。二 26.3

敨（待），弜出宜？用。二 26.4

甲申卜：子其見（獻）婦好☒。一 26.5

甲申卜：子惠豕夗罕魚見（獻）丁？用。26.6

戊子卜：子陴宜一于之，若？一 26.9

戊子卜：子陴宜二于之，若？一 26.10

辛卯卜：子陴宜，惠幽廌用？一 34.1

辛卯卜：子陴宜，惠斁□不用？一 34.2

辛卯卜：子陴宜，至二日？用。一 198.2

辛卯卜：子陴宜，至三日？不用。一 198.3

辛卯卜：惠口宜□匙、牝，亦惠牡用？一 198.4

辛卯卜：子陴宜，惠幽廌用？一 198.5

壬辰卜：子陴宜，右、左惠廌用，中惠斲用？198.6\7①

壬辰卜：子亦陴宜，惠斲，于左、右用？一 198.8

壬辰卜：子陴宜，惠唯□用？一 198.9

甲辰卜：丁各，昃于我？用。一 420.1

甲辰：宜丁牝一，丁各，昃于我，翌日于大甲？一二 420.2

甲辰：宜丁牝一，丁各，昃于我，翌［日］于大甲？用。一二 34.4

壬子卜：子丙速？用。［丁］各，呼［飲］。一二 420.5

▲475、63 卜呼發獻丁獻婦好事

乙巳卜：惠璧？用。一 475.2

乙巳卜：惠琅？一 475.3

乙巳卜：有圭，惠之畀丁，珥五？用。二 475.4

庚戌卜：子惠發呼見（獻）丁，罕大，亦燕？用。昃。一 475.5

庚戌卜：丁各？用。夕。二三 475.7

庚戌卜：丁各？用。夕。一 475.6

辛亥卜：子其以婦好入于狀，子呼多窻正見（獻）于婦好，肇紤十，往釁？一 63.2

---

① 原（6）、（7）兩辭應合讀爲一辭。

辛亥卜:發肇婦好紒三,峀肇婦好紒二? 用。往鬯。一 63.3

辛亥卜:惠發見(獻)于婦好? 不用。一 63.4

▲304、446 甲日卜子疾首事

甲卜:子疾首,亡延? 一 304.1

子疾首,亡延? 二 304.2

甲卜:子首疾,亡延? 一二 446.5

甲卜:子其往□,子首亡延? 一 446.6

▲248、459 癸丑日卜子裸新鬯于祖甲事

癸丑卜:子裸新鬯于祖甲? 用。一 248.2

癸丑卜:子裸? 二 248.3

癸丑卜:子裸新鬯于祖甲? 用。三 459.3

▲294、157 卜子告狀既覂于丁事

壬子卜:子其告狀既覂丁? 子曾告曰:丁族悉燹宅,子其作丁雍于狀。一二 294.1

壬子卜:子戠(待),弜告狀既覂于[丁],若? 一 294.2

壬子卜:子寢于狀,弜告于丁? 一 294.3

壬子卜:子丙其作丁雍于狀? 一 294.4

己巳卜:[子]其告[狀]既覂丁,若? 157.1

▲35、3、395+548 卜既呼食,子往田事

壬申卜:既呼食,子其往田? 用。一二 35.2

壬卜:子其往田,丁不樓? 一 3.14

壬卜:于既呼皀迺☑。一 3.15

癸酉卜:既呼,子其往于田,囟亡事? 用。395+548.10

▲474、491 己巳、庚午日卜酘革妣庚事

己巳卜:子裸告,其秉革于妣庚? 一二 474.4

率酘革? 不用。一 474.5

庚午:酘革妣庚二小宰,㕛鬯一? 在狀,來自狩。一二 491

▲237、226 丁巳日卜歲祖乙,舌祖丁事

丁巳:歲祖乙牡一,舌祖丁彡? 一 237.3

丁巳:歲祖乙牡一,舌祖丁彡? 三 226.5

▲123+輯佚 561、175、433+434+529、437、521+531 辛酉日以牛牲歲祭

妣庚

辛酉卜：子其蚊黑牝，唯值往，不雨？用。妣庚☒。一二三 123＋輯佚 561.3

辛酉昃：歲妣庚黑牝一，子祝？一二三 123＋輯佚 561.1

辛酉昃：歲妣庚黑牝一，子祝？一二三 123＋輯佚 561.2

辛酉昃：歲妣庚黑牝一，子祝？一二 175

辛酉昃：歲妣庚☒。一 433＋434＋529

辛酉昃：歲妣庚黑牝一，子祝？一二 437.7

辛酉昃：歲☒。一 521＋531

▲81、168、352、7、367 卜于賈視馬事

癸酉：其右鷭于賈視？一 81.4

丙子卜：或馳于賈視？一 81.5

其右鷭于賈視？一 168.2

于賈視？一 352.3

于賈視？一 352.4

丁未卜：新馬其于賈視，右用？一 7.6

丁未卜：新馬于賈視，右不用？一 7.7

癸亥卜：新馬于賈視？一二 367.2

于賈視？一二 367.3

新馬，子用右？一 367.4

新馬，子用左？一 367.5

賈視，子用右？一 367.6

賈視，子用右？一 367.7

▲355、196、178 卜子呼令多尹等參與祭祀事

乙巳卜：子其□[多]尹令飲，若？用。一 355.1

乙巳卜：于□飲，若？用。一二三四五 355.2

乙巳卜：于入飲？用。一二 355.3

丙午卜：其入自西祭，若，于妣己酉？用。一二 355.4

丙午卜，在麗：子其呼多尹入璧，丁侃？一 196.1

庚戌卜：其畀旛尹𦤶，若？一 178.13

▲60、289、29、81 乙丑至丁卯日卜祭祀癸子以禦除賈視馬事

乙丑：自賈馬有刿？一 60.3

亡其刜賈馬？一 60.4

唯左馬其有刜？一 60.5

右馬其有刜？一 60.6

自賈馬其有死？子曰:其有死。一 60.7

丙寅卜:賈馬［異］,弗馬？一 289.5

丙寅:其禦唯賈視馬于癸子,惠一伐、一牛、一豝,昃夢？用。一二 289.6

丙寅:其禦唯賈視馬于癸子,惠一伐、一牛、一豝,昃夢？用。一二 29.1

丁卯:右馬有［刜］？一 81.2

按:126"貞:右馬其死"、431(2)"貞:右馬不死"、358"□又刜"、239(3)"癸酉卜:弜勿(刜)新黑馬,有刜"或應歸入本組。又,本組或與"81、168、352、7、367"組卜同事。

▲179、467、146 卜呼卲等句禾馬事

丙午卜:其敕火句賈禾馬？用。一 179.3

弜句？一 179.4

丁未卜:惠𠚣呼句賈禾馬？一 179.5

惠𦵩呼句賈禾馬？一 179.6

弜句黑馬？用。一 179.7

戊卜:惠卲呼句？不用。二 467.8

戊申卜:惠𦵩呼句［馬］？用。在麗。二二 467.9

惠𦟜呼句？不用。一 467.10

惠𦟜呼句？不用。二 467.11

庚戌卜:其句禾馬賈？一 146.4

庚戌卜:弜句禾馬？一 146.5

庚戌卜:其句禾馬賈？二 146.6

按:386 有"句黑馬""于小禾馬"辭,或可以歸入本組。

▲29、149、492、34 卜再或屰玉器事

己亥卜:于庭再琡屮？用。二 29.4

己亥:惠今夕再琡屮,若,侃？用。一 149.2

己亥:子夢人見(獻)子琡,亡至艱？一 149.3

壬寅卜,子屰:子其屰屮于婦,若？用。一 492

乙巳卜:子大再？不用。一 34.7

乙巳卜：丁各，子再小？用。一 34.8

乙巳卜：丁各，子再？用。一二 34.9

乙巳卜：丁〔各〕，子弜巳再？不用。一二 34.10

乙巳卜：丁各，子〔于庭〕再？用。一 34.11

乙巳卜：子于〔寢〕再？不用。一 34.12

己酉卜：曙庚，子呼多臣燕，見（獻）丁？用。不率。一 34.14

▲149、247、220 卜祭祀妣庚禦子口疾事

辛亥卜：子告有口疾妣庚，亡卙☒。一二 149.8

癸丑卜：大叙，弜禦子口疾于妣庚？一 247.3

癸亥卜：弜禦子口疾，告妣庚？曰：𠂤，告。一 247.6

戊寅卜：子禦有口疾于妣庚，卙牝？一 220.2

▲170、149、4 甲寅、乙卯日卜用牡、牝等祭祖甲祖乙事

癸丑：宜鹿？在入。一 170.1

甲寅，在入：皀？用。170.2

甲寅：歲祖甲白牡一，叔卣一，皀自西祭？一 170.3

甲寅：歲祖甲白牝一？一 170.4

甲寅：歲白牡？一 149.9

甲寅：歲祖甲白牡，叔卣一，又皀？一 149.10

甲寅：歲祖甲白牡一，叔卣一，皀自西祭？一 4.1

甲寅：歲祖甲白牝一？一二 4.2

乙卯：歲祖乙白牡一，皀自西祭，祖甲延？一 4.3

乙卯：歲祖乙白牡一，皀自西祭，祖甲延？二 4.4

▲149、550 卜來自皮鼎酚興事

丁未卜：其禦自祖甲、祖乙至妣庚，卙二牢，麥（來）自皮鼎酚興？用。一二三 149.4

☑麥（來）自皮鼎酚☑。550.1

于麥（來）自伐遒蚊牝于祖甲？用。一 149.5

▲237、459 甲子日卜用牡、酚祭祖甲事

甲子：歲祖甲白牡一，叔卣一？一二 237.4

惠白牡□祖甲？237.5

甲子：歲祖甲白牡一，叔卣一？一二三四五 459.6

▲21、459 丁丑、戊寅日卜禦子往田于小示事

丁丑卜：其禦子往田于小示？用。一 21.2

戊寅卜：子祼小示，酭豻，禦往田？一 459.9

▲178、376 卜庚戌宜一牢祭祀妣庚事

庚子卜：子𧆨，惠昪罘琅肇？用。一 178.1

庚子卜：子𧆨，惠昪罘琅肇？用。一 178.2

庚子卜：子𧆨，惠昪罘琅肇？用。二三 178.3

癸卯夕：歲妣庚黑牝一，在入，陟峊？一二三四五 178.4

陟峊？用。一 178.5

乙巳卜。一 178.6

乙巳卜。一 178.7

己酉夕：伐羌一？在入。庚戌宜一牢，發。一 178.8

己酉夕：伐羌一？在入。一 178.9

己酉夕：伐羌一？在入。庚戌宜一牢，發。一 376.3

庚戌：歲妣庚牝一？一 178.10

庚戌：宜一牢？在入。發。一二 178.11

庚戌：宜一牢？在入。發。一 178.12

庚戌卜：其昪𧆨尹𣄼，若？一 178.13

▲352、247、255、55 己丑日卜歲祭妣庚，子是否要往潢禦事（55、247 丁亥卜一辭中均出現有"子炅"）

己丑：歲妣庚牝一，子往于潢禦？一 352.1

己丑：歲妣庚牝一，子往潢禦？247.15

己丑：歲妣庚一牝，子往潢禦興？一二三 255.7

☒往潢禦？一 55.3

己丑：歲妣庚牝一，子往潢禦？四 55.4

▲3、28、9 丙日卜丁是否槾事

丙卜：𧵊有由女，子其告于婦好，若？一 3.1

［丙］卜：丁不延槾？一 3.2

丁延槾？一 3.3

丁不延槾？二 3.4

丙卜：唯亞奠作子齒？28.1

丙卜：唯小臣作子齒？ 一 28.2

丙卜：唯婦好作子齒？ 一 28.3

丙卜：丁棲于子，唯親齒？ 一 28.4

丙卜：丁棲于子，由從中？ 一 28.5

丙寅夕：宜在新束，牝一？ 一二三四 9.1

丙寅夕：宜在新束，牝一？ 一二三 9.2

丙寅夕卜：由，棲于子？ 一 9.3

丙寅夕卜：侃，不棲于子？ 一 9.4

▲36、28 卜丁是否從東兆狩事

丁卜，在❈：其東狩？ 一 36.1

丁卜：其二？ 一 36.2

不其狩，入商？ 在❈。 一 36.3

丁卜：其涉河，狩？ 一二 36.4

丁卜：不狩？ 一二 36.5

其涿河，狩，至于糞？ 一 36.6

不其狩？ 一 36.7

辛卜：丁不涉？ 一 28.10

辛卜：丁涉，從東兆狩？ 一 28.11

▲255、290 卜呼彗、多賈參與祭祀等事

甲寅卜：弜宜丁？ 一 255.1

甲寅卜：弜言來自西祖乙，口又伐？ 二 255.2

弜呼發燕？ 一 255.3

呼彗燕？ 不用。 一 255.4

乙亥卜：弜呼彗燕？ 用。 一 255.5

乙亥卜：弜呼多賈見（獻）？ 用。 二 255.6

戊寅卜：舟嚨告旬，丁弗棲，侃？ 一二 255.8

己丑：歲妣庚一牝，子往𣦵禦興？ 一二三 255.7

辛卯卜，貞：婦母有言，子從彗，不從子臣？ 一 290.1

壬辰卜：呼[彗]禦于又示？ 二 290.2

壬辰卜：子裸丮？ 一二三 290.3

癸巳卜：自今三旬有至南？ 弗稽三旬，二旬又三日至。 一 290.4

亡其至南？ 一 290.5

出，自三旬乃至？ 一 290.6

甲午卜：其禦宜戛，乙未戛，瞪酚大乙？ 用。一 290.7

乙未卜：呼多賈邑西饗？ 用。戛。一 290.8

乙未卜：呼多賈邑西饗？ 用。戛。二 290.9

乙未卜：呼崀燕，見（獻）？ 用。二 290.10

乙未卜：呼崀燕，見（獻）？ 用。二 290.11

乙未卜：子其使崀往西悉子媚，若？ 二 290.12

戊戌卜：有至艱？ 一 290.13

▲187、240 子腹疾而祭祀妣庚

☐腹，奉妣庚？ 二 187.3

子腹疾，弜禦☐。一 240.7

按：240.7 辭雖未見“妣庚”語，但同版他辭多見祭祀妣庚之例。

▲124、165 卜子夢是否無艱

戊卜：子夢𤊪，亡艱？ 一 124.9

子夢𤊪☐。一 124.10

子夢𤊪，用牡，告，又㘣妣庚？ 一 124.11

妣庚咎？ 124.12

子有夢，唯☐吉？ 一 165.1

貞。二 165.2

貞：臽，亡艱？ 一 165.3

亡艱？ 二 165.4

▲50、381、378 卜子从圭人卿（鄉）田獵事

丁亥卜：子立于右？ 一二 50.1

丁亥卜：子立于左？ 一二 50.2

乙未卜：子其田，从圭，求豕，遘？ 用。不豕。一二三 50.3

乙未卜：子其[往]田，惠豕求，遘？ 子占曰：其遘。不用。一 50.4

乙未卜：子其往田，若？ 用。一 50.5

乙未卜：子其往田，惠鹿求，遘？ 用。一 50.6

戊戌夕卜：瞪己，子其[逐]，从圭人卿（鄉）敝，遘？ 子占曰：不三，其一。其二，其有遘（奔馬）。用。一 381.1

于既呼？用。二三 381.2

戊戌夕卜：瞏[己]，子求豕，遘，擒？子占曰：不三，其一。用。一二三四
378.1

▲391、372、34 卜子寢燕、作琡分卯及再丁事

己巳卜：子叵燕？用。庚。一 391.1

弜巳叵燕？一 391.2

辛未卜：叵燕？不用。一 391.3

弜巳叵燕？用。一 391.4

甲午卜：子作琡分卯，[告]于丁，亡[以]？用。372.8

甲午卜：子作琡分卯，子弜告丁，用若？一 391.11

甲午卜：子作琡分卯，其告丁，若？一 391.10

乙巳卜：子大再？不用。一 34.7

乙巳卜：丁各，子再小？用。一 34.8

乙巳卜：丁各，子再？用。一二 34.9

乙巳卜：丁[各]，子弜巳再？不用。一二 34.10

乙巳卜：丁各，子[于庭]再？用。一 34.11

乙巳卜：子于[寢]再？不用。一 34.12

己酉卜：子寢燕？372.9

己酉卜：瞏庚，子呼多臣燕，見（獻）丁？用。不率。一 34.14

▲496、304 卜將妣庚、妣己罘妣丁示事

丙卜：其將妣庚示，歲裖（脤）？一 496.1

丙卜：其將妣庚示？二 496.2

丙卜：其將妣庚示？三 496.3

丙：宜羊？一 304.6

丙：弜宜？一 304.7

戊卜：將妣己示罘妣丁，若？一 304.8

按：本組或與"248、490、81、195"組卜同事。

▲295、35、234、395＋548 卜子往田擒鹿、麋事

戊午卜：子又呼逐鹿，不奔馬？用。一二三 295.1

庚申卜：于既呼[逐鹿，不奔馬？]用。一二三四 295.2

辛酉卜：从昔听，擒？子占曰：其擒。用。三鹿。一二 295.3

壬戌莫卜：擒？子占曰：其一（？）鹿。用。二 295.4

辛未卜：擒？子占曰：其擒。用。三麗。一二 234.3

辛未卜：其延馭麗？ 一 395＋548.1

辛未卜：暨獲入？用。一 395＋548.2

辛未卜：子其往于田，弜敔（待）侲？用。一二 395＋548.3

辛未卜：弜入麗，其馭？用。一二 395＋548.4

壬申卜：子其往于田，［从］昔听？用。一二 395＋548.5

壬申卜：子往于田，从昔听？用。擒四鹿。一 35.1

壬申卜：既呼食，子其往田？用。一二 35.2

癸酉卜：子其往于田，从剢，擒？用。一 395＋548.8

癸酉卜：子其擒？子占曰：其擒。用。四麗、六兔。395＋548.9

癸酉卜：既呼，子其往于田，囟亡事？用。395＋548.10

▲289、395＋548、35 卜子往田由侲事

丙卜：子其往于田，弜由侲，若？用。一二 289.4

辛未卜：子其往于田，弜敔（待）侲？用。一二 395＋548.3

壬申卜：子其往于田，［从］昔听？用。一二 395＋548.5

壬申卜：子往于田，从昔听？用。擒四鹿。一 35.1

按：289 同版有丙寅日占卜例，故上述 289.4 也應該是丙寅日占卜。

▲279、349、352 卜子有鬼夢事

☑子有［鬼夢］，亡囚？ 一 279.1

子有鬼夢，亡囚？ 一 349.20

丙申夕卜：子有鬼夢，裸告于妣庚？用。一 352.6

▲14、352 卜子到阽南遘豕事

乙酉卜：子又（有？）之阽南小丘，其眔，獲？一二三四五 14.1

乙酉卜：弗其獲？ 一二三四五 14.2

乙酉卜：子于暨丙求阽南丘豕，遘？ 一二三四 14.3

以人，遘豕？ 一二 14.4

乙酉卜：既呼皀，往敆，遘豕？ 一二 14.5

弜敆？ 一二 14.6

遘阽鹿？ 子占曰：其遘。一二 14.7

壬辰：子夕呼多尹□阽南豕，弗遘？子占曰：弗其遘。用。一 352.2

▲316、355 戊申日卜用劚殺一隻犬的方式祭祀祖戊事

戊申：歲祖戊犬一？ 一二 316.1

戊申：歲祖戊犬一？ 一 355.5

▲21、296、29 乙巳日卜用白色豕類祭牲祭祖乙事

乙巳：歲祖乙白［毳］，又㞢？ 一二 21.3

乙巳：歲祖乙白毳，又㞢？ 一二 296.7

乙巳：歲祖乙白毳一，又㞢，祖乙侃？ 一 29.5

▲290、179 戊戌、己亥日卜是否有至艱

戊戌卜：有至艱？ 一 290.13

己亥卜：其有至艱？ 一 179.1

按：因為同版中沒有其他例證，所以此類是否一定屬於卜同事應暫存疑。

▲179、338 甲辰日劚殺薦、毳以祭祀祖甲事

甲辰卜：歲薦，友祖甲毳，惠子祝？ 用。 一 179.2

甲辰：歲薦祖甲，又友？ 用。 一 338.1

甲辰：歲祖甲薦一，友［毳］？ 一 338.2

甲辰：歲祖甲薦一，友毳？ 二三 338.3

▲319、合集 22172＋合集 22351、392、161、67、481、252、220 從乙丑至丁丑的數日內卜用牛牲來歲祭祖乙事

乙丑：歲祖乙黑牡一，子祝，肩禦㞷？ 在㓚。 一 319.1

乙丑：歲祖乙黑牡一，子祝，肩禦㞷？ 在㓚。 一二 319.2

乙丑：歲祖乙黑牡一，子祝，肩禦㞷？ 二合集 22172＋合集 22351

辛未：歲祖乙黑牡，𢼸𢑷一，子祝？ 二 392.1

辛未：歲祖乙黑牡一，𢼸𢑷一，子祝，曰：毓祖非曰云兒正，祖唯曰彔歔不𢀈㝸？ 一 161.1

乙亥夕：歲祖乙黑牝一，子祝？ 一 161.2

乙亥夕：歲祖乙黑牝一，子祝？ 一二 67.1

乙亥夕：歲祖乙黑牝一，子祝？ 三四 67.2

乙亥：歲祖乙黑牡一，又羧一，惠子祝？ 用。又㞢。 一二 481.2

乙亥：歲祖乙黑牡一，又羧，又㞢，子祝？ 一 252.2

乙亥：歲祖乙黑牡一，又羧一，［又］㞢，子祝？ 二三 252.1

丁丑：歲祖乙黑牝一，卯胴？ 子占曰：未（妹），其有至艱，其戊。用。 一 220.1

▲49、220 丁丑日卜用劇殺一頭牝卯胴的方式祭祀祖乙事

丁〔丑〕：歲姒庚犾一，卯胴？一二三 49.1

丁丑：歲姒庚犾一，卯胴？一二三 49.2

丁丑：歲祖乙黑牝一，卯胴？一 49.3

丁丑：歲祖乙黑牝一，卯胴二于祖丁？一二 49.4

丁丑：歲祖乙黑牝一，卯胴？子占曰：未（妹），其有至艱，其戊。用。一 220.1

▲220、372 乙酉日卜呼崔鸁事

乙酉卜：呼崔鸁，若？用。一 220.8

乙酉卜：呼崔鸁，若？用。一二 220.9

乙酉卜：惠〔崒／崔〕鸁？用。一 372.1

乙酉卜：惠子〔鸁〕？不用。372.2

▲5、220 卜使配曰婦好事

乙亥卜：惠子配使于婦好？一二 5.2

惠配使曰婦☒。5.4

惠配使曰☒。一 5.5

甲申卜：惠配呼曰婦好，告伯屯？用。一 220.6

▲314、391 乙亥、庚辰日卜有關賈視事

乙亥卜：惠賈視罘匕？用。一 314.2

賈炅？一 314.3

庚辰卜：惠賈視罘匕？用。一 391.7

庚辰卜：惠乃馬？不用。391.8

惠乃馬罘賈視？用。一 391.9

▲130、372 卜子用瑟事

己卯卜：子用我瑟，若，弜純敗用，侃？舞商。一 130.1

純敗瑟不用？一 130.2

丙戌卜：子惠辛瑟用，子罘？一二二 372.4

丙戌卜：子☒瑟用？一二二 372.5

▲342、481、合集 21853（合集 21123）＋京津 2993、6、333 卜子具𡿨事

乙丑卜：有吉亏，子具☒。一 342

乙丑卜：有吉亏，子具𡿨，其以入，若，侃，又鬺𧪄？用。一 481.1

乙丑卜：有吉丂，子具𢀛，其以入，若，侃，又鬵徝？用。一合集 21853（合集 21123）＋京津 2993

乙丑卜：有吉丂，子具𢀛，其以入，若，侃，又鬵徝？用。一二三四 6.2

乙丑卜☒。6.3

乙丑卜。用。五 6.4

乙丑卜：有吉丂，子具𢀛，其以入，若，侃，又鬵徝？用。五六七八 333

▲6、350 甲辰夕卜劌殺一頭黑牡祭祀祖乙事

甲辰夕：歲祖乙黑牡一，惠子祝，若，祖乙侃？用。翌日舌。一 6.1

甲辰夕：歲祖乙黑牡一，子祝？翌日舌。一 350

（二）關聯組二

本組共 5 版：375、455、300、88、102。

▲375、455、300 乙丑、丙寅日卜甾友是否有凡事

乙丑卜：甾友其延有凡，其艱？二 375.2

延有凡，甾友其艱？一 455.2

乙丑卜：我人甾友子戻？一 455.3

丙寅卜，在𢀛：甾友有凡，唯其有吉？一 300.1

▲455、88 甲子日在𢀛地卜曶三小宰又置一祭妣甲事

甲子：歲妣甲牝一，曶三小宰又置一？在𢀛。一 455.1

甲子：歲妣甲牝一，曶三小宰又置一？一 88.10

▲88、102 乙丑日卜子有鬼心事

乙丑卜，在𢀛：子有鬼心，其方遘戌？一 88.14

乙卜，貞：二卜有咎，唯見，今有心敊，亡囚？一 102.3

三、排譜存疑者

下述各組卜辭之間能否排在一起，待考。

庚子：歲妣庚牝？一 296.2

庚子：歲妣庚牝一？一 432＋553

丁未：歲妣丁巍一？在𠇑。一 217.1

丁未：歲妣丁豕一？在𠂤。二 217.2

丁未：歲妣丁豕一？一 136.1

丁酉：歲妣丁𡥀一？在𠂤。一 13.5

丁酉：歲妣丁𡥀一？一 226.2

丁酉：歲妣丁𡥀一？二 226.3

丁酉：歲妣丁𡥀一？三 226.4

乙卜，貞：賈壴有口，弗死？一 102.1

乙卜，貞：中周有口，弗死？一 102.2

乙卜，貞：二卜有咎，唯見，今有心敄，亡囏？一 102.3

己未卜，貞：賈壴有疾，亡［延］？一 264.2

己未卜，在𠂤：其延有疾？一 264.3

癸酉：其右𤞤于賈視？一 81.4

其右𤞤于賈視？一 168.2

甲卜：瞏乙，其𡆥，丁侃？一二 124.16

甲卜：瞏乙□□？356.2

甲［卜］：瞏乙弜☑丁？356.3

乙卜：惠羊于母、妣丙？一 401.1

乙卜：惠小宰于母、祖丙？三 401.2

乙卜：皆豕母二、妣丙？一 401.3

乙卜：其歲牡母、祖丙？一 446.9

乙未卜：子宿在𠂤，終夕□□自□？子占曰：不隻。一 10.1

丙戌卜：子其往于𠂤，若？用。子不宿，雨。一 451.8

甲卜：惠盜到☑甲☑。88.11

甲卜：惠盜具丁？用。一 92.1

己巳卜:暊庚歲妣庚黑牡又羊,暮蚑?用。一二三四五 451.1
庚午:歲妣庚黑牡又羊,子祝?一二三四五六 451.2
甲戌卜:暮蚑祖乙歲?用。一 314.1

四、所涉每版排譜情況

第 2 版:▲2、37、467、7、149 戊子至乙巳日卜子其射事
第 3 版:▲181、409、3、183 子往田,丁延休、槑(辭序待考)
　　　　▲183、409、3、181 子令
　　　　▲409、28、53、3、39、181 卜禦除子興、子鹹、多臣疾患事(同版有其
　　　　　他卜同事的例子)
　　　　▲35、3、395+548 卜既呼食子往田事
第 4 版:▲170、149、4 甲寅、乙卯日卜用狄、㞢等祭祖甲祖乙事
第 5 版:▲5、220 卜使配曰婦好事
第 6 版:▲342、481、合集 21853(合集 21123)+京津 2993、6、333 卜子具
　　　　𡆥事
第 7 版:▲7、354、291、37、463、196、428+561、490 在麗地或其附近卜對二
　　　　祖和妣庚的祭祀等事
　　　　▲2、37、467、7、149 戊子至乙巳日卜子其射事
　　　　▲420、34、475、454、90、7 卜丁各禺丁事
　　　　▲81、168、352、7、367 卜于賈視馬事
第 9 版:▲3、28、9 丙日卜丁是否槑事
第 11 版:▲11、473、137、84、458 卜圭乃去某地事
第 13 版:▲13、264 乙巳日在㓞地卜用劇殺牝的方式祭祀祖乙事
第 14 版:▲14、352 卜子到阞南遘豕事
第 16 版:▲16、53 丙日卜子往瀧事
第 21 版:▲21、459 丁丑、戊寅日卜禦子往田于小示事
　　　　　▲21、296、29 乙巳日卜用白色豕類祭牲祭祖乙事
第 26 版:▲26、34、198、420 卜子障宜等事
第 27 版:▲32、320、27 庚日在麗地卜至禦妣庚事

第 28 版：▲28、9 丙寅日卜丁是否椻于子齒

　　　　　▲409、28、53、3、39、181 卜禦除子興、子馘、多臣疾患事（同版有
　　　　　其他卜同事的例子）

　　　　　▲36、28 卜丁是否從東兆狩事

第 29 版：▲60、289、29、81 乙丑至丁卯日卜祭祀癸子以禦除賈視馬事

　　　　　▲29、149、492、34 卜冓或屰玉器事

　　　　　▲21、296、29 乙巳日卜用白色豕類祭牲祭祖乙事

第 32 版：▲32、320、27 庚日在麗地卜至禦妣庚事

第 34 版：▲34、169、335、420 甲辰、乙巳日卜祭祀祖甲、大甲、祖乙事

　　　　　▲420、34、475、454、90、7 卜丁各冓丁事

　　　　　▲26、34、198、420 卜子障宜等事

　　　　　▲29、149、492、34 卜冓或屰玉器事

　　　　　▲391、372、34 卜子寢燕、作珘分卬及冓丁事

第 35 版：▲35、3、395＋548 卜既呼食子往田事

　　　　　▲295、35、234、395＋548 卜子往田擒鹿、麚事

第 36 版：▲36、28 卜丁是否從東兆狩事

第 37 版：▲180、427、490、37 卜獻丁玉器及祭祀妣庚事

　　　　　▲7、354、291、37、463、196、428＋561、490 在麗地或其附近卜對
　　　　　二祖和妣庚的祭祀等事

　　　　　▲63、195、37 辛亥、壬子日卜子以婦好入狱，獻于婦好

　　　　　▲2、37、467、7、149 戊子至乙巳日卜子其射事

　　　　　▲37、198、288 癸巳甲午日卜肇丁玉器事

　　　　　▲37、63、459、195 癸丑日卜歲食牝于祖甲、乙卯日卜用豕牲和酚
　　　　　祭祀祖乙事

　　　　　▲37、178、475、196 卜以玉器肇丁事

第 39 版：▲409、28、53、3、39、181 卜禦除子興、子馘、多臣疾患事（同版有
　　　　　其他卜同事的例子）

第 49 版：▲49、220 丁丑日卜用劅殺一頭牝卯胴的方式祭祀祖乙事

第 50 版：▲50、288 乙未日卜田獵求鹿求豕事

　　　　　▲50、381、378 卜子從宔人卿（繛）田獵事

第 53 版：▲409、28、53、3、39、181 卜禦除子興、子馘、多臣疾患事（同版有

其他卜同事的例子）

　　　▲16、53 丙日卜子往瀠事

第 55 版：▲352、247、255、55 己丑日卜歲祭妣庚，子是否要往瀠禦事（55、

　　　247 丁亥卜一辭中均出現有"子炅"）

第 60 版：▲60、289、29、81 乙丑至丁卯日卜祭祀癸子以禦除賈視馬事

第 63 版：▲63、195、37 辛亥、壬子日卜子以婦好入犾，獻于婦好

　　　▲37、63、459、195 癸丑日卜歲食牝于祖甲、乙卯日卜用豕牲和酚

　　　祭祀祖乙事

　　　▲475、63 卜呼發獻丁獻婦好事

第 67 版：▲319、合集 22172＋合集 22351、392、161、67、481、252、220 從乙

　　　丑至丁丑的數日內卜用牛牲來歲祭祖乙事

第 76 版：▲478、76、299 卜禦大疾之事

第 81 版：▲248、490、81、195 卜將妣庚于犾東官事

　　　▲81、168、352、7、367 卜于賈視馬事

　　　▲60、289、29、81 乙丑至丁卯日卜祭祀癸子以禦除賈視馬事

第 84 版：▲11、473、137、84、458 卜圭乃去某地事

第 86 版：▲150、380、487、336、382、86、209 祭祖乙、妣庚禦子臀（86、150、

　　　382 卜延奏商事）

　　　▲336、487、150、382、86、247、87 卜子學商、奏商、益商，丁是否

　　　侃事

第 87 版：▲336、487、150、382、86、247、87 卜子學商、奏商、益商，丁是否

　　　侃事

第 88 版：▲455、88 甲子日在羴地卜酚三小宰又置一祭妣甲事

　　　▲88、102 乙丑日卜子有鬼心事

第 90 版：▲420、34、475、454、90、7 卜丁各再丁事

第 92 版：▲92、453 甲日卜呼臣獻丁事

第 102 版：▲88、102 乙丑日卜子有鬼心事

第 110 版：▲110、118 卜引是否會死事

第 118 版：▲110、118 卜引是否會死事

第 123＋輯佚561 版：▲123＋輯佚 561、175、433＋434＋529、437、521＋531

　　　辛酉日以牛牲歲祭妣庚

第 124 版：▲288、124 卜子入弓事（同版都有“速丁”）

　　　　　▲124、165 卜子夢是否無艱

第 130 版：▲130、372 卜子用瑟事

第 137 版：▲11、473、137、84、458 卜圭乃去某地事

第 146 版：▲179、467、146 卜呼卲等勾禾馬事

第 149 版：▲2、37、467、7、149 卜子其射事

　　　　　▲29、149、492、34 卜再或止玉器事

　　　　　▲149、247、220 卜祭祀妣庚禦子口疾事

　　　　　▲170、149、4 甲寅、乙卯日卜用牡、牝等祭祖甲祖乙事

　　　　　▲149、550 卜來自皮鼎酌興事

第 150 版：▲150、457、380、487、336、382、86、209 祭祖乙、妣庚禦子臀（86、
　　　　　150、382 卜延奏商事）

　　　　　▲336、487、150、382、86、247、87 卜子學商、奏商、益商，丁是否
　　　　　侃事

第 154 版：▲337、154、366 卜十月丁出狩事

第 157 版：▲294、157 卜子告狀既劃于丁事

第 161 版：▲319、合集 22172＋合集 22351、392、161、67、481、252、220 從乙
　　　　　丑至丁丑的數日內卜用牛牲來歲祭祖乙事

第 165 版：▲124、165 卜子夢是否無艱

第 168 版：▲81、168、352、7、367 卜于賈視馬事

第 169 版：▲34、169、335、420 甲辰、乙巳日卜祭祀祖甲、大甲、祖乙事

第 170 版：▲170、149、4 甲寅、乙卯日卜用牡、牝等祭祖甲祖乙事

第 175 版：▲123＋輯佚 561、175、433＋434＋529、437、521＋531 辛酉日以
　　　　　牛牲歲祭妣庚

第 178 版：▲37、178、475、196 卜以玉器肇丁事

　　　　　▲355、196、178 卜子呼令多尹等參與祭祀事

　　　　　▲178、376 卜庚戌宜一牢祭祀妣庚事

第 179 版：▲179、467、146 卜呼卲等勾禾馬事

　　　　　▲290、179 戊戌、己亥日卜是否有至艱

　　　　　▲179、338 甲辰日劓殺莧、衋以祭祀祖甲事

第 180 版：▲180、203、286、480、363、193、359 卜子向丁進獻玉器事

▲180、427、490、37 卜獻丁玉器及祭祀妣庚事

▲288、371、420、475、446、454、248、294、180 卜從甲午到乙丑日速丁事

第181版：▲181、401、249、286、416、384 卜子往田有咎等事

▲181、409、3、183 子往田，丁延休、棲（辭序待考）

▲183、409、3、181 子令

▲305、293、474、183、181、416 丁視子舞

▲409、28、53、3、39、181 卜禦除子興、子馘、多臣疾患事（同版有其他卜同事的例子）

第183版：▲181、409、3、183 子往田，丁延休、棲（辭序待考）

▲183、409、3、181 子令

▲305、293、474、183、181、416 丁視子舞

第187版：▲187、240 子腹疾而祭祀妣庚

第193版：▲180、203、286、480、363、193、359 卜子向丁進獻玉器事

第195版：▲248、490、81、195 卜將妣庚于狄東官事

▲63、195、37 辛亥、壬子日卜子以婦好入狄，獻于婦好

▲37、63、459、195 癸丑日卜歲食牝于祖甲、乙卯日卜用豕牲和鬯祭祀祖乙事

第196版：▲7、354、291、37、463、196、428＋561、490 在麗地或其附近卜對二祖和妣庚的祭祀等事

▲37、178、475、196 卜以玉器肇丁事

▲355、196、178 卜子呼令多尹等參與祭祀事

第198版：▲37、198、288 癸巳、甲午日卜肇丁玉器事

▲26、34、198、420 卜子障宜等事

第203版：▲180、203、286、480、363、193、359 卜子向丁進獻玉器事

第209版：▲150、380、487、336、382、86、209 祭祖乙、妣庚禦子臀（86、150、382 卜延奏商事）

第214版：▲226、214、427 卜祭癸子禦崖目事

第218版：▲218、379 丙辰日卜匄黍于婦事

第220版：▲149、247、220 卜祭祀妣庚禦子口疾事

▲319、合集22172＋合集22351、392、161、67、481、252、220 從乙

丑至丁丑的數日內卜用牛牲來歲祭祖乙事

▲49、220 丁丑日卜用劇殺一頭牝卯胴的方式祭祀祖乙事

▲220、372 乙酉日卜呼屵矞事

▲5、220 卜使配曰婦好事

第 223 版：▲223、229 卜子入黃𢀳于丁事

第 226 版：▲226、214、427 卜祭癸子禦屵目事

▲275＋517、449、427、226、490 卜用牢、一牝舌彡祭祖乙妣庚事

▲237、226 丁巳日卜歲祖乙，舌祖丁事

第 229 版：▲223、229 卜子入黃𢀳于丁事

第 234 版：▲295、35、234、395＋548 卜子田獵擒鹿、麋事

第 237 版：▲247、449、237、275＋517 卜辛未日伐卲事

▲237、226 丁巳日卜歲祖乙，舌祖丁事

▲237、459 甲子日卜用犾、甾祭祖甲事

第 240 版：▲247、240、449 卜呼令子麦、子利做事是否無艱事

▲187、240 卜子腹疾而祭祀妣庚事

第 243 版：▲310、243 甲戌、乙亥日卜酌伐一祖乙事

第 247 版：▲247、449、237、275＋517 主要卜辛未日伐卲事

▲247、240、449 卜呼令子麦、子利做事是否無艱

▲149、247、220 卜祭祀妣庚禦子口疾事

▲352、247、255、55 己丑日卜歲祭妣庚，子是否要往滿禦事（55、
247 丁亥卜一辭中均出現有"子炅"）

▲336、487、150、382、86、247、87 卜子學商、奏商、益商，丁是否
侃事

第 248 版：▲288、371、420、475、446、454、248、294、180 卜從甲午到乙丑日
速丁事

▲248、490、81、195 卜將妣庚于狀東官事

▲248、459 癸丑日卜子祼新甾于祖甲事

第 249 版：▲181、401、249、286、416、384 卜子往田有咎等事

第 252 版：▲319、合集 22172＋合集 22351、392、161、67、481、252、220 從乙
丑至丁丑的數日內卜用牛牲來歲祭祖乙事

第 253 版：▲253、288 癸巳日卜用劇殺一頭䍿的方式祭祀癸子事

第 255 版：▲275＋517、255 乙亥日卜呼多賈獻丁事

　　　　　▲352、247、255、55 己丑日卜歲祭妣庚，子是否要往灘禦事（55、

　　　　　247 丁亥卜一辭中均出現有"子戈"）

　　　　　▲255、290 卜呼崖、多賈參與祭祀等事

第 257 版：▲257、410 卜丁畀子臣事

第 258 版：▲451、258 庚辰日卜歲一殳祭祀妣庚事（兩版都有子到某地及

　　　　　下雨等事）

第 264 版：▲13、264 乙巳日在刔地卜用劌殺羌的方式祭祀祖乙事

第 266 版：▲277、266 卜是否稽五旬做什麼事

第 275＋517 版：▲275＋517、449、427、226、490 卜用牢、一牝舌彡祭祖乙

　　　　　妣庚事

　　　　　▲247、449、237、275＋517 主要卜辛未日伐卲事

　　　　　▲275＋517、255 乙亥日卜呼多賈獻丁事

第 276 版：▲276、401 乙日卜何時蚊牲祭妣庚事（同版都出現有濰地）

第 277 版：▲277、266 卜是否稽五旬做什麼事

第 279 版：▲279、349、352 卜子有鬼夢事

第 286 版：▲494、286 卜子告人亡由于丁事

　　　　　▲180、203、286、480、363、193、359 卜子向丁進獻玉器事

　　　　　▲181、401、249、286、416、384 卜子往田有咎等事

第 288 版：▲288、371、420、475、446、454、248、294、180 卜從甲午到乙丑日

　　　　　速丁事

　　　　　▲37、198、288 癸巳、甲午日卜肇丁玉器事

　　　　　▲288、124 卜子入弓事（同版都有"速丁"）

　　　　　▲288、493 戊子日卜呼子夋勾馬事

　　　　　▲253、288 癸巳日卜用劌殺一頭羌的方式祭祀癸子事

　　　　　▲50、288 乙未日卜子田獵求鹿求豕事

第 289 版：▲60、289、29、81 乙丑至丁卯日卜祭祀癸子以禦除賈視馬事

第 290 版：▲255、290 卜呼崖、多賈參與祭祀等事

　　　　　▲290、179 戊戌、己亥日卜是否有至艱

第 291 版：▲7、354、291、37、463、196、428＋561、490 在麗地或其附近卜對

　　　　　二祖和妣庚的祭祀等事

第 293 版：▲305、293、474、183、181、416 丁視子舞

第 294 版：▲288、371、420、475、446、454、248、294、180 卜從甲午到乙丑日
速丁事

　　　　▲294、157 卜子告狀既豕冂于丁事

第 295 版：▲295、35、234、395＋548 卜子田獵擒鹿、麂事

第 296 版：▲21、296、29 乙巳日卜用白色豕類祭牲祭祖乙事

第 299 版：▲478、76、299 卜禦大疾之事

第 300 版：▲375、455、300 乙丑、丙寅日卜笛友是否有凡事

第 304 版：▲304、446 甲日卜子疾首事

　　　　▲496、304 卜將妣庚、妣己罘妣丁示事

第 305 版：▲305、293、474、183、181、416 丁視子舞

第 310 版：▲310、243 甲戌、乙亥日卜酚伐一祖乙事

第 314 版：▲314、391 乙亥、庚辰日卜有關賈視事

第 316 版：▲316、355 戊申日卜用劌殺一隻犬的方式祭祀祖戊事

第 319 版：▲319、合集 22172＋合集 22351、392、161、67、481、252、220 從乙
丑至丁丑的數日內卜用牛牲來歲祭祖乙事

第 320 版：▲32、320、27 庚日在麗地卜至禦妣庚事

第 333 版：▲342、481、合集 21853（合集 21123）＋京津 2993、6、333 卜子具
𡨄事

第 335 版：▲34、169、335、420 甲辰、乙巳日卜祭祀祖甲、大甲、祖乙事

第 336 版：▲150、380、487、336、382、86、209 祭祖乙、妣庚禦子臀（86、150、
382 卜延奏商事）

　　　　▲336、487、150、382、86、247、87 卜子學商、奏商、益商，丁是否
侃事

第 337 版：▲337、154、366 卜十月丁出狩事

第 338 版：▲179、338 甲辰日劌殺蒐、彘以祭祀祖甲事

第 342 版：▲342、481、合集 21853（合集 21123）＋京津 2993、6、333 卜子具
𡨄事

第 349 版：▲279、349、352 卜子有鬼夢事

第 350 版：▲6、350 甲辰夕卜劌殺一頭黑牡祭祀祖乙事

第 352 版：▲81、168、352、7、367 卜于賈視馬事

　　　　　　▲352、247、255、55 己丑日卜歲祭妣庚，子是否要往灘禦事（55、
　　　　　　247 丁亥卜一辭中均出現有"子金"）

　　　　　　▲279、349、352 卜子有鬼夢事

　　　　　　▲14、352 卜子到阤南遘豕事

第 354 版：▲7、354、291、37、463、196、428＋561、490 在麗地或其附近卜對
　　　　　　二祖和妣庚的祭祀等事

第 355 版：▲355、196、178 卜子呼令多尹等參與祭祀事

　　　　　　▲316、355 戊申日卜用劚殺一隻犬的方式祭祀祖戊事

第 359 版：▲180、203、286、480、363、193、359 卜子向丁進獻玉器事

第 363 版：▲180、203、286、480、363、193、359 卜子向丁進獻玉器事

第 366 版：▲337、154、366 卜十月丁出狩事

第 367 版：▲81、168、352、7、367 卜于賈視馬事

第 371 版：▲288、371、420、475、446、454、248、294、180 卜從甲午到乙丑日
　　　　　　速丁事

第 372 版：▲391、372、34 卜子寢燕、作玟分卯及再丁事

　　　　　　▲220、372 乙酉日卜呼崔䲪事

　　　　　　▲130、372 卜子用瑟事

第 375 版：▲375、455、300 乙丑、丙寅日卜䛧友是否有凡事

第 376 版：▲178、376 卜庚戌宜一牢祭祀妣庚事

第 378 版：▲50、381、378 卜子從圭人卿（饗）田獵事

第 379 版：▲218、379 丙辰日卜匄黍于婦事

第 380 版：▲150、380、487、336、382、86、209 祭祖乙、妣庚禦子臀（86、150、
　　　　　　382 卜延奏商事）

第 381 版：▲50、381、378 卜子從圭人卿（饗）田獵事

第 382 版：▲150、380、487、336、382、86、209 祭祖乙、妣庚禦子臀（86、150、
　　　　　　382 卜延奏商事）

　　　　　　▲336、487、150、382、86、247、87 卜子學商、奏商、益商，丁是否
　　　　　　侃事

第 384 版：▲181、401、249、286、416、384 卜子往田有咎等事

第 391 版：▲391、372、34 卜子寢燕、作玟分卯及再丁事

　　　　　　▲314、391 乙亥、庚辰日卜有關賈視事

第 392 版：▲319、合集 22172＋合集 22351、392、161、67、481、252、220 從乙
　　　　　　丑至丁丑的數日內卜用牛牲來歲祭祖乙事

第 395＋548 版：▲35、3、395＋548 卜既呼食子往田事

　　　　　　　▲295、35、234、395＋548 卜子田獵擒鹿、麂事

第 401 版：▲181、401、249、286、416、384 卜子往田有咎等事

　　　　　　▲276、401 乙日卜何時蚑牲祭妣庚事（同版都出現有瀧地）

第 409 版：▲181、409、3、183 子往田，丁延休、椄（辭序待考）

　　　　　　▲183、409、3、181 子令

　　　　　　▲409、28、53、3、39、181 卜禦除子興、子馘、多臣疾患事（同版有
　　　　　　其他卜同事的例子）

第 410 版：▲257、410 卜丁畀子臣事

第 416 版：▲181、401、249、286、416、384 卜子往田有咎等事

　　　　　　▲305、293、474、183、181、416 丁視子舞

第 420 版：▲288、371、420、475、446、454、248、294、180 卜從甲午到乙丑日
　　　　　　速丁事

　　　　　　▲34、169、335、420 甲辰、乙巳日卜祭祀祖甲、大甲、祖乙事

　　　　　　▲420、34、475、454、90、7 卜丁各再丁事

　　　　　　▲26、34、198、420 卜子障宜等事

第 427 版：▲180、427、490、37 卜獻丁玉器及祭祀妣庚事

　　　　　　▲226、214、427 卜祭癸子禦崖目事

　　　　　　▲275＋517、449、427、226、490 卜用牢、一牝舌夕祭祖乙妣庚事

第 428＋561 版：▲7、354、291、37、463、196、428＋561、490 在麗地或其附
　　　　　　近卜對二祖和妣庚的祭祀等事

第 433＋434＋529 版：▲123＋輯佚 561、175、433＋434＋529、437、521＋
　　　　　　531 辛酉日以牛牲歲祭妣庚

第 437 版：▲123＋輯佚 561、175、433＋434＋529、437、521＋531 辛酉日以
　　　　　　牛牲歲祭妣庚

第 446 版：▲288、371、420、475、446、454、248、294、180 卜從甲午到乙丑日
　　　　　　速丁事

　　　　　　▲304、446 甲日卜子疾首事

第 449 版：▲275＋517、449、427、226、490 卜用牢、一牝舌夕祭祖乙妣庚事

　　　　▲247、449、237、275＋517 主要卜辛未日伐卻事

　　　　▲247、240、449 卜呼令子麦、子利做事是否無艱

第 451 版：▲451、258 庚辰日卜歲一牝祭祀妣庚事（兩版都有子到某地及
　　　　　下雨等事）

第 453 版：▲92、453 甲日卜呼臣獻丁事

第 454 版：▲288、371、420、475、446、454、248、294、180 卜從甲午到乙丑日
　　　　　速丁事

　　　　▲420、34、475、454、90、7 卜丁各禺丁事

第 455 版：▲375、455、300 乙丑、丙寅日卜甾友是否有凡事

　　　　▲455、88 甲子日在為地卜臀三小宰又置一祭妣甲事

第 457 版：▲150、457、380、487、336、382、86、209 祭祖乙、妣庚禦子臀（86、
　　　　　150、382 卜延奏商事）

第 458 版：▲11、473、137、84、458 卜圭乃去某地事

第 459 版：▲37、63、459、195 癸丑日卜歲食牝于祖甲、乙卯日卜用豕牲和
　　　　　卣祭祀祖乙事

　　　　▲248、459 癸丑日卜子裸新卣于祖甲事

　　　　▲237、459 甲子日卜用狱、卣祭祖甲事

　　　　▲21、459 丁丑、戊寅日卜禦子往田于小示事

第 463 版：▲7、354、291、37、463、196、428＋561、490 在麗地或其附近卜對
　　　　　二祖和妣庚的祭祀等事

第 467 版：▲2、37、467、7、149 戊子至乙巳日卜子其射事

　　　　▲179、467、146 卜呼卻等勾禾馬事

第 473 版：▲11、473、137、84、458 卜圭乃去某地事

第 474 版：▲305、293、474、183、181、416 卜丁視子舞事

　　　　▲474、491 己巳、庚午日卜酢革妣庚事

第 475 版：▲288、371、420、475、446、454、248、294、180 卜從甲午到乙丑日
　　　　　速丁事

　　　　▲37、178、475、196 卜以玉器肇丁事

　　　　▲420、34、475、454、90、7 卜丁各禺丁事

　　　　▲475、63 卜呼發獻丁獻婦好事

第 478 版：▲478、76、299 卜禦大疾之事

第 480 版：▲180、203、286、480、363、193、359 卜子向丁進獻玉器事

第 481 版：▲319、合集 22172＋合集 22351、392、161、67、481、252、220 從乙
丑至丁丑的數日內卜用牛牲來歲祭祖乙事

　　　　　▲342、481、合集 21853（合集 21123）＋京津 2993、6、333 卜子具
山事

第 487 版：▲150、380、487、336、382、86、209 祭祖乙、妣庚禦子臀（86、150、
382 卜延奏商事）

　　　　　▲336、487、150、382、86、247、87 卜子學商、奏商、益商，丁是否
侃事

第 490 版：▲180、427、490、37 卜獻丁玉器及祭祀妣庚事

　　　　　▲275＋517、449、427、226、490 卜用牢、一牝舌彡祭祖乙妣庚事

　　　　　▲7、354、291、37、463、196、428＋561、490 在麗地或其附近卜對
二祖和妣庚的祭祀等事

　　　　　▲248、490、81、195 卜將妣庚于狀東官事

第 491 版：▲474、491 己巳、庚午日卜彫革妣庚事

第 492 版：▲29、149、492、34 卜再或屰玉器事

第 493 版：▲288、493 戊子日卜呼子麦句馬事

第 494 版：▲494、286 卜子告人亡由于丁事

第 496 版：▲496、304 卜將妣庚、妣己眔妣丁示事

第 516 版：▲516、524 卜丁卯自賈馬事

第 521＋531 版：▲123＋輯佚 561、175、433＋434＋529、437、521＋531 辛
酉日以牛牲歲祭妣庚

第 522 版：▲522、525 卜柬賈馬事

第 524 版：▲516、524 卜丁卯自賈馬事

第 525 版：▲522、525 卜柬賈馬事

第 550 版：▲149、550 卜麥（來）自皮鼎彫興事

合集 22172＋合集 22351 版：▲319、合集 22172＋合集 22351、392、161、67、
481、252、220 從乙丑至丁丑的數日內卜用牛牲來歲祭祖乙事

合集 21853（合集 21123）＋京津 2993 版：▲342、481、合集 21853（合集
21123）＋京津 2993、6、333 卜子具山事

下　編
花東子卜辭與殷禮專題研究

第一章　花東子卜辭與殷商祭禮研究(上)
——花東子卜辭神靈系統的考察

先秦時期,"國之大事,在祀與戎"。甲骨文中祭祀内容異常豐富,更是説明了這一點。商人幾乎無所不祭,因此,對於商人祭祀的研究,是殷禮研究内容中的大宗。

花東子卜辭中祭祀材料十分豐富,它們對於探討殷商時期祭禮問題,尤其是商王之外其他高級貴族的祭禮問題特别重要。由於祭祀方面内容較多,信息量大,學界相關研究也較多。鑒於此,我們將其分爲上、中、下三部分,用三章的篇幅對花東子卜辭所體現出的殷商祭禮内容進行一些探討和研究。本章和第二章主要是通過對花東子卜辭中神靈系統和祭品系統的考察,探討並試圖揭示出殷商祭禮方面的某些儀式内容。又花東子卜辭屬於非王卜辭,儘管這部分材料所反映的祭禮屬於商王之外其他高級貴族的,但如果把它們與殷墟王卜辭相互結合起來考察,便可以看出殷商祭祀的一些共性,因此在第三章,我們主要綜合花東子卜辭以及王卜辭,對花東子卜辭所反映的祭禮問題作了個粗綫條的勾勒,並同時把殷商祭禮與周代祭禮作了一些比較。本章主要是對花東子卜辭中所見的神靈系統进行探討和考察。

學者以往的研究成果表明,商王朝的統治者所敬畏與崇拜的鬼神非常多,大體可以分爲三類:第一類是至上神上帝[①];第二類是自然神,包括日神和風神(即四方風神),以及雲、雷、雨、電等;第三類是祖先神,包括高祖、先公,以及先王和先妣等。商王和王室貴族對諸位神靈進行着非常頻繁而

---

① 學界對商代的"上帝"是否屬於至上神以及是否也屬於祖先神關注較多,但衆説紛纭,詳見郭沫若:《郭沫若全集·歷史編》第 1 卷第 317~376 頁,人民出版社,1982 年;陳夢家:《殷虚卜辭綜述》第 562、580 頁,科學出版社,1956 年;胡厚宣:《殷卜辭中的上帝和王帝》,載《歷史研究》1959 年第 9、10 期;晁福林:《論殷代神權》,載《中國社會科學》1990 年第 1 期;朱鳳瀚:《商周時期的天神崇拜》,載《中國社會科學》1993 年第 4 期;王暉:《商周文化比較研究》第 18~24 頁,人民出版社,2000 年;何飛燕:《出土文字資料所見先秦秦漢祖先神崇拜的演變》第 44~45 頁,科學出版社,2013 年。

複雜的祭祀活動①，尤其是對祖先神的祭祀活動。

從花東子卜辭來看，其主人"子"所敬畏、崇拜的鬼神更是集中於祖先神（包括男性祖先與女性祖先）。相較於殷墟王卜辭，至上神帝及自然神似不見於花東子卜辭②，可以説其祭祀範圍大大縮小。事實上，其他非王卜辭中對上帝及自然神的祭祀也是極其少見的。其中原因，蓋因上帝及大部分自然神非商王之外的其他貴族所可祭祀，這應與家族的身份和地位是相稱的。這種現象也説明，殷商時期的祭祀神靈範圍，在商王與商王之外的殷商貴族之間是存在差等的，祭祀神靈等秩和祭祀主體的地位是存在對應關係的。

花東子卜辭中的祭祀卜辭，據我們的初步統計，約見於 149 版甲骨之上，主要分爲三種情況：

首先是含有祖妣名的祭祀卜辭，約見於 94 版甲骨之上，這種情況佔據大多數。它們在《花東》中的具體編號爲：1、3、4、6、7、13、17、21、25、26、27、28、29、30、31、32、34、37、38、39、49、53、55、56、61、63、67、69、75、76、81、85、88、90、92、95、106、113、115、120、123、124、128、132、135、136、139、142、148、149、150、157、161、162、163＋506、167、169、170、171、173、175、176、178、179、180、181、183、187、195、196、197、198、204、209、212、214、215、217、220、223、226、228、236、237、238、240、241、243、247、248、249、251、252、255、256、257、258、261、264、265、267、268、269、273、274、275＋517、276、278、280、281（辭殘，先妣名中僅有妣）、282、284、286、288、290、291、294、296、302＋344、304、309、310、311、313、314、316、318、319、320、321、322、323、324、330、335、336、337、338、343、350、352、353、354、355、361、363、368、370、372（辭殘，祖先名中只有祖）、374、376、384、392、394、395＋548、401、402、409、411、413、416、420、426、427、428＋561、432＋553、433＋434＋529、437、446、449、451、452、455、457、459、463、465、468、474、477、480、481、484、487、488、490、491、493、495、496、502、503、523、530（辭殘，祖先名中只有祖）。

其次是含有祭祀對象兄丁和子癸的祭祀卜辭，約見於 20 版甲骨之上，

---

① 王宇信、楊升南：《甲骨學一百年》第 592 頁，社會科學文獻出版社，1999 年。
② 花東子卜辭中有些由於辭殘或其他原因，只顯示出了祭牲，而祭祀對象却没有顯示出來，因此我們這裏作出的判斷僅僅是依據顯示出祭祀對象的那部分卜辭。

絕大部分都是與子癸相關的卜祭之辭。它們在《花東》中的具體編號爲：48、76、181、214、226、228、236、241、253、275＋517、276、288、289、321、409、427、459、474、478。

再次是由於辭殘或其他原因而沒有顯示祭祀對象，但顯示出了祭牲的卜辭，除了上述兩種情況的卜甲上可能存在一些外，其他還約有35版。它們在《花東》中的具體編號爲：9、45、47、66、70、80、86、89、97、140、155、189、199、245、270、283、292、299、340、345、383、397、405、406、419、421、443、445、453、471、472、521＋531、526、550、551。

除上述《花東》中的三種情況外，還有學者指出了舊有殷墟卜辭中屬於花東類的卜辭有8片[①]，其中3片與祭祖（祖乙）有關，分別見於《合集》19849、《合集》22172＋22351、《合集》20040，它們應是散落於花東H3坑之外的花東子卜辭。

花東子卜辭中的祭祀對象，不少學者都進行過探討，相關情況可參韓江蘇女士《殷墟花東H3卜辭主人“子”研究》第一章第一節中的有關論述[②]，此不贅述。對於個別是屬於祭祀對象還是屬於地名者，學者間是有分歧的。下面我們亦就花東祭祀卜辭中出現的祭祀對象及有關內容作一整理和考察[③]：

一、男性祖先神

花東子卜辭中，男性祖先神有上甲、大乙、大甲、小甲、祖甲、祖乙、祖丙、祖丁、祖戊、祖庚、祖辛、子癸等。另有“二祖”“小示”等合稱，前者是指“祖甲”和“祖乙”，後者具體所指待考[④]。從受祭情況來看，祖甲、祖乙、子癸這三位男性祖先神地位顯赫。

(一)上甲

上甲，即《國語·魯語》《楚辭·天問》等文獻記載中的“上甲微”，《史

---

① 舊有殷墟卜辭中的花東子卜辭多爲蔣玉斌先生指出，參看《初步研究》第379～381頁。
② 韓江蘇：《殷墟花東H3卜辭主人“子”研究》第10～23頁，綫裝書局，2007年。
③ 對於個別我們認爲將其作爲祭祀對象尚缺乏充分證據者，則暫不收入。
④ 花東子卜辭中另有“毓祖”和“祖”之稱，如第161版。魏慈德先生推測，“毓祖”指祖乙，“祖”指祖甲，參見《研究》第45～47頁。

記・殷本紀》中的“微”。在殷墟王卜辭中,他被稱爲“高祖上甲”(《屯南》2384),是商代周祭制度中第一個被祭祀的殷人先祖,也是第一個以天干爲廟號的殷人先祖,有着非常崇高的地位[1]。上甲不但與早於其世次的其他高祖如夒、河、王亥等合祭(《合集》1205、1182),而且與晚於其世次的其他先公或先王合祭時,往往是由他這裏開始行祭(《合集》32385、《合集》37844》)[2]。

花東子卜辭中的“上甲”共有 3 例,如:

(11)己巳卜:子燕上甲,又用? 一(《花東》23)

(12)甲辰卜:子往宜上甲,又用? 韺。 一(《花東》338)

(13)甲戌:酓上甲旬,歲祖甲牝一,歲祖乙牝一,歲妣庚羟一? 一二三四五六(《花東》487)

例(13)中,該辭爲同版同辭貞問祭祀上甲、祖甲、祖乙和妣庚者,卜日與其中的兩個祭祀對象(上甲和祖甲)日干名一致,共六卜,即反復卜問了六次,對此事非常重視。

另外,《花東》459 版第(9)辭中原釋爲“上甲”者,《初步研究》第 364 頁注 1 指出實應爲“田”之誤,待考,暫不計。

上甲在目前所劃分出來的其他非王卜辭中没有出現。作爲非王卜辭,花東子卜辭之“子”可以祭祀高祖上甲[3],可見其在殷商貴族中的地位非同一般。

(二)大乙

大乙是商王朝的的建立者,文獻中多稱之爲“湯”或“成湯”,大乙爲其廟號。殷墟卜辭中多稱其“大乙”,或“成”,或“唐”等。商人對大乙也是非常重視,據不完全統計,卜辭中祭祀大乙的辭例已經超過 800[4]。由于他是

---

[1]　據晁福林先生在 1990 年的統計,祭祀上甲的卜辭有 1100 多條。參見晁福林《論殷代神權》,載《中國社會科學》1990 年第 1 期。

[2]　參宋鎮豪主編《商代史》卷八《商代宗教祭祀》(常玉芝著)第 210~213 頁,中國社會科學出版社,2010 年。

[3]　也有學者認爲,花東子及其家族是不祭祀上甲的,也不祭祀大乙、大甲和小甲。考慮到其他非王卜辭中并未出現此類情況,我們仍傾向於子及其家族應是祭祀上甲等四位先祖的。

[4]　晁福林:《論殷代神權》,載《中國社會科學》1990 年第 1 期。

商王朝的開國之王，所以在王卜辭中合祭殷人先王時，常常是從他這裏開始的（《合集》231、《屯南》3890）。他既可與上甲合祭（《合集》6583），又可享受單獨的隆重祀典（《屯南》2293）。

在花東子卜辭中，"大乙"之稱僅有 1 例：

(25)甲午卜：其禦宜戊，乙未戊，曙彭大乙？用。一（《花東》290）

花東主人"子"能夠祭祀開國之王"大乙"，這表明其應是先王之後。大乙在其他非王卜辭中亦未見到。

（三）大甲

即《史記·殷本紀》中的"太甲"。王卜辭中，大甲可以與高祖上甲合祭（《合集》32388），也可以與其他先王合祭（《合集》300），還可以單獨接受祭祀（《屯南》940）。

"大甲"之稱，花東子卜辭中有 4 例：

(26)甲辰：宜丁牝一，丁各，戊于我，翌［日］于大甲？用。一二（《花東》34）

(27)甲辰卜：丁各，戊于我，翌日于大甲？一（《花東》169）

(28)［甲］辰：宜［丁］牝一，［丁］各，戊于我，翌日于大甲？一二三（《花東》335）

(29)甲辰：宜丁牝一，丁各，戊于我，翌日于大甲？一二（《花東》420）

四例同文，僅個別地方用語稍異。卜辭貞問，商王武丁來至，此日是否祭祀大甲？

《合集》21540 記有"侑大甲母妣辛"，常耀華先生將該片看作是原子組卜辭，將大甲列入"子組死人"[①]，《花東》前言中也將該片視爲子組卜辭，但不知是否是遺漏，蔣玉斌先生未將該片卜辭列入丙種子卜辭（即原子組卜辭，筆者按）材料總表中[②]。大甲是否存在於其他非王卜辭中或是有疑問的。

---

① 常耀華：《殷墟甲骨非王卜辭研究》第 21 頁，綫裝書局，2006 年。
② 蔣玉斌：《殷墟子卜辭的整理與研究》第 190 頁，吉林大學博士論文，2006 年。

(四)小甲

小甲是大甲之孫、大庚之子,屬於旁系先王。除在周祭中對他進行例行性祭祀外,王卜辭中沒有見到小甲與上甲或其他先王合祭的例子,且單獨受祭的情況也極少(僅見《合集》1489、《合集》18407 等)[①]。

"小甲"之稱,花東子卜辭中僅有 1 例:

(30)終小甲日,子呼狩? —(《花東》85)

卜辭貞問在祭祀小甲後,花東主人"子"是否要再呼令某人去狩獵?

我們在其他非王卜辭中未見祭小甲者,花東子卜辭中却有,這對於探討其身份或許會有所裨益。

花東子卜辭之"子"可以祭祀的高祖上甲和先王大乙、大甲、小甲,在賓組、自組等王卜辭中,也是常被祭祀的對象,僅旁系先王小甲相對來説不太被重視。學界對這四位遠祖的具體所指基本上是沒有分歧的。除四位遠祖外,花東子卜辭中出現的祭祀對象中還有很多近祖妣,但對其身份的認定學界則分歧很大,尤其是對受祭次數頻繁而行禮又很隆重的祖甲、祖乙、妣庚等。

(五)祖甲、祖乙(二祖)

"祖甲"和"祖乙"兩位先祖在花東祭祀卜辭中特別常見,其中"祖甲"之稱有 83 例,"祖乙"之稱更是多達 105 例。

(1)丁酉:歲祖甲乩一、鬯一,子祝? 才(在)麗。—(《花東》7)

(2)甲戌卜:祝鬯甲祖一? 用。—

甲戌卜:祝鬯甲祖二? 用。—(《花東》157)

(3)甲辰夕:歲祖乙黑牡一,惠子祝,若,祖乙侃? 用。翌日啓。—

---

① 對旁系的祭祀,一直到西周武王時期還存在,如《逸周書·世俘》篇:"王烈祖自太王、太伯、王季、虞公、文王、邑考以列升。"隨着嚴格的宗法制度的確立,從周公時代開始,周王祭祀先祖時僅爲直系先公先王,旁系先公太伯、虞公、伯邑考已經被排除在祀典之外了。如《尚書·金縢》:"(周公)植璧秉珪,乃告太王、王季、文王……"不過,在西周春秋時,非姬姓的諸侯國仍有祭祀先舅的現象。參見王暉《古文字與商周史新證》第 43～44 頁,中華書局,2003 年。

（《花東》6）

　　（4）乙亥夕：歲祖乙黑牝一，子祝？　一二

　　　乙亥夕：歲祖乙黑牝一，子祝？　三四（《花東》67）

　　（5）乙卯：歲祖乙羖，惠子祝？用。　一（《花東》76）

　　前兩例爲對祖甲的祭祀，後三例爲對祖乙的祭祀。其中例（2）中的“甲祖”是“祖甲”的倒稱，同樣的例子見於第 37 版。

　　“祖甲”和“祖乙”二者時常同版甚至同辭受祭。同時受祭時，二者還可以簡稱爲“二祖”。如：

　　（6）甲午：歲祖甲牝一，子祝？　在𠬝。　一

　　　乙未：歲祖乙牝，子祝？　在𠬝。　一二（《花東》13）

　　（7）甲辰：歲祖甲一牢，子祝？　一

　　　乙巳：歲祖乙一牢，𠬝祝？　一（《花東》17）

　　（8）乙卯：歲祖乙白牝一，叀自西祭，祖甲延？　一

　　　乙卯：歲祖乙白牝一，叀自西祭，祖甲延？　二（《花東》4）

　　（9）惠一羊于二祖用，入自麗？　一（《花東》7）

　　（10）己卜：自又二祖禦雨？（《花東》162）

　　例（6）（7）中“祖甲”和“祖乙”見於同版，兩版卜辭分別貞問用“牝”和“牢”對祖甲、祖乙兩位元先祖的祭祀情況。例（8）中“祖甲”和“祖乙”見於同一條卜辭。而例（9）（10）中的“二祖”則是“祖甲”與“祖乙”的合稱。

　　從用牲的豐隆情況看，二祖用牲的數量與種類並不存在隆殺差異，可見這兩位祖先神的地位基本相同。由於祖甲與祖乙的地位之隆，以至於有學者主張“應該是他們與武丁的關係至爲密切所致”，祖甲應是武丁的父輩陽甲，祖乙應是武丁的生父小乙，妣庚是武丁的生母妣庚[①]。二祖在子家族中的地位可得而見之。

　　目前學界對祖甲、祖乙（還有妣庚、妣己等）具體所指究竟是哪位先王，分歧很大，這也是導致對花東“子”的身份認定有所不同的直接原因，具體情況參前文“緒論”中有關論述。

---

　　①　楊升南：《殷墟花東 H3 卜辭“子”的主人是武丁太子孝己》，收入王宇信、宋鎮豪、孟憲武主編《2004 年安陽殷商文明國際學術討論會論文集》，社會科學文獻出版社，2004 年。

我們認爲,在研究花東子卜辭中的祭祀對象時,尤其是在推測他們與先王或王配的對應關係時,朱鳳瀚先生的看法應該予以充分重視,他説:"嚴格地説,鑒於對受祭先人採用日名制在商人貴族家族中被普遍使用的情況,'非王卜辭'所祭祖妣等先人之日名與輩份相合的先王及王配日名相合,是否即必是先王與王配,這顯然是不能肯定的。而且,即使確是先王與王配,也可能並非僅有一種安排。如無其他可參照的證據,與特定的先王及其配偶的聯繫似應謹慎。①"劉源先生也提出類似的看法,認爲花東子卜辭中,"上甲、大乙、大甲等先王以外的諸祖諸妣不屬於王室系統……H3卜辭有自己一套祭祀系統②","即使能夠與先王對應,也未必都是局限在直系範圍內。花東中祖甲祖乙同旬受祭時,祖甲必排在祖乙的前一日,這種現象與將祖甲看作羌甲相矛盾③"。

李學勤先生曾指出,通過深入的研究,有可能推出"子"爲何人或可能的範圍。我們認爲這是可行的。由於花東"子"可以祭祀早期的上甲、大乙、大甲、小甲等先王,這一點學界没有分歧,因此花東"子"的身份是先王之後應該没問題。他在武丁朝中任要職,具有其他非王卜辭主人所無法達至的重要地位。但根據現有材料,將其認定爲武丁的子輩這個範圍大概是可行的,可是如果要進一步指認具體是哪位武丁之子的話,則如林澐先生所説,均感論據不足。

(六)祖丙

"祖丙"在花東子卜辭中僅有3例:

(20)己☒癸,丙祖☒步于子☒。(《花東》268)

(21)乙卜:惠小宰于母、祖丙? 三(《花東》401)

(22)乙卜:其歲牡母、祖丙? 一(《花東》446)

例(20)中,"祖丙"稱爲"丙祖",乃倒稱,但該辭殘缺,辭意不可考。例

---

① 朱鳳瀚:《讀安陽殷墟花園莊東出土的非王卜辭》,收入王宇信、宋鎮豪、孟憲武主編《2004年安陽殷商文明國際學術研討會論文集》第211~219頁,社會科學文獻出版社,2004年,又收入《商周家族形態研究》(增訂本)第598~612頁,天津古籍出版社,2004年。

② 劉源:《花園莊卜辭中有關祭祀的兩個問題》,收入《揖芬集——張政烺先生九十華誕紀念文集》第175~179頁,社會科學文獻出版社,2002年。

③ 劉源:《殷墟花園莊東地甲骨文研究概況》,載《歷史研究》2005年第2期。

(21)(22)兩辭中,與"祖丙"一起受祭的都是"母丙"。"母丙"即"祖丙"之配。"母、祖丙"即"母丙""祖丙"之省稱①。

(七)祖丁

"祖丁"在花東子卜辭中亦僅有 3 例:

> (17)丁丑:歲祖乙黑牝一,卯胴二于祖丁? 一二(《花東》49)
> (18)丁巳:歲祖乙牡一,舌祖丁彡? 三(《花東》226)
> (19)丁巳:歲祖乙牡一,舌祖丁彡? 一(《花東》237)

在上述三例中,與"祖丁"同時受祭的還有花東子卜辭中很常見的先祖神"祖乙"。例(18)(19)爲一組成套卜辭。

(八)祖戊

"祖戊"在花東子卜辭中僅有 2 例:

> (23)戊申:歲祖戊犬一? 一二(《花東》316)
> (24)戊申:歲祖戊犬一? 一(《花東》355)

兩例同文。卜辭貞問,是否要劇殺一隻犬來祭祀"祖戊"?

(九)祖庚、祖辛

"祖庚""祖辛"在花東子卜辭中均僅出現 1 例,是兩位同時受祭的先祖,卜辭云:

> (16)辛丑卜:禦丁于祖庚至[牡]一,曾羌一人、二牢;至牡一祖辛禦丁,曾羌一人、二牢? 一(《花東》56)

該辭占卜丁得病,祭祀祖庚以祛病,砍伐一羌人,公羊一隻;向祖辛祛病,砍伐一個羌人,並且均用二牢。

(十)小示

花東子卜辭中有 2 例祭祀"小示"之辭:

---

① 魏慈德先生并不認爲這裏的"丙"爲共用,而認爲只是"母"配祭於先祖"祖丙"、先妣"妣丙"而已。參見魏慈德《研究》第 39～40 頁。

(14)丁丑卜：其禦子往田于小示？用。一(《花東》21)

(15)戊寅卜：子祼小示，晢牝，禦往田？一(《花東》459)

自廩辛、康丁之時，商王族祭祀祖先就分爲"大示""小示"，以體現嫡庶關係。嫡系稱爲"大示"或"大宗"，大示又稱爲"元示"，或作"靥示"；庶系稱爲"小示"或"小宗"，小示又稱爲"二示""它示"。"大示"指直系的神主，"大宗"則指直系的祖廟；"小示"指庶系的神主，"小宗"則指庶系的祖廟。可見，"示""宗"兩者還是有一定的區別。"大示"用來指代的應該是直系先祖；小案俎陳列的則是旁系先祖之神主，因而"小示"用來指代的應該是旁系的先祖。從廩辛、康丁時開始，大示是指上甲以下的直系先祖；小示是指上甲或大乙以下的旁系先祖。在祭禮上所體現出來的嫡庶尊卑關係是顯而易見的。"大示"可以標出具體的廟號，"小示"則不行。祭祀"大示"，祭典無所不用其極；而祭祀"小示"，却限定使用某些祭典。例如"周祭"這種祭典，就只能用於"大示"。"大示"可以與自己的配偶一塊兒接受祭祀，"小示"的配偶則沒有這種禮遇。花東子卜辭中的小示蓋如王卜辭中的含義，但是子家族的"小示"所包含的神靈已經不可考，從卜辭來看，或指從上甲開始的旁系祖先。

(十一)子癸

"子癸"或倒稱爲"癸子"，是花東子卜辭中一個特別重要的人物，對其祭祀的卜辭也相對較多，有 31 例。祭祀時所用犧牲主要是"羊""牛""豕""鬯"和"黍"等。如：

(31)癸亥：歲子癸牝一，叀自丁黍？一二三(《花東》48)

上辭貞問，祭祀"子癸"是否要劇殺一隻母羊，並登獻來自商王武丁的黍子(可能是武丁賞賜之"黍")？

(32)甲辰：歲癸子牡一？一

甲辰：歲癸子牡一？二(《花東》321)

(33)庚午卜：子其祼于癸子？一二(《花東》474)

(34)丁亥卜：戠(待)，弜酚羊，又鬯癸子？用。一(《花東》228)

花東主人"子"若身染疾患，也會祭祀"子癸"以求禳除，如：

（35）癸酉卜：子耳鳴，唯癸子害？一（《花東》275＋517）

本辭是因爲"子"染有耳疾而貞問這是否爲"子癸"所害？可見在花東主人"子"所在的家族中，"子癸"擁有很大的權力，他能製造不祥。除了爲禳除"子"自身疾患而需要祭祀"子癸"外，還有不少卜辭是爲了禳除其他家族成員的疾患而祭祀"子癸"，如：

（36）壬卜：惠子興往于子癸？一二

歲子癸小宰？一

歲子癸小宰？二

惠豕于子癸？一（《花東》181）

（37）丙卜：其禳子𩰬于子癸？一

丙卜：惠羊又𥃩禳子𩰬于子癸？一

丙卜：惠牛又𥃩禳子𩰬于子癸？一

丙卜：惠五羊又𥃩禳子𩰬于子癸？二（《花東》409）

（38）乙卯卜：其禳大于癸子，曹𧻟一，又𥃩？用。有疾。一二三（《花東》76）

（39）乙卯卜：其禳大于癸子，曹𧻟一，又𥃩？用。有疾子𡿩。一二三（《花東》478）

（40）癸酉：歲癸子𡚘，崔目禳？一（《花東》214）

（41）庚申：禳崔目癸子，曹伐一人，卯宰？一（《花東》226）

丁丑卜：在兹往崔禳癸子，弜于犾？用。一（《花東》427）

上述諸辭中，例（36）（37）分別是爲了禳除"子興"和"子𩰬"之疾而祭祀子癸。例（38）（39）同文，是爲了禳除"大"之疾而祭祀子癸。例（40）（41）則是爲了"崔"之目疾而祭祀子癸。

二、女性祖先神

花東甲骨卜辭中，比較重要的女性祖先神有妣甲、妣丙、妣丁、妣己、妣庚、妣癸等，尤其是妣庚。從祭祀的頻繁程度、用牲規格以及祭祀內容來看，妣庚的地位要遠遠比其他先妣神靈重要。

(一)妣甲

花東子卜辭中祭祀妣甲之辭並不多見,僅有 5 例。花東主人"子"所在家族對妣甲的祭祀可以分爲兩種類型:一類屬於禳災性質的禦祭,因某種不順而禱求於妣甲;一類是制度性的常規祭祀。卜辭云:

(42)甲子:歲妣甲牡一,曶三小宰又置一? —(《花東》88)

(43)甲子卜:歲妣甲牡一,曶三小宰又置一? 在羴。—(《花東》455)

(44)甲午:歲妣甲狂一,又皂? 一二三(《花東》261)

(45)丁丑卜:子禦于妣甲,曶牛一,又鬯一,□災,入商彡? 在麗。一二三四五六七八九十

丁丑卜:子禦妣甲,曶牛一,鬯一? 用。—(《花東》176)

上引前三例是在甲日卜歲祭妣甲事,屬于制度性的常規祭祀。後兩例則是禦祭妣甲,目的是爲了禳除災禍。祭祀妣甲的祭品有牛、公羊、小牢、牝豕等,此外尚選用鬯酒、黍稷等,規格亦爲隆重。

(二)妣丙

"妣丙"在花東子卜辭中僅出現 2 例,如:

(46)乙卜:惠羊于母、妣丙? 一
乙卜:皆彘母二、妣丙? 一(《花東》401)

本例中對妣丙的祭祀用羊與彘,且與母丙一起合祭。

(三)妣丁

花東子卜辭中祭祀妣丁的卜辭較爲多見,共有 30 例。對妣丁的祭祀也可以分爲兩種類型:一類屬於禳災性質的禦祭,蓋因某種不順而禱求於妣甲;一類是制度性的常規祭祀。如:

(47)丁未:歲妣丁彘一? 一(《花東》136)

(48)丁丑:歲妣丁小宰? 一二(《花東》157)

(49)丁未:歲妣丁狂一? 一二三(《花東》167)

（50）丁酉：歲妣丁尤一？ 三（《花東》226）

（51）戊申卜：子[祼]于妣丁？ 用。 一（《花東》376）

（52）辛卜：其禦子馘于妣己眔妣丁？ 一（《花東》181）

（53）丙卜：其禦子馘妣丁牛？ 一二

丙卜：其禦子馘妣丁牛？ 三

丙卜：惠小宰又及妾禦子馘妣丁？ 一

丙卜：惠子興往于妣丁？ 一

丙卜：惠子興往于妣丁？ 二（《花東》409）

上述例（47）～（50）屬於制度性的常規祭祀，均爲丁日卜舉行祭祀事，分別貞問是否劇殺一頭野豬、圈養的小羊、一頭母豬、一隻母羊的方式來祭祀妣庚？ 例（52）（53）屬於禳災性質的禦祭，其中前者是爲禳除子馘的疾患而對妣己與妣丁兩位先妣一同祭祀，後者是爲禳除子馘和子興兩人的疾患而祭祀妣丁，其中在“惠小宰又及、妾禦子馘妣丁”裏，祭牲既有物牲“小宰”，又有人牲“及”和“妾”。可見在花東子家族中，妣丁地位較爲尊崇。據我們的統計，花東子家族在祭法的使用上，祭祀妣丁時以歲祭爲多見。祭品則以豬、羊爲多見。

（四）妣己

“妣己”之稱在花東子卜辭中較爲多見，共有 39 例。對妣己的祭祀同樣可以分爲禦祭和常規之祭兩類。如：

（54）己丑：歲妣己豤一？ 一二三（《花東》67）

（55）己卜：惠牝蚊妣己？ 一

惠牡于妣己？ 一

惠牝于妣己？ 一（《花東》223）

（56）戊卜：其蚊牛妣己？ 一二三

戊卜：于昭蚊牛妣己？ 一二（《花東》276）

（57）戊戌卜：惠羊歲妣己？ 用。 一

己亥：歲妣己[羊]？ 用。 一（《花東》313）

（58）戊卜：惠奠禦往妣己？ 一（《花東》162）

（59）辛卜：其禦子馘于妣己眔妣丁？ 一（《花東》181）

（60）丙辰卜：于妣己禦子臀？用。一二

　　丙辰：歲妣己牝一，告臀？一（《花東》336）

上引諸辭中，前三例爲對妣己的常規之祭，後三例則是爲祛除災禍而對妣己舉行的禦祭。從這些卜辭來看，妣己的地位比較尊崇。祭牲包括"牛""羊""豕"等品類，祭法有"歲""蚊""登"和"酯"等。可以看出，妣己與妣丁一樣，在花東子家族的心目中，她們擁有較大權能，故而當花東主人"子"或其他家族成員染有疾病時，需要禳祭妣己。在有些辭例中（《花東》181、273、304），"妣己"還與"妣丁"同時受祭。

（五）妣庚

"妣庚"之稱在花東子卜辭中最多，共有 311 例[1]。妣庚是花東子卜辭中極其重要的先妣，對其祭祀次數之頻繁，規模之豐隆，也遠遠超過其他神靈，甚至超過地位尊崇的"祖甲""祖乙"這兩位男性祖先神。下面對此詳細考察。

1.祭祀妣庚的祭品比較豐盛。卜辭云：

（61）歲妣庚牡？一

　　己卜：惠豕于妣庚？一

　　己卜：惠牝于妣庚？三（《花東》3）

（62）丙：歲妣庚牡，彭豈，告夢？一

　　丙：歲妣庚牡，彭豈，[告]夢？二（《花東》26）

（63）庚卜，在蠢：歲妣庚三牡，又豈二，至禦，曶百牛又五？三四（《花東》27[2]）

（64）甲辰：歲妣庚牝一，彭豈？在麗。二（《花東》37）

（65）惠及禦子臧妣庚？一（《花東》181）

（66）丙：子凤興又牡妣庚？一

　　丁卜：蚊二牛禦伐作穿妣庚？一

　　丁卜：歲妣庚牡又二豕？一

　　丁卜：歲妣庚牡又二豕？二三（《花東》236）

----

① 包括簡稱爲"庚"的四例。

② 《花東》32、320 同文。

(67)辛未:歲妣庚宰,又彘?用。二

辛未:歲妣庚小宰,告,又肇鬯,子祝,彘祭? 一二三四四

辛未:歲妣庚,先暮牛蚊,迺蚊小宰?用。一(《花東》265)

從上引諸例可以看出,祭祀妣庚時所選用的祭品,既有物牲,如"牛" "牡""牝""豕""彘""牸""羘""宰"等,也有人牲,如"及""伐"。此外,尚選用 鬯酒等。例(63)中所用"牛"的數量,竟高達 105 頭。妣庚之地位,由此可 見一斑。

2.祭祀妣庚之處所多變。卜辭云:

(68)妣庚宰?在甞。二

歲妣庚宰?在[甞]。三

在甞卜:惠牝歲妣庚? 一二(《花東》249)

(69)▨妣庚?在滩。二三(《花東》257)

(70)己亥卜:子于狀宿,夙蚊牢妣庚?用。一

庚子:歲妣庚在狀牢?子曰:卜未子彭。一(《花東》267)

(71)乙卜:其又伐,于滩作,妣庚各? 一

乙卜:其又伐,于滩作,妣庚各? 二

乙夕卜:歲十牛妣庚,权鬯五?用。在滩。一(《花東》276)

(72)丙子:歲祖甲一牢,歲祖乙一牢,歲妣庚一牢?在郣,來自斝。 一(《花東》480)

從上引諸例可以看出,祭祀妣庚的場所,有"甞""雍""狀""郣"等地。 按照先秦禮制的一般通則,這些地方都應該設有妣庚的神主。卜辭云"丙 卜:其將妣庚示,歲褅(脤)? 一"(《花東》496),這應是奉安妣庚主之行爲, 可見妣庚之主等同於周代的行主,由此亦見其地位之尊崇。

3.妣庚的權能較大。卜辭云:

(73)丙子:歲妣庚牸,告夢? 一

丙子卜:子夢,裸告妣庚? 用。一(《花東》314)

(74)▨腹[①],羍(禱)妣庚? 二(《花東》187)

---

① 在花東子卜辭中,"腹"字共出現有三例,除本例"腹"字前殘缺外,其餘兩例(《花東》 240.7、241.9)中"腹"字前均爲"子"字,由此我們推測,本例中"腹"前一字極可能也是"子"字。另, 《花東》240.7 作"子腹疾,弜禦▨?"據該版其他辭例,"禦"後所缺之神名,當也是"妣庚"。

（75）戊寅卜：子禦有口疾于妣庚，曹牝？　一（《花東》220）

（76）辛卜：其禦子䟔于妣庚？　一

　　惠改禦子䟔妣庚？　一

　　辛卜：禦，子舞权，蚨一牛妣庚，曹宰，又鬯？　一

　　辛卜：禦，子舞权，蚨一牛妣庚，曹宰，又鬯？　二三（《花東》181）

（77）庚申卜：歲妣庚牝一，子臀禦往？　一二三四五六（《花東》209）

　　例（73）是告夢之辭。可能是花東主人“子”做了不好的夢，遂貞問是否以“劌殺一隻公羊”的方式，或以“裸”的方式（即選用鬯酒）來祭祀妣庚？例（74）（75）（77）分別是花東主人“子”患有腹疾、口疾和臀疾，遂貞問是否祭祀妣庚以攘除疾患？例（76）第一辭貞問，要祭祀妣庚以禦除名字叫作“子䟔”的這個人的疾患嗎？第二辭貞問，要選用“改”這種人牲祭祀妣庚來禦除子䟔的疾患嗎？第三、四兩辭貞問，禦除（子䟔的）疾患，子要親自“舞权”，並採用撲殺一頭牛，曹殺一隻圈養的羊，外加奉獻鬯酒的方式嗎？

　　對於禱攘卜辭，有學者就認爲，在這些卜辭中，受到祭祀最隆重的“妣庚”和“子癸”，乃是因爲他們爲降禍最嚴重的鬼神，故受祭祀最隆重，然其皆不必然是“子”所在家族的先人。此説似尚有商榷餘地。先秦禱攘祭祀，所祭祀的神靈並非皆因爲其爲祟、降禍而獲得祭祀。如《左傳·襄公九年》記載：“宋災，樂喜爲司城以爲政……二師令四鄉正敬享。祝宗用馬於四墉，祀盤庚於西門之外。”杜注：

> 二師，左右師也。鄉正，鄉大夫。享，祀也。祝，大祝。宗，宗人。墉，城也。用馬祭於四城以攘火。盤庚，殷王，宋之遠祖。城積陰之氣，故祀之。凡天災有幣無牲，用馬祀盤庚皆非禮。

　　此次攘祭，是火災過後之事。宋國火災，司城子罕執政，令祝、宗在四城牆用馬牲祭祀神靈，在西門之外祭祀遠祖盤庚，左右師令鄉正恭敬祭祀，以攘除火災。可見這次攘祭規格之高，規模之大。這次祭祀的神靈並非火災的製造者。即使在卜辭中亦非如此，如：

（78）癸亥卜：于南寧風，豕一？

　　癸亥卜：于北寧風，豕一？（《合集》34139，歷二類）

(79)己未卜:寧雨于社?(《合集》34088＋《明後》B2563①,歷二類)

(80)辛酉☑禦大水于社牢?(《鐵云》14·3)

(81)寧雨于𡥁?(《屯南》744,歷一類)

(82)丁未☑上甲寧雨? 允啓。(《屯南》1053,歷二類)

例(78)是一組選貞卜辭,貞問,祭祀南方之神以息風,要選用一頭豬嗎? 祭祀北方之神以息風,要選用一頭豬嗎? 例(79)貞問,要祭祀社神以息雨嗎? 例(80)辭殘,其大意是,是否選用一頭圈養的牛來祭祀社神以禦除大水? 例(81)貞問,要對先公"𡥁"舉行寧雨之祭嗎? 例(82)辭殘,大意是,是否祭祀先公"上甲"以寧雨? 從驗辭部分來看,舉行了那樣的祭祀,結果果然晴天了。

殷人寧風雨的神靈有方神、社神、嶽神(《合集》14482,賓三類),這些神靈自然可以視爲作祟者。但是寧風雨的神靈還包括有先公"𡥁"以及"上甲"等,他們大概並非是禍祟的製造者。我們認爲,對於卜辭中的禳禱卜辭,祖先神靈或許的確有爲祟之事,但並不能排除在殷人心目中,某些神靈權能較大,這些神靈對家族成員具有佑助之權能。

從花東子卜辭中祖先祭祀的情況看,妣庚有着特別尊崇的地位,花東子卜辭中用牲最多的一次祭祀,用了一百零五頭牛,就是對妣庚的祭祀。正如前文所述,在次數和規模方面,花東子卜辭之"子"對妣庚的祭祀甚至超過了對祖甲、祖乙兩位男性祖先的祭祀。在商代祭祀女性祖先往往是從屬於男性祖先的,這在周祭卜辭中表現尤爲突出,而花東子卜辭中對女性祖先妣庚對祭祀最多,這是比較少見的,也反映了花東子卜辭主人"子"對妣庚的特別尊崇,但凡妣庚與祖乙同辭受祭時,却總是把祖乙置於妣庚之前。這種情況與周代的祖先祭祀非常相似。西周、春秋時期的祭祖禮中,女性祖先往往也是從屬於男性祖先的,但也有少量例子表明,對女性祖先特別尊崇,甚至超越了對男性祖先的尊崇程度。例如西周穆王時期的戜簋(見下圖),兹錄其釋文於下(釋文用寬式,釋字暫採一家之説):

佳六月初吉乙酉,在堂師。戎伐輎,戜率有司、師氏徛追襲戎于械

---

① 許進雄綴合。

林,搏戎猷。朕文母競敏寃行,休宕厥心,永襲厥身,俾克氒敵。獲馘百,執訊二夫,孚戎兵:盾、矛、戈、弓、箙、矢、裨、胄,凡百又卅又五款,捋戎孚人百又十又四人。卒搏,無眈于戎身,乃子戎拜稽首,對揚文母福烈,用作文母日庚寶尊簋。俾乃子戎萬年,用夙夜尊享孝于厥文母,其子子孫孫永寶。(戎簋,《殷周金文集成》8.4322)

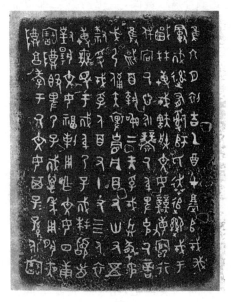

戎簋

戎,人名。輯、棫林,據唐蘭先生考證,二者均爲地名,其中"棫林"之棫,銘文中或从周,其地應在周原一帶①。"徛追襲戎于棫林"中之"襲"字,本作 ▨,裘錫圭先生曾讀爲"闌"②,後又改讀爲"襲"③。該銘文記載了戎率領官屬和武將在棫林抵禦敵方戎胡,與其搏戰的情形,並認爲自己最終戰勝戎敵,獲得大捷的勝利是他文母強幹敏捷和福佑庇護的結果,爲此特作簋用來祭祀他的文母。但在戎爲其文母所作的另外一個方鼎銘文中(即戎方鼎),仍稱"朕文考甲公文母日庚",還是將文母置於其父文考甲公之後。

————————

①　唐蘭:《用青銅器銘文來研究西周史——綜論寶雞市近年發現的一批青銅器的重要歷史價值》(附錄三),載《文物》1976年第6期,又見於唐蘭《西周青銅器銘文分代史徵》第408～409頁,中華書局,1986年。

②　裘錫圭:《古文字論集》第478～479頁,中華書局,1992年。

③　裘錫圭:《關於晉侯銅器銘文的幾個問題》,載《傳統文化與現代化》1994年第2期,又收入《裘錫圭學術文集》第三卷第67～76頁,復旦大學出版社,2012年。

這與上文所言花東子卜辭中妣庚與祖乙的受祭情形如出一轍,女性祖先再受尊崇,與其配偶共同受祭時,依然要處於男性祖先的從屬地位,這是商周乃至後世祭禮中的普遍情形,周以後女性祖先在祭禮中的從屬地位比商代更甚。

(六)妣癸

"妣癸"之稱,花東子卜辭中僅1例,云:

　　　　癸巳:歲妣癸一牢,🜨祝

本辭是在癸巳這天舉行占卜,貞問,劌殺一頭圈養的牛祭祀妣癸,要"🜨"這個人主持祝禱嗎?

花東子卜辭祭祀的神靈,以妣庚(311例)、祖乙(105例)、祖甲(83例)三位神靈居於前列。尤其是妣庚,其被祭祀的次數之頻繁表明了她在子家族中的地位之尊崇。至於妣庚的身份,學界有不同的説法,或推測爲祖甲之配,或推測是祖乙之配。

在花東子卜辭的祖先稱謂尤其是男性祖先稱謂中,如前文所述,學術界基本没有争議而比較明確者,是四位殷人遠世先祖,即上甲、大乙、大甲、小甲,其他祖妣所指則多有不同意見。究其原因,我們認爲其中一個重要因素是卜日、祭日和祭祀對象的日名之間有時並不那麽絶對相對應有關。我們知道,殷人對其先祖的祭祀,一個重要的特徵就是祭祀日期與先祖廟號的天干日名大多一致,如乙日祭祀乙名祖妣,甲日祭祀甲名祖妣,庚日祭祀庚名祖妣等[1]。殷墟王卜辭和非王卜辭中有少部分明確記有祭日的卜辭就反映了這種情況。如:

　　　(84)辛丑卜:于來甲寅侑于大甲四宰?(《合集》1422)
　　　(85)乙亥卜:來甲申侑大甲十牢、十伐?(《屯南》940)

---

　　① 張光直、王暉等先生認爲,商代以及先商存在十干氏族組織。商王是高辛氏之後,所以先商時代的先公夒、王亥等祭日一般多選在辛日。商湯建國後,商人始創立廟號制度。商湯認爲自己統一了天下,自己雖爲高辛氏之後,但實際上已是天下共主,也就是十干部族的共主,于是便擅占十干之日作爲商王的廟號。自上甲以后的先公先王之廟號,或是卜選而定,或是後世追加。參見張光直《中國青銅時代》第203～227頁,生活·讀書·新知三聯書店,1999年;王暉《古史傳説時代新探》第133～150頁,科學出版社,2009年。

（86）己巳卜：瞠庚歲妣庚黑牡又羊，暮蚊？用。一二三四五（《花東》451）

（87）己酉夕：翌日舌歲妣庚黑牡一？庚戌酻牝一。一二三（《花東》457）

（88）甲午卜：其禦宜昃，乙未昃，瞠酻大乙？用。（《花東》290）

但是，並不是所有的卜辭中都能顯示出祭日，大多數卜辭常常只記有卜日，而卜日與祭日又往往不是完全一致的。因此，好些情況下無法準確判定卜辭中對某位先祖的祭日是否就與該位先祖的干名一致。如：

（89）戊申卜：歲祖甲豕一、羘一？（《花東》34）

該辭大致是在戊申日貞問祭祀祖甲之事，辭中只有卜日"戊申"，並沒有顯示祭日，即要在哪一日祭祀祖甲。像這樣僅記卜日而不記祭日者在殷墟卜辭中占了絕大多數。造成這種現象的原因，我們推測有以下兩方面的因素：一是可能由於當時殷人在祭祀祖妣的例行性活動中，祭日與受祭對象日干名相一致的祭祀禮制已經基本常態化，所以就不必每條卜辭都記下祭日，當時人根據記錄下的卜日和祭祀對象，就能夠知道具體的祭祀日期；二是雖然祭日與受祭對象日干名相一致的祭祀禮制已經基本常態化，但尚未完全嚴格化，難免有例外之時，加之在例行性祭祖禮制之外，對於一些有特殊目的臨時性的祭祀活動中，應該是允許祭日與祭祀對象日干名不一致的情況存在的，如在一些具有禳祓性質的祭祀卜辭中這種現象似乎多些。如：

（90）丁亥卜：于翌戊子酻三羘祖乙，庚寅用？四月。（《合集》1526，賓組）

（91）辛未卜，殼貞：今來甲戌酻王亥？（《合集》14732，賓組）

（92）庚戌卜：辛亥歲妣庚廌、牝一，妣庚侃？用。一
辛亥：歲妣庚廌、牝一，齒禦歸？一
辛亥：歲妣庚廌、牝一，齒禦歸？二（《花東》132）

上述幾例都是卜日、祭日與祭祀對象日干名不一致的情況。這應該反映了殷商時期常態化祭禮儀式內容中的特殊性。

三、父母、兄弟

　　花東子卜辭祭祀的父母輩主要有父丙①、母丙②、母戊等，祭祀次數以及祭品等，明顯要減殺於對先祖、先妣的祭祀。卜辭云：

　　　　（84）庚卜：子弜歗其［肜］［日］［父丙］？一（《花東》286）

　　　　（85）乙卜：惠羊于母、妣丙？一

　　　　乙卜：惠小宰于母、祖丙？三

　　　　乙卜：皆夒母二、妣丙？一（《花東》401）

　　　　（86）壬申卜：母戊衫？一

　　　　壬申卜：祼于母戊，告子齒［疾］？［用］。（《花東》395＋548③）

　　對於母丙的祭祀，屬於附祭，並非專門對其祭祀，這點和周代附食類似。對母戊祭祀屬于臨時的因祭，蓋子因牙齒患病，認爲是母戊作祟，故而禳病于母。總而言之，花東子卜辭對於父母之祭祀，其規模與對先祖、先妣的祭祀，不可等量齊觀，呈現出“重祖輕禰”現象。《尚書·高宗肜日》記載，祖己勸諫殷王“典祀無豐於昵”，《僞孔傳》説：“昵，近也。祭祀有常，不當特豐於近廟。”意思是説，在自己父廟中，祭祀所用的禮還是不要太過豐盛，不然就是不合乎禮儀規定了。典祀不要重視近親，這點與卜辭中反映的此類現象是否有關聯，值得思考。

　　花東子卜辭中對兄丁的祭祀，也不多見，僅有5例，卜辭云：

　　　　（87）丁卜：酚伐兄丁卯宰，又岜？一二

---

　　①　是否有“父丙”仍需存疑，《花東》已指出：“由於‘父’字正好處在中甲與前甲交界的骨縫處……故‘父’字特徵并不明顯。”

　　②　魏慈德先生并不認爲下述例（85）諸辭中的“丙”爲共用，而認爲只是“母”配祭於先祖“祖丙”、先妣“妣丙”而已。即他認爲，花東子卜辭中并沒有所謂的“母丙”。參見魏慈德《研究》第39～40頁。

　　③　黃天樹、方稚松：《甲骨綴合九例》第8例，原載中國文字學會、河北大學漢字研究中心編《漢字研究》第1輯，學苑出版社，2005年，後收入黃天樹主編《甲骨拼合集》第77則，學苑出版社，2010年。

　　　　酚伐兄丁告妣庚，［又］祼？　一

　　　　酚伐兄丁告妣庚，又歲？　一

　　　　酚伐兄丁告蚊一牛妣庚？　一

　　　　酚伐兄丁告妣庚，又伐妣庚？　一（《花東》236）

　　殷商時期，對兄弟的祭祀，與周禮有較大出入。周代無兄弟相祭之禮。

　　通過以上對祭祀材料的整理，可以看出，花東子卜辭中出現的致祭對象共有 24 個。其中，"二祖"可能是對祖甲、祖乙兩位先祖的合稱，"小示"則是用來指代旁系先祖，而子家族的"小示"所包含的具體神靈已不可考。因此，花東子卜辭中真正爲祖妣個人的祭祀對象實際上是有 22 個，分別是上甲、大乙、大甲、小甲、祖甲、祖乙、祖丙、祖丁、祖戊、祖庚、祖辛、妣甲、妣丙、妣丁、妣己、妣庚、妣癸、父丙、母丙、母戊、兄丁、子癸等。花東中，祭祀祖乙、祖甲和妣庚的卜辭占大宗，出現最多的是對妣庚的祭祀，共見於 122 版甲骨上的 311 例卜辭中；其次是對祖乙的祭祀，共見於 65 版甲骨上的 105 例卜辭中；再次是對祖甲的祭祀，共見於 38 版甲骨上的 83 例卜辭中。先公先王上甲、大甲、小甲、祖辛也都在致祭之列，但次數較少。

　　另外，常見於武丁中期王卜辭甚至也見於舊有"子組卜辭"的父甲、父庚（《合集》21538）、父乙（《合集》21597）、父辛和父戊（《合集》21544）等却不在花東子家族的致祭之列。

　　從非王卜辭中可以很清楚地看到，非王卜辭的占卜主體不是王，而是王朝的貴族，這些權貴享有一定的占卜權和祭祀權，但是其祭祀權受到一定限制。非王卜辭所祭祀的祖先多集中於祖乙以後，而花東子卜辭可以祭至上甲，説明了花東之"子"在商子姓宗族中的地位是非常高的。但是花東子卜辭以及原子組卜辭的祭權也是明顯受到一些約束的，以花東子卜辭爲例，花東甲骨中的"子"擁有規格很高的祭祀權，所祭神靈達到上甲，但所祭神靈的範圍集中於上甲以後的商人祖先，尤其是祖乙以後的近祖，如果花東子卜辭中的祖乙是小乙可信的話，那麼花東子卜辭所祭祀的近祖則僅限於從小乙到兄丁三輩。祭祀的種類也比較集中，其中最主要的歲祭幾乎占到祭祀的半數。最有特色的是，幾乎每次祭祀都有十分具體的祭祀行爲，對於用牲的數量和種類都作了具體而詳細的記録，而不是直接卜問是否舉行某種祭祀，這使得許多時候花東之"子"顯得更像是祭祀的執行者，而不是決策者。由此可以看出，花東甲骨的主人祭祀權力很高，但是不寬泛，而是受到限制。而到武丁之後，隨着非王卜辭的消失，商王則完全控制了祭祀權。

第二章　花東子卜辭與殷商祭禮研究(中)
——花東子卜辭祭品系統的考察

本章主要是對花東子卜辭中祭品系統，包括祭品和用牲法（或稱祭牲法）等所進行的考察，並對其中有關祭名的問題進行討論。

一、祭品

祭品就是奉獻給神靈的品物。古代常説犧牲玉帛，就是奉獻給神靈的祭品。一般來説，奉獻神靈不外乎吃喝玩樂的東西。古人認爲，鬼神同人一樣，"情好珍善"，好吃好喝，祭品包括飲食、酒漿、玉器、車馬等。花東子卜辭中的祭品也不外乎犧牲、酒醴等，只是相對於同時期的王卜辭，無論是在祭品種類方面，還是在所用祭品的規模方面，都略有遜色而已。

(一)犧牲類

甲骨祭祀卜辭中所見犧牲種類繁多，根據初步統計，卜辭所見祭祀的犧牲種類有人牲，如羌、伐、奚等；有物牲，如牛、牢、羊、宰、豕、羅、豚、犬、兔、馬（包括孚馬）、虎、兕、鹿、麋、鳳、雞等。這些種類的犧牲有的是專門爲祭祀而豢養的動物，也有的是通過田獵而獲取的獸類。考古發現的祭祀遺跡所出的用牲表明，當時用犧牲種類確實較多，主要有人、馬、牛、羊、豬、犬等，此外還有少量的鹿、鷹、象等。

花東子卜辭中所見的犧牲，也包括物牲與人牲兩大類，常見者主要有以下幾種：

1.牛牲

在甲骨卜辭中，有分別表示牛牲顏色、牝牡的字。例如騂，在卜辭中從牛從羊作"羍"，即赤色的牲[①]。甲骨文中有"物"，過去一般認爲是指雜色

[①]　《甲詁》第 1526 頁"羍"字按語。

的牛①。後來姚孝遂先生指出，卜辭中不單有“物牛”，還有“物馬”“物牡”“物牝”和“物宰”等，所以“物”當泛指雜色的犧牲②。姚説可從。裘錫圭先生進一步指出，古代犧牲用牛尚騂，卜辭中常以“惠勿（物）”與“惠騂”對貞，可知“物”是較次的毛色③。甲骨卜辭中有“牡”和“牝”，分別表示公牛和母牛④。卜辭中的“牢”字，姚孝遂先生認爲系經專門圈養用以祭祀的牛⑤。

就花東子卜辭而言，其中有很多種牛牲，包括牛、牢、牡、牝等。據我們統計，牛牲共出現在 296 條辭例中，擇録數例於下：

（1）甲辰：歲祖甲一牢，子祝？ 一（《花東》17）

（2）庚卜，在麗：歲妣庚三牡，又鬯二，至禦，晢百牛又五？ 三四（《花東》27⑥）

（3）惠牝一于妣庚？ 一

歲牡于妣庚，又鬯？ 一

歲牡于妣庚，又鬯？ 二

歲牡于妣庚，又鬯？ 三（《花東》181）

（4）辛巳卜：吉牛于宜？ 一

丁亥卜：吉牛柬于宜？ 一

丁亥卜：吉牛皆于宜？ 一（《花東》228）

（5）丁卜：歲妣庚牡又二麀？ 一

丁卜：歲妣庚牡又二麀？ 二三（《花東》236）

例（1）中祭祀祖甲劇殺的是一頭圈養的牛。例（2）中祭祀妣庚時，祭品除三隻公羊、二鬯外，還選用了一百零五頭牛，用牲數量極大。例（3）中的第一辭貞問，要用一頭母牛來祭祀妣庚嗎？第二至四辭是對同一件事的連續三卜，貞問，要劇殺公牛，外加選用鬯酒的方式來祭祀妣庚嗎？例（4）中

①　王國維：《觀堂集林》卷六第 287 頁《釋物》，中華書局，1959 年。
②　《甲詁》第 2470～2471 頁“宰”字按語。
③　裘錫圭《釋“勿”“發”》，收入《古文字論集》，中華書局，1992 年。
④　《甲詁》第 1517～1525 頁。
⑤　姚孝遂《牢宰考辨》，載《古文字研究》第 9 輯，中華書局，1984 年。
⑥　《花東》32、320 同文。

的"吉"當讀爲"佶",佶牛,是指健壯、結實的牛①。祭祀時還要卜問是否選用健壯的牛,可見殷人在祭品的選擇上非常慎重,他們重視牛之體格。例(5)中的兩辭也是對同一件事的連續三卜,貞問,要劌殺公牛外加二頭野豬來祭祀妣庚嗎?

花東子卜辭中也有"物牡""物牛""物牝"和"物牢",都是雜色的牛牲。如:

(6)癸酉卜:惠勿(物)牡歲甲祖? 用。一(《花東》37)

(7)乙亥:彳歲祖乙二牢、勿(物)牛、白彘,奴鬯一,子祝? 二三(《花東》142)

(8)庚午卜,在创:禦子齒,于妣庚[酉彡]牢、勿(物)牝、白豕? 用。一二(《花東》163+506)

(9)惠二勿(物)牢□白豕妣庚? 一(《花東》278)

例(6)中的"甲祖",乃"祖甲"之倒文。卜辭貞問,要劌殺雜色的公牛來祭祀祖甲嗎? 例(7)中祭祀祖乙時,搭配使用的祭品是兩頭圈養的牛、雜色的牛、白色的野豬,外加一鬯。例(8)是因爲花東主人"子"患有齒疾而祭祀妣庚,選用的祭牲是圈養的牛、雜色的母牛與白色的豬。例(9)中祭祀妣庚時,選用的祭牲是兩頭圈養的雜色牛與白色的豬。

在含有牛牲的祭祀卜辭中,含有"牛"字者 105 例,"牢"字者 52 例,"牡"字者 49 例,"牝"字者 90 例。這樣看來,花東子家族在牛的選用上也比較重視牛之牝牡,祭祀先祖多用"牡"而祭祀先妣則多用"牝"。"物"作爲修飾語,在花東子卜辭中修飾的都是牛牲,只用於牛牲前面,表明選用牛牲時,他們比較重視牛的毛色。牛爲重牲,且與鬯酒配合使用,花東子卜辭中主要用於祭祀重要的祖妣。

2.羊牲

甲骨文有"羊"以及从"羊"的"宰""牡""牝"等字,在卜辭中它們都可以用作祭牲。不同之處是,"羊"爲統稱,"宰"爲經圈養的用以祭祀的羊②。"牡"和"牝"或以爲是合文,分別表示公羊和母羊。

---

① 張玉金:《殷墟甲骨文"吉"字研究》,載《古文字研究》第 26 輯,中華書局,2006 年。

② 姚孝遂:《牢宰考辨》,原載《古文字研究》第 9 輯,中華書局,1984 年,後收入宋鎮豪、段志洪主編《甲骨文獻集成》第 13 册第 274～277 頁,四川大學出版社,2001 年。

花東子卜辭中常見選用羊牲的記載。據統計,羊牲共出現在 204 條辭例中,擇録數例於下:

(10)甲子:歲妣甲牡一,晉三小宰又置一? 一(《花東》88)

(11)甲申卜:惠小歲蚑于祖甲? 用,一羊。一二

甲申卜:歲祖甲牝一? 用。一

乙酉:歲祖乙牝一? 一

乙酉:歲祖乙牝一? 三四(《花東》228)

(12)惠三羊燎妣庚? 一二

惠五羊燎妣庚? 一

惠七羊燎妣庚? 一(《花東》286)

(13)乙亥:歲祖乙小牡,子祝? 在麗。一

甲申:歲祖[甲]小宰,权鬯一,子祝? 在麗。一(《花東》354)

例(10)中祭祀妣甲時選用的羊牲是一隻公羊和三隻圈養的小羊。例(11)中的第一辭貞問要用撲打"小歲"的方式來祭祀祖甲嗎? 從用詞來看,用了,選用的祭牲是一隻羊。第二辭貞問,要用劃殺一隻母羊的方式來祭祀祖甲嗎? 第三、四兩辭是對同一件事的連續貞卜,貞問,要劃殺一隻母羊來祭祀祖乙嗎? 例(12)是一組選貞卜辭,貞問,祭祀妣庚時是選用三隻羊、五隻羊,還是七隻羊? 例(13)中祭祀祖乙時選用的祭品是圈養的小公羊,祭祀祖甲時選用的祭品則是圈養的小羊,外加一鬯。

在含有羊牲的祭祀卜辭中,含有"羊"字者 45 例,"宰"字者 67 例,"牝"字者 1 例,"牡"字者 30 例,"牝"字者 61 例。可見羊的選用,喜用圈養的羊,重視羊之牝牡,但並無一定的規律。

3.豕牲

甲骨文"豕"字像側視的豬的形狀[1],豕爲殷人祭祀常用之牲。除"豕"以外,甲骨卜辭中的豕類祭牲有"彘""豣"[2]"豕""豭"和"豚"等。"彘"字從豕從矢,在卜辭中通常用作名詞,爲野豬,指祭牲,例見《英國》79(典賓類)、《合集》2496(典賓類)、《合集》14778(典賓類)等。"豣"字,甲骨文中多作

---

① 趙誠:《甲骨文簡明辭典——卜辭分類讀本》第 199 頁,中華書局,1988 年。

② 花東子卜辭中的"豸"類字形,魏慈德先生以爲也應釋爲"豣",參見魏慈德《研究》第 51~52 頁。

“㺊”，即公豬。“豕”字，甲骨文作“㺉”①，義爲去勢的公豬。“豚”字，甲骨文從肉从豕，意爲小豬。

花東子卜辭中“豕”類祭牲出現在 173 條辭例中，擇録數例於下：

> （14）己卜：惠豕于妣庚？　一（《花東》3）
> （15）甲寅：歲祖甲白豕一？　一二（《花東》4）
> （16）乙巳：歲祖乙白豭一，又㱆，祖乙㺉？　一（《花東》29）
> （17）乙卯：歲祖乙㺊，惠子祝？用。　一（《花東》76）
> （18）甲子：歲祖甲㺉，子祝？在𡊅。　一二（《花東》330）

例（14）中祭祀妣庚時選用的祭牲是豕。例（15）中祭祀祖甲時選用的祭牲是一頭白色的母豬。例（16）中祭祀祖乙時選用的祭牲是一頭白色的野豬。例（17）中祭祀祖乙時選用的祭牲則是“㺊”（究竟是指什麽類型的豕，待考）。例（18）中祭祀祖甲時選用的是野公豬。

在含有豕類祭牲的祭祀卜辭中，含有“豕”字者 56 例②，“㺊”字者 45 例，“豭”字者 40 例，“豕”字者 26 例，“豚”字者 4 例，“㺉”字和“㺊③”字者各 1 例。豕類祭牲的選用，也很重視祭牲之毛色及牝牡之别。目前考古發現有較多的豬骨，相對集中在偃師商城宫殿區内祭祀區和安陽小屯乙一建築基址附近的祭祀坑内。

4.鹿牲

甲骨文“鹿”字作㿟、㿟、㿟、㿟、㿟等形，鹿類祭牲有“鹿”“㿟”“㿟”。其中，“㿟”作㿟、㿟等形，即公鹿。“㿟”字作㿟、㿟、㿟等形，即母鹿。

花東子卜辭中鹿類祭牲共出現在 18 條辭例中，摘録數例於下：

> （19）庚戌卜：辛亥歲妣庚鹿、牝一，妣庚㺉？用。　一（《花東》132）
> （20）乙亥：歲祖乙牢、幽鹿、白㺊，权二￼？　一二三（《花東》237）
> （21）甲戌卜：其夕又伐祖乙，卯鹿？　一（《花東》343）
> （22）壬辰卜：子障宜，右、左惠鹿用，中惠㿟用？（《花東》198）

---

① 學者或釋“豬”，亦表去勢之豕，參見魏慈德《研究》第 52 頁。
② 花東第 39 版有“㺉”，徐寶貴、魏慈德先生釋“㺉”，認爲像修豪豬之形，參見徐寶貴《甲骨文“㺉”字考釋》，載《考古》2006 年第 5 期；魏慈德《研究》第 52 頁。
③ 喻遂生先生認爲“㺊”“㺊”“㺊”三字都表示擊殺動物，又引申爲被擊死的動物，比如“㺊”字。參見喻遂生《花園莊東地甲骨的語料價值》，收入臺灣東海大學中文系編《甲骨學國際學術研討會論文集》，2005 年。

例(19)是在庚戌這天舉行的占卜,貞問,辛亥這天劌殺鷹與一頭母牛來祭祀妣庚,妣庚會喜樂嗎? 例(20)中祭祀祖乙時,劌殺的祭牲除圈養的牛外,還有黑色的鷹與白色的公豬。例(21)中祭祀祖乙時,卯殺的祭牲是鷹。例(22)中花東主人"子"所尊獻的,除鷹外,還有"紅"。

5.犬牲

在卜辭中犬多用作犧牲。"猳"字,甲骨文作"犭",指雄犬①,用作祭牲。選用犬牲時有禘、此、毛、蚊、卯、醋等用牲法。

花東子卜辭中僅有少數辭例中選用"犬"作爲祭牲,茲將全部 5 例列於下:

> (23)戊子:歲妣庚一犬? 一二(《花東》142)
>
> (24)戊申:歲祖戊犬一? 一二(《花東》316)
>
> (25)戊申:歲祖戊犬一? 一(《花東》355)
>
> (26)壬午夕:歲犬一妣庚? 一二三
>
> 壬午夕:歲犬一妣庚? 四(《花東》451)

例(23)(26)中貞問,要劌殺一隻犬來祭祀妣庚嗎? 例(24)(25)兩辭同文,貞問,要劌殺一隻犬來祭祀祖戊嗎? 花東子卜辭中犬類祭牲選用較少,而且只用於祭祀祖戊和妣庚。

6.馬

考察花東子卜辭中的物牲,還十分有必要對花東子卜辭中的"馬"稍作討論。越來越多的研究表明,馬屬傳入的牲畜,而非中原地區固有的品種②。在古代,由於馬無論是在戰爭中,還是在運輸中,都起着十分重要的作用,而且馬的飼養需要投入大量的人力物力,因此它顯得非常珍貴,往往被視作統治權力的象徵物。在偃師商城、鄭州商城和小雙橋等遺址尚没有發現馬用於祭祀的證據,而到了殷商時期,馬却被大量的使用於宗廟祭祀

---

① 《甲詁》第 1572 頁"猳"字按語。

② 王巍:《商代馬車淵源蠡測》,收入《中國商文化國際學術討論會論文集》,中國大百科全書出版社,1998 年。吳曉筠:《關於中國馬車起源問題研究的述評》,載《古代文明研究通訊》第 11 期,2001 年;袁靖、安家瑗《中國動物考古學研究的兩個問題》,載《中國文物報》1997 年 4 月 27 日;水濤:《馴馬、馬車與騎馬民族文化》,載《中國文物報》1997 年 6 月 15 日;韓東:《也談家馬的起源及其他》,載《中國文物報》1999 年 6 月 23 日。

和墓祭①等重要祭典中。20 世紀 30 年代,在安陽殷墟小屯乙七基址的南
邊曾經發現了五座車馬坑,被學者認爲是用於當時宗廟祭祀活動的遺
存②。1959 年,在殷墟的苗圃北地,發現了鑄銅遺址,其中有 5 座祭祀坑,3
座爲馬坑,都呈現出不規則形狀,坑内各自埋有馬 1 匹,其中 2 匹是無頭馬
(PNH25、H39),另一匹則是完整的馬(PNH36)。這些祭祀遺跡應該和鑄
銅活動有關,爲當時鑄造銅器而舉行的祭祀活動遺存③。1976 年,在殷墟
王陵東區發掘中所見的祭祀坑裏,幾乎全部都是人牲,獸牲見有 2 匹馬
(M110)④。1978 年所發掘祭祀坑裏,共發現了馬 117 匹,其中 75 匹是牝
馬,2 匹是牡馬,81 匹是 7 到 11 歲的馬⑤。這表明在殷商時期,車馬是被用
於宗廟和墓地的祭祖活動及銅器的鑄造活動等祭祀典禮中的。在花東子
卜辭之外的其他組類卜辭中就有用馬祭祖的記録,如:

(27)丙申卜,扶:延禚馬大丁? 用。(《合集》19813 正,自肥筆)

(28)甲子卜,扶:禚馬至祖乙?(《合集》19847,自小字)

(29)甲辰卜:禚孚馬自大乙?(《合集》32435,歷二類)

(30)癸未,貞:惠今乙酉又父□歲于祖乙,五馬⑥? 兹用。二
(《甲》696+697,歷二類)

　　花東子卜辭中的"馬"比較多見,有關馬的卜甲中就有五十多條卜辭,
占總數的 4.8%。且圍繞馬的占卜内容豐富,涉及馬匹的貢納、徵集,馬群
的安全,駕車用馬的選擇等。這説明花東子卜辭的主人"子"擁有馬匹數量

---

①　中國社會科學院考古研究所編著:《殷墟的發現與研究》,科學出版社,1994 年。

②　石璋如:《小屯第一本,遺址的發現與發掘丙編,殷墟墓葬之一,北組墓葬》,臺灣歷史語言
研究所,1970 年;石璋如:《小屯第一本,遺址的發現與發掘丙編,殷墟墓葬之二,中組墓葬》,臺灣
歷史語言研究所,1972 年;中國社會科學院考古研究所編著:《殷墟的發現和研究》第 62 頁,科學出
版社,1994 年。

③　中國社會科學院考古研究所編著:《殷墟發掘報告(1958～1961)》第 26 頁,文物出版社,
1987 年。

④　安陽亦工亦農文物考古短訓班、中國科學院考古研究所安陽發掘隊:《安陽殷墟奴隸祭祀
坑的發掘》,載《考古》1977 年第 1 期。

⑤　中國社會科學院考古研究所安陽發掘隊:《安陽武官村北地商代祭祀坑的發掘》,載《考
古》1987 年第 12 期。

⑥　屈萬里在《殷墟文字甲編考釋》第 111 頁把《甲》696+697 片中的"馬"隸釋作"彩",並在第
25 頁 159 片下説,"疑彩乃豕之一種"。劉一曼、曹定雲在《殷墟花東 H3 卜辭中的馬——兼論商代
馬匹的使用》中將其改釋爲"馬"(《殷都學刊》2004 年第 1 期)。

較多,遠在其他非王卜辭主人之上①。但却鮮有用爲祭牲者,不少都是爲了禳除"馬"的疾患而舉行祭祀,如:

(31)乙丑:自賈馬有剢? 一

亡其剢賈馬? 一

唯左馬其有剢? 一

右馬其有剢? 一

自賈馬其有死? 子曰:其有死。 一(《花東》60)

(32)貞:右馬不死? 一

其死? 一(《花東》431②)

(33)丙寅卜:賈馬[異],弗馬? 一

丙寅:其禳唯賈視馬于癸子,惠一伐、一牛、一翌,曶夢? 用。一二

(《花東》289③)

上述諸辭貞問"自賈馬"(來自賈之馬)、"左馬"或"右馬"是否"有剢",或是否會死? 顯然都是因爲這些馬可能有異常情況發生。最後一辭是指賈所視之馬遇到了不好的事情,遂爲禳除疾患而用"一伐、一牛、一翌"祭祀"癸子"。何以言"曶夢"? 大概夢中發生的事情與賈所視之馬有關。需要指出的是,有不少學者把最後一辭中的馬當作祭牲,這是誤讀卜辭所致,並不可信。

此外,有些馬用於田獵卜辭,似乎是指花東主人"子"的坐騎,如:

(34)戊午卜:子又呼逐鹿,不奔馬? 用。一二三(《花東》295)

花東子卜辭中把"馬"用作祭牲的辭例十分少見,第239版有"勿(剢)馬"的記録,有可能是把馬用作祭牲的。劉一曼、曹定雲先生曾指出:"卜辭的資料表明,用馬祭祀只限於部分男性祖先(較重要的或與祭祀者關係密切的祖先)。可能當時對男性先祖與女性先祖在祭祀儀禮上存在一定的

---

① 劉一曼、曹定雲:《殷墟花東 H3 卜辭中的馬——兼論商代馬匹的使用》,載《殷都學刊》2004 年第 1 期。

② 《花東》126 同文。

③ 《花東》29 同文。

差別。"①

7.人牲

花東子卜辭中較少選用人牲,用作祭品的人牲只有羌和伐兩類,且數量均不多,尤其是羌。如:

(35)辛丑卜:禦丁于祖庚至［妣］一,酓羌一人、二牢;至妣一祖辛禦丁,酓羌一人、二牢? 一(《花東》56)

(36)己酉夕:伐羌一? 在入。庚戌宜一牢,發。一(《花東》178)

(37)又羌? 一

勿又羌? 一(《花東》345)

(38)丙寅:其禦唯賈視馬于癸子,惠一伐、一牛、一臽,酓夢? 用。一二(《花東》289②)

(39)三伐?

五伐? (《花東》144)

關於用羌祭祀的問題,董作賓先生認爲"自祖甲以來,他們(筆者按,即羌)常供祭祀的樂舞"③。蔡哲茂先生認爲,羌方爲商之敵對方國之一,其民性强悍,故商人屢征伐之,將所執虜之羌人送回殷都,一則告捷,一則獻俘爲牲,而商王於軍事振旅時,必親於王畿迎接諸侯,而羌俘率被用爲人牲,殺伐置奠④。總之,行獻俘告執之禮,主要是商王用以感謝祖先對戰爭之功的保佑。

(40)辛亥卜,貞:斌羌有疾,不死? 子占曰:羌其死唯今,其𢀖亦唯今。一二

辛亥卜:其死? 一二(《花東》241)

(41)甲申:子其學羌,若,侃? 用。一(《花東》473)

上述(40)(41)兩例中的"羌"並不是祭牲。"斌羌"(可能是指斌地之

---

① 劉一曼、曹定雲:《殷墟花東 H3 卜辭中的馬——兼論商代馬匹的使用》,載《殷都學刊》2004 年第 1 期。

② 《花東》29 同文。

③ 董作賓:《甲骨文斷代研究例》,原載臺灣中研院歷史語言研究所集刊外編第一種上册,1933 年;又收入《董作賓學術論著》,世界書局,2010 年。

④ 蔡哲茂:《逆羌考》,原載《大陸雜誌》第 52 卷第 6 期,1976 年,後收入宋鎮豪、段志洪主編《甲骨文獻集成》第 28 册第 90～95 頁,四川大學出版社,2001 年。

羌)有疾,遂貞問他是否會死。看來花東主人"子"對"㞢羌"還是很關心的,
這時的"㞢羌"應該已經臣服於商王朝。"子其學羌",對比他辭"子其學商"
語(《花東》150),更可以證明這裏的"羌"已臣服,這裏的"羌"或許是指羌族
人的一種舞蹈。

8.生

殷墟甲骨文中的祭牲幾乎都是明言該種祭牲爲何種物牲或人牲,但在
極個別的辭例中,却僅言"生",如花東子卜辭中有下述兩辭:

(42)傳五牛酚發以生于庚? 四(《花東》113)

(43)己[卜]:□以[生]☑。

☑生□[妣庚]☑。(《花東》488)

例(42)中的"發以生"是指"發"這個人致送來的犧牲。"庚"字乃"妣
庚"之省稱。該辭是用"五牛"與"發"這個人致送來的犧牲一起搭配使用來
祭祀妣庚。例(43)辭殘,但從內容來看,可能與例(42)卜同事。

(二)粢盛和酒鬯類

傳世文獻和甲骨文中的記載都表明,獻享包括奉獻黍稷。《詩經·商
頌》上說的"顧予烝嘗",也是指向鬼神敬獻黍稷的祭儀。《詩經·大田》:
"與其黍稷,以享以祀。"《禮記·禮運》:"夫禮之初始諸飲食。其燔黍捭豚,
汙尊而抔飲,蕢桴而土鼓,猶若可以致其敬於鬼神。"《周禮·地官·舍人》
云舍人"掌米粟之出入,辨其物"。孫詒讓《周禮正義》"謂諸穀米粟出入之
事。已舂者爲米,未舂者爲粟"。《周禮·地官·舂人》云舂人"祭祀共其齍
盛之米"。鄭注:"齍盛,謂黍稷稻粱之屬,可盛以爲簠簋實。"《周禮·地
官·饎人》載:"饎人掌凡祭祀共盛。"鄭注:"炊而共之。"孫詒讓:"凡祭祀之
齍盛,皆於灶炊之。《士虞禮》《特牲饋食禮》謂之'饎爨',《少牢饋食禮》謂
之'廩爨'是也。"甲骨文五種祀典中的"壹"大概就是奉獻黍稷的祭儀。花
東子卜辭云:

(44)癸亥:歲子癸牝一,叀自丁黍? 一二三(《花東》48)

(45)庚寅:歲妣庚小宰,豋自丁黍? 一

庚寅:歲妣庚小宰,豋自丁黍? 二(《花東》416)

(46)[辛卜]:歲祖[乙]牝,豋自丁[黍]? 在覃,祖甲[延]。一(《花

東》363)

(47)乙亥：歲祖乙黑牡一，又牝，又皀，子祝？一(《花東》252)

(48)甲午：歲妣甲豝一，又皀？一二三

乙未：歲妣庚豝一，又皀？一二(《花東》261)

例(44)中祭祀子癸時，除劓殺一隻母羊外，還登獻了"自丁黍(來自商王武丁之黍)"。例(45)(46)中祭祀妣庚和祖乙時，除劓殺圈養的小羊或母羊外，同樣也登獻了"自丁黍"。例(47)(48)中祭祀時選用的祭品，除明言的母羊、母豬、黑色公牛外，因爲辭中有"又皀"二字，可知應該還有黍類穀物。《説文》："簋，黍稷方器也。簠，黍稷圓器也。"考古發現的器物，從形狀上看，簋爲圓，簠爲方。根據《儀禮》的記載，簋是盛放黍稷等食的器物，簠是盛放稻粱的器物。《儀禮·公食大夫禮》："宰夫設黍稷六簋於俎西。"《周禮·秋官·掌客》鄭玄注："簠，稻粱器也。"《史免簠》銘："史免作旅匡，從王征行，用盛稻粱。"又《叔家父簠》銘："叔家父作仲姬匡，用盛稻粱。"實際生活中，簠、簋所盛放之食糧並未有嚴格的區別。《詩經·秦風·權輿》："於，我乎，每食四簋。"毛傳："四簋，黍稷稻粱。"《禮記·玉藻》："朔月少牢，五俎，四簋。"據孔疏，"四簋"是指黍、稷、稻、粱各一簋。這就説明簋的作用不僅僅限於黍稷。我們認爲上述花東諸辭中的"黍"當泛指已舂穀物。

在偃師商城祭祀區和殷墟後岡圓形祭祀坑 H10 中，均發現有穀物。在偃師商城宮殿區內的祭祀區 A 區內和 B、C 祭祀區以外的一些"祭祀場"或祭祀坑內堆積有大量的稻穀籽粒。其中 A 區內的一處以稻穀等農作物爲主的祭祀場平面呈圓形，面積達 130 多平方米，主體部分深 1.4 米。在後岡圓形祭祀坑 H10 的西南部伴隨第一層人架出土了一堆穀物，在陶罐的腹底和銅鼎、戈上也有穀物殘跡。報告推測在埋入時，穀物可能是裝在陶器內。

商周時期，酒漿是奉獻神靈的重要祭品。《詩經·周頌·豐年》："爲酒爲醴，烝畀祖妣。"《禮記·禮運》："玄酒在室，醴、盞在戸，粢醍在堂，澄酒在下。"這裏的醴、盞、粢醍、澄酒，都是酒名。這是説古代祭祀時，玄酒放在室中，醴和盞放在室內靠近門的地方，粢醍放在堂上，澄酒放在堂下。殷人祭祀以酒貢獻，卜辭中亦多見，如：

(49)癸未卜，貞：酘醴，惠业酉用？十二月。(《合集》15818，賓三

類）

（50）乙酉卜，貞：來乙未酻酨于祖乙？十二月。（《合集》1594，賓三類）

（51）丁丑卜：酨其酻于父甲，有庸，惠祖丁用？（《屯南》1055，無名類）

（52）乙亥卜：登鬯三祖丁牢，王受佑？吉（《合集》27180，何一類）

（53）癸丑卜：子祼新鬯于祖甲？用。三（《花東》459）

（54）甲子卜：二鬯祼祖甲□歲鬯三？一

甲子□：二鬯祼祖甲？用。一

甲子卜：祼咸鬯祖甲？用。一

甲子卜：二鬯祼祖甲？用。二（《花東》318）

這裏的鬯是用秬（一種黑黍）釀造的酒。秬鬯加以鬱金香，有芬芳的香味，稱爲“鬱鬯”。《詩經·大雅·江漢》：“厘爾圭瓚，秬鬯一卣。”毛傳：“秬，黑黍也，鬯，香草也，築煮合而鬱之曰鬯。”鄭箋：“秬鬯，黑黍酒也，謂之鬯者，芬香條鬯也。”鬱鬯是在祭祀禮中行灌禮時使用。《禮記·郊特牲》：“周人尚臭，灌用鬯臭，鬱合鬯臭，陰達於淵泉。”是説周人崇尚用氣味祭祀，灌地時用有香氣的鬯酒。從花東子卜辭來看，商人祭祀祼地亦用鬯酒，此爲殷周禮制因襲之一證。

二、祭牲法

祭牲法，或稱用牲法。花東子卜辭所反映出的用牲法並不複雜，下面我們就結合其他組類卜辭中的情況，對其中常見的幾種祭牲法作一考察。

1.歲

“歲”字用作祭牲法，唐蘭先生謂：“當讀爲劌，割也，謂割牲以祭也。”[1]花東中最常見的就是歲祭卜辭，因此“歲”字特别多，共出現於 324 條辭例中。擇錄數例於下：

（55）歲妣庚牡？一（《花東》3）

---

[1]　唐蘭：《天壤閣甲骨文存並考釋》第 30～31 頁，北京輔仁大學 1939 年影印本，後收入宋鎮豪、段志洪主編《甲骨文獻集成》第 2 册第 447～497 頁，四川大學出版社，2001 年。

(56)甲辰:歲祖甲一牢,子祝? 一(《花東》17)

(57)乙巳:歲祖乙白豦一,又鼎,祖乙侃? 一(《花東》29)

(58)戊申卜:歲祖甲豕一、牝一? 一(《花東》34)

(59)甲辰:歲妣庚家一? 一(《花東》61)

(60)癸丑卜:歲食牝于祖甲? 用。(《花東》63)

(61)歲二羊于庚,告發來? 三(《花東》85)

例(55)貞問,要劌殺公牛來祭祀妣庚嗎? 例(56)中劌殺的是一頭圈養的牛。例(57)中劌殺的是一頭白色的野豬。例(58)中劌殺的則是一頭豬和一隻母羊。例(59)中劌殺的是"家一",似乎是指一頭圈養的豬。例(60)中劌殺的"食牝"究竟是指什麼,待考。例(61)中劌殺的是兩隻羊。

歲祭時可以選用的祭牲十分豐富,至少多達十九種[1]。花東子卜辭中用于歲祭的祭牲有"牛"(《花東》142)、"牢"(《花東》17)、"牡"(《花東》3)、"牝"(《花東》63)、"豕"(《花東》34)、"狃"(《花東》139)、"死"(《花東》139)、"豦"(《花東》29)、"豑"(《花東》330)、"家"(《花東》61)、"殺"(《花東》76)、"羊"(《花東》85)、"牪"(《花東》463)、"凶"(《花東》463)、"軷"(《花東》354)、"犬"(《花東》316)、"鳶"(《花東》237)、"莧"(《花東》179)、"裱"(《花東》496)等。歲祭時,用牲數量有時也很大,如"歲十牛"(《花東》401)等。有時候祭牲還十分講究毛色,如"白豦"(《花東》29)、"黑牡"(《花東》6)、"黑牛"(《花東》278)、"黑豕"(《花東》459)、"白豕"(《花東》63)、"黑牝"(《花東》178)、"白狃"(《花東》4)、"白死"(《花東》267)。祭祀的場所一般選在宗廟類場所舉行,如小宗(《合集》34045～34047,歷一類)、大乙升(《合集》30960,無名類),庚升(《合集》23217,出二類)等,連劭名先生說:"舉行歲祭的主要地點是先王先妣的宗廟。"[2]

2.刪

卜辭中的"刪"字,多用作祭牲法。于省吾先生讀"刪"爲"删",相當於今天所説的"砍"[3]。花東子卜辭中的"刪"字數量也不少,共出現於 39 條辭例中,而且這些辭例中的"刪"字似乎大多用作祭牲法。擇錄數例於下:

---

① 有些我們無法判定一定爲祭牲,如《花東》第 63 版之"食"。

② 連劭名:《商代歲祭考》,載《考古學報》2007 年第 2 期。

③ 于省吾:《甲骨文字釋林》第 172～174 頁,中華書局,1979 年。

(62)庚卜,在麓:歲妣庚三牡,又圮二,至禦,㗿百牛又五？三四（《花東》27①）

(63)丙卜:用二卜,㗿五宰妣庚？一(《花東》183)

(64)戊寅卜:子禦有口疾于妣庚,㗿牝？一(《花東》220)

(65)庚申:禦崇目癸子,㗿伐一人,卯宰？一(《花東》226)

例(62)中"㗿百牛又五"是花東子卜辭中一次選用祭牲最多的一例。值得注意的是,在目前我們所能見到的全部殷墟卜辭中,一次選用祭牲最多的也是"㗿"這種祭牲法,如有辭曰"㗿千牛千人"(《合集》1027 正+《乙補》4919②,賓一類)。例(64)貞問,花東主人"子"爲禦除口疾而祭祀妣庚,要砍殺一頭母牛嗎？例(65)貞問,爲禦除"崇"這個人的眼疾而祭祀癸子,要砍殺一具人牲,並卯殺一隻圈養的羊嗎？

據卜辭來看,所"㗿"者多爲"牛""羊""牢"和"宰"之類的物牲。其所"㗿"之人牲則有"人""羌""㚔""倗"等③。花東子卜辭中用於㗿祭的既有物牲,如"牛"(《花東》27)、"牢"(《花東》149)、"牝"(《花東》220)、"宰"(《花東》88)、"豕"(《花東》38)、"犹"(《花東》76)、"𤞉"(《花東》163+506)等。也有人牲,如"羌"(《花東》56)、"伐"(《花東》226)等。

3.伐

"伐"字像以戈砍伐人之頸部之形,指砍牲首以祭祀,這是卜辭中最爲常見的用牲法之一。伐祭的場所一般在宗廟內舉行,例見《合集》34047(歷一類)、《合集》721 正(典賓早)等。伐祭的對象主要是人牲,其中以異族男性爲主,尤以羌族男性最爲常見④。花東中也有伐人牲以祭者,請看下述卜辭:

(66)己酉夕:伐羌一？在入。庚戌宜一牢,發。一

己酉夕:伐羌一？在入。一(《花東》178⑤)

(67)甲午:宜一牢,伐一人？在[入]☒。一二三

---

① 《花東》32、320 同文。

② 本版《合集》片爲郭若愚綴合,張秉權加綴,林宏明再加綴《乙補》一片,參林宏明《醉古集——甲骨的綴合與研究》第 350 組。

③ 《甲詁》第 2969 頁"☒"字按語。

④ 王平、[德]顧彬:《甲骨文與殷商人祭》第 81、82 頁,大象出版社,2007 年。

⑤ 《花東》376 同文。

　　　　暮酚，宜一牢，伐一人？ 用。一二（《花東》340）

　　例（66）中的“伐羌一”即砍伐一名羌人作祭牲，作爲祭牲的羌人應該是戰敗後的被俘者。何飛燕指出：“伐祭在祭祀男性祖先神時使用得比較頻繁，而在祭祀女性祖先神和具有自然神屬性的高祖神及先臣時則很少使用。使用伐祭的高祖先公也只有河、岳、土、王亥，先臣有黃尹和伊尹。”①結合《花東》第 178 版其他辭條來看，這裏祭祀的是“妣庚”。 由此，也能夠看出妣庚在花東子卜辭中的地位之崇。例（67）中的“伐一人”即砍伐一人作爲祭牲，這裏的一人究竟是奴隸還是戰俘，沒有明言。卜辭亦見殺牲後取頭顱而致祭的，辭云：

　　　　（68）其用凶在妣辛必，至母戊？（《屯南》2538，無名類）

　　　　（69）☐用危方凶于妣庚，王賓？（《合集》28092，無名類）

　　辭例中的“凶”就是人牲的頭顱，上述兩辭是對用人頭祭祀的貞問②。

　　　　（70）丁卜：子令庚侑有母，呼求凶，索尹子人？ 子曰：不于戊，其于壬人。一（《花東》125）

　　該辭是花東主人“子”爲進行祭祀而派人尋求祭祀所用人頭的記錄。

　　安陽殷墟王陵區祭祀坑，所使用人牲，殺戮方式之殘酷，令人觸目驚心，有身首完整的，有身首分離的，單埋軀體或人頭的，尤以無頭軀體最多，這種砍伐頭顱祭祀的方式即屬於甲骨卜辭記載中的“伐”，爲砍首以祭，考古發現的情況和卜辭的記載是相互契合的。安徽滁州何郢商周遺址③，或是一處商代時期的東夷方國遺存。祭祀所用犧牲主要有動物豬、狗和羊等，其中多例存在着砍頭和捆綁埋葬等情況，被砍頭的動物則是常常用石塊代替它的頭顱加以埋葬。這種祭祀用牲方式亦當爲“伐”。值得特別注意的是，另一處祭祀遺址裏還發現有兩具人頭頂骨，其邊緣部分都有明顯被砍削的痕跡，兩者相距約 1 米多，周圍還散佈着較多破碎的陶器以及鹿

---

　　① 何飛燕：《出土文字資料所見先秦秦漢祖先神崇拜的演變》第 73 頁，科學出版社，2013 年。

　　② 《屯南》第 1024 頁認爲“凶”即是人牲的頭顱，高智群也持此觀點（見《獻俘禮研究（下）》，載《文史》第 36 輯，中華書局，1992 年）。也有學者認爲它在以上諸辭中用的是引申義——首領，如于省吾（參看《從甲骨文看商代社會性質》，載《東北人民大學人文科學學報》1957 年第 2、3 期合刊，中華書局，1979 年）。

　　③ 張愛冰、宮希成：《滁州發掘商代大規模聚落祭祀遺址》，載《中國文物報》2002 年 11 月 29 日。

角等，也可能和"伐"人首有關。

4.卯

"因卯之字形取義，蓋言對剖也。"①卯的用牲法，也即周代禮書所言的解牲分爲左右兩半。請看下述花東子卜辭：

（71）乙亥夕：酯伐一［人］祖乙，卯牡五、牝五，叔一毘，子肩禦往？一二三四［五］六（《花東》243）

（72）己卜：其在用，卯三牛姓庚？一二（《花東》286）

（73）甲戌卜：其夕又伐祖乙，卯鴈？一（《花東》343）

（74）丁［丑］：歲姓庚牝一，卯胴？一二三

丁丑：歲姓庚牝一，卯胴？一二三

丁丑：歲祖乙黑牝一，卯胴？一

丁丑：歲祖乙黑牝一，卯胴二于祖丁？一二（《花東》49）

例（71）中要對剖的是五隻公羊和五隻母羊。例（72）中要對剖的是三頭牛。例（73）中對剖的是鴈。例（74）中要對剖的則是胴。

花東子卜辭中卯祭時所選用的祭牲有"牛"（《花東》223）、"牡"（《花東》226）、"宰"（《花東》39）、"牡"（《花東》243）、"牝"（《花東》243）、"鴈"（《花東》343），甚至還有"牧"（《花東》391）和"胴"（《花東》49）等。偃師商城王室祭祀遺址中，豬牲處理方式，有的僅肢體被剖爲兩半，這種方式當即甲骨卜辭中的卯祭。

5.舌

甲骨文作⅓，又孳乳爲"舌""袺"等形，分別隸定爲"舌""袺"，于省吾先生認爲均讀作"砑"，典籍通作"磔"，義爲割裂祭牲的肢體②。于先生還引用《史記·李斯列傳》所載"十公主砑死於杜"，以及《索隱》"砑音宅，與'磔'同，古今字異耳。磔謂裂其支體而殺之"等，來加以證明。趙平安先生根據出土戰國簡，認爲應釋爲"舌"，作爲用牲法，可讀爲"刮"，有刮削之意，用法與"割"相近③。辭例如：

① 郭沫若：《卜辭通纂》第39片考釋，科學出版社，1983年。
② 于省吾：《甲骨文字釋林》第167～172頁，中華書局，1979年。
③ 趙平安：《續釋甲骨文中的"舌""舌""袺"——兼及舌（昏）的結構、流變以及其他古文字資料中從舌諸字》，饒宗頤主編《華學》第4輯，紫禁城出版社，2000年。

（75）辛巳卜：屯羊百、犬百☒百？（《屯南》917，歷一類）

（76）屯麂小母？用。（《合集》22241＋《合集》22239①，婦女類）

“屯”這種用牲法，在王卜辭中一般以“牛”“牢”爲主，數量一般不大，如“牛”最大量見有“十牛”（《合集》11062，賓三類）。或用羌，數量有達“五十”者（《合集》32047，歷一類）。用犬、羊者，可以多達上百（《屯南》503）。偶爾用牲如麂者，數量很小（《合集》22238，婦女類）。在非王無名組卜辭中，用牲多見麂羊等犧牲。地點多爲宗廟類的祭祀場所，例見《合集》30374（無名類）、《合集》38228（黃類）、《合集》22246（婦女類）、《屯南》3564（無名黃間類）等。

花東子卜辭中的“屯”字出現於 24 條辭例中，多用作祭名，用作用牲法者很少。如：

（77）丁巳：歲祖乙牡一，屯祖丁彡？三

　　　庚辰卜：屯彡妣庚，用牢又牝，妣庚侃？用。一（《花東》226②）

（78）庚戌卜：小子屯妣庚？一（《花東》353）

（79）己酉夕：翌日屯妣庚黑牡一？一二三四五（《花東》150）

6.蚑

甲骨文中作“𧗾”“𧗵”，像以朴擊蛇之形，在卜辭中用作用牲法，其義同於《莊子·胠篋》“昔者龍逢斬，比干剖，萇弘胣，子胥靡”句中的“胣”，爲“既剖割其腹腸而又肢解其肢體”③。也有學者認爲該字作爲用牲法，意思當是“用棍棒類物實施擊殺”的殺牲方式④。卜辭中，“蚑”這種用牲法廣泛施用於人牲和其他動物牲。花東子卜辭“蚑”雖然常見，但只見用於物牲。如：

（80）蚑宰，迺速丁？一（《花東》113）

（81）先蚑白豖宜黑二牛？一（《花東》278）

（82）己卯卜：庚辰屯彡妣庚，先蚑牢，夋蚑牝一？用。一二三

　　　己卯卜：庚辰屯彡妣庚，[先蚑]牢，夋蚑牝一？用。四（《花東》

---

①　白玉峥綴合。

②　《花東》237 同文。

③　于省吾：《甲骨文字釋林》第 161～167 頁，中華書局，1979 年。

④　馬季凡：《商代中期的人祭制度研究——以鄭州小雙橋遺址的人祭遺存爲例》，載《中原文物》2004 年第 3 期。

427)

    (83)乙卜:其蚊五牛妣庚?　一

    乙卜:其蚊三牛妣庚?　一

    乙卜:其蚊七牛妣庚?　一

    戊卜:其蚊犲,肉入于丁?　一(《花東》401)

    上述例(80)(81)中所蚊的分別是圈養的羊和白色的母豬。例(82)中先後所蚊的分別是圈養的牛和一頭母牛。例(83)中的前三辭是一組選貞卜辭,貞問,祭祀妣庚,是蚊五牛呢,還是蚊三牛呢,抑或蚊七牛呢?第四辭中所蚊的是公豬。這裏的"肉入于丁"一語即祭胙肉送給丁,相當於後代祭祀之後的"歸脤"之禮。

    花東子卜辭中蚊祭時所選用的祭牲有"牛"(《花東》88)、"牢"(《花東》267)、"牝"(《花東》106)、"羊"(《花東》173)、"宰"(《花東》113)、"羝"(《花東》314)、"羖"(《花東》241)、"豕"(《花東》284)、"犲"(《花東》401)、"犰"(《花東》278)等。

7.宜

    殷墟甲骨文中的宜作"𣅏",像把肉放置於俎案上之形,學者大多認爲"宜""俎"一字,可從。"宜"字,作爲用牲法卜辭中常見,花東子卜辭中亦如此。

    (84)辛卯:宜豕一?　在入。　一二(《花東》142)

    (85)癸丑:宜鹿?　在入。　一(《花東》170)

    (86)辛未:宜羝二,在入卯,又肇邙?　一二三(《花東》265)

    (87)癸卜:其宜又牛?　一(《花東》269)

    上述例(84)(86)所宜之祭牲分別是一頭豬與兩隻母羊。例(85)(87)所宜之祭牲分別是鹿與牛,沒有交待牲數。

    花東子卜辭中,使用"宜"這種祭牲法的犧牲有"(幽)鷹"(《花東》198)、"魝"(《花東》198)、"羊"(《花東》265、304)、"羝"(《花東》97、139、421、495)、"豕"(《花東》140、142)、"犰"(《花東》226)、"鹿"(《花東》170)、"牛"(《花東》223、278、401)、"牢"(《花東》178)、"牡"(《花東》280)、"牝"(《花東》9、47、226、240)、"㲋"(《花東》240)等。祭牲中多見雌性的"羝""牝"。

    花東子卜辭中還有其他用法的"宜"字,如:

(88)甲辰：宜丁牝一，丁各，戾于我，翌［日］于大甲？用。一二
（《花東》34①）

(89)戊子卜：子障宜一于之，若？一

戊子卜：子障宜二于之，若？一（《花東》26）

例(88)中的"宜"用爲動詞，似有進獻之類的意思。"宜丁牝一"是指進
獻給武丁一頭母牛。例(89)兩辭中"宜"字分別受到其後的數詞"一""二"
的修飾，所以"宜"在這裏應用爲名詞，指宜祭所用牲肉。

三、花東子卜辭中的有關祭名問題

自從羅振玉在《殷墟書契考釋》一書中專列"祭名"類加以研究後，後世
學者從事相關研究時，多從其法，但對於祭名的具體內涵則至今並沒有比
較清楚的界定。劉源先生《商周祭祖禮研究》一書中曾對祭名問題作過很
好的總結和討論，他分析了祭名不能用來劃分祭祖儀式類型的幾個主要原
因，並將商代後期祭祖儀式的類型按照祭祀動機分爲了有具體目的（或有
短期目的）之祭祀與沒有具體目的（或有長期目的）之祭祀兩大類②。從甲
骨文材料的實際情況看，這種方法具有切實的可操作性。而在具體研究過
程中，如果要最大限度地說明或描述殷商後期的祭祖禮儀詳情，對其進行
分類時還應考慮祭祀對象和祭品選用的情況等，即將祭祀目的和祭祀對
象、祭品選用等指標綜合起來考慮，這樣或許才能更準確和全面地認識殷
商時期祭祖禮儀的詳情。

就花東子卜辭中的情況而言，《花東》釋文中，僅整理者明確提到的祭
名就有 50 個，如蔑、伐、往、禦、𥘵、皀、宜、燕、又、各、𥼶、彝、正、登、羍、糅、
橚、尋、帚、盜、𤉲、爵、學、夏、陟、𥁕、戠（待）、音、將、鄉、嗌、𩰬、𣪚、𠦪、𪔀、
皿、祼、奏、陕、燎、叉、友、獻、巳、𣎆、袳、祓、革、𣬉、糧。

這些所謂的祭名中，事實上有些是屬於誤釋，如《正補》指出"𣬉"應爲
"呼皀"二字之誤，《初步研究》指出"糧"應爲"呼食"二字之誤，均可從。有
些是屬於用牲法，如蔑、伐、𣎆、宜等。有些則可能只是某種獨立祀典中的

---

① 《花東》335 同文。

② 劉源：《商周祭祖禮研究》第 20～45 頁，商務印書館，2004 年。

一個儀注而已，並非一獨立的祭祀之名，如當兩個或兩個以上的所謂“祭名”同時使用時，其中某個具體的所謂“祭名”可能就是整個獨立祀典中的一個儀注。

　　花東祭祖卜辭中有一部分具有相當明確的祭祀目的，多爲禳除疾病而向神靈舉行祭祀，如：

　　　　（90）乙卯卜：其禦大于癸子，歲牝一，又鬯？用。有疾。一二三（《花東》76）

　　　　（91）乙卯卜：其禦大于癸子，歲牝一，又鬯？用。有疾子炅。一二三（《花東》478）

　　　　（92）辛卜：其禦子馘于妣己罘妣丁？一（《花東》181）

　　　　（93）丙卜：其禦子馘妣丁牛？（《花東》409）

　　　　（94）庚午卜，在𠂤：禦子齒，于妣庚［歲］牢、勿（物）牝、白豕？用。一二（《花東》163＋506）

　　　　（95）壬申卜：祼于母戊，告子齒［疾］？［用］。（《花東》395＋548）

　　　　（96）癸酉：歲癸子乩，䜌目禦？一（《花東》214）

　　　　（97）戊寅卜：子禦有口疾于妣庚，歲牝？一（《花東》220）

　　上述例（90）（91）中是爲“大”而向癸子（即子癸）祭祀，兩辭所卜爲同事，並附記有“子炅”有疾。例（92）（93）中是爲“子馘”而向妣己和妣丁祭祀。此四例未言“大”或“子馘”究竟是何疾患。但在例（94）至（97）中，却非常明確地顯示出了具體的疾患，如（94）中是因患有齒疾而向妣庚進行祭祀，（95）中是爲子的齒疾而祭祀母戊，（96）中是爲䜌的眼疾而向子癸祭祀，（97）中是爲子的口疾而向妣庚進行祭祀。這幾例中祭祀目的明確而具體。

　　此外，花東中出現的疾病類别還有腹疾、心疾、首疾、耳鳴等，有的還因染有疾患而貞問疾患會不會纏延、要不要舉行祭祀、是否某位神靈所害等，如：

　　　　（98）子腹疾，弜禦☒。一（《花東》240）

　　　　（99）庚卜：子心疾，亡延？一（《花東》181）

　　　　（100）甲卜：子有心，蚊妣庚？（《花東》446）

　　　　（101）甲卜：子疾首，亡延？（《花東》304）

　　　　（102）癸酉卜：子耳鳴，唯癸子害？一（《花東》275＋517）

　　花東中爲禳除疾病而舉行的祭祀中，其祭祀對象以妣庚最爲多見，其次是子癸，另外還有母戊等。之所以向他們舉行祭祀，原因或有兩種：一是蓋因花東子家族認爲是其作害而導致的疾患，如上引例（102）明顯地表明這種觀念；二是其對子家族成員具有佑助權能，如妣庚或屬權能較大的先妣。另外兩個在花東中具有重要地位的先祖祖甲和祖乙，却鮮見因爲具體的某種疾患而向他們進行祭祀的記録。這也表明，在殷人的心目中，不同的先祖其職能是不一樣的。

第三章　花東子卜辭與殷商祭禮研究（下）
——殷商祭禮與周代祭禮的比較

本章主要綜合花東子卜辭以及王卜辭，對花東子卜辭中所反映的祭禮問題作了個粗綫條的勾勒，並把殷商祭禮儀式内容與周代祭禮儀式内容作了一些比較。

一、殷周祭品之比較

下面就花東子卜辭以及王卜辭中所反映的祭祀用牲的特徵，與周代的情況作一比較。

（一）祭牲毛色

殷周兩代，人們對於祭牲的毛色都特别重視，其原因應該有二：一是祭牲的毛色是該祭牲本身體質好壞的主要參考因素，二是祭祀者希望他們在祭祀時對受祭神靈所懷有的那種虔誠的心理可以通過祭牲毛色的純正來體現出來。

在我國古代禮書《禮記》中，有"殷人尚白"之説，如：

> 夏后氏尚黑，大事斂用昏，戎事乘驪，牲用玄。殷人尚白，大事斂用日中，戎事乘翰，牲用白。周人尚赤，大事斂用日出，戎事乘騵，牲用騂。（《檀弓上》）

> 夏后氏牲尚黑，殷白牡，周騂剛。（《明堂位》）

傳世文獻中的"殷人尚白"之説，在出土文字材料中亦可以得到印證。據我們的初步考察，殷虛卜辭中出現的祭牲顔色有"騂"，例見《合集》36003（黄類）、《合集》27122（無名類）、《合集》29512①（無名類）、《屯南》2710（無

---

① 與《合集》30964重。

名類)等。有“物”,雜色義①,例見《屯南》2710②(無名類)、《花東》142。有
“黃”,例見《合集》36350(黃類)。有“幽”,例見《合集》14951(典賓類)、《花
東》149 等。有“玄③”,例見《合集》33276(歷二類)。但更多的是白色祭品,
如“白牛”(《合集》1619)、“白牡”(《合集》26027)、“白牝”(《合集》35363)、
“白豕”(《合集》21538 甲)、“白犾”(《花東》237)、“白豘”(《花東》278)、“白
彘”(《英國》79)、“白豚”(《合集》30516)、“白羊”(《合集》30022)、“白犬”
(《合集》34082),甚至“白黍”(《英國》2431)、“白羌”(《合集》293)、“白人”
(《合集》1039)等④。花東子卜辭中也常常能見到白色祭品,由於花東子卜
辭的占卜主體不是商王,只是中上層社會的一般貴族,所以所謂的“殷人尚
白,牲用白”或“殷白牡”祭祀禮尚的流行,確實延伸覆蓋了相當的社會層
面⑤。因此,從卜辭來看,傳統的“殷人尚白”説似很有證據支持⑥。也有學
者對殷人“尚白”説提出質疑,認爲從卜辭來看,殷人祭祀用牲色通過占卜
來選擇,對白色之牲似無過分的強調⑦。

　　在花東子卜辭中,我們注意到一個現象:牛類犧牲幾乎都是選用黑色
(32 例⑧),極少選用白色(2 例⑨);而與之相反的是,豕類犧牲幾乎都是選
用白色(38 例),極少選用黑色(1 例)。尤其像“先蚊白犾宜黑二牛”(《花
東》278)之類的辭例至爲明顯,這時黑色牛牲與白色豕牲是同時出現的。
此外,花東子卜辭中還可以見到,黑色牛牲與不提毛色的其他類犧牲同時
出現的例子(《花東》252、451、481 等),白色豕牲與其他毛色犧牲同時出現
的例子(《花東》142、163＋506、237、278,《合集》19849 等),以及白色豕牲

----

① 裘錫圭:《釋“勿”“發”》,收入《古文字論集》,中華書局,1992 年。
② 該版“辟”和“物”選貞。
③ 《説文》:“幽也,黑而有赤色爲玄。”幽一般表示黑色,玄表示赤黑色。
④ 參看《類纂》第 382～383 頁。其實,殷人尚白不僅僅體現在祭祀時選用祭品上,在貢納類
卜辭中,有呼取“白馬”(《合集》945 正)的記載,又有某方是否致送來“白馬”的記載(《合集》9176
正、9177 正等);在田獵類卜辭中,有占卜是否能擒獲“白狐”(《合集》37499)、“白兕”(《合集》
37398)、“白鹿”(《合集》37448、37449)等的記載。
⑤ 宋鎮豪:《商代社會生活與禮俗》第 567 頁,中國社會科學出版社,2010 年。
⑥ 裘錫圭:《從殷墟甲骨卜辭看殷人對白馬的重視》,收入《古文字論集》,中華書局,1992 年。
⑦ 黃然偉:《殷禮考實》,收入《殷周史料論集》,香港三聯書店有限公司,1995 年。
⑧ 不包括辭例雖不完整,但據同版他辭可以推知極有可能也是黑色牛牲的一例(《花東》
120.7)。
⑨ 不包括辭例雖不完整,但據同版他辭可以推知極有可能也是白色牛牲的一例(《花東》
269.8)。

與不提毛色的其他犧牲同時出現的例子(《花東》115、278 等)①。我們認爲,殷人對犧牲毛色的重視是顯而易見的,但不同組類的卜辭可能在不同種類的犧牲毛色的選用上有所差別,比如花東類在選用牛牲時偏愛黑色②,在選用豕牲時則偏愛白色。因此,從花東子卜辭來看,對於犧牲的顏色需要占卜以爭得神靈的滿意,可見應並無定制。

周人對於物品的顏色更爲在意,那時有"正色"與"間色'的説法。《禮記·玉藻》:"衣正色,裳間色。"孫希旦先生認爲,正色是指五方純正之色;間,意爲雜,指的是間雜二色。間色即是"奸色",也就是爲"不正"之色③。據周禮,正色較間色爲尊。周人不僅十分重視服飾的顏色,而且也十分重視在祭祀的時候選用的犧牲的毛之顏色,周人認爲純色比雜色爲尊,牲色是以純色者爲貴,而以雜色者爲賤。因此,他們在祭祀時所選用的犧牲往往是純色者。《詩經·魯頌·閟宫》曾載"享以騂犧",毛傳説"色純曰犧"。《大戴禮記·曾子天圓》也曾有載"山川曰犧牷",盧注説"色純曰犧,體完曰牷",這裏的"犧",即指純色之牲。

(二)祭牲牝牡

商周兩代在祭祀時,對於犧牲牝牡的選擇,都十分講究。甲骨卜辭就習見關於所用犧牲牝牡的占卜,如:

　　(1)貞:侑于上甲七牡?(《合集》1142 正,典賓類)

　　(2)歲妣庚牝? 一(《花東》139)

　　(3)歲子癸牝? 一(《花東》236)

例(1)貞問,要選用七頭公牛來侑祭上甲嗎? 例(2)貞問,要劓殺母豬來祭祀妣庚嗎? 例(3)貞問,要劓殺母牛來祭祀子癸嗎?

除"牝""牡"二字外,僅花東子卜辭中還有"牞"(《花東》26)、"牰"(《花東》48)、"𤙭"(《花東》354)、"狚"(《花東》478)、"豝"(《花東》274)、"𧱁"(《花東》330)等,這些都是表示犧牲牝牡的詞。可見,卜辭中犧牲之牡牝多見。

---

① 可以參看《花東類纂》第 37 號"黑"字條、第 176 號"白"字條。

② 裘錫圭先生在《釋"勿""發"》(收入《古文字論集》,中華書局,1992 年)一文中認爲,古代犧牲用牛尚騂。而我們發現花東子卜辭中選用牛牲時却偏愛黑色,卜辭中甚至無一例提到用"騂"。

③ 孫希旦:《禮記集解》第 29 卷第 801 頁,中華書局,1989 年。

然而從辭例中也可以看出,祭祀所用犧牲牝牡的選擇亦未有定制,祭祀某位神靈時究竟要選用牡牲,還是要選用牝牲,都需要通過占卜的程式來徵求鬼神的意志。不過,殷人對祭祀用牲牝牡的選擇似乎有所傾向性,如對女性先祖選用的祭牲以卜是否用牝牲常見,對男性先祖選用的祭牲以卜是否選用牡牲居多。商周祭祀,如果是牡牲,則還有是否閹割之區別①。我們認爲之所以會如此,大概是因爲閹割或牡牲如同幼牲,沒有牝牡之情,選用這類祭牲可以更好地體現出祭祀者持有的敬誠之心。

　　與商代不同的是,周代的人們在祭祀選用犧牲時,無論是祭祀男性先祖,還是祭祀女性先祖,都是以牡牲爲貴。周人祭祖尚牡,在出土文字材料和傳世文獻中均有例證,如《剌鼎》銘文中就說周王,"用牡于大室"(《殷周金文集成》第 5 册第 2776 號),《大簋》銘文中也記載說"賜芻駽犅,曰'用禘于乃考'"(《殷周金文集成》第 8 册第 4165 號),什麼是"犅"?《說文》中訓犅爲特牛。《大簋》銘指的是,將赤色的公牛賜給臣下,以用來祭祖。《禮記·月令》中說,在孟春之時"乃修祭典,命祀山林川澤,犧牲毋用牝",孔疏說"若天地宗廟大祭之時,雖非正月,皆不用牝",孫希旦先生則在《禮記集解》中說"大祭祀,犧牲皆用牡"②。另外,出土楚簡似乎表明楚人在祭禱之時,在選用牝牲或選用牡牲方面也是比較重視的,比如在新蔡簡中,有"祈福於太一騂牡、一熊牡"的記載(新蔡甲一:7),這次祭祀祈福時選用的兩牲皆爲牡牲。

(三)祭牲牲齡

　　商代祭祀時究竟喜好選用什麼牲齡的祭牲呢? 根據偃師商城發現的祭祀坑中所出土犧牲的情況來看,在其一期,所用犧牲多爲幼牲,在其第二、三期,所用犧牲的個頭則比較大。據學者初步研究的結果,河南偃師商城中,遺址裏面有相當數量的豕牲,其牲齡都是 4 歲以上者,很顯然這些豕應該都是已經經過了長期芻養③。1978 年在安陽殷墟所發掘的西北王陵區中,在西區的祭祀坑裏,發現了許多馬骨架,之後對其中 93 匹保存得比

---

①　如祭祀卜辭中有貞問是否選用去勢豕牲的例子,參看趙誠《甲骨文簡明辭典——卜辭分類讀本》第 199～200 頁,中華書局,1988 年。

②　孫希旦:《禮記集解》第 15 卷第 418 頁,中華書局,1989 年。

③　袁靖:《動物考古學研究的新發現與新進展》,載《考古》2004 年第 7 期。

較好的馬骨架進行了性別年齡的鑒定，鑒定的結果表明，這些牲齡的狀況是：6歲馬2匹，7～11歲馬81匹，11歲以上的馬6匹[1]，可見殷商時期選用的馬牲應該是以成年牡馬爲主。如果再綜合現今已經公佈的所有卜辭來看，殷人祭祀用牲確實似多以成年獸牲爲主，而對於幼牲，他們並沒有多少偏好。

需要説明的是，花東子卜辭屬於非王卜辭，僅就這批卜辭來看，花東子家族祭祀時却尤其鍾愛幼牲，如卜辭中"小宰"（《花東》70、291、455等）多見，另外還有"小牢"（《花東》321）、"小犯"（《花東》124）等。下引卜辭更能説明問題：

> （4）甲申：惠大歲又于祖甲？不用。一二
> 甲申卜：惠小歲㞢于祖甲？用。一羊。一二（《花東》228）

例（4）是一組選貞卜辭，貞問重點在於祭祀祖甲時，是選用"大歲"，還是選用"小歲"。從用辭部分來看，最終是選用了"一隻羊"這樣的小歲。"大歲""小歲"，是就用牲規格而言。曾有學者認爲"大歲"一語乃歲星紀年，張永山先生即主要依據花東中"大歲"與"小歲"的對貞爲例加以否定[2]。我們注意到，與"小"字不同的是，花東中"大"字雖常見，但除上引例（4）中"大歲"一詞外，再也沒有見到其修飾祭牲的用例。我們認爲，這些就是花東子家族尤其鍾愛幼牲的極好例證。

在周人心目中，幼犢謹愨，是沒有牝牡之情的，因此才能夠充分地體現出祭祀者對那些受祭神靈所擁有的虔誠之心。所以，在選擇祭祀用牲時，他們崇尚的是選用那些幼犢。比如，《禮記·郊特牲》記載，"用犢，貴誠也"，又載"故天子牲孕弗食也，祭帝弗用也"，祭天時崇尚的是質樸和貴誠，而孕牲是已經有了牝牡之情的，所以就不會選用這類祭牲。根據"以小爲貴"的禮規，禮越是隆重，所選用的牛就越小。因此，就有了文獻中"郊禘不過繭栗，烝嘗不過把握"（《國語·楚語下》），"祭天地之牛角繭、栗，宗廟之牛角握，賓客之牛角尺"（《禮記·王制》）之類的記載。祭祀天地，選用的幼牛剛剛長出角來，角小得像蠶繭、栗子那樣；祭祀宗廟之牛，也是剛剛長出

---

① 楊寶成：《殷墟文化研究》第101頁，武漢大學出版社，2002年。

② 參見張永山《説"大歲"》，該文原爲2004年安陽殷商文明國際學術研討會上的自印講稿，後收入《黄盛璋先生八秩華誕紀念文集》第16～18頁，中國教育文化出版社，2005年。

角來,其角不過一把來長。周人祭祀尚幼牲,在銅器銘文中也有反映,如著名的《令方尊》中記載明公"易(賜)令鬯、金、小牛",明公賜給"令"讓他用於祭祖的祭牲是一頭小牛。周人注重以幼牲獻祭,考古材料也能説明這一點,如在山西曲村發掘的戰國祭祀遺址中,無論馬、牛、羊,都是幼牲[①]。

二、殷周廟主隨行

周代,天子率軍出伐,有祝官奉"廟主"和"社主"於齋車而隨行。此禮見諸文獻記載,如《左傳·定公四年》衛祝佗子魚曰:"君以軍行,祓社、釁鼓,祝奉以從。"杜注:"奉社主也。"《禮記·文王世子》曰:"其在軍,則守於公禰。"注:"謂從軍者,公禰,行主也。所以遷主言禰,在外親也。"《周禮·春官·小宗伯》云:"若大師,則帥有司而立軍社,奉主車。"鄭注:"王出軍,必先有事於社及遷廟,而以其主行。社主曰軍社,遷主曰祖……社之主蓋用石爲之。"依禮,軍旅則載遷廟主、軍社,每行舍奠。周代軍旅途中,有祭祀之事,如《周禮·春官·肆師》:"凡師、甸,用牲於社、宗,則爲位。"社,即社主;宗爲遷廟之主。周代祭不可以無位,無位則鬼神無所依,因此需要先爲位元然後祭。

此禮在甲骨卜辭中尚有蹤跡可尋繹,如:

(5)甲申卜:令以示先步?

弜先,𤔲王步?(《屯南》29,歷二類)

(6)庚□涉,示其从上涉?(《合集》35320,歷一類)

(7)癸亥,貞:王其伐盧羊告自大乙。甲子自上甲告十示又一牛?兹用。在果三隉。(《屯南》994,歷二類)

上揭辭例中,"示"即神主。例(5)"令以示先步"是指是否令人帶着神主先行[②]? 例(7)是王在征伐途中進行告祭先祖。

卜辭表明,商人軍旅亦載祖先之神主隨行。花東子卜辭中,對妣庚等先妣較爲重視,在田獵途中,尚對其進行祭祀。如:

(8)壬子卜:其將妣庚示,宜于東宜?用。一(《花東》490)

---

① 鄒衡主編:《天馬——曲村(1980—1989)》第 983~993 頁,科學出版社,2000 年。
② 陳夢家:《殷虚卜辭綜述》第 440 頁,科學出版社,1956 年。

　　(9)壬子卜：其將[妣庚]示，宫于東官？用。

　　　壬申：歲妣庚牝一？在狀。一（《花東》81）

　　(10)癸丑卜：其將妣庚[示]于狀東官？用。二（《花東》195）

　　諸例中的“將”，奉也[①]。“官”應通“館”。東館可能是狀地臨時館驛之地，以供田獵、行旅臨時駐足之處。例(8)(9)貞問是否奉妣庚神主安放於狀地東館，同時對妣庚進行歲祭。狀地爲田獵之地，如：

　　(11)子惠狀田，言妣庚罕一宰，酌于狀？用。一（《花東》474）

　　“子惠狀田”是貞問花東主人“子”要在狀地田獵嗎？妣庚爲花東子卜辭常祭祀的對象。花東主人“子”常在田獵途中進行祭祀，如在雍地歲祭妣庚（《花東》277）。從上揭卜辭來看，妣庚的神主隨花東主人“子”而行，也見其身份地位較爲重要。

　　殷人田獵軍旅途中所祭祀的先祖、先妣對象較爲廣泛，其所隨行之神主恐非遷廟主一位，這與周禮大不相同，具有重要地位的先妣神主也隨行而單獨受祭，這點與周禮也迥不相侔。

三、殷周祭祀時辰

　　據文獻記載，夏、商、周三代，祭祀和喪葬等典禮，所選用的時辰各不相同。《禮記·檀弓上》曰：“夏后氏尚黑，大事斂用昏……殷人尚白，大事斂用日中……周人尚赤，大事斂用日出。”《禮記·祭義》亦云：“夏后氏祭其闇，殷人祭其陽，周人祭日以朝及闇。”鄭注：“闇，昏時也。陽，讀爲‘曰雨曰暘’之暘，謂日中時也。朝，日出時也。”三代喪祭禮所用時辰不同，被認爲是因爲三代崇尚不同所致，所謂夏人崇尚黑色，殷人崇尚白色，周人崇尚赤色。這些記載是否符合實際，尚待證明。但這種記載似乎也表明，由於禮制精神和文化崇尚不同，三代行禮時辰有不同的選擇。

(一)商代祭祀時辰

　　據甲骨學者的研究，殷人把一天分爲晝和夜兩段，晝稱爲“日”，夜稱爲

---

①　宗福邦、陳世鐃、蕭海波：《故訓匯纂》第 602 頁，商務印書館，2003 年。

"夕"。卜辭中有占卜祭祀是否在白天舉行的辭例,如有版卜辭中就説到:

(12)迄日酚?

于日卒酚?(《屯南》2366,歷二類)

卒,《爾雅·釋詁下》:"卒,盡也。"表結束之義。卜辭占卜的是,在白天舉行酚祭,還是在白天結束後舉行酚祭?

殷人一天之内(無論是白天還是夜裹)的各個時段皆有專門名稱,學者或稱這些專門名稱爲"時稱"。殷人對於時辰的劃定已經是相當細密。其中白天的時稱有"夙""叉(早)""旦""日出""日禺""朝""大采""小采""明""遟""昒""晨""大食(食日、食人)""小食""羞中日(日羞中)""中日""晝""督""盖""昃""郭兮""暮""入日"和"昏"等[1],夜晚的時稱有"熿(黄)""黄昃""晚""冥""月出""小夜""寐人""厄""中彔(中潦)""夙""鼓""三鼓""五鼓""夙"和"喪"等[2]。在這些時稱中,有不少都是出現於祭祀卜辭中,用表祭祀時辰的。下文我們僅舉出花東子卜辭中出現的相關例子:

1.夙

甲骨文"夙"字,從"夕"從"丮",作人跪跽雙手奉月形。卜辭中另有從木從丮之字,唐蘭先生謂"殆如上燈時候矣"[3]。沈培先生把該字也釋爲"夙"[4],可從。

(13)丙:子夙興又牡妣庚? 一(《花東》236)

(14)庚卜:于曀夙蚑伐? 二(《花東》223)

例(13)之"夙興"作早起講,卜辭貞問花東主人"子"早起用公羊來祭祀妣庚好不好? 例(14)貞問是否要於第二天的夙時用蚑伐祭牲的方式來祭祀? 夙時究竟是指哪一具體時段? 請看下述卜辭:

(15)癸,戌夙伐,戈,不雉[人]?

癸,于旦迺伐,戈,不雉人?(《合集》26897,無名類)

本版中"夙伐"與"于旦迺伐"構成選貞關係,其時序是先"夙"後"旦",

---

①　黄天樹:《黄天樹古文字論集》第 227～236 頁,學苑出版社,2006 年。

②　黄天樹:《黄天樹古文字論集》第 178～193 頁,學苑出版社,2006 年。

③　唐蘭:《天壤閣甲骨文存並考釋》第 46 頁,北京輔仁大學 1939 年影印本,後收入宋鎮豪、段志洪主編《甲骨文獻集成》第 2 册第 447～497 頁,四川大學出版社,2001 年。

④　沈培:《説殷墟甲骨卜辭的"枫"》,載《原學》第 3 輯,中央廣播電視出版社,1995 年。

可見"夙"這一時段是處在"旦"之前,即當在太陽還未出的時段内,一般認爲約指下半夜至天明前之間的時段。先秦時期,多以"夙""夜"對舉,西周銅器《師酉簋》文云:"敬夙夕勿灋(廢)朕令。"《詩經·召南·行露》:"豈不夙夜。"鄭箋:"夙,早也。"卜辭中的"夙興"正可以和文獻相互印合。古人常以"夙興夜寐"來形容人勤於事務。

2.叉(早)

《説文·又部》:"叉,手足甲也。"黄天樹先生認爲下引卜辭中的"叉"疑讀爲"早晨"之"早",用指祭祀的時間。

> (16)甲辰卜:叉(早)祭祖甲,惠子祝? 一
> 甲辰:叉(早)祭祖甲友兆一? 一
> 甲辰:叉(早)祭祖甲友兆一? 二
> 乙巳:叉(早)祭祖乙友兆一? 一(《花東》267)

諸辭中的"早祭祖甲"是指早晨祭祀祖甲,"早祭祖乙"是指早晨祭祀祖乙。文獻中也有早晨舉行祭祀的例子,如"四之日其蚤,獻羔祭韭。"(《詩經·豳風·七月》),只不過文獻中是假借從"叉"聲的"蚤"字爲"早晨"之"早"的。

3.日出

甲骨卜辭中有"月出"一語,其辭曰"于月出迺往,亡災"(《安明》2096+《安明》1918,無名類)。"月出"是個表示夜間的時稱。花東子卜辭中新見"日出"一語:

> (17)癸巳卜:曌甲歲祖甲牡一,权凵一,于日出? 用。一
> 甲午卜:歲祖乙牝一,于日出蚊? 用。一二
> 甲午卜:歲祖乙牝一,于日出蚊? 用。三(《花東》426)

例(17)第一辭是在癸巳這天舉行的占卜,貞問到,第二天甲午日是否於日出時分用劏殺一頭公牛,外加使用一凵的方式祭祀祖甲? 第二、三兩辭均爲甲午這天舉行的占卜,貞問到,用一頭牝牛來歲祭祖乙,是否於日出時分割解犧牲(即牝牛)?

4.日再

花東子卜辭有下述一辭:

(18)壬卜：于日隻蚊牝妣庚，入又函于丁？用。一(《花東》106)

這裏的“再”，訓爲“舉”“起”①。在本辭中，“日再”爲一時稱，指日出時②。該辭占卜是否在日出時分用肢解牝牛的方法來祭祀妣庚，並進獻“函”給武丁？

5.羞中日(日羞中)

卜辭中有“中日”語，即後世文獻中的“日中”，大約正午 12 點左右的那段時間。《尚書・無逸》：“自朝至於日中、昃，不遑暇食。”“中日”是一重要的時段。按照文獻記載，殷人尤重“中日”，故祭祀多於此段時辰舉行。稽之於卜辭，商人於“中日”這一時段也有舉行祭祀的記載，如：

(19)□未☑雨，中日啟，酚既☑。(《合集》13216 反，典賓類)

在殷墟甲骨文中有從“又”從“羊”之字，羅振玉先生釋爲“羞”③。《合集》20908(自小字)有“羞中日”語，學者多認爲這是一時稱，“羞中日”即迫近、逼近中日之意，用表迫近正午時分。花東子卜辭中有“日羞中”語，如：

(20)己卜：于日羞中蚊三牛妣庚？一

　　己卜：暮蚊，卯三牛妣庚？一(《花東》286)

這裏的“羞”字，從“牛”從“又”。從“牛”與從“羊”應無分別，故黃天樹先生認爲該字即“羞”字異體④，“日羞中”即“羞中日”。卜辭貞問，是於“日羞中”時(迫近正午時分)肢解三頭牛祭祀妣庚，還是於“暮”時卯(對剖牲體爲兩半)三頭牛來祭祀妣庚？

6.昃

《説文・日部》：“昃，日在西方時側也。”殷人對於“昃”時辰段的祭祀較爲重視，如有卜辭云：

(21)貞：昃入，王侑報于之，亦鼓？(《合集》14932，典賓類)

---

① 李學勤：《夏商周年代學劄記》第 73 頁，遼寧大學出版社，1999 年。
② 黃天樹：《殷墟甲骨文白天時稱補説》，原載《中國語文》2005 年第 5 期，後收入《黃天樹古文字論集》，學苑出版社，2006 年。
③ 羅振玉：《增訂殷虚書契考釋三卷》卷中，東方學會 1927 年石印本，後收入宋鎮豪、段志洪主編《甲骨文獻集成》第 7 册第 76～212 頁，四川大學出版社，2001 年。
④ 黃天樹：《殷墟甲骨文白天時稱補説》，原載《中國語文》2005 年第 5 期，後收入《黃天樹古文字論集》，學苑出版社，2006 年。

（22）惠㫗酚？吉。（《合集》30835，無名類）

花東子卜辭中的"仄/㫗"字較多，有 17 例且均用爲時稱，如：

（23）辛酉㫗：歲妣庚黑牝一，子祝？一二三（《花東》123①）

（24）辛酉：宜郂牝罘崖犰，㫗蚑？一二（《花東》226）

（25）乙未卜：呼多賈及西饗？用。㫗。一

乙未卜：呼多賈及西饗？用。㫗。二（《花東》290）

（26）癸卯卜：眢祼于㫗？用。一

庚戌卜：子惠發呼見（獻）丁，罘大，亦燕？用，㫗。一（《花東》475）

上述例（23）是在辛酉這天的"㫗"時舉行祭祀，貞問用劌殺一頭黑色牝牛的方式來祭祀妣庚，是否要由花東主人"子"來主持？例（24）貞問用郂地之牝和崖地之犰來舉行宜祭，是否要在"㫗"時來割解牲體？例（26）第一辭於癸卯這天舉行占卜，貞問是否於第二天㫗時舉行祼禮？第二辭於庚戌這天舉行占卜，貞問花東主人"子"是否要呼令"發"和"大"二人一起進獻物品給武丁，並舉行燕享之禮？用辭部分表明，該卜得以施行，是在㫗時舉行的。

"㫗"指代何時？卜辭中有"中日至㫗"語（《合集》29793，無名類），"㫗"在"中日"之後，即午後時段，董作賓先生認爲"約當今下午二三時傾也"②。

7.暮

甲骨文中的"暮"從"隹""莫"聲，取"日暮鳥投林"之意。在我國古代，勞動人民是"日出而作，日落而息"，所以日落爲很重要的一時間界標。日落前後的黃昏時分，商人比較重視，如卜辭云：

（27）貞：妣庚歲，惠暮酚先日？（《合集》23326③，出一類）

（28）己卜：暮蚑，卯三牛妣庚？一

己卜：暮蚑，卯三牛妣庚？二（《花東》286）

（29）暮酚，宜一牢，伐一人？用。一二（《花東》340）

（30）己巳卜：眢庚歲妣庚黑牝又羊，暮蚑？用。一二三四五（《花東》451）

---

① 《花東》175、437 同文。

② 董作賓：《殷曆譜》，臺灣中研院歷史語言研究所，1945 年。

③ 與《合集》23360 重，但後者沒有前者完整。

例(28)同版還有選貞之辭"己卜：于日羞中蚊三牛妣庚？一"，三辭是爲了確定究竟應該在何時割裂牲體以祭祀而舉行的占卜。例(30)是於己巳這天舉行占卜，貞問第二天庚午日用歲黑牡、羊的方式來祭妣庚，是否要在暮時割裂牲體？用辭表明，此次占卜得以實施。

從上文論述來看，殷人對白天的時段區分非常細密。不僅如此，他們對於夜晚的時段區分也是十分細密的，因此可以推測那時應有比較精密的夜間計時工具，諸如漏壺之類①。

從現有的全部甲骨卜辭看，殷人祭祀的時辰包括白天和夜間。白天主要集中於日出前後、日中前後以及日落前後的時段。夜間祭祀時辰包括晚上的人定、鼓、兩日交接等時段。後世文獻中所説殷人尚白，"殷人祭其陽"，祭祀選擇日中時分。稽諸甲骨卜辭，此説似尚未得到充分的證明。不過，以花東子卜辭而論，花東中的時稱幾乎全部屬於白天，僅有"夙"一個時稱屬於夜間。

(二)周代祭祀時辰

目前所見到的金文，記載禮儀舉行的具體時辰較爲少見，且僅有一些多與册命禮有關。其原因是當時舉行這類禮儀的時辰比較固定，已成定制。西周金文和文獻記載表明，周人重大禮典的舉行，多在吉日之晨這一時段開始。如《免簋》："惟十又二月初吉，在周。昧喪，王各大廟。"《小盂鼎》："昧喪，三左三右多君入服酉，明，王各周廟。"《尚書·召誥》："王朝步自周……太保朝至於洛……周公朝至於洛……周公乃朝用書，命庶殷侯、甸、男、邦伯。"《逸周書·嘗麥》："爽明，召三公、左史、戎夫。"昧喪即文獻上的昧爽（如《尚書·牧誓》《禮記·内則》等），爽明和昧爽時辰所指相同，皆爲天剛亮的黎明十分，此時太陽尚未出。且，如上所解，爲日剛出後的時段。文獻所記載禮典的舉行，多言"夙興"和"質明"，所指時間和金文所言可以相互發明。

古代日出而作，日落而息，以太陽運行爲節安排生活，典禮的舉行也多在早晨，以日出爲節。《儀禮·士昏禮》所云新婦於婚禮次日拜見舅姑謂：

---

①　黃天樹：《殷墟甲骨文所見夜間時稱考》，原載朱曉海主編《新古典新義》，臺灣學生書局，2001年，後收入《黃天樹古文字論集》，學苑出版社，2006年。

"夙興,婦沐浴,纚、笄、宵衣以俟見。質明,贊見婦於舅姑。""夙興"指早起,時段也就在天剛濛濛亮,新婦便開始準備工作,到正明時行拜見禮。《儀禮·覲禮》:"侯氏裨冕,釋幣於禰。"鄭注曰:"將覲,質明時也。"《禮記·內則》云:"昧爽而朝,慈以旨甘,日出而退,各從其事。日入而夕,慈以旨甘。"所云生活節奏也以日出爲重要界標。《禮記·鄉飲酒義》云:"飲酒之節,朝不廢朝,莫不廢夕。"這是舉行鄉飲酒禮的時辰。《禮記·檀弓上》:"朝奠日出,夕奠逮日。"這是説既殯之後的"朝奠"放在日出時分進行,而"夕奠"放在太陽未落之時進行,可見先秦喪禮中的朝夕奠是以日出和日落爲節的。值得注意的是遷祖奠的時辰,《儀禮·既夕禮》:"質明滅燭。徹者升自阼階,降自西階。乃奠如初。"天正明時分徹去舊奠,而設遷祖奠、喪奠的時段也以日出爲節。

諸如此類例子,文獻記載多不勝舉,皆表明周人行禮和日常生活的安排非常重視以日出爲節的早晨時段。周代重大禮典的舉行,參與者一般在天微亮時即起來從事準備工作,正式禮的舉行則是在文獻上所説的"質明"時候。此時,日出東方,天已明亮。《禮記·玉藻》云:"朝,辨色始入。君日出而視之。"周代這種行禮、處理朝政等的時辰規定基本上已成定制,對後世影響比較深遠,在後世形成了"早朝"制度。

古禮有正禮和變禮之分,所謂正禮即禮典規定的通常之禮儀,變禮則是特殊情況下的禮制。關於祭禮舉行的時辰,其相關記載主要見於"三禮"等書。

周人比較重視"辰正",《儀禮·士虞禮》"記"文云士虞禮之時辰爲:"虞,沐浴,不櫛。陳牲於廟門外……日中而行事。"鄭注:"朝葬,日中而虞,君子舉事必用辰正也。再虞、三虞皆質明。"所謂時辰之正,清儒褚寅亮云:"日出、日入、日中,皆爲辰正。""而辰正之中,又取質明。"[1]因爲是早上葬亡者於墓壙,始虞故於日中而舉行,它虞則行祭於早上。以例類推,則卒哭、祔祭、練、祥、禫等應皆於質明而行。

《儀禮·特牲饋食禮》所記是諸侯之士祭祖禮,云:"厥明夕,陳鼎於門外。"賈疏謂:"祭前一日之夕,視濯與視牲之事。"經文云準備祭祀:"夙興,主人服如初,立於門外東方,南面,視側殺。"可知祭祖禮在前一天晚上便開

---

① ［清］褚寅亮:《儀禮管見》,卷上之六,《續修四庫全書》88 册。

始了準備工作，包括視濯、視牲等儀節。第二天早晨，主人一早起來，穿着和視濯時同樣的服裝，開始準備祭事。具體祭祀開始時間，禮經謂宗人（主持禮的有司）在舉行祭祀的前晚"請期，曰'羹飪'"，鄭注："謂明日質明時。而曰'肉熟'，重豫勞賓。"正式的行禮時辰是在祭祀當日的質明之時。

《儀禮·少牢饋食禮》記載諸侯的卿大夫祭祖禮時辰時，謂"旦明行事"，鄭注："旦日質明時。"即明天天剛亮時開始祭祀。

依據周禮，祭祀的舉行當以"質明"時爲合乎禮。《禮記·禮器》記載，季孫氏舉行祭禮，"逮闇而祭，日不足，繼之以燭"，即天未亮即行祭禮，而祭祀未終，日已昏没，於是點燃蠟燭繼續行禮，以致與祭者皆"倦怠矣"。而子路與祭，"質明而始行事，晏朝而退"，祭祀安排井然有序，頗得孔子的嘉許。由此表明，晚間祭祀，在當時是屬於非禮行爲，而質明（天大亮時）行祭，方爲正禮[1]。

除了四時常祭祖先和對其他神靈的正祭，時辰選擇在早上天亮（質明）之外，周人還有少數祭祀時辰使用日落的傍晚時分，如周代有春、秋二季祭日禮，時辰選擇按照象物比類原則，於春分日朝（早上）祀日，於秋分日夕（傍晚）祀月。《國語·周語上》："古者先王既有天下，又崇立上帝明神而敬事之，於是乎有朝日、夕月。"《國語·魯語下》："天子大采朝日……少采夕月。"《大戴禮記·保傅》云："三代之禮，天子春朝朝日，秋暮夕月，所以明有別也。"這種祭禮來源甚早，《尚書·堯典》云："分命羲仲，宅嵎夷，曰暘谷。寅賓出日，平秩東作。""分命和仲，宅西曰眛谷，寅餞納日。"甲骨文中也有對"出日"和"入日"的祭祀占卜記録[2]，此處不再贅述。由此可見，即使特殊的祭禮（所謂變禮），時辰也使用"辰正"，而非如殷人在一日之内的不同時段行禮。

（三）東周時期楚人祭禱時辰

出土楚簡中，也見有關於占卜祭禱時辰的記録。學者已有討論[3]，今

---

① 楊華：《新蔡簡所見楚地祭禱禮儀二則》，收入《楚地簡帛思想研究（二）》，湖北教育出版社，2005 年。

② 宋鎮豪：《甲骨文"出日"、"入日"考》，載《出土文獻研究》第 1 輯，文物出版社，1985 年。

③ 楊華：《新蔡簡所見楚地祭禱禮儀二則》，收入《楚地簡帛思想研究（二）》，湖北教育出版社，2005 年。

掇拾餘義,略作闡發。楚簡所云是戰國時期楚地祭禱神靈的禮俗,和禮書中周禮所規定的祭祀時辰有所差異,可以藉此了解戰國時期楚地的祭禱禮俗和宗教觀念。

楚簡表明,楚人對於祭禱時辰的選擇有早晨、午後和夜間等,新蔡簡云:

(31)己酉唇禱之(《新蔡零》307)

從日從辰之字,即"晨"字,表示早晨,以日出爲節。該簡文謂己酉的早晨祭禱神靈。楚人在午後時段行祭禱,簡文有:

(32)祝,戻禱之(《新蔡簡三》159.1)

"戻",如上文所言,指午後的時段。

簡文表明,楚人禱祠通宵達旦,參下揭簡文:

(33)庚申之昏以起辛酉之日禱之。☑(《新蔡甲三》109)

(34)☑甲戌之昏以起乙亥之日薦之。☑(《新蔡甲三》119)

(35)☑戊申之夕以起己[酉]☑。(《新蔡甲三》126)

(36)☑戊申以起己酉禱之。☑(《新蔡乙二》6、31)

(37)☑起己酉禱之(《新蔡甲三》144)

"起"讀作"迄","迄"是"起"的異體字①。迄,訓爲"至",表時間延續至某時。《詩經·大雅·生民》:"以迄於今。"毛傳:"迄,至也。"《爾雅·釋詁上》:"迄,至也。"上引辭例中的時間當從當日"昏"和"夕"時段開始行禱祠之禮,以迄於次日結束,時間跨度是整個晚上,通宵達旦。

楚人禱祠有從晚上開始,晚上行禮,下揭簡文也可説明這點:

(38)☑之日禱之。昏就[禱]☑。(《新蔡零》290)

(39)八月辛巳之夕,歸一璧于☑。(《新蔡甲三》163)

(40)□巳之昏薦且禱之,地主。八月辛酉☑。(《新蔡簡乙三》60,《乙二》13)

(41)聞,歸玉于東大王。己巳内齋。(《望山簡》107)

---

① 李天虹:《新蔡楚簡補釋四則》,載簡帛研究網站 http:/www.bamboosilk.org,2003 年 12 月 17 日。

簡(38)(40)禱祠活動是在"昏"時連續進行的。(40)簡文中的"聞"字從耳從昏,以昏爲聲,假借爲"昏"。該簡所云爲昏時饋送玉於東大王。簡(39)是指晚上饋玉於神靈。

楚簡也見有兩日交接時辰行禱祭的記録,如新蔡簡文云:

(42)☑貢。凡是戊辰以龡己巳禱之。(《新蔡甲一》10)

"龡",從會從欠,在古書中多表示會合、會聚之義。《説文·會部》:"會,合也。"《爾雅·釋詁上》:"會,合也。"此處"會"的用法當表示時間的過渡,即兩日交會的時段,界於兩日之間。這種用法和古書中的"向"(繁體字作"嚮")用法相類。《詩經·小雅·庭燎》:"夜如何其? 夜向晨。"鄭箋:"今夜向明。"此簡指於戊辰日至己巳之日交接時段舉行祭禱。古人認爲,白天爲陽,夜晚爲陰,日界點爲陰陽相會時,在這個時段舉行禱祭,可能和楚人的某種神秘觀念有關。

四、禮制精神之差異

在中國古代觀念中,因爲時間是天地運行、日月交會所産生,來自於天道的運行,故而"先天而弗違,後天而奉天時","與四時合其序"(《易傳·文言》),其對於社會與個人的意義非常關鍵。《禮記·禮器》云:"作大事必順天時。爲朝夕必放於日月。"就反映了合乎天時的重要性。祭祀爲國之大事,五禮之首,爲交接於鬼神,"求諸陰陽"(《禮記·郊特牲》),在時間選擇方面更是不可草率爲之,故此有占卜日期(《儀禮》所謂"諏日"),擇定良辰之禮俗。

周禮因於商禮,兩代有相同的時辰選擇。殷周兩代祭祀都非常重視早晨,尤其是以日出作爲分界點的前後時段。一日之計在於晨,從祭祀方面來説,早晨行禮既可以體現出人勤勉侍奉神靈的精誠之心,又便於安排一日的事務。殷周兩代共有"夙興"這一習語充分體現了這點。在祭祀時辰的選擇上,兩代固然有因襲沿革的一面,但更主要的是,差異非常明顯。殷人對於祭祀時辰的確定皆需要占卜,詢問鬼神的旨意,在白天或者夜間行祭,無一定的規律和程式可循,説明殷人在祭祀時辰方面尚未形成制度化的規定。比較而言,除了沿用少部分相沿已久的祭時禮俗外,周人大刀闊斧地予以改造,尤其是摒棄了夜間祭祀以及非"辰正"時辰的使用,祭祀時辰已成定制,行禮重視"辰正",一般正祭以質明行禮爲準。祭祀時辰的制度化,意味着周人不必反復占卜徵求鬼神之意,反映在文獻記載中,周人祭祀是不存在卜筮祭祀時辰的。那麼,這些變化的背後原因是什麼呢?

周革殷命後,周人深刻認識到殷人迷信鬼神並未能挽救龐大的殷王朝在一日之間傾覆。殷鑒不遠,周人對殷人的祭祀以及神靈觀念進行了深刻反思。在此基礎上,周人對殷人祭祀傳統予以多方面的改造。舉其要者,周人主要從以下幾個方面改造殷人的祭祀傳統及其理念:首先,堅決拋棄殷人頻繁無節制的祭祀。周人認爲祭祀愈頻繁,越容易使人懷疑神靈的功能而褻瀆不敬,"祭不欲數,數則煩,煩則不敬"(《禮記‧祭義》)。其次,針對殷人的祭品制度,周人認爲是否能夠受到神靈的賜福並不以祭品的豐殺、犧牲的多少爲判斷標準,所謂"東鄰殺牛,不如西鄰之禴祭,實受其福"(《周易‧既濟》)。因此,周人在祭品、祭禮行爲、祭服等方面,突出強調內心對神靈的敬所體現出的至誠之道,而非外在儀式性的禮之末節。周人觀念中,祭禮根本,務在誠信,這是在祭祀活動中對人的要求,即是所謂的"賢者之祭也,致其誠信與其忠敬"(《禮記‧祭統》)。誠信之心甚至比祭品與儀式本身更爲重要,《左傳‧隱公三年》記載説"苟有明信,澗、溪、沼、沚之毛,蘋、蘩、薀藻之菜,筐、筥、錡、釜之器,潢、汙、行潦之水,可薦於鬼神",相對於殷人的"先鬼而後禮"(《禮記‧表記》),周人在祭祀禮儀上突出"誠""敬""信"的觀念,更容易把外在的不穩定、遊移的命運感內化爲對神靈的至誠之心。而人的精誠之心,更容易從內外兩方面來把握,進而增加了對人本身是否獲得神靈福佑的確定性。

在這些理念的指導下,周人把殷人祭祀時辰加以改造,祭祀時辰的確定係根據人情而定。禮之所作,依於人情,"禮者,因人之情而爲之節文"(《禮記‧坊記》),因此在祭祀的時辰方面,堅決拋棄了殷人的不分晝夜、充滿狂熱宗教情緒的祭祀,按照人的生活規律和作息時間,把正祭祀時間安排在"質明",以"暗"而祭祀視爲"非禮"。周人認爲,一天之內進行不分早晚的祭祀,難免會出現與祭者荒怠、疲倦的場面,這是對神靈的不敬。與其如此,不如在更符合人生活規律的時段行祭,無論是在人的祭祀的典禮安排上,還是在參加祭祀者的精力上,都可以保證祭禮有條不紊地進行,而不至於怠慢神靈。怠慢神靈則容易產生怠惰之心,如此何談禮樂教化的實施？這也是孔子譏笑季孫氏祭祀的非禮行爲而嘉許子路的緣由所在。

周代祭祀時間的制度化，還被納入周代倫理價值體系受到深刻闡發，呈現出倫理化的傾向，按時以祭成爲孝道的具體體現。祭禮的舉行，儀節繁縟而各有其深刻禮義，違禮操作，神靈即不歆享；符合禮制的按時祭祀，方爲孝子事親之道。《禮記·祭統》云："賢者之祭也……參之以時。""是故孝子之事親也，有三道焉：……祭則觀其敬而時也。"這裏的"時"多被理解爲符合天道的四季來祭祀。其實，站在宏觀角度來看，周人祭祀觀念中的"時"包含範圍應很廣泛，除了四時常祭外，還包括祭祀時辰應符合禮制規定。《禮記·曾子問》："孔子曰：'先王制禮，過時弗舉，禮也。……故君子過時不祭，禮也。'"不按時辰規定舉行祭禮，乃是怠慢神靈，焉何體現誠敬、篤厚之心呢？"敬在養神，篤在守業"（《左傳·成公十三年》），無誠敬之心，乃是棄天命，爲不祥之事。

上引楚簡文表明，楚人在早上、午後、昏、夜間，以及兩日交接時段行祭禱，尤其重視在夜間祭禱。有學者認爲，楚簡中所記錄的，都是帶有巫術性質的祭禱活動，楚人認爲鬼魂皆在夜間活動，對鬼魂的禱祠也必然要在夜間進行①。不可否認，楚地巫風盛行，迷信鬼神，祭禱行爲充滿了神秘主義的巫術色彩，夜間祭禱可交接鬼神的觀念應存在。但從楚簡來看，楚人祭祀在白天的其他時段也有舉行，這就表明楚人觀念中，鬼神的活動並不僅僅限於夜間，白天祭禱也可交接鬼神。周禮祭祀時辰多於白天舉行，正可以説明交接鬼神的降神活動也可以在白天，並不僅僅局限於夜間。其實，如果站在整個殷、周和楚各自的文化背景來考慮，更能很好地解釋楚人對祭禱時辰的選擇。《呂氏春秋·異寶》云："荆人信鬼而越人信機。"高誘注："言荆人畏鬼神，越人信吉凶之機祥。"楚人迷信畏懼鬼神，巫風大盛，這在《楚辭》《漢書》等古籍中多有反映。楚人祭祀時辰的選擇通過不厭其煩的占卜來徵求鬼神旨意，恰是楚人迷信鬼神、巫風大盛的具體表徵。這點和上面所論殷人祭祀時辰的選擇具有頗多相同之處，如：時辰的選擇皆徵求鬼神的意志，訴諸占卜（周代祭祀"諏日"，已植入人文理念）；在一天内各時段舉行祭祀，表明楚人在祭禱時辰上並未形成制度化的禮規。這些正體現

①　楊華：《新蔡簡所見楚地祭禱禮儀二則》，收入《楚地簡帛思想研究（二）》，湖北教育出版社，2005年。

了他們文化中共同的迷信鬼神的神本文化特徵。

綜上所述，殷周祭祀時辰選擇的這種差異，體現了不同的文化以及禮制精神的不同特質：殷人的神本主義和周禮的人本因素和理性精神。二代文化的轉型和不同的風貌，於祭祀時辰之一端亦可管窺一二。

事實上，商周時期在祭祀方面，楚人的文化與中原文化似乎有着不少共性特徵。楚人尊崇巫鬼的信仰、向鬼神進獻食物的祭祀、向鬼神卜時日吉凶的習俗、祭禱時對選用牝牲或牡牲的重視等，無不與中原商文化有着很大的類似性。例如包山二號楚墓出土的竹簡中有卜筮祭禱簡，其中有"饋之""蒿祭之""蒿之"等語（205、206、211、224、225、227、243 號簡），望山一號楚墓卜筮祭禱簡中則有"饋祭之"語，李家浩先生曾有考證説，"'饋祭之'、'饋之'，即向鬼神進獻食物的祭祀"，"既然'蒿祭之'、'蒿之'與'饋祭之'、'饋之'處在同樣語法位置，它們的意思應該相同或相近"[①]。其説可信。而且在包山祭禱簡中，祭禱祖先昭王所用犧牲"特牛"是由掌管收藏的職官所進獻。這種現象與商代甲骨卜辭中所見某些特牲及進獻情況有不少相似處。

李學勤先生曾將包山楚簡中的卜筮祭禱記録與《尚書·金縢》中所記疾病禱祝之事進行了深入的研究，認爲兩者所記有很多類似性，比如兩者都以大事紀年，疾病祝禱的對象都是其祖先，祝禱時所用册書都要保存等等，《金縢》與楚簡時代相隔久遠，其間却有這樣的類似性，充分説明了古代禮制的承續綿延[②]。李説甚確。

---

① 李家浩：《包山祭禱簡研究》，李學勤、謝桂華主編《簡帛研究》第 25～36 頁，廣西師範大學出版社，2001 年。

② 李學勤：《〈尚書·金縢〉與楚簡禱辭》，原載《中國經學》第 1 輯，廣西師範大學出版社，2005 年；又收入《文物中的古文明》第 408～412 頁，商務印書館，2008 年。

第四章　花東子卜辭與殷商軍禮研究

　　本章主要討論的是花東子卜辭中出現的與軍事征伐有關的卜辭材料所反映出的殷商軍禮情況[1]。

　　在傳世文獻中，有關軍禮的記載並不系統，我們僅能在《周禮》《左傳》以及少數子書中覓得其蹤影。據《周禮·春官·大宗伯》載，軍禮的內容包括：“大師之禮，用衆也；大均之禮，恤衆也；大田之禮，簡衆也；大役之禮，任衆也；大封之禮，合衆也。”其中所説大師之禮，就是指軍隊征伐之禮；大均之禮，就是指校比户口和均徵賦税之禮；大田之禮，就是指搜狩田獵和訓練軍徒之禮；大役之禮，就是指營造宫室城邑等土木工程之禮；大封之禮，就是指勘定封疆併合聚其民之禮。後代的禮書中有時又把射禮、軷祭道路和伐鼓救日月等看作軍禮的內容。學者們根據傳世文獻的記載，將其與出土的金文材料互相對照參證，目前已經勾勒出了周代軍禮的概貌，主要有出征祭祖、遷社主、行軍祭祀、凱旋振旅、獻俘、安社主等。

　　作爲我國古代五禮之一[2]，軍禮是軍隊操練、征伐、田獵屬兵等方面的禮儀，其地位非常重要。《左傳·成公十三年》載：“國之大事，在祀與戎。”祀，指祭祀之事；戎，指軍事征伐之事。先秦時期，軍事征伐和祭祀是同樣重要的國之大事。早在有虞以前軍禮已經萌芽，到了夏代，軍禮已比以往完備[3]。至於商代的軍禮，學界亦作過諸多深入的探討[4]，但多是以出土的殷墟王卜辭爲主要考察對象，因而也是站在商王的視角來考察這一問題

---

①　本章部分內容刊於《中原文化研究》2013年第5期。

②　《周禮·春官·大宗伯》中將吉禮、凶禮、賓禮、軍禮和嘉禮一起並列爲“五禮”。

③　陳戍國：《中國禮制史·先秦卷》第91、110頁，湖南教育出版社，2002年。

④　王貴民：《商周制度考信》第246～261頁，臺灣明文書局，1989年；鍾柏生：《卜辭中所見殷代的軍政之一——戰爭啟動的過程及其準備工作》，載《中國文字》新14期，臺灣藝文印書館，1991年；鍾柏生：《卜辭中所見的殷代軍禮之二——殷代的大蒐禮》，載《中國文字》新16期，臺灣藝文印書館，1992年；鍾柏生：《卜辭中所見的殷代軍禮之二——殷代的戰爭禮》，載《中國文字》新17期，臺灣藝文印書館，1993年；張永山：《商代軍禮試探》，收入《二十一世紀的中國考古學——慶祝佟柱臣先生八十五華誕學術文集》，文物出版社，2006年；郭旭東：《殷墟甲骨文所見的商代軍禮》，載《中國史研究》2010年第2期。

的。由於花東子卜辭的性質屬於非王卜辭,即這批卜辭的占卜主體是商王之外的其他殷商貴族,因此材料中所反映的有關商代軍禮的情況是站在商王之外的其他王室貴族的視角來加以看待的,其占卜主體的關注點與王卜辭中相比也是有所差别的。該貴族對當時所進行的軍事征伐活動的這些占卜記録,既可與王卜辭中記録的有關戰争征伐之事互相印證,同時也反映了殷商軍禮中的不少問題。

下面我們主要對花東子卜辭中出現的與軍事征伐有關的卜辭材料及其所反映的軍禮情況進行一些整理,並參考其他相關卜辭、周代金文和《周禮》等禮書的記載作些探討,以期能更準確的理解殷商軍禮及其與周代軍禮之間的關係。

一、謀伐之禮

在我國古代,統治者十分重視謀議的重要性,作戰前他們一定要召集相關人員進行戰争謀議。這在傳世文獻中都有所記載,如:《禮記·王制》:"天子將出征……受命於祖,受成於學。"鄭注説在學宫的目的是"定兵謀也"。《詩經·魯頌·泮水》:"魯侯戾止,在泮飲酒。"鄭箋曰:"在泮飲酒者,征先生君子與之行飲酒之禮,而因以謀事也。"《孫子兵法·謀攻篇》:"故上兵伐謀,其次伐交,其次伐兵,其下攻城。"又《計篇》:"夫未戰而廟算勝者,得算多也;未戰而廟算不勝者,得算少也。多算勝,少算不勝,而況於無算乎! 吾以此觀之,勝負見矣。"在這些文獻古籍的記載中,都非常强調"謀議""廟算"①等的重要性。殷商時期,殷人在告祭祖神之時或稍後,也會在廟堂謀議征伐戰事,爲争取戰争的勝利做好充分的準備。謀伐的内容,既包括是否出兵對敵征討以及軍事行動能否得到神祖保佑,也包括征討行動是否需要徵聚兵員和别族的配合,甚至是否需要商王親征②。

商王是否親征是戰前謀伐過程中重大的戰略決策。花東子卜辭中有下述一版卜辭:

(1)辛未卜:伯或再册,唯丁自征卲? 一

---

① 廟算也是指戰前的軍事謀議。

② 郭旭東:《殷墟甲骨文所見的商代軍禮》,載《中國史研究》2010 年第 2 期。

　　　　辛未卜:丁弗其比伯或伐卲? 一(《花東》449)

　　此例中的兩辭各有一卜。辭中的"卲"字,方國名,是征伐的對象。
"丁"指的是商王武丁。裘錫圭先生曾指出,卜辭中常用的否定副詞有兩
組:一組是"不、弗",可翻譯成"不會",表示可能性;另一組是"勿、弜(勿)、
毋",可翻譯成"不要",通常表示意願①。上引例(1)第一辭中"唯丁自征
卲"是指"武丁親自去征伐卲國"而言。而第二辭則應是貞問,武丁不會同
"伯或"這個人一起去征伐卲國嗎? 這兩辭應是花東主人"子"非常關心商
王伐卲之事,他通過占卜來推測,若與卲國作戰,商王在戰前謀議過程中會
不會決定親自出征以及會不會和其他貴族一同作戰。

　　戰事來臨,貞問是否需要商王親自出征的卜辭在花東之外的其他組類
卜辭中也時常可以見到,如:

　　　　(2)己卯卜,殻貞:舌方出,王自征,下上若,受我[佑]? (《合集》
　　6098,典賓類)

　　　　(3)丙午,貞:惠王征刀方? (《合集》33034,歷二類)

　　　　(4)庚戌卜:惠王自征刀方? (《合集》33035,歷一類)

　　出現於王卜辭裏的"王自征",即相當於前述例(1)花東子卜辭中的"丁
自征",均是指商王武丁親自出征而言。據初步統計,僅《合集》第三冊中,
"王自征"還見於《合集》6099(典賓類)、6930(賓組)、7618(典賓類)等版中。
在古代天子親征是一件大事,鍾柏生先生曾據甲骨卜辭中所載明確指出:
"殷王朝自武丁時期至帝乙帝辛時期,都曾考慮親自領兵出征。"②由此可
見商王對戰爭的重視程度。

　　《周禮·春官·大宗伯》曾記載:"大師之禮,用衆也。"鄭注:"用,其義
勇。"疏曰:"大師者,謂天子六軍諸侯大國三軍次國二軍小國一軍出征之
法。"可見,大師之禮實爲天子或諸侯的出征之禮。沈文倬先生曾說:"大師
之禮是天子或諸侯的征伐行動,究竟要舉行多少典禮,經傳亡佚,已無法稽
考。但宗廟謀議,命將出師,載(木)主遠征,凱旋獻俘,凡《詩》《書》《國語》

　　①　裘錫圭:《說"弜"》,收入《古文字論集》,中華書局,1992年。
　　②　鍾柏生:《卜辭中所見殷代的軍政之一——戰爭啟動的過程及其準備工作》,載《中國文
字》新14期,臺灣藝文印書館,1991年。

《左傳》等書所涉及的，出處都有典禮的痕跡。可見軍禮的内容是繁富的。"①殷商甲骨文中，涉及商王親征的卜辭數量不少，這説明早在那個時候"大師之禮"已經較爲普遍。天子或諸侯親自出征，必然要舉行盛大威嚴的典禮儀式，這種禮儀有助於激發子民英勇殺敵的熱情。殷商時期在一些重大的對外戰事中，商王也曾多次親自出征，其時的典禮儀式，想必也不外於此目的吧。

二、選將與册命之禮

古人在作戰前，對領軍將領的選擇十分慎重。文獻中不乏選將方面的記載。如《六韜·王翼》："武王問太公曰：'王者帥師，必有股肱羽翼，以成威神，爲之奈何？'太公曰：'凡舉兵師，以將爲命。命在通達，不守一術。因能授職，各取所長，隨時變化，以爲紀綱。故將有股肱羽翼七十二人；以應天道。備數如法，審知命理。殊能異技，萬事畢矣。'"又《論將》篇："故兵者，國之大事，存亡之道，命在於將。將者，國之輔，先王之所重也，故置將不可不察也。"《孫子兵法·謀攻》："夫將者，國之輔也。"

殷墟甲骨文中多見"比伐""令伐""呼伐"之辭，這些更是殷人出征前考慮選派誰擔任將領領軍作戰的確證。花東子卜辭中即有這類辭例，如：

(5)辛未卜：丁唯好令比［伯］或伐邵？ 一(《花東》237)

(6)辛未卜：丁唯子令比伯或伐邵？ 一

辛未卜：丁唯多丯臣令比伯或伐邵？ 一(《花東》275＋517)

(7)己未卜，在剢：子其呼射告罘我南征，唯仄若？ 一二

弜呼罘南于若？ 一二(《花東》264)

甲骨文中的"比"字，學者舊多釋"从"②。林澐先生在對相關卜辭系統研究後認爲該字應釋"比"，有親密聯合之意③。自林先生後，釋"比"之説漸占上風。如楊升南先生釋"比"，認爲"比"應爲輔佐之意，卜辭中的"王比

---

① 上海古籍出版社編：《中國文化史三百題》第358～359頁，上海古籍出版社，1987年。

② 楊樹達：《積微居甲文説·卜辭瑣記》第21頁，中國科學院出版社，1954年。

③ 林澐：《甲骨文中的商代方國聯盟》，原載《古文字研究》第6輯，中華書局，1982年，後收入《林澐學術文集》第69～84頁，中國大百科全書出版社，1998年。

某諸侯”是指諸侯率領其國中軍隊隨商王征伐而擔負着一方面的戰鬥任務，“這反映了商王室控制着諸侯的軍權”①，郭旭東先生從之②。齊文心先生亦釋“比”，不過她認爲“比”有輔助之意，卜辭中的“王比沚㦥”意思是商王率親軍爲沚㦥助戰，同時有監視、督戰的作用③。上述例(5)(6)與前文例(1)爲同日卜同事。例(5)貞問大意是，商王武丁是否要呼令“婦好”去協同“伯或”攻伐邵國？ 例(6)是一組選貞卜辭，卜辭貞問武丁是呼令花東主人“子”，還是呼令“多舌臣”去協同“伯或”攻伐邵國？ 例(7)則可能是貞問花東主人“子”是否會呼令“射告”和“我”地之人征伐以及征伐的時間等問題。

另外，歷組卜辭中常見卜“王比沚㦥”征伐“召方”的辭例，如：

(8)辛未，貞：王比沚㦥伐召方？

丁丑，貞：王比沚㦥伐召[方]？（《屯南》81，歷一類）

(9)癸酉，貞：王比沚㦥伐召方，受[佑]？ 在大乙宗[卜]。（《合集》33058，歷一類）

陳劍先生認爲這兩例中的“召方”以及前文例(3)(4)中的“刀方”就是花東中的“邵”方，歷組卜辭中的“惠王自征刀方”跟花東子卜辭的“唯丁自征邵”就是一事④。陳說可信，兩相比較可知，在占卜主體屬於商王的歷組卜辭和占卜主體屬於王室貴族的花東子卜辭中，兩者對此次征伐的關注點還是有些許區別的。王卜辭中關注的焦點是商王是否親自出征或是否會“比沚㦥”征伐召方。而花東之“子”作爲商王室成員，對此也非常關心，但他除了關心商王武丁是否會親自出征外，還通過多次占卜來揣摩商王武丁的選將意圖，對商王會命令哪些將領（“婦好”“多舌臣”或者是花東“子”自己）帶兵去協同“伯或”出戰十分關注。因爲這也關係到花東主人“子”自己是否會出征的問題。可見，這時對邵的戰爭，已經進入到選將階段了。

① 楊升南：《卜辭所見諸侯對商王室的臣屬關係》，收胡厚宣主編《甲骨文與殷商史》，上海古籍出版社，1983 年。

② 郭旭東：《殷墟甲骨文所見的商代軍禮》，載《中國史研究》2010 年第 2 期。

③ 齊文心：《釋讀“沚㦥再册”相關卜辭——商代軍事制度的重要史料》，收入王宇信、宋鎮豪、孟憲武主編《2004 年安陽殷商文明國際學術研討會論文集》，社會科學文獻出版社，2004 年。

④ 陳劍：《説花園莊東地甲骨卜辭的“丁”——附：釋“速”》，載《故宮博物院院刊》2004 年第 4 期，後收入《甲骨金文考釋論集》，綫裝書局，2007 年。

在商代的軍禮中,兓册常常與選將合二爲一,即殷人在選出帶兵作戰的將領之後,還要舉行一定的儀式,卜辭中稱之爲"兓册"。"兓册"之辭習見①,花東子卜辭中就有一例,見上文例(1)第一辭。

關於什麽是"兓册"的問題,于省吾先生曾説:"……兓稱古今字。册經典通用策。兓册之義舊無釋,按稱謂述説也,册謂册命也。"②李孝定先生贊從于説,"于氏謂兓稱古今字是也,其釋兓册之義亦確不可易。"③王宇信先生説:"……無論稱册、稱冎或稱典,都是在與方國交戰前所舉行的一種儀式,即殷王將書寫戰爭誓詞或出兵命令的典册當衆宣讀並授與領兵之將。商末武王伐紂,在牧野決戰前向周師宣讀《牧誓》,也就是這種儀式的沿襲。"④島邦男先生從《説文》訓"兓"爲"舉",認爲"册"即簡册,"兓册"就是奉舉簡册的意思⑤,鍾柏生先生從之⑥。郭旭東先生與島、鍾二氏相似却又更進一步,他認爲"卜辭的'沚馘兓册'實際上是沚馘手舉上面書寫着商王命令其爲領軍大將的簡册,表示其恭敬地接受王命"⑦。可見,有關"兓册"的含義,學者們之間看法至今尚有分歧。不過,對於其爲一種儀式這點上,看法還是比較一致的。"兓册"或爲命將之禮,是正式出師前所舉行的一項重要典禮儀式,王宇信先生曾作《商代征伐方國出師典禮蠡測》⑧一文,對商代征伐方國的出師典禮進行了很好的考察,可參。武丁時期,命將之禮比較盛行,張永山先生認爲這"與文獻和金文中記載周代出征選將的禮制一脈相承"⑨。

---

① 可以參看《類纂》第 1195 頁。

② 于省吾:《雙劍誃殷契駢枝續編》第 13 頁,北京虎坊橋大業印刷局,1941 年,後收入宋鎮豪、段志洪主編《甲骨文獻集成》第 8 册第 233～257 頁,四川大學出版社,2001 年。

③ 李孝定:《甲骨文字集釋》第 1407 頁,臺灣中研院歷史語言研究所,1974 年;轉引自《甲詁》3110"兓"字條下。

④ 王宇信:《周原廟祭甲骨"冎周方伯"辨析》,原載《文物》1988 年第 6 期,後收入宋鎮豪、段志洪主編《甲骨文獻集成》第 33 册第 565～567 頁,四川大學出版社,2001 年。

⑤ [日]島邦男著,温天河、李壽林譯:《殷墟卜辭研究》第 385 頁,據鼎文書局 1975 年 12 月初版影印。

⑥ 鍾柏生:《卜辭中所見殷代的軍政之一——戰爭啟動的過程及其準備工作》,載《中國文字》新 14 期,臺灣藝文印書館,1991 年。

⑦ 郭旭東:《殷墟甲骨文所見的商代軍禮》,載《中國史研究》2010 年第 2 期。

⑧ 王宇信:《商代征伐方國出師典禮蠡測》,《淑明女子大學校創學 90 周年紀念·國際甲骨學學術討論會》,1996 年。

⑨ 張永山:《商代軍禮試探》,收入《二十一世紀的中國考古學——慶祝佟柱臣先生八十五華誕學術文集》,文物出版社,2006 年。

三、振旅與田狩之禮

據傳世先秦古籍記載，"振旅"在古代軍禮中是一項重要内容，如《周禮·夏官·大司馬》中記載，"中春，教振旅，司馬以旗致民"，"中秋，教治兵，如振旅之陳"。《禮記·月令》："天子乃命將帥講武，習射御，角力。"《公羊傳·莊公八年》："出曰祠兵，入曰振旅，其禮一也，皆習戰也。"《左傳·隱公五年》："三年而治兵，入而振旅。"杜預注云："振，整也。""旅，衆也。"文獻中的"振旅"包括兩種含義，一是指以田獵形式進行的軍事演練，其意義即文獻所説的"習戰"，另一個是指征戰凱旋時舉行的軍事校閲活動[1]。《詩經·小雅·采芑》："伐鼓淵淵，振旅闐闐。"毛傳："入曰振旅，復長幼也。"孔穎達疏引孫炎曰："出則幼賤在前，貴勇力也；入則尊老在前，復常法也。"《左傳·僖公二十八年》記載："城濮之戰……秋七月丙申，振旅，愷以入於晉。獻俘、授馘、飲至、大賞，征會、討貳。"此振旅應爲軍隊班師之禮。

殷墟甲骨文中亦見"振旅"之禮，如：

(10)丁丑王卜，貞：其振旅，延逆[于]盂，往來亡災？王占曰：吉。在九[月]。—(《合集》36426，黄類)

(11)丙子卜，貞：翌日丁丑王其振旅，延逆，不遘大雨？兹孚。(《合集》38177，黄類)

上引例(10)中的"盂"是商王重要的田獵地，例(11)同版亦有田獵卜辭，因此這些甲骨刻辭中的"振旅"之禮當指文獻中的第一種形式，即借田獵來進行軍事演練，也就是習戰。

花東子卜辭中有下述一辭：

(12)壬卜：丁聞子呼[視]戎，弗作虞？—(《花東》38)

辭例中的"戎"字，從張亞初先生釋[2]。《花東》認爲該字在本片中用作

① 劉釗：《卜辭所見殷代的軍事活動》，載《古文字研究》第16輯，中華書局，1989年；張永山：《商代軍禮試探》，收入《二十一世紀的中國考古學——慶祝佟柱臣先生八十五華誕學術文集》，文物出版社，2006年；郭旭東：《殷墟甲骨文所見的商代軍禮》，載《中國史研究》2010年第2期。
② 張亞初：《古文字分類考釋論稿》，載《古文字研究》第17輯，中華書局，1989年。

人名或族名。我們認爲,因爲花東子卜辭中有"子"參與戰争的記録[1],所以這裏的"戎"或是指軍隊、軍事設施等而言。"丁聞子呼[視]戎"可能是指武丁聽説花東主人"子"呼令某人去視察軍隊。如果這種説法可信,似與文獻中所載征戰凱旋時舉行的軍事校閲活動有關。

田狩禮屬於軍禮的一項内容,它是指以田獵形式進行的軍事演練。花東中的田獵卜辭較多,詳參第五章。

四、獻捷與獻俘之禮

獻捷與獻俘是古人戰後舉行的一項重要活動内容,這在周代金文以及先秦文獻中記載得十分清楚[2]。獻捷與獻俘之禮,狹義上指獻納戰俘,廣義上則可指一整套相關的典禮。從甲骨文來看,殷商時期的獻捷與獻俘之禮已經制度化、程式化,其主要禮儀包括迎戰時所遷廟主先行入都之禮、逆旅迎俘奏凱返京之禮、向祖宗獻俘授馘告慶之禮,以及殘酷的殺俘(尤其是敵方首領)祭祖之禮[3]。

高智群先生曾對獻馘禮儀的來源作過探討,他説:

> 一些原始民族還將戰場上砍下的敵人首級帶回本部族,舉行莊重的獻首儀式。……不少民族還以敵首祭神,甚至爲了獵首專門發動戰争。……在亞洲南部、美洲及非洲廣大地區,直到近代還存在不少實行人頭崇拜的原始部落,他們深信,頭部是靈魂居住的主要位置,具有最大的巫術力量(利普斯《事物的起源》第 392 頁)。……這樣一種原始的祭首習俗,來源於更爲落後的食人之風。……既然商周文化的前身早已存在着和當今衆多原始民族相似的祭首習尚,那麽,獻俘禮所表現出的類似文化特徵顯然是其歷史繼承了。我們認爲,"獻馘"和"伐祭"便是這種原始習俗的文化遺存[4]。

---

[1]　參見前文例(6)、例(7)。

[2]　金文材料可以參看虢季子白盤、多友鼎、小盂鼎,先秦文獻中的材料可以參看《逸周書·克殷》及《世俘》等。

[3]　郭旭東:《甲骨卜辭所見的商代獻捷獻俘禮》,載《史學集刊》2009 年第 3 期;郭旭東:《殷墟甲骨文所見的商代軍禮》,載《中國史研究》2010 年第 2 期。

[4]　高智群:《獻俘禮研究(下)》,載《文史》第 36 輯,中華書局,1992 年。

高先生的這段論述可以和甲骨文中的“獵首”習俗相互驗證。甲骨文中有關“獵首”的資料數量不少，内容非常重要，因此引起了學者們的關注，如陳夢家、于省吾、李學勤和黄天樹等先生均對“獵首”習俗作過研究①。正如于省吾、黄天樹先生所指出的那樣，被作爲“獵首”來祭祀祖先的一般都是敵方的首領，意在告功獻捷和加重禮品。

花東子卜辭中也有反映獻捷獻俘禮的辭例，如：

(13)丁卜：子令庚侑有母，呼求囟，索尹子人？子曰：不于戌，其于壬人。一(《花東》125)

(14)丙戌卜：徲涉加虜？一(《花東》429)

例(13)“索尹子人”含義未明，但命辭中的前面一部分辭意却可考。“庚”字，人名，是花東主人“子”呼令的對象。“求”字，尋求、索求之義。“囟”，頭顱之義，這裏可能是指敵方首領的頭顱。“子令庚侑有母，呼求囟”大意是，花東主人“子”呼令“庚”這個人去尋求“囟”(頭顱)用於侑祭“有母”。例(14)中的“虜”是指俘虜，“加虜”指卲國的俘虜。前文所引卜辭有征伐卲國之例，這裏的“加虜”或可理解爲打敗卲國軍隊後抓來的俘虜。

殷墟黄類卜辭中，有一版著名的牛骨刻辭：

☑小臣牆比伐，擒危柔☑廿，人四，馘千五百七十，𩰫百☑輛，車二輛，櫓百八十三，函五十，矢☑用又伯鹿文于大乙，用𩲃伯印☑𩰫于祖乙，用柔于祖丁，𡍮甘京，賜☑。(《合集》36481正)

這是記載征伐戰功的記事刻辭，記録了危柔被擒獲的情況。小臣牆，人名，他此次跟隨商王出征敵方。該辭前半部分記録了俘獲敵方戰利品的種類、數量等，後面則記録了舉行獻俘和賞賜之事，“賜”後殘，賞賜詳情不知。該辭呈現了商後期在重大戰役取得勝利之後，接連舉行獻俘和賞賜的典禮儀式。

---

① 陳夢家：《殷虚卜辭綜述》第326～327頁，科學出版社，1956年；于省吾：《從甲骨文看商代社會性質》，載《東北人民大學人文科學學報》1957年第2、3期合刊；李學勤：《殷墟人頭骨刻辭研究》，收入《海上論叢(二)》，復旦大學出版社，1998年；黄天樹：《甲骨文中有關獵首風俗的記載》，原載《中國文化研究》2005年第2期，後收入《黄天樹古文字論集》，學苑出版社，2006年；黄天樹：《花園莊東地甲骨中所見的若干新資料》，原載《陝西師範大學學報》2005年第2期，後收入《黄天樹古文字論集》，學苑出版社，2006年。

周代不少銅器銘文中也記載有振旅之禮、獻捷獻俘之禮,如虢季子白盤等。但最有名者當屬小盂鼎,唐蘭、陳夢家等各家基本都定其爲西周康王時器。該器已不知去向,器銘亦殘泐過甚,然各家用力頗深,大概就是因爲其内容所記對於古禮極其重要。郭沫若在《兩周金文辭大系考釋》中已指出,此銘所記"乃盂受王命攻克鬼方,歸告成功于周廟而受慶賞之事","其戰役前後凡兩次","前後均有'執獸'"。他讀"獸"爲"酋",認爲是生擒敵方之酋首,敵方首領被審訊完後即被斬,"獸既受訊之後即遭大辟"[1]。此外,戰爭中還獲左耳或首級數千、人一萬三千多,以及馬、車、牛、羊等,規模之大可以想見。陳夢家《西周銅器斷代(四)》一文中根據小盂鼎上可辨之銘文,結合《逸周書》等文獻記載,對其時所行典禮儀式作了如下推測:

> 在不同的地點與時辰中,進行了不同的儀式。(1)是盂告禽獻俘獲於周廟,(2)是盂與其他侯伯告周王於中庭,(3)是周王禘先王於廟,(4)是王賞盂於廟。此所記述,相當於《左傳》僖公二十八年城濮之役後晉軍"振旅愷以入於晉,獻俘,授馘,飲至,大賞"[2]。

這種推測應是可信的。唐蘭先生認爲,銘文中的"入瘞"和《逸周書·世俘》篇中記載的"燎於周廟"所反映的禮儀應該是相同的。

從上述甲骨金文資料中有關軍禮的内容可以看出,殷商時期確實存在着軍禮,且與周代軍禮是一脈相連,具有源流關係的。商周軍禮在很多方面具有承繼性,小臣牆牛骨刻辭與小盂鼎銘文,兩者時代有間,所記征伐之事相似,反映出的禮制現象相近,完全可以合觀。花東子卜辭中有關軍事征伐方面的材料儘管數量不多,但是它們卻也能夠反映出殷商時期軍禮的許多方面,如"謀伐""選將與册命""振旅與田狩""獻捷與獻俘"等。從花東子卜辭中的情況可以看出,花東主人"子"除關心商王主導的對外戰事外,還非常關注自己在這些戰事中的作用和境遇。正是由於花東子卜辭的非王性質,爲我們提供了一個從商王之外的視角來觀察殷商軍事征伐活動的案例。

---

[1]　郭沫若:《兩周金文辭大系圖録考釋》第 36～37 頁,上海書店出版社,1999 年。

[2]　陳夢家:《西周銅器斷代(四)》,載《考古學報》1956 年第 2 期。

第五章　花東子卜辭與殷商田狩禮研究

　　狩獵是人類社會爲了獲得肉食資源，維持自身生存需要而採取的一種獵取禽獸的行爲。春蒐、夏苗、秋獮、冬狩是古代諸侯四時狩獵的禮儀，這種禮儀在《周禮·春官·大宗伯》中稱之爲"大田之禮"。就殷商時期而言，狩獵同樣是當時王室貴族經常從事的重要活動，一年四季均有其事。對此，文獻記載、考古發掘資料及殷墟甲骨文中均有反映。這大概是由於狩獵活動既是軍禮的一項重要內容，具有"訓練車徒"的軍事功能，同時商人也可由此獲得一些獵獲物，作爲社會生活物質資料補充的重要來源之一，另外還有貴族愉悦喜好的因素等。故本章主要討論的就是花東子卜辭材料中所反映的殷商時期田狩禮儀式內容情況[①]。

　　從文獻記載來看，殷商時期不少君王都十分喜好狩獵活動，如《淮南子·泰族訓》："湯之初作囿也，以奉宗廟鮮犧之具，簡士卒，習射御，以戒不虞。至其衰也，馳騁獵射，以奪民時，罷民之力。"《漢書·揚雄傳》："成湯好田而天下用足。"《史記·殷本紀》："武乙獵於河渭之間，暴雷，武乙震死。"又《史記·殷本紀》："帝紂……材力過人，手格猛獸。"《左傳·昭公四年》："商紂爲黎之蒐，東夷叛之。"

　　在安陽殷墟考古遺址中，曾出土不少箭鏃等狩獵工具，可見殷商時期貴族們的狩獵活動相當頻繁。而在殷墟甲骨文中，田獵卜辭更是占有一定比重。據楊升南先生統計，在《合集》《屯南》《英國》《東京》《懷特》《天理》《蘇德美日》七書所收錄的 53583 片甲骨中，狩獵甲骨有 3376 片，占總數的6.30%[②]，儘管因爲有重片等各種因素的影響，這個統計數字未必精確，但却基本上能夠反映出當時的實際情況。這些田獵卜辭見於從武丁至商紂（即帝辛）的每個商王執政時期，所以我們可以知曉，從武丁到商紂的各王大都愛好狩獵，狩獵是商王經常組織參加的重要活動。大蒐禮就是田狩的

---

　　① 本章部分內容刊於《殷都學刊》2007 年第 1 期。

　　② 楊升南：《商代經濟史》第 261 頁，貴州人民出版社，1992 年。

禮儀,商代大蒐禮的參加者往往是國家的精鋭部隊,即甲骨文所説的"左、中、右"三師。商代舉行大蒐禮時還通常舉行焚田活動,這和《禮記·郊特牲》説的"季春出火爲焚也,然後簡其車賦,而歷其卒伍"可能大體相同。狩獵活動還有另外一個重要目的,就是要借機向鄰國炫耀武力,有時甚至進入鄰國,大肆劫取奴隸。田獵卜辭中常見"獲羌"的記録,與"獲鹿""獲虎"一個意思。如同"獻俘禮"一樣,商代的大蒐禮也舉行某種祭祀活動。狩獵前,通過占卜方式請求神靈庇佑;狩獵結束後,則向神祇奉獻獵獲物,以示對神恩的酬謝。因此,狩獵活動中殷人務求有所獲,有時抓不到飛禽走獸,便會抓一些羌人充數。大蒐禮結束後,還有飲酒活動等。這一點和"獻俘禮"中的犒軍毫無二致。

　　借助於甲骨卜辭,我們知道,不但歷代商王(尤其是武丁以後的商王)喜好狩獵,商王之外的其他王室貴族亦是田獵成風,如非王卜辭中的原子組卜辭和非王劣體類,其田獵卜辭數量要比農事卜辭多得多。有些數量較少的非王卜辭,甚至未見有關農事卜辭的確切記載,却發現有田獵卜辭,如"圓體類"①,當然這也可能與發現數量較少有關,但也能反映出殷商貴族重視田獵活動的事實。

　　花東子卜辭屬於非王卜辭,其占卜主體"子"也是非常重視田獵活動的。據我們統計,在這批材料的整理成果《花東》一書中,刻有田獵卜辭者43片,約占總數(550片)的7.82%,還高於上文的6.30%,但有關農事方面的卜辭却幾乎不見。可見,該"子"是經常從事田獵活動的。下面我們就對花東田獵卜辭中涉及的田獵日、田獵地、田獵用詞、獵獲物、狩獵參加者等分別加以討論,以期能從中窺探當時王室貴族田狩禮儀式内容的概貌。

一、關於田獵日

　　花東子卜辭主人"子"在田獵日的選擇上是有傾向性的。據我們的統計(不包括含"射"字的辭條),其出獵日以辛日最多,共見於11版上;丁、壬、乙、戊四日次之,分別見於7、6、5、5版上;甲日和己日較少,各見於3

---

　　① 黄天樹:《子組卜辭研究》,載《中國文字》新26期,臺灣藝文印書館,2000年;黄天樹:《非王"劣體類"卜辭》,收入《徐中舒先生百年誕辰紀念文集》,巴蜀書社,1998年。

版;丙、庚、癸三日出獵最少,僅各見於1版①。這個統計結果與楊升南先生對其他組類卜辭的統計結果也是基本一致的,可見辛、丁、壬、乙、戊五日是殷人狩獵的首選日。我們認爲,殷人之所以會選擇幾個相對較爲固定的日子作爲出獵日,或許與當時的吉凶觀念有關。

二、關於田獵地

在花東子卜辭出現的地名中,曾進行過田獵活動的共有六個,即阤、糞、羿、𤈦(京)、𡉡、犾,其中既有專門的田獵地,也有集田獵、農業、祭祀等活動於一體的綜合場所。下面分別加以討論:

(一)阤

阤地是殷墟王卜辭中常見的田獵地名。卜辭中另有"阤京"之稱,或是阤地的別稱。賓組、出組、無名類及黃類卜辭中均出現有商王在該地從事田獵活動的記録,如賓組:《合集》8039、8040;出組:《合集》24457;無名類:《合集》28178、28345、28346、28894、28904、29098、29839、29889,《屯南》758、2191、4196,《英國》2289、2290;黃類:《合集》37785。其中,《合集》8039、8040兩版中出現的是"阤京",其餘均是"阤"。此地還設有負責管理狩獵事務的犬官,如《合集》27916(無名類)"王惠阤犬☒"。

由於賓組、出組、無名類及黃類均屬王卜辭,其存在時間從武丁時期延續至商末,由此可以推測,阤地至少應是武丁以後歷代商王進行田獵的重要地點,儘管有時也曾在此地舉行農業活動②,但卜辭中大量出現的却都是該地的狩獵活動,因此它主要應是商王的狩獵地。常耀華、林歡先生曾指出,"阤"是"有沿襲性的商王田獵地""相當穩固的商王朝屬地"③,其説是正確的。

花東子卜辭中,占卜主體"子"在阤地及附近的田獵活動共見四版:

(1)乙酉卜:子又(有?)之阤南小丘,其罧,獲? 一二三四五

---

① 具體辭例可以參看本書上編之"二、田獵與征伐類"中的"田獵類"相關各辭。
② 如《合集》28246(無名類)、28247(無名類)"其奉禾于阤,惠☒"等。
③ 常耀華、林歡:《試論花園莊東地甲骨所見地名》,收入王宇信、宋鎮豪、孟憲武主編《2004年安陽殷商文明國際學術研討會論文集》,社會科學文獻出版社,2004年。

乙酉卜：弗其獲？　一二三四五

乙酉卜：子于曐丙求阤南丘豕，逃？　一二三四

以人，逃豕？　一二

乙酉卜：既呼归，往敐，逃豕？　一二

弜敐？　一二

逃阤鹿？子占曰：其逃。　一二（《花東》14）

（2）乙未卜：子其往阤，獲？不甾。獲三鹿。　一

乙未卜：子其往于阤，獲？子占曰：其獲。用。獲三鹿。　二（《花東》288）

（3）丁卯卜：子其往田，从阤西茇，逃歎？子占曰：不三，［其］一。孚。　二三（《花東》289）

（4）壬辰：子夕呼多尹□阤南豕，弗逃？子占曰：弗其逃。用。　一（《花東》352）

“子”在阤地及其周圍如“阤南”“阤西”等處從事田獵活動，不但帶領“人”（參加狩獵活動的下層人員，筆者按），有時還命令“多尹”（官職名）去狩獵，獵獲的動物有豕和鹿。這裏需指出的是，在目前所見到的非王卜辭中，除花東外，原子組、午組、婦女、圓體類及非王劣體類等中，我們並未發現其占卜主體在“阤”進行田獵活動的明確記載，但花東子卜辭的占卜主體“子”却可以在商王所屬的“阤”地田獵，可見此“子”的地位非同一般。

關於“阤”地的地望所在，鄭傑祥先生曾有考證，可以參考①。

（二）糞

該地也是殷墟王卜辭中的重要田獵地，主要見於武丁晚期和祖庚時期的賓組、歷類卜辭中，如《合集》10956（賓出類）、《屯南》664（歷一類）、《懷特》1626（歷一類）等。舊有非王卜辭中，也未見到其占卜主體在該地的狩獵記載。花東子卜辭中記有“糞”地者共兩版，其中一版是狩獵到達“糞”地的明確記錄：

（5）丁卜，在糞：其東狩？　一

―――――――――

① 鄭傑祥：《殷墟新出卜辭中若干地名考釋》，載《中州學刊》2003 年第 5 期。

丁卜：其二？　一

不其狩，入商？　在♀。　一

丁卜：其涉河，狩？　一二

丁卜：不狩？　一二

其涿河，狩，至于糞？　一

不其狩？　一（《花東》36）

　　"涿"字，《花東》1573頁解釋説，此字"在第6辭用爲動詞，其義與涉相近"，這種解釋應是符合實際的。至於本次狩獵的主體是誰，即本版究竟是在占卜花東主人"子"是否東狩，還是在占卜商王武丁是否東狩？我們可以先對比一下下版花東子卜辭：

　　(6)辛卜：丁涉，从東兆狩？　一

　　辛卜：丁不涉？　一（《花東》28）

　　裘錫圭先生曾指出，卜辭常用的否定副詞有兩組：一組是"不、弗"，可翻譯成"不會"，表示可能性；另一組是"勿、弜（勿）、毋"，可翻譯成"不要"，通常是表示意願的①。黃天樹先生據此指出，《花東》28"丁不涉"，《花東》36"丁卜：其涉河，狩""丁卜：不狩"，其否定詞皆用"不"而不用"勿"，説明這應該是非王卜辭的主人（指"子"，筆者按）占卜"丁"（時王武丁）而非"子"之出狩的②。這種解釋是可信的，按這種思路，上引例(5)中第6辭就應解釋爲是"子"占卜"丁"會不會涉河去狩獵而到達"糞"地？那麼此次狩獵的主體就是王"丁"而非花東子卜辭主人"子"了。

　　花東子卜辭中還有一版也顯示出了"糞"地：

　　(7)癸卯卜，在糞：發以馬？子占曰：其以。用。　一二（《花東》498）

　　劉一曼、曹定雲先生認爲這可能是"子"要到"糞"地狩獵，需用馬匹，因此占卜是否由彈（人名，即"發"，筆者按）獻納馬呢③？

────────────

　　①　裘錫圭：《説"弜"》，收入《古文字論集》，中華書局，1992年。

　　②　黃天樹：《重論關於非王卜辭的一些問題》，原載《甲骨學國際學術研討會論文集》，臺灣大學中文系，2005年，後收入《黃天樹古文字論集》，學苑出版社，2006年。

　　③　劉一曼、曹定雲：《殷墟花東H3卜辭中的馬——兼論商代馬匹的使用》，載《殷都學刊》2004年第1期。

(三)罟

卜辭中的"罟"作𩵋形,商代器物之象形,在其他組類卜辭中該字所在辭條多殘缺,似作地名。花東子卜辭中該字共見於四版,除 51 版僅有單字"𩵋"(罟之異構)外,其餘則顯示出"罟"是一處田獵地:

(8)戊午卜:我人擒? 子占曰:其擒。用。在罟。一

戊午卜:𫚉擒? 一

戊午卜,在罟:子立于彔中𩵋? 子占曰:𩵋。一(《花東》312)

(9)丁卯卜:子勞丁,再菁圭一、珥九? 在𩵋,狩[自]罟。一(《花東》363)

(10)丙寅卜:丁卯子勞丁,再菁圭一、珥九? 在𩵋,來狩自罟。一二三四五

癸酉,子炅,在𩵋:子呼大子禦丁宜,丁丑王入? 用。來狩自罟。一

丙子:歲祖甲一牢,歲祖乙一牢,歲妣庚一牢? 在𩵋,來自罟。一(《花東》480)

上述例(9)(10)兩版中的"狩[自]罟""來狩自罟""來自罟"當均指"從罟地狩獵歸來"[①]。例(8)第三辭中的"彔中"也是地名,參同版他辭可知該地應與狩獵事相關。另外,在罟地還有祭祀事,如:

(11)[辛卜]:歲祖[乙]牝,盅自丁[黍]? 在罟,祖甲[延]。一(《花東》363)

在罟地有祭祀之事,説明該地可能還有祭祀場所。

(四)𩵋

商王曾在𩵋地田獵,這在武丁和祖甲時期的王卜辭中均有記載,如"☒陷在𩵋"(《合集》10912,賓組)、"☒王獲在𩵋兕。允獲"(《合集》10950,自賓間類)、10953"☒逐𩵋鹿"(《合集》10953,賓組)、"庚辰卜:王往☒𩵋鹿"(《合集》

---

① 李學勤:《從兩條〈花東〉卜辭看殷禮》,載《吉林師範大學學報》2004 年第 3 期。又韓江蘇女士在其《殷墟花東 H3 卜辭主人"子"研究》附錄一(綫裝書局,2007 年)中曾對第 480 版作過深入研究,可參。

10954，自賓間類）、"☒其田于𢀜，無災"（《合集》24458，出二類）等。該地還曾種植農作物，商王曾卜此地是否"受年"，如"乙卯貞：呼田于𢀜，受年"（《合集》9556，自賓間類）當是貞問在𢀜地種田能否豐收之事。

卜辭中另有"𢀜京"之稱，有時合書，有時分書。依"阯京"例，"𢀜京"或也當是𢀜地的別稱。商王武丁與婦好都曾"往于𢀜京"，如"☒呼婦好往于𢀜京"（《合集》8044 正，典賓類）、"☒貞：王往于𢀜京"（《合集》8054，典賓類）等。婦還曾在這裏生育，如"☒旬有二日辛未婦㜸允娩嘉，在𢀜京"（《合集》14017 正，典賓類）。可見該地是一重要地點。

另外，我們在舊有非王卜辭中同樣沒有見到在𢀜地狩獵活動的記錄，但在新出的花東子卜辭中有這樣的記載，共兩版：

(12)丁卜，在𢀜：其東狩？　一

丁卜：其二？　一

不其狩，入商？　在𢀜。　一

丁卜：其涉河，狩？　一二

丁卜：不狩？　一二

其涉河，狩，至于糞？　一

不其狩？　一（《花東》36）

(13)□卜，在𢀜京：迄㪷〔大〕獸□□？〔用〕。

□〔迄〕㪷〔大〕獸☒。（《花東》363）

依前文我們對例(12)諸辭的分析，則該版中在𢀜地狩獵的主體同樣是商王"丁"而不是花東子卜辭主人"子"。例(13)中的兩辭可能是貞問在𢀜京最終能否搏擊大野獸，主體應是"子"，同版第 4 辭還有"子勞丁"語，更可以證明"子"爲活動主體。另外，花東中還有一版關於武丁在𢀜地"步"的記載，即"癸卜：丁步〔今〕戌？ 加月，在𢀜"（《花東》262），但該辭並無"獲"的記錄。

花東子卜辭中在"𢀜京"還出現了田獵以外的其他多種活動，如：

(14)己卯卜，在𢀜：子其入甸，若？（《花東》114）

"𢀜"是𢀜京合文。該辭於己卯這天在𢀜地舉行占卜，貞問到，花東主人"子"在此地進獻"甸"，是否順利？

(15)丁丑卜，在𢀜：子其𢀜舞戌，若？ 不用。　一

子弜🔲舞戉于之,若? 用。多萬又災,引祁。—(《花東》206)

(16)甲子卜:歲妣甲牡一,酓三小宰又置一? 在🔲。—(《花東》455)

上述例(15)一版卜辭表明花東子家族曾在🔲地貞問,花東主人"子"是在這裏舞鉞順利,還是不在這裏舞鉞順利? 例(16)則是甲子這天在🔲地貞問,祭祀妣甲時要劓殺一隻公羊,並砍殺三隻圈養的小羊外加"置一"嗎?

既然在"🔲京"可以舉行田獵活動,也可以舉行進獻、"舞鉞"以及祭祀等活動,再結合前引《合集》14017 正(典賓類)"☑旬有二日辛未婦㜎允娩嘉,在🔲京"的記載,我們認爲,"🔲京"更像是一個具有多種功能的活動場所。上引《花東》36 版在🔲地貞問"其東狩""其涉河,狩""其涿河,狩,至于糞",當指向東涉過黃河到達"糞"地去狩獵,故"🔲"與"糞"應是分處於黃河兩岸的兩個地點。

(五)🔲

"🔲"字,花東子卜辭中也有作"🔲"形者。王卜辭中在🔲地舉行的活動多爲占卜農業收成,如"□寅卜,爭貞:今歲我不其受年? 在🔲,十二月"(《合集》9668 正,典賓類)、"己巳卜,殻貞:我受黍年☑🔲☑"(《合集》9946 乙正,典賓類)等。因此,在武丁晚期(或至祖庚時期)該地應是一重要農業區域。舊有非王卜辭中未見有關此地的記載,花東子卜辭中該地與獵獲之事相關者僅見一版:

(17)乙未卜:子宿在🔲,終夕□□自□? 子占曰:不隻。—
乙未卜,在🔲:丙[不雨]? 子占曰:不其雨。孚。
其雨? 不用。(《花東》10)

上述第一辭命辭部分表明,乙未這天花東主人"子"曾住宿於🔲地,驗辭部分説不會有所擒獲,這表明在🔲地可以進行獵獲活動。第二辭還是在乙未這天在🔲地舉行占卜,貞問第二天丙申日會不會下雨? 這次卜雨當與此次行獵有關。然而,花東子卜辭中在🔲地舉行的活動更多的是祭祀祖妣之事,大甲、祖甲、祖乙、妣丁、妣己、妣庚等都曾在這裏被祭祀,例見《花東》

13、30、163＋506①、171、173、217、247、282、319、330、335 等版,我們不再一一列舉。另外,"子勞丁"(《花東》363、480 版)及命令征伐(《花東》264 版)之事也是在𣃁地舉行的。

(六)𢦏

"𢦏"字,从大从戈,在其他組類卜辭中多爲人名,只有極少數用爲地名者。花東子卜辭中該字是常見的地名之一,但在此地舉行的多爲祭祀活動,此外還有些活動是與卜雨、卜農事、修築建築等有關②,僅有一辭提及此地可進行田獵:

　　　　(18)子惠𢦏田,言姄庚𥄕一宰,酓于𢦏? 用。一(《花東》474)

"子惠𢦏田"即"子田𢦏",意爲花東主人"子"在𢦏地舉行田獵活動。"酓于𢦏"是説在𢦏地舉行酒祭。𢦏地既可舉行田獵活動,又可舉行祭祀活動,可見這裏或並非重要的田獵地點。

由上述可知,花東子卜辭出現的田獵地中,有些應是重要的田獵區域,如"阺""糞"二地,有些可能是集狩獵、農墾、祭祀等多種功能於一體的綜合區域,如"𥏫""𢆉""𣃁""𢦏"等地,有的甚至是以農事爲主,如"𣃁"地,或以祭祀等活動爲主,如"𢦏"地。還有一點值得注意的現象是,就目前所發現的材料而言,上述六地在舊有非王卜辭中並未發現有狩獵活動的記録,這些地名多見於王卜辭,應是商王室的直屬地,但在花東子卜辭中,占卜主體"子"卻可以在這些地方進行狩獵、祭祀等多種活動,其地位可以想見。

三、關於田獵用詞

本文田獵用詞包括田獵名稱、方法、手段及其他與田獵有關的動詞等。黃然偉、姚孝遂、楊升南、陳煒湛等先生對商人的田獵方法與手段及相關問題都曾有相當篇幅的論述,其文各有側重,歸納起來,他們指出的田獵用詞主要有:田、狩、焚、射、阱、逐、網、羅、𡊀、彈、牧、从、征、哀、魯、擒、罷、𡦦等

① 姚萱綴合。
② 如《花東》81、248、267、311、493 等爲祭祀類,《花東》103 爲卜雨類,《合集》19803 爲卜農事類,《花東》294 爲修築建築類。

共二十餘種①。花東子卜辭所涉及的田獵用詞主要有：田、狩、逐、擒、罷、
罦、槏、敲、听、戠、猗等。其中田、狩、逐、擒、罷、罦等前人論之甚詳，此不贅
述②。下面對花東子卜辭中另外幾個與田獵有關的用詞及花東中的"射"
字略作討論：

（一）敲

該字从支从虎，在其他組類卜辭中作𢽾形，花東子卜辭中作𢾭形，以手
執杖形於虎的背部，會以手執杖搏擊虎之意。裘錫圭先生認爲此字是从戈
从虎之字的異體，二者均應釋爲虣③，執杖搏虎的意思。花東子卜辭中共
三見：

　　　（19）乙酉卜：既呼𠦪，往敲，遘豕？一二

　　弜敲？一二（《花東》14）

　　　（20）戊戌夕卜：暨己，子其［逐］，从圭人饗（向）敲，遘？子占曰：不
三，其一。其二，其有遘（奔馬）。用。一（《花東》381）

　　按：《花東》認爲"敲"字在上述例（19）中爲"地名"、例（20）中爲"被驅趕
之虎"，均理解爲名詞。非是，此字應是田獵動詞，《初步研究》《求疵》已辨
之，不贅述。

（二）槏

該字在花東子卜辭中僅一見，如：

　　　（21）辛未卜：西饗（向）槏？一（《花東》332）

把本辭與"从圭人饗（向）敲，遘"（《花東》381）一語對比，可知"槏"字用
法同"敲"，也應用作田獵動詞。

---

　　①　黃然偉：《殷王田獵考》，載《中國文字》第 14 冊，1964 年；姚孝遂：《甲骨刻辭狩獵考》，載
《古文字研究》第 6 輯，中華書局，1981 年；楊升南：《商代經濟史》第 277～290 頁，貴州人民出版社，
1992 年；陳煒湛：《甲骨文田獵刻辭研究》第 17～24 頁，廣西教育出版社，1995 年。
　　②　需指出的是，花東中"狩"字作"𤞞""𤞷"狀，《字詞索引表》中所列字形"𤞷"或不見，或爲摹
本誤摹，應刪去。花東子卜辭中該字並非全作動詞用，也有作名詞者，如在 113（17）辭及 491 版中
應爲地名，而在 289（7）辭、363（1）（2）辭中則應爲名詞，指野獸。113（11）（14）辭中的"田"似也應
作地名。
　　③　裘錫圭：《説"玄衣朱襮裣"——兼釋甲骨文"虣"字》，載《文物》1976 年第 12 期。

（三）听

《花東》釋文中把該字隸作"斱"，謂此字是新出之字，誤。今隸定作
"听"，從徐寶貴、裘錫圭先生説[1]。在花東子卜辭中共三見：

　　（22）壬申卜：子往于田，从昔听？用。擒四鹿。一（《花東》35）

　　（23）辛酉卜：从昔听，擒？子占曰：其擒。用。三鹿。一二（《花
東》295）

　　（24）壬申卜：子其往于田，[从]昔听？用。一二（《花東》395＋
548[2]）

上述三辭中，第一、三兩辭同文，用字稍異。第二辭與一、三兩辭似乎
應爲異日卜同事。辭中的"听"，姚萱女士在《初步研究》中認爲從字形和辭
例方面看，它是一個與田獵有關的動詞，可信[3]。

（四）戈

該字从戈从豕，用戈擊豕之意至爲明顯，《花東》釋文作"戈"，我們認爲
這是兩個不同的字，《初步研究》已辨之。花東中"戈"字亦三見：

　　（25）叙人戈于，若？一（《花東》113）

　　（26）□卜，在𝔛京：迆戈[大]獸□□？[用]。
　　　　□[迆]戈[大]獸☒。（《花東》363）

《花東》認爲該字表搏擊意，可從。在上述例（26）一版中，所搏擊的對
象是"大獸"，這在花東之外的卜辭中十分罕見。

（五）𦥯

該字在花東之外的卜辭中未見，爲花東這批材料中出現的新字形，僅

---

　　①　裘錫圭：《説"𠃜凡有疾"》，載《故宮博物院院刊》2000 年第 1 期。
　　②　黄天樹、方稚松：《甲骨綴合九例》第 8 例，原載中國文字學會、河北大學漢字研究中心編
《漢字研究》第 1 輯，學苑出版社，2005 年，後收入黄天樹主編《甲骨拼合集》第 77 則，學苑出版社，
2010 年。
　　③　黄天樹先生認爲花東中該字與其前面的"昔"字也可能整個作地名。參看黄天樹《黄天樹
古文字論集》第 262 頁脚註①，學苑出版社，2006 年。

一例：

(27)丁卯卜：子其往田，從阣西狳，邁獸？子占曰：不三，[其]一。
孚。二三(《花東》289)

該條卜辭中的"阣"是田獵地，"狳"在此應爲田獵過程中的動作。卜辭
貞問，花東主人"子"去田獵，如果從"阣"地之西"狳"，是否會遇到野獸？從
占辭和孚辭部分來看，確實遇到了。

最後我們談談花東中的"射"字。該字較多，共見18處，其中3處爲名
詞，餘皆爲動詞，如：

(28)己未卜，在𠚲：子其呼射告眔我南征，唯仄若？一二(《花東》
264)

(29)壬辰卜：子呼比射發族，若？一

壬辰卜：子呼射發𠭯取又車，若？一(《花東》416)

(30)甲午卜，在麗：子其射，若？一

甲午：弜射于之，若？一

己亥卜，在灘：子其射，若？不用。一

乙巳卜，在麗：子其射，若？不用。一

惠丙弓用射？一

丙午卜：子其射疾弓于之，若？一

戊申卜：惠疾弓用射隻？用。一(《花東》37)

(31)癸亥卜：子迺用丙吉弓射，若？一(《花東》149)

上述例(28)(29)兩版中的"射告""射發"分別是指私名爲"告"和"發"
的射手，這裏的"射"是個名詞。其餘諸版中的"射"均用爲動詞，但這些用
爲動詞的"射"的動作很少出現在花東子卜辭裏的田獵地中，而且都沒有擒
獲的記載，基本上都是貞問"射"是否"若"(順利)的。因此，我們認爲，花東
子卜辭中的"射"有可能並非田獵活動中的動作，而主要是指已經被程式化
或儀式化的動作，當與射禮有關(參第六章)，故而未將其列入花東所涉及
的田獵用詞中。

四、關於獵獲物

花東子卜辭中出現的獵獲物主要有豕、鹿、麇、狼、兕、隼等,如:

(32)乙酉卜:既呼卣,往敝,邁豕? 一二

(33)辛巳卜:子惠賈視用逐? 用。獲一鹿。一(《花東》259)

(34)辛未卜:擒? 子占曰:其擒。用。三麇。一二(《花東》234)

(35)辛丑卜:子妹其獲狼? 孚。一

辛丑卜:惠今逐狼? 一二

辛丑卜:于翌逐狼? 一二

辛丑卜:其逐狼,獲? 一

辛丑卜:其逐狼,弗其獲? 一(《花東》108)

(36)癸酉卜:子其擒? 子占曰:其擒。用。四麇、六兕。(《花東》395+548)

(37)戊申卜:惠疾弓用射隼? 用。一(《花東》37)

這些獵獲物也均是在花東子卜辭之外的其他組類卜辭中曾出現過的動物,兹不贅述。

五、關於狩獵參加者

花東子卜辭中涉及的狩獵參加者有三個層次:子、多尹、人[1]。花東子卜辭主人"子"親自參加狩獵的記録較多。如:

(38)乙酉卜:子又(有?)之队南小丘,其罴,獲? 一二三四五

乙酉卜:弗其獲? 一二三四五(《花東》14)

(39)癸酉卜:子其往于田,從𠭯,擒? 用。一(《花東》395+548)

上述例(38)中的兩辭正反對貞,卜辭貞問花東子家族的主人"子"去

---

① 此外,我們認爲儘管《花東》28、36、318、337、366 等版均有"丁(武丁)"涉河而"狩""往田"的記載,但依前文分析,這些辭中否定詞用"不、弗",因此,應理解爲是"子"在占卜、推測"丁"會不會涉河而狩,會不會去田獵,就像下級揣摩上級領導意圖一樣。所以這裹的"丁"不能算是花東子卜辭中狩獵活動的實際參加者。

“阹”地南邊的小丘田獵，如果設網來捕獸，是否會有所擒獲？例(39)貞問，“子”要是去田獵，從“卻”地是否會有擒獲？從用辭來看，有所擒獲。

甲骨卜辭中的“尹”是官職名，“多尹”應該是指多位“尹”。花東子家族的主人“子”曾呼令多尹去尋求“阹南豕”，如下例：

(40)壬辰：子夕呼多尹□阹南豕，弗遘？子占曰：弗其遘。用。一（《花東》352）

“夕”是夜晚的意思，“呼”爲呼令、呼召義，子夜晚時呼令多尹去尋求“阹南豕”，卜辭貞問是否會遇到野獸？從“子”作出的判斷來看，沒有遇到野獸。

(41)乙酉卜：子于暨丙求阹南丘豕，遘？一二三四

以人，遘豕？一二（《花東》14）

(42)戊午卜：我人擒？子占曰：其擒。用。在骨。一

戊午卜：弜擒？一（《花東》312）

上述兩例中均有“人”字，對照同版卜辭，我們可以推測出這裏的“人”當是參加狩獵活動的下層人員，可能由普通平民百姓或某族族人組成。其中例(41)第一辭是在乙酉這天舉行占卜，貞問“子”於第二天的“丙戌”日前往“阹”地南邊的山丘去獵豕，是否會遇到？第二辭貞問若要帶着人，是否會遇到豕？

最後，花東子卜辭中有一部分卜雨之辭，其中有些可能與田獵事有關，如前文提到的《花東》第10版第1、2、3諸辭。此外花東中還見有下述一版卜辭：

(43)丁卯卜：既雨，子其往于田，若？孚。一（《花東》244）

如果把該版與第35版“壬申卜：子往于田，從昔听？用。擒四鹿。／壬申卜：既呼食，子其往田？用”、第395版第8辭“癸酉卜：子其往于田，從刻，擒？用”作對比，顯然可以看出這裏“往于田”之“田”都是田獵之所。第244版大意是，在丁卯日貞問，下雨結束之後“子”要去田獵之所，會順利嗎？果然順利。大概因爲雨會影響田獵活動，故而占卜。

通過以上對花東田獵卜辭的探討，我們對這批非王卜辭材料所反映出

的殷商貴族"子"從事田獵活動的情況及其反映出的田狩禮儀式內容有了
一些認識。該"子"在田獵日的選擇上是有傾向性的,以辛、丁、壬、乙、戊五
日居多,尤以辛日最多。田獵活動的地點有些是專門的田獵區域,有些是
具有多種功能的綜合區域,有些則是以農事或祭祀等活動爲主的。在我國
殷商時代,若野獸在田間四處出沒,則它們對農作物的危害相當大,因此田
獵活動與農事活動息息相關。殷商時期頻繁的祭祀活動,無疑需要大批祭
牲,這些祭牲除專門豢養者、各地進貢者外,田獵所得也應該是一個重要
來源。

　　在我國史前時期,由於受到萬物有靈觀念的支配,先民們往往在田獵
活動進行的前後祭祀神靈,以祈求神靈保佑獵獲豐盛或酬謝神靈的佑助。
在許多民族中,這些原始風俗至今仍尚存孑遺[1]。傳世文獻中多見周代田
獵前後舉行的祭祀活動,如《詩經·小雅·吉日》:"吉日維戊,既伯既禱。"
毛傳:"伯,馬祖也。重物慎微,將用馬力,必先爲之禱其祖。禱,禱獲也。"
曹建墩先生認爲,依據毛傳,這是在田獵前禱祭馬祖祈求多獲[2]。殷商時
期田獵活動的前後,也應該有祭祀等活動,或爲求祖神保佑有所獲,或爲獵
獲後的慶祝等,如《合集》32680(歷一類)"丁卯,貞:其告于父丁其狩,一
牛?"所以田獵活動與祭祀活動的關係亦密切相關。

　　後世田狩之禮開始的時候往往有大蒐之禮。有關周代大蒐之禮的程
式主要見於《周禮》《穀梁傳》《詩經》毛傳等傳世文獻中,尤以《周禮》中所載
最爲詳細。如《周禮·夏官·大司馬》中說:

　　　　中冬,教大閱。前期,群吏戒衆庶,修戰法。虞人萊所田之野爲
　　表,百步則一,爲三表,又五十步爲一表。田之日,司馬建旗於後表之
　　中,群吏以旗物、鼓、鐸、鐲、鐃各帥其民而致。質明弊旗,誅後至者,乃
　　陳車徒,如戰之陳,皆坐。群吏聽誓於陳前,斬牲以左右徇陳,曰:"不
　　用命者,斬之!"中軍以鼙令鼓,鼓人皆三鼓。司馬振鐸,群吏作旗,車
　　徒皆作,鼓行,鳴鐲,車徒皆行,及表乃止。三鼓,摝鐸,群吏弊旗,車徒
　　皆坐。又三鼓,振鐸,作旗,車徒皆作。鼓進,鳴鐲,車驟,徒趨,及表乃
　　止,坐、作如初。乃鼓,車馳,徒走,及表乃止。鼓戒三闋,車三發,徒三

---

①　林惠祥:《文化人類學》第90頁,商務印書館,1991年。

②　曹建墩:《先秦禮制探賾》第140頁,天津人民出版社,2010年。

刺，乃鼓退，鳴鐃，且却，及表乃止，坐、作如初。遂以狩田，以旌爲左右和之門，群吏各帥其車徒以叙和出，左右陳車徒，有司平之。旌居卒間以分地，前後有屯百步，有司巡其前後。險野人爲主，易野車爲主。既陳，乃設驅逆之車，有司表貉於陳前。中軍以鼙令鼓。鼓人皆三鼓，群司馬振鐸，車徒皆作，遂鼓行，徒銜枚而進。大獸公之，小禽私之，獲者取左耳，及所弊，鼓皆駴，車徒皆噪。徒乃弊，致禽饁獸於郊。入獻禽以享烝。

根據學者的研究，除傳世文獻外，出土文獻中也有關於大蒐禮的記載。如：

　　廿四年正月甲寅以來，吏行田贏□□□。（《龍崗秦簡》）
　　而輿較（?）疾驅入之。（《龍崗秦簡》）[1]

這大概就是周代時秦國舉行大蒐禮的記録。對於前面一語，胡平生先生説：“'行田'即行獵，是進行田獵的意思。”對於後面一語，胡先生認爲：“此簡似乎是關於進行田獵活動的律文，大意是：田獵的車輿迅速將野獸追入包圍圈，野獸未能逃跑，應儘快將其分隔開來。”[2]這種大蒐禮原本就是以田獵之名舉行的軍事演習。殷墟王卜辭中的田狩活動往往帶有軍事操練的性質，陳戍國先生認爲，殷商王公常常率領“衆人”外出行獵，或許也有一個檢閲的場面[3]。花東子卜辭作爲非王卜辭，其主人“子”也要參與商王主導的對外戰事的，故子所進行的田獵活動或也帶有某種操練性質。

---

① 劉信芳、梁柱：《雲夢龍崗秦簡》，科學出版社，1997年。
② 胡平生：《雲夢龍崗秦簡考釋校證》，收入《簡牘學研究》第1輯，甘肅人民出版社，1997年。
③ 陳戍國：《中國禮制史·先秦卷》第185頁，湖南教育出版社，2002年。

第六章　花東子卜辭與殷商射禮研究

　　射禮起源於田獵，它是對射箭活動進行禮儀化和規範化的禮儀程式。楊寬先生指出，古人常常借助狩獵活動進行軍事訓練和演習，後來發展成爲大蒐禮和射禮①。在我國古代，"射"爲六藝之一，是貴族子弟必須掌握的基本才能。這在先秦文獻中有明確記載，如《周禮·地官·保氏》載："（保氏）養國子以道。乃教之六藝：一曰五禮，二曰六樂，三曰五射，四曰五馭，五曰六書，六曰九數。"射禮，作爲一項重要的禮儀活動，對我國整個古代社會影響都較爲深遠。因此，傳世典籍中對於射禮也多有記載，尤其是三禮中。從這些記載來看，兩周時代射禮最爲盛行，那時貴族們所舉行的"射禮"共有四種：鄉射、大射、燕射和賓射。其中，鄉射是由鄉大夫和士在鄉學中行鄉飲酒禮之後舉行的，大射是天子或諸侯會集臣下在大學舉行的，燕射是大夫以上貴族在行燕禮之後舉行的，賓射是爲招待貴賓而舉行的②。

　　那麼這種盛行於兩周又對後世影響較爲深遠的射禮究竟起源於何時呢？據唐孔穎達《禮記正義》卷六十二《射義》載：

　　　　名曰《射義》者，以其記燕射、大射之禮，觀德行取於士之義。……其射之所起，起自黃帝，故《易·繫辭》黃帝以下九事章云：古者弦木爲弧，剡木爲矢。弧矢之利，以威天下。又《世本》云：揮作弓，夷牟作矢。注云：揮、夷牟，黃帝臣。是弓矢起於黃帝矣。《虞書》云：侯以明之。是射侯見於堯舜，夏殷無文，周則具矣。

　　其中"射侯見於堯舜"一語明言"射禮"可以追溯至堯舜時期。但是這種説法並無確證，治禮學者在研究射禮時大多是從西周以後開始談起。在《論語·爲政》中有孔子和他的弟子子張的一段對話：

　　　　子張問：十世可知也？

---

　　①　楊寬：《西周史》第716～741頁，上海人民出版社，1999年。
　　②　楊寬：《西周史》第716頁，上海人民出版社，1999年。

子曰:殷因於夏禮,所損益,可知也;周因於殷禮,所損益,可知也。
其或繼周者,雖百世,可知也。

"周因於殷禮",按照孔子的觀點,周禮只是在殷商的基礎上有所繼承
而又有些發展而已。可惜的是,傳世文獻中罕見記載殷禮者。近年來,地
下出土文字材料越來越受到學術界重視。在傳世文獻材料不多的情況下,
地下出土文字材料往往就能夠彌補史料不足的缺憾。殷墟甲骨文和金文
的出土,極大地開闊了我們的視野。據甲骨文材料並參照殷商金文材料,
可知殷商時期確實已經有了射禮。

對花東子卜辭中反映出的射禮進行過研究的學者有宋鎮豪、韓江蘇等
先生[①]。下文就以他們的研究工作爲基礎,對這一問題再進行一些論述和
探討。

一、射禮儀式的舉行地點

據傳世文獻記載,西周時期的鄉射禮和大射儀都是在學校中舉行
的,如:

豫則鉤楹内,堂則由楹外。(《儀禮·鄉射禮》)

鄭玄注曰:"今言豫者,謂州學也。讀如成周宣榭災之榭,《周禮》作
序。"又曰:"今文'豫'爲'序'。"清人吳廷華曰:"當依今文作'序',謂州序
也。"堂,元人敖繼公曰:"即庠也,鄭氏以爲鄉學,是也。"庠、序,都是指古代
的學校,如《孟子·滕文公上》:"設爲庠序學校以教之。庠者,養也;校者,
教也;序者,射也。夏曰校,殷曰序,周曰庠;學則三代共之,皆所以明人倫
也。"楊天宇先生把"豫則鉤楹内,堂則由楹外"譯爲"如果是在州學序中舉
行射禮,那就要繞到西楹内側再折向東行;如果是在鄉學庠中舉行射禮,那
就要從西楹外側向東行"[②]。可見,周代由鄉大夫和士參與的鄉射禮是在

---

① 宋鎮豪:《從花園莊東地甲骨文考述晚商射禮》,原載臺灣東海大學中文系編《甲骨學國際
學術研討會論文集》,2005年。又載於《中國歷史文物》2006年第1期;韓江蘇:《殷墟花東H3卜
辭主人"子"研究》第362~410頁,綫裝書局,2007年;韓江蘇:《從殷墟花東H3卜辭排譜看商代學
射禮》,載《中國歷史文物》2009年第6期。
② 楊天宇:《儀禮譯注》第166頁,上海古籍出版社,1994年。

地方學校即鄉學中舉行的。

　　　　君國中射，則皮樹中，以翿旌獲，白羽與朱羽糅。於郊，則閭中，以旌獲。（《儀禮·鄉射禮》）

　　鄭玄注："國中，城中也，謂燕射也；於郊，謂大射也，大射於大學。"《禮記·王制》："大學在郊。天子曰辟雍，諸侯曰頖宮。"《禮記·射義》："天子將祭，必先習射於澤。……已射於澤，而後射於射宮。""澤"即辟雍周圍的水池，"射宮"即中間高地上廳堂式的建築，故這裏的"澤"和"射宮"，當即辟雍[1]。《白虎通·辟雍》："大學者，辟雍，鄉射之宮。"可見周代天子在辟雍舉行的射禮即大射，大射儀與鄉射禮同樣都是在學校舉行的，只是由天子或諸侯參與的這種高級射禮是在大學中舉行的。

　　西周金文中記載射禮的材料較多，如"王在周新宮，在射廬"（《師湯父鼎》）、"懿王在射廬"（《匡卣》）、"丁卯，王令靜司射學宮，小子𫝆服𫝆小臣𫝆夷僕𫝆學射"（《靜卣》）、"雩若翌日，在辟雍，王乘於舟，爲大禮。王射大龏禽"（《麥方尊》）等。這些西周銘文表明，王室貴族子弟習射是在"射廬"和"學宮"等場所。"射廬"可能是文獻中"射宮"，周王室的射廬是設在宗廟之中的[2]。《靜卣》中提到的"學宮"即大學，在辟雍。《靜卣》記載的是周王命令靜司職學宮射事。

　　可見周代的鄉射禮和大射儀是在學校或宗廟中舉行的，那麼殷商時期的射禮又是在什麼地方舉行的呢？

　　《合集》39460屬於黃類，其上有"■"，金祥恒先生認爲此"乃象祭祀射牲之圖畫文字"，圖中房屋建築乃"宗廟之象。圓頂重屋，覆之以茅""本片之圖繪文字，真可説明'射牲'之禮"[3]。宋鎮豪先生可能也同意金先生圖畫文字之説，只是他認爲"此屋殆同如'射宮''射廬'一類射禮舉行場所的建築設施"[4]。唐蘭先生則把圖片中"射"上面一字釋爲"豪"[5]。《説文·希部》："羲，豕，鬣如筆管者，出南郡。从希，高聲。豪，籀文从豕。"豪字，从希

　　① 楊寬：《西周史》第723頁，上海人民出版社，1999年。
　　② 《禮記·射義》孔疏曰："其射宮，天子則在廟也。"
　　③ 金祥恒：《甲骨文躲牲圖説》，載《中國文字》第20册，1966年。
　　④ 宋鎮豪：《從花園莊東地甲骨文考述晚商射禮》，原載臺灣東海大學中文系編《甲骨學國際學術研討會論文集》，2005年。又載於《中國歷史文物》2006年第1期。
　　⑤ 唐蘭：《甲骨文自然分類簡編》第167頁，山西教育出版社，1999年。

高省聲①。這種觀點顯然與金、宋兩位先生的觀點有别。若依此説,則不存在宗廟之象或射宫之象了。

甲骨文中有"𠂤"字,見於下述兩版卜辭:

(1)大乙事,王饗于𠂤?

弜饗于之,若? (《合集》27124,無名類)

(2)王各☑从小𠂤☑。

弜从? (《合集》27818,無名類)

"𠂤"字,學者或以爲其下部从耳,從而釋其爲"庭",非是。鍾柏生先生認爲其下部實際上从射,該字應隸定作"𡗗",釋作"榭"②。《爾雅•釋宫》:"闍謂之臺,有木者謂之榭。"郭璞注"榭"曰:"臺上起屋。"郝懿行疏:"榭者,謂臺上架木爲屋,名之爲榭。"《尚書•泰誓》:"惟宫室臺榭。"孔安國傳:"土高爲臺,有木曰榭。"在鍾説的基礎上,宋鎮豪先生認爲榭似指與祭祀相關的行射禮之宫③。宋先生的説法可能是正確的。在上舉兩版辭例中,例(2)辭殘或過於簡略,無法得知其占卜大意。依鍾柏生先生觀點,例(1)係貞問"爲了進行大乙祭祀之事,王在𡗗舉行饗祭是否合適"。因此,這兩版儘管都有"榭"字,但實際上對我們探討殷商射禮作用並不大。據此,我們僅能知道那個時期的射禮也會在高臺上的建築物中舉行而已。

無名類卜辭主要是康丁(或上及廩辛之世)至武乙、文丁之交的占卜記録。在時代屬於武丁時期的花東子卜辭中,也有反映了射禮舉行的地點的相關資料,如:

(3)戊子卜,在麗:子其射,若? 一

戊子卜,在麗:子弜射于之,若? 一(《花東》2)

(4)己亥卜,在滩:子☑。二

弜射于之,若? 二(《花東》7)

(5)甲午卜,在麗:子其射,若? 一

甲午:弜射于之,若? 一

---

① 黄天樹:《黄天樹古文字論集》第 282 頁,學苑出版社,2006 年。

② 鍾柏生:《釋"𠂤"》,載《中國文字》新 17 期,臺灣藝文印書館,1993 年。

③ 宋鎮豪:《從花園莊東地甲骨文考述晚商射禮》,原載臺灣東海大學中文系編《甲骨學國際學術研討會論文集》,2005 年。又載於《中國歷史文物》2006 年第 1 期。

己亥卜，在灘：子其射，若？不用。一

乙巳卜，在麗：子其射，若？不用。一（《花東》37）

（6）乙未卜：子其往阹，獲？不籠。獲三鹿。一

乙未卜：子其往于阹，獲？子占曰：其獲。用。獲三鹿。二（《花東》288）

（7）戊戌卜，在浮：子射，若？不用。一

戊戌卜，在浮：子弜射于之，若？一

己亥卜，在灘：子其射，若？不用。一

弜射于之，若？一（《花東》467）

從上述五版卜辭中的用辭和驗辭部分來看，花東主人"子"似僅曾在阹地舉行射禮。麗地，我們不清楚戊子、甲午這兩天"子"是否在這裏舉行了射禮，因爲在上述例（3）以及例（5）前兩辭中均不見用辭。但至少從例（5）第四辭可以看出，乙巳這天沒有在麗地舉行射禮。灘地，上述例（4）（5）（7）三版都曾貞問己亥這天"子"是否在這裏舉行射禮？但最終沒有選擇舉行。浮地，例（7）前兩辭在戊戌這天曾貞問是否在該地舉行射禮，但同樣沒有選擇舉行。有必要指出一點，即使花東主人"子"沒有選擇在"麗""灘""浮"三地舉行射禮活動，但是既然花東子家族能如此貞問，至少也可以説明這三個地方有舉行射禮的場所。這樣看來，在"阹""麗""灘""浮"四個地方都設有舉行射禮的場所。那麼，這四地的性質究竟屬於什麼？

阹地，在花東子卜辭中爲田獵地，請看花東中其他一些含有阹地的辭例：

（8）乙酉卜：子又（有？）之阹南小丘，其罘，獲？一二三四五

乙酉卜：子于翌丙求阹南丘豕，遘？一二三四

遘阹鹿？子占曰：其遘。一二（《花東》14）

（9）丁卯卜：子其往田，从阹西狩，遘獸？子占曰：不三，［其］一。孚。二三（《花東》289）

（10）壬辰：子夕呼多尹囗阹南豕，弗遘？子占曰：弗其遘。用。一（《花東》352）

據常耀華、魏慈德等學者的研究①,在武乙文丁以前的王卜辭中,阺地也大多用作田獵區名。到武乙文丁之後,阺地不僅用爲田獵地,還可以用作祭祀地點②。"阺京"(《合集》8039、8040,賓三類)、"阺帚"(《合集》28245,無名類)等語,如同花東子卜辭中的"阺南小丘"一樣,説明阺地有地勢較高之處或阺丘上有建築物。

麗地,在花東子卜辭中除用作舉行射禮的地點外,主要用爲祭祀地點。這類例子較多,我們不再詳舉。不過,有個别辭例學者理解或許有誤,如:

(11)惠一羊于二祖用,入自麗? 一(《花東》7)

(12)己酉:歲祖甲牝一,歲[祖乙]牝一,入自麗? 一

庚戌:歲妣庚牝一,入自麗? 一(《花東》196③)

(13)辛巳卜:新駁于以,萑(舊)在麗入? 用。子占曰:奏艱。孚。
一(《花東》259)

上述例(13)的"萑"字,《花東》釋文前讀,今從《初步研究》讀其爲"舊"並後讀。前兩版卜辭中均有"入自麗"語,魏慈德先生認爲這表明麗地是"子經常涉足的地方"④。顯然魏先生是把花東主人"子"視爲"入自麗"的主語了。可是,結合最後一版卜辭來考慮,我們更傾向於把各辭祭祀用牲的牲名視爲"入自麗"的主語,即這些犧牲是由麗地貢納而來。

灘地,在花東子卜辭中也主要用爲祭祀地點,如:

(14)丙卜:子其往灘,蚊乃飲,于作呼皀酒來? 一

丙卜:子往灘? 曰有求(咎)。曰:往灘。一(《花東》16⑤)

(15)☑妣庚? 在灘。二三(《花東》257)

(16)乙卜:其又伐,于灘作,妣庚各? 一

乙卜:其又伐,于灘作,妣庚各? 二

---

① 常耀華:《殷墟甲骨非王卜辭研究》第257～260頁,綫裝書局,2006年;魏慈德:《研究》第93～94頁。

② 《合集》28247(《粹編》851)中有"其禱年于阺"語,《甲詁》第1290條按語認爲"阺"爲先公名,常耀華先生指出其爲祭祀地點。結合《合集》28245"其禱年于阺帚"考慮,常先生的説法可信。

③ 《花東》490、《花東》428＋561同文,綴合版參看蔣玉斌《殷墟子卜辭的整理與研究》第220～221、229、245頁,吉林大學博士學位論文,2006年。

④ 魏慈德《研究》第91頁。

⑤ 《花東》53同文但用詞稍異。

　　　　乙夕卜：歲十牛妣庚，礿嘼五？用。在瀧。一(《花東》276)

　　(17)戊卜：歲十豕妣庚？在瀧？一

　　　　戊卜：其呼口蚊豕于瀧？一二(《花東》284)

　　(18)乙夕卜：歲十牛妣庚于瀧？用。一

　　　　乙卜：于曌蚊妣庚口？在瀧。一(《花東》401)

　　(19)☒[庚]☒[牛]☒[子]瀧☒。(《花東》401)

　　花東主人"子"還曾到婦好處去迎接瀧地的多位族長，如：

　　(20)乙卜：其屮瀧多子于婦好？一(《花東》409)

　　湴地，在花東子卜辭中僅兩例，均是花東主人"子"在該地舉行射禮的記録，見上文例(7)第一、二辭。

　　綜上，阹、麗、瀧、湴四地或多用作田獵地名，或多用作祭祀地名，因此花東主人"子"在這些地方舉行與田獵、祭祀密切相關的射禮也是很自然的事情。"瀧""湴"二字，從字形來看，兩者都从水旁，説明它們當都位於水澤旁。阹、麗兩地，亦當在水澤原野處[①]。此外，阹地有地勢較高之處，或者阹丘上有建築物。這些都比較符合舉行射禮的條件。既然《孟子·滕文公上》明言："設爲庠序學校以教之。庠者，養也；校者，教也；序者，射也。夏曰校，殷曰序，周曰庠；學則三代共之，皆所以明人倫也。"可以推想，殷商時期的射禮也應該是在學校中舉行的。那個時期的學校，通常會建在水澤原野處。學校裏，應該有一處高地，其上"架木爲屋，名之爲榭"。

二、射禮儀式的參與者

　　在西周時期，貴族們所舉行的"射禮"共有"鄉射""大射""燕射"和"賓射"四種，而這四種禮儀的參與者是不同的。鄉射，參與者包括卿大夫、賓和衆賓(身份爲大夫或士)以及鄉學中的弟子。大射，參與者包括國君、賓

---

　　① 宋鎮豪：《從花園莊東地甲骨文考述晚商射禮》，原載臺灣東海大學中文系編《甲骨學國際學術研討會論文集》，2005年。又載於《中國歷史文物》2006年第1期。另，傳世文獻中有"天子將祭，必先習射於澤"(《禮記·鄉飲酒》)的記載，西周金文中亦有"射于大池"(《静簋》,《殷周金文集成》4273)的記録，這些都可以與甲骨文的記載相互印證。

和衆賓(身份爲公卿或大夫)①。燕射,參與者是指國君和與之燕飲的大臣。賓射,參與者是故舊朋友。

　　殷商時期,射禮活動的參與者又有哪些人呢? 由於材料的限制,殷商甲骨金文中能夠反映出射禮活動參與者的例子其實是很少的,如:

　　(21)甲寅,貞:又升歲,呼射?

　　弜呼射?(《合集》34306②,歷二類)

　　(22)□子卜,即[貞]:祖辛歲,惠多生射?(《合集》24141,出二類)

　　(23)[庚]寅卜,□[貞]:翌辛[卯]歲,惠多生射?(《合集》24143,出二類)

　　(24)辛卯卜,即貞:惠多生射?(《合集》24140,出二類)

　　(25)丙申,王逊于洹,獲。王一射,叙射三,率亡(無)濾(廢)矢。王令寢馗贶于作册般,曰:奏于庸。作母寶。(《作册般黿》)

　　例(21)~(24)爲殷墟王卜辭,這些卜辭可以反映出在殷商時期商王室舉行射牢禮的情況。例(21)"呼射"意爲呼令某人射,這表明"射"者不是商王,具體是哪個人或哪些人不明。例(22)(23)均是貞問舉行歲祭時,是否要有"多生"來射? 何爲"多生"? 卜辭中有"多生""多子"對貞的例子(《合集》27650,無名類),裘錫圭先生認爲"多生"與"百姓"同義,它應該是王族族人③。裘説可信。例(25)爲紀事銘文,器物鑄成年代在商晚期晚葉,約在帝乙、帝辛時代④。據銘文,"王逊于洹"是指商王到洹水參與競射之事。

　　綜上,從殷墟王卜辭以及殷商青銅銘文中所反映的射禮來看,其參與者有商王本人,有王族族人。衆所周知,就卜辭材料而言,除王卜辭外,還有一部分屬於非王卜辭。那麽,在非王卜辭中,射禮的參與者又是哪些人呢? 從上文例(3)~例(7)數例花東子卜辭來看,我們僅知道花東主人"子"參與了射禮。至於還有哪些人具體參與到了這些射禮中來,由於材料的限

---

　　①　依據金文記載,天子舉行的射禮叫做"大射"。不過,若依據《儀禮·大射》所記,諸侯之射也可以稱爲"大射"。《周禮·天官·司裘》載:"王大射,則共虎侯、熊侯、豹侯,設其鵠。諸侯,則共熊侯、豹侯。卿大夫,則共麋侯。皆設其鵠。"這樣看來,大射的主體涵蓋較廣,天子、諸侯、卿大夫皆可以行大射禮。

　　②　《合集》32406卜同事。

　　③　裘錫圭:《古代文史研究新探》第317~318頁,江蘇古籍出版社,1992年。

　　④　朱鳳瀚:《作册般黿探析》,載《中國歷史文物》2005年第1期。

制,目前我們還不得而知,推測至少或應有花東子家族之族人。

三、射禮的主要程式

據傳世文獻記載,西周時期,無論是鄉射禮還是大射儀,其主要程式都是三番射,即射手之間的三輪比射。以鄉射禮爲例加以説明。第一番射是由鄉學中的弟子們參加,由於這次比射時即使射中也只是揚旌唱獲,並不加統計不算勝負,因此這輪比射實際上側重於射的教練。第二番射,除鄉學中的弟子外,參加者還有主人、賓以及衆賓等。這次比賽,要統計射中數目分出勝負。這輪比賽結束後,失利的一方要飲酒以示懲罰,很明顯已經屬於比賽性質。第三番射,參加人員與過程基本上與第二番射相同,只是比賽之時要有音樂來伴奏。如果不按照鼓的節拍來射,即使射中也不能算計數。三番射結束後,還要進行"旅酬"活動,即參加射禮的人員在一起宴飲相互敬酒,從身份較高的人開始依次向下進酬酒。在酬酒過程中,也有音樂相伴。盡興告辭,當賓至堂下西階時,樂工奏《陔》。賓出大門,衆賓亦隨之出門,主人於大門外以再拜禮相送。第二天,賓要到主人家拜謝,緊接着主人要回拜①。可見,在周代整個射禮的舉行過程比較繁複。

(一)三番射

西周射禮的主要程式都是三番射,即射手之間的三輪比射。在花東子卜辭中,也有類似的記載,如:

> (26)乙巳卜,在麗:子其射,若? 不用。一
> 乙巳卜,在麗:子弜徲(遲)彝弓出日? 一
> 惠丙弓用射? 一
> 惠�弓用? 不用。一
> 丙午卜:子其射疾弓于之,若? 一
> 戊申卜:惠疾弓用射雈? 用。—(《花東》37)

"丙弓"是指丙地或丙族生産的一種善弓。宋鎮豪先生認爲例(26)中

---

① 楊寬:《西周史》第716～722頁,上海人民出版社,1999年;彭林:《中國古代禮儀文明》第150～157頁,中華書局,2004年。

的"丙弓""遲弓"和"疾弓"可能是指常規射、慢射和快射三種不同的射義，或三種不同的習射競技。他並指出："以'丙弓'、'遲弓'、'疾弓'三番射作爲競技規則，用弓暨弓法頗有講究。"①對於花東子卜辭所能反映出的三番射過程，由於受到材料的限制，我們的瞭解還十分有限，其具體競射詳情尚不能窺知。

（二）對競射行爲的評定

在西周金文中有"亡（無）廢矢"語。1993 年在河南平頂山薛莊鄉應國墓地 M242 中出土有柞伯簋，爲康王時期之物。柞伯簋簋内底鑄有銘文 8 行 74 字②：

惟八月辰在庚申，王大射在周。王令南宫率王多士，師魯父率小臣。王遲赤金十反（鈑），王曰："小子、小臣，敬又賢③獲則取。"柞（胙）伯十稱弓，無瀘（廢）矢。王則畀柞（胙）伯赤金十反（鈑），徦（誕）賜祝（祝）見。柞（胙）伯用作周公寶尊彝。

銘文中的"柞"字即文獻中的"胙"，該銘記載了胙伯參加周康王在宗周舉行大射禮的情況。銘文大意是説，在八月庚申這天，周王在鎬京舉行大射禮。周王命南宫率領王多士，師魯父率領小臣參與競射。周王陳列赤金十鈑作爲獎品，並説："小子、小臣，你們中恭敬而又射中次數多者可以取得這赤金十鈑。"胙伯十次舉弓，全部射中。周王於是把赤金十鈑獎給了胙伯，並且又賞賜給一些現場的樂器。胙伯因此鑄造寶簋祭祀其父周公，以示紀念。可以看出，在射禮中，胙伯之所以受到康王賞賜，就是因爲他"十稱弓"而"無廢矢"。

"無廢矢"語，亦可上溯至商末銅黿銘文，其辭曰："丙申，王逯于洹，獲。王一射，叙射三，率亡（無）瀘（廢）矢。王令寢䭬既于作册般，曰：奏于庸。

① 宋鎮豪：《從花園莊東地甲骨文考述晚商射禮》，原載臺灣東海大學中文系編《甲骨學國際學術研討會論文集》，2005 年。又載於《中國歷史文物》2006 年第 1 期。
② 王龍正、姜濤、袁俊傑：《新發現的柞伯簋及其銘文考釋》，載《文物》1998 年第 9 期。
③ "賢"字釋讀參看陳劍《柞伯簋銘補釋》，原載《傳統文化與現代化》1999 年第 1 期，後收入《甲骨金文考釋論集》，綫裝書局，2007 年。

作母寶。"(《作册般黿》)該銘記載商王到洹水競射之事。"攵"字,讀爲"贊"①,有贊佐、佐助義。"王一射,攵(贊)射三,率亡(無)灋(廢)矢"是指商王一射,佐助三射,(四射)全部中的没有一箭脱靶落地。從器物來看,銅黿頸部以及背部剛好被射入四箭。銘文所載與銅黿上箭數相合。宋鎮豪先生認爲"無廢矢"是"射禮場合班贊評論競射優勝的評語"②,其説可信。花東子卜辭中没有"無廢矢"之語,但有的辭例似乎正是表明"無廢矢"之意。如:

> (27)乙未卜:子其入三弓,若,侃? 用。一
> 乙未卜:子其往阞,獲? 不黿。獲三鹿。一
> 乙未卜:子其往于阞,獲? 子占曰:其獲。用。獲三鹿。二(《花東》288)

例(27)中第一辭"子入三弓"是指花東主人"子"在弓矢競射活動中獻納三把弓。在第二、三辭驗辭部分所説"獲三鹿",應該是用三把弓箭射獵所得,此正可謂全部中的即"無廢矢"。正因爲這個原因,上引宋鎮豪先生文認爲"不黿"可能是説無廢矢③。

(三)射禮與其他活動

周代射禮後會舉行"旅酬"活動,而據出土青銅銘文,商代射禮後也有頒功賞賜以及奏樂等活動,如上引例(25)中的"……王令寢馗既于作册般,曰:奏于庸……"(《作册般黿》)即是。此外,在殷商王室貴族之間有時會舉行一種射牢禮,這種射牢禮是在他們舉行祭祀先神前就要進行的④,也就是説舉行過射牢禮後便會舉行祭祖之禮。在射牢禮中進行的射牲行爲是

---

① 李學勤:《新出青銅器研究》第 111 頁,文物出版社,1990 年;李學勤:《作册般銅黿考釋》,載《中國歷史文物》2005 年第 1 期。

② 宋鎮豪:《從花園莊東地甲骨文考述晚商射禮》,原載臺灣東海大學中文系編《甲骨學國際學術研討會論文集》,2005 年。又載於《中國歷史文物》2006 年第 1 期。

③ 《花東》124 中既有"戊卜:子入二弓? /戊卜:二弓以子田,若? 一"辭,又有"戊卜:丙又二羊? 一/丙又? 一/弜又? 二/惠小豻一? 一"辭,宋鎮豪先生認爲"丙又二羊"與"子入二弓""二弓以子田"三辭同卜,這是説子是否以二弓參加田獵競射,又是否能用丙弓射獲二羊。如果宋先生此説可信,這也是子參與射禮而"無廢矢"之例。不過,我們仍傾向於這裏的"丙"是指丙日,"又"用爲祭名,而"羊"用爲祭牲。

④ 陳戍國:《中國禮制史·先秦卷》第 196 頁,湖南教育出版社,2002 年。

爲祭祀之用。如：

(28)呼射麀,獲？

☑貞:☑酓☑。(《合集》10276,典賓類)

(29)貞:侑于☑。

☑射☑獲☑。(《合集》10692反,賓出類)

(30)貞:毋射？

貞:惠牛？(《合集》24222,出二類)

(31)其射二宰,惠伊？(《合集》32801,歷二類)

(32)祖乙升歲,其射？吉。

弜射？大吉。(《屯南》1088,無名類)

(33)祝上甲☑羊？

惠勿(物)牛？

射？

弜射？(《合集》27060,無名類)

例(30)第一辭貞問不要射牲嗎？第二辭貞問要用牛嗎？例(31)貞問大意是,是否要射二宰來祭祀伊尹？例(32)貞問大意是,對祖乙舉行升祭和歲祭,是否要"射牲"？例(33)前兩辭貞問祭祀上甲要用什麼祭牲,後兩辭貞問是否要爲祭祀而射牲？

射牢禮,後世文獻中有不少的記載。如《周禮‧夏官‧射人》:"祭祀,則贊射牲。"《夏官‧司弓矢》:"凡祭祖,共射牲之弓矢。"《國語‧楚語》:"天子禘郊之事,必自射其牲,王后必自舂其粢;諸侯宗廟之事,必自射牛,刲羊、擊豕,夫人必自舂其盛。"這是周代舉行射牢禮的記載。周代以後射牢禮依然存在,如《後漢書‧禮儀志中》:"立秋之日,自郊禮畢,始揚威武,斬牲於郊東門,以薦陵廟。其儀:乘輿御戎路,白馬朱鬣,躬執弩射牲,牲以鹿麛。太宰令、謁者各一人,載以獲車,馳送陵廟。於是乘輿還宮,遣使者齎束帛以賜武官。武官肄兵,習戰陣之儀、斬牲之禮,名曰貙劉。"《後漢書‧祭祀志中》:"立秋之日……使謁者以一特牲先祭先虞於壇,有事,天子入囿射牲,以祭宗廟,名曰貙劉。"《魏書‧禮志一》:"常以九月、十月之交,帝親祭,牲用馬、牛、羊,及親行貙劉之禮。"清代趙翼《擬秋獮應制》詩:"九天秋肅貙劉信,萬帳宵嚴虎衛兵。"

楊樹達先生曾指出:"甲文有射牢之文,知周之射牲亦因於殷禮也。"①
不過,有學者認爲商代的射牢禮也是商王親自射殺禽獸,這是不對的。與
周王親自射殺禽獸以祭祀不同,商王有時候是呼令其他人來射牲以祭
的。如:

    (34)癸丑,[貞]:又升[歲]于大乙,呼射?

    弜呼射?(《合集》32406②,歷二類)

    (35)其呼盧御史霝射,又正?(《合集》32969,無名類)

    (36)惠戍射,又正?(《合集》28080,無名類)

    (37)一牢?

    又羌?

    弜又?

    惠戈人射?(《合集》32130+《英國》2416③,歷二類)

"呼射",即呼令某人來參加射禮。例(34)貞問大意是,要對大乙舉行
祭祀了,是否要呼令某人來射牲?"又正"語,一般都出現於祭祀卜辭中,因
此例(35)"呼盧御史霝射"是指呼令"盧御史霝"④這個人來射牲。例(36)
是貞問如果由"戍"⑤來射牲,是否合適?例(37)貞問是否由"戈人"來射牲?

    (38)癸未卜:其令⑥?

    弜令?

    癸未卜:惠侯射? 一

    甲申卜:其? 一

    乙酉卜:丁亥易日? 一

---

① 楊樹達:《積微居甲文説·卜辭瑣記·射牢》,中國科學院出版社,1954年。

② 《合集》34306卜同事。

③ 蔡哲茂:《甲骨綴合集》第145組,臺灣樂學書局有限公司,1999年。另,《合集》33002與
此同文。

④ 無名類卜辭中有"盧方伯灘"(《屯南》667),這裏的"盧"是國族名,"方"爲"方國"之義,
"伯"爲爵稱,"灘"爲私名,即"某方"的首領,爵稱爲"伯",名字叫作"某"的人,參看趙鵬《殷墟甲骨
文人名與斷代的初步研究》第63頁,綫裝書局,2007年。對比"盧方伯灘",我們認爲"盧御史霝"是
指盧國私名爲"霝"的御史。

⑤ 戍是武官名,參看《屯南》第1002頁,以及陳夢家《殷虚卜辭綜述》第515~517頁,科學出
版社,1956年。

⑥ 本版"令"字所釋,蔡哲茂説。參看林宏明《小屯南地甲骨研究》第269頁脚註2,臺灣"國
立"政治大學中國文學系九十一學年度博士學位論文,2003年。

不易日？ —(《屯南》771,無名類)

對比上述例(36)中"惠戍射"、例(37)中"惠戈人射"等語,例(38)中的"惠侯射"之侯或是侯伯之統稱。本版前兩辭貞問是否"令",那麽第三辭"惠侯射"之"侯"進行"射"或是商王呼令其這樣來做的。這裏的"惠侯射"可能仍然屬於射牢之禮。另,本版"丁亥易日""不易日"之卜,可能是因爲能否舉行射禮與天氣情況也有密切關係。

從花東子卜辭射禮材料來看,射禮舉行的前後都有"享祭先祖"之禮,而且這些"享祭先祖"之禮與射禮都不是在同一天舉行的,往往是在第二天甚至幾天後才舉行。可見,花東子卜辭中的"射牢禮"與前文所述射牢禮明顯有別,即這種射牢禮射殺禽獸之目的可能並不是爲了將要舉行的祭祖之禮,如(爲便於考察,我們把整版刻辭全部錄於下):

(39)丁酉:歲祖甲牝一、豞一,子祝？ 在麗。 —
牝？ 二
二①
惠一羊于二祖用,入自麗？ 一
己亥卜,在灘:子☒。 二
弜射于之,若？ 二
庚子卜,在我:[祖]☒。 一
丁未卜:新馬其于賈視,右用？ 一
丁未卜:新馬于賈視,右不用？ 一
乙卯夕卜:子弜往田？ 用。 一
乙卯夕卜:子弜飲？ 用。 一二②(《花東》7)
(40)癸酉卜:惠勿(物)牡歲甲祖？ 用。 一
癸酉卜:惠勿(物)牡歲甲祖？ 用。 二
己卯卜:子見晌以琡丁？ 用。 一
以一豞見丁？ 用。 一

---

① 第(2)(3)兩辭的刻寫並不緊挨第一辭,《求疵》認爲這三辭均是對祖甲祭祀用牲的占卜,只是第(2)(3)兩辭省略特別多而已。第(1)辭"子祝？ 在麗"部分,《花東》釋文中先讀"在麗",今亦從《求疵》改之。

② 該辭兆序字爲我們所補。

癸巳卜：子穑，惠白璧肇丁？用。一

甲午卜，在麗：子其射，若？一

甲午：弜射于之，若？一

丁酉：歲祖甲牝一，叙毘一？在麗。一

惠牝又毘甲祖？一①

丁酉：歲祖甲牝一，叙毘一？在麗。二

己亥卜，在漁：子其射，若？不用。一

甲辰：歲妣庚牝一，叙毘？在麗。二

甲辰：歲祖甲牡一、牝一？在麗。三

乙巳卜，在麗：子其射，若？不用。一

乙巳卜，在麗：子弜徉（遲）彝弓出日？一

惠丙弓用射？一

惠丙弓用？不用。一

丙午卜：子其射疾弓于之，若？一

戊申卜：惠疾弓用射雀？用。一

壬子卜：子以婦好入于狀，肇琡三，往瀿？一二

壬子卜：子以婦好入于狀，子呼多賈見（獻）于婦好，肇紵八？一

壬子卜：子以婦好入于狀，子呼多禦正見（獻）于婦好，肇紵十，往
瀿？一二三四五

癸丑卜：歲食牝于祖甲？用。二

乙卯卜：惠白豕祖乙？不用。一

乙卯：歲祖乙牝，叙毘一？一

惠三人？一②（《花東》37）

(41)甲午：歲祖甲牝一，叙毘一，□祝大牝一？一二二

---

　　① 《花東》釋文中本辭置於"己亥"一辭後，或不妥。無論從內容上還是從在龜版上的位置等
方面來看，本辭均應置於"丁酉：歲祖甲牝一，叙毘一？在麗。一"一辭後。
　　② 宋鎮豪先生認為"惠三人"是指三人競射得中，從而把該辭置於"戊申卜：惠疾弓用射雀？
用。一"後，參看宋鎮豪《從花園莊東地甲骨文考述晚商射禮》，原載臺灣東海大學中文系編《甲骨
學國際學術研討會論文集》，2005年。又載於《中國歷史文物》2006年第1期。考慮到其他卜辭中
有"翌丁未用十人于丁，卯一牛"（《合集》828正，典賓類）、"不其降晋千牛、千人"（《合集》1027正，
賓一類）之例，即"人"可以作祭牲，再結合本辭在《花東》37版上的刻寫位置，故這裏仍從《花東》釋
文，把"惠三人"看作祭祀卜辭。

己亥卜：惠今夕再𪓐屮，若，侃？用。一

己亥卜：子夢人見（獻）子𪓐，亡至艱？一

丁未卜：其禦自祖甲、祖乙至妣庚，曶二牢，麥（來）自皮鼎酒興？用。一二三

于麥（來）自伐逤蚊牝于祖甲？用。一

庚戌卜：雨禦宜，翌日壬子延酒，若？用。一①

庚戌卜：子于辛亥告亞休，若？用。一

辛亥卜：子告有口疾妣庚，亡曶☐？一二

甲寅：歲白豭？一

甲寅：歲祖甲白豭，汉邕一，又皀？一

癸亥卜：子迺用丙吉弓射，若？一

甲戌：歲祖甲牢、幽鷹，祖甲侃子？用。一二（《花東》149）

（42）子肩未其𢀖？一

戊戌卜，在汼：子射，若？不用。一

戊戌卜，在汼：子弜射于之，若？一

己亥卜：在灘，子其射，若？不用。一

弜射于之，若？一

庚子卜，在［我］：祖☐其𥄕鷹？一

唯𥄕鷹子？不用。一

戊卜：惠邵呼勾？不用。二

戊申卜：惠麟呼勾［馬］？用。在麗。二二②

惠𩰬呼勾？不用。一

惠𩰬呼勾？不用。二（《花東》467）

　　例（39）子是在"己亥"這一天在灘地舉行射禮的，前兩天的"丁酉"日就已經在麗地舉行過對祖甲、祖乙（即二祖）的祭祀，後一天的"庚子"日又在我地舉行了對先祖的祭牲。例（40）情況更爲複雜，子先在"癸酉"日用劇殺雜色公牛的方式祭祀甲祖（即祖甲倒文），其後在第二十二天的"甲午"日於麗地舉行射禮，隔兩天後又於"丁酉"日還是在麗地用"牝（或𡝫）"外加

---

① 本辭釋讀可以參看《初步研究》第271頁。
② 《花東》釋文中兆序字爲"一二三"，非是。

“凸”來祭祀祖甲，又隔一天“己亥”日占卜，是否於灘地舉行射禮，但從用辭來看，此卜並沒有被施用①。“己亥”後的第六天“甲辰”日在麗地對祖甲和其配偶妣庚舉行祭祀。從“甲辰”次日“乙巳”開始到第五天“戊申”日連續貞問花東主人“子”舉行射禮的有關情況。“戊申”後第六天“癸卯”日以及第八天“乙卯”日又分別貞問對祖甲和祖乙的祭祀情況。例（41）舉行射禮是在“癸亥”日，而在該日前的第十日“甲寅”，其後第十二日“甲戌”，都有對祖甲的祭祀。例（42）在“戊戌”日於浮地貞問要不要舉行射禮，第二日“己亥”又在灘地接着貞問要不要舉行射禮②。又於“己亥”的第二天“庚子”日在我地占卜要不要祭祀某位先祖。

　　花東子卜辭中，射禮活動舉行前後不僅有祭祀祖先的活動，也有不少貢納、田獵等活動。例（39）“丁未卜：新馬其于賈視，右用？一／丁未卜：新馬于賈視，右不用？一”，例（40）“己卯卜：子見暊以琡丁？用。一／以一凸見丁？用。一／癸巳卜：子糳，惠白璧肇丁？用。一／壬子卜：子以婦好入于狀，肇琡三，往霝？一二／壬子卜：子以婦好入于狀，子呼多賈見（獻）于婦好，肇紣八？一／壬子卜：子以婦好入于狀，子呼多禦正見（獻）于婦好，肇紣十，往霝？一二三四五”，例（41）“己亥卜：惠今夕再琡屮，若，侃？用。一／己亥卜：子夢人見（獻）子琡，亡至囏？一”，例（42）“戊卜：惠卲呼勾？不用。二／戊申卜：惠騰呼勾［馬］？用。在麗。二二／惠辜呼勾？不用。一／惠辜呼勾？不用。二”，這些都屬於貢納記録。例（39）“乙卯夕卜：子弜往田？用。一／乙卯夕卜：子弜飲？用。一二”則屬田獵記録。

　　在傳統所謂的“射牢禮”中“射”的目的是射殺禽獸以祭祀神靈，可見這時射的活動是從屬於整個祭祀活動的，它只是祭祀活動中的一種殺牲方式而已。但在花東子卜辭中，僅從卜辭本身的内容來看，似乎看不出“射”的目的是爲了殺禽獸以祭祀，花東主人“射”的活動與其祭祀、征伐、貢納以及田獵等活動之間主次從屬之分也並不太明顯。這或是由於甲骨卜辭材料本身的零碎性而致。

---

　　① 可能占卜的結果是“不若”即“不順利”，所以子才沒有在灘地舉行射禮。

　　② 兩日卜問，其正卜一辭用辭部分都是“不用”，即該卜沒有被實施，可見花東主人“子”在這連續的兩天内都沒有舉行射禮。我們認爲之所以這樣，應該與“子肩未其𠦪”辭有關。該辭大意是，子患有肩疾，而且沒有痊癒。

第七章　花束子卜辭與殷商貢納禮研究

殷商貢納禮,是後世賓禮之濫觴。例如朝見禮儀,周代賓禮即是在殷商基礎上的增益與複雜化而形成的[①]。

就花束子卜辭而言,其中含有貢納材料者不少。由於這批卜辭的非王性質,其占卜主體是殷商貴族"子",故其中所反映出的商王、"子"及"子"的下級貴族三者之間的貢納、徵求與賞賜情況在當時應該具有一定的普遍性。

本章中我們主要通過對花束子卜辭相關辭條的梳理,對其中所反映的殷商後期貢納禮儀式內容情況作一探討,並對花束子卜辭中與貢納相應的徵求和賞賜情況作些討論[②]。這裏需要説明的是,對於花束記事刻辭中所體現出來的貢龜情況,劉一曼、曹定雲先生曾有《論殷墟花園莊東地 H3 的記事刻辭》一文[③],其中對花束記事刻辭及其貢龜情況進行了詳細討論,《初步研究》中又有所補充,故本文對此類貢納情況不再贅述。

一、花束子卜辭中與貢納、徵求、賞賜行爲有關的詞

花束子卜辭中與貢納、徵求、賞賜行爲有關的詞不少,尤其是動詞。主要有:

(一)入

卜辭中的"入"字用作"進貢"義時是個他動詞[④]。花束子卜辭中此類

---

① 朝見是古代重要的政治活動,如《白虎通·朝聘》中有言:"故諸侯朝聘,天子無恙,法度得無變更。"最盛大的朝見活動稱作"殷同",無論是傳世文獻(《周禮》),還是出土文獻(《保卣》《田卣》)中都有這方面的記載,參見連劭名《燕侯旨鼎銘文與周代的朝見禮》,載《文物春秋》2013年第2期。

② 本章部分内容刊於《中州學刊》2008年第5期。

③ 劉一曼、曹定雲:《論殷墟花園莊東地 H3 的記事刻辭》,收入王宇信、宋鎮豪、孟憲武主編《2004年安陽殷商文明國際學術研討會論文集》,社會科學文獻出版社,2004年。

④ 胡厚宣《武丁時五種記事刻辭考》,收入《甲骨學商史論叢初集》第3冊第50~52頁,上海書店,據齊魯大學國學研究所1944年版影印。

用法的“入”常見，下面僅列出三版中的辭例：

(1)壬卜：子其入鷹、牛于丁？　一（《花東》38）

(2)㪙、🅱其入于丁，若？　一（《花東》90）

(3)五十牛入于丁？　一

三十牛入？　一

三十豕入？　一

丙入肉？　一

弜入肉？　一（《花東》113）

　　例(1)是在貞問，子(指花東主人)要進貢“鷹”和“牛”於時王武丁嗎？例(3)中的前三辭爲一組選貞卜辭，卜辭貞問，五十頭牛進貢給武丁，還是三十頭牛進貢給武丁，抑或三十頭豕進貢給武丁？後兩辭爲一組正反對貞卜辭。卜辭是在貞問，丙日這天是否要進貢“肉”(給武丁)？

　　卜辭中的“入”字還可以用作自動詞，當“出入”“進入”講，這樣的例子亦常見，其中僅花東子卜辭中就有不少：

(4)不其狩，入商？　在🅱。　一（《花東》36）

(5)壬子卜：子以婦好入于狀，肇㪙三，往靈？　一二（《花東》37）

(6)庚卜：丁[入]告？　二（《花東》257）

(7)丁卯卜：子其入學，若，侃？　用。　一二三（《花東》450）

　　例(4)中的“入商”是指進入商地。例(5)中的“子以婦好入于狀”是指花東主人“子”帶領婦好進入狀地。例(6)中的“丁入告”是指時王武丁進入某場所而舉行告的儀式。例(7)中的“子其入學”是指花東主人“子”進入學校。

　　花東子卜辭中的“入”也可以用爲地名，如：

(8)乙卯夕：宜牝一？　在入。　一（《花東》97）

(9)丁丑卜：其彈于鼄，惠入人，若？　用。子占曰：毋有孚，雨。　一二三四五六七八

惠剌人呼先奏，入人迺往？　用。　一

惠剌人呼先奏，入人迺往？　用。　一二（《花東》252）

　　例(8)中的“在入”是指在入地，本辭是在乙卯這天夕時在入地舉行的

占卜。例(9)中的"入人"是指入地之人。

這裏需要指出的是,花東子卜辭中用作自動詞和地名的"入"字與本文所論用作他動詞的"入"字不同,下文討論時只依據他動詞"入"(其他動詞亦是)。

(二)來

卜辭中的"來"字大多用作自動詞,不過亦偶有用爲他動詞的例子。用作他動詞時,其義爲"進貢"[①]。花東子卜辭中"來"字雖然不多,但這兩種用法的例子都曾出現,如:

(10)丙卜:丁來視,子舞?—《花東》183)

(11)庚午:酚革妣庚二小宰,犾豐一?在犾,來自狩。—二(《花東》491)

兩辭中的"來"均用爲自動詞。其中例(10)貞問,時王武丁過來視察,花東主人"子"是否要舞?例(11)"在犾,來自獸"部分屬於附記的前辭,"在犾"是指占卜的地點是指"犾"地,"來自獸"意爲自狩獵場所歸來,這部分交代占卜舉行時的時間。

(12)庚申:歲妣庚牡一?子占曰:面□自來多臣殹?—《花東》226)

(13)甲寅卜:弜言來自西祖乙,口又伐?二(《花東》255)

兩辭中"來"似用爲他動詞。其中例(12)"自來多臣殹"是指自多臣處貢納來的"殹",例(13)"弜言來自西"是指不要用自西方貢納來的物品言祭祖乙。

(三)以

甲骨文中的"以"字,像人手提一物形,有"帶領""攜帶"以及"呈貢""致送"等義。請看花東子卜辭中的例子:

(14)辛丑卜:暨壬,子其以中周于犾?子曰:不其□。孚。一(《花

---

①　胡厚宣:《武丁時五種記事刻辭考》,收入《甲骨學商史論叢初集》第 3 册第 50～52 頁,上海書店,據齊魯大學國學研究所 1944 年版影印。

《東》108)

（15）辛亥卜：子以婦好入于狀？用。一（《花東》195）

兩例中的"以"爲帶領、率領、引領義。例（14）命辭部分貞問，第二天壬寅日花東主人"子"是否要帶領"中周"到"狀"地？例（15）貞問，"子"是否要引領"婦好"進入"狀"地？

（16）傳五牛酚發以生于庚？四（《花東》113）

（17）癸卯卜，在糞：發以馬？子占曰：其以。用。一二（《花東》498）

兩例中的"以"爲帶來、攜帶義。其中例（16）中的"發以生"是指"發"這個人帶來的祭牲，例（17）貞問"發"是否會帶來馬匹，"子"視兆後作出的判斷是會帶來。

花東子卜辭中也有個別"以"包含有呈貢、進獻義，如：

（18）戊辰卜：子其以磬妾于婦好，若？一二三四五

戠（待）？用。一二三四五

庚午卜：子其以磬妾于婦好，若？一二三

戠（待）？用。一二三（《花東》265）

上述一版卜辭中兩兩正反對貞。卜辭貞問，花東主人"子"如果進獻磬地之妾給婦好，是否會順利？

（四）獻

"見"字，甲骨文中原篆上從橫目，下從一跪坐人形。卜辭中還有上從橫目下從一直立人形者，《花東》釋文中亦釋爲"見"字。我們從裘錫圭先生將後者釋爲"視"字，前者仍爲"見"[①]。花東子卜辭中的"見"字較爲多見，而且幾乎全部用作貢納意義的動詞，讀爲"獻"，如：

（19）甲申卜：子其見（獻）婦好▨。一

甲申卜：子惠豕殺罘魚見（獻）丁？用。（《花東》26）

---

① 裘錫圭：《甲骨文中的見與視》，收入臺灣師範大學國文系、中研院歷史語言研究所編《甲骨文發現一百周年學術研討會論文集》，臺灣文史哲出版社有限公司，1999年。

(20)甲卜：呼多臣見(獻)曀丁？用。一(《花東》92①)

(21)己亥卜：子夢人見(獻)子郴，亡至艱？一(《花東》149)

(22)萬家見(獻)一。(《花東》226)

(23)庚寅：歲祖甲牝一，子雍見(獻)？一二三四

庚寅：歲祖甲牝一，子雍見(獻)？一(《花東》237)

例(19)第二辭貞問，花東主人"子"是否要把被擊殺而死的"豕"和"魚"一起獻給商王武丁？例(20)貞問，是否要呼令多臣把"曀"祭後的祭品獻給武丁？例(21)貞問，"子"夢到了有人獻給他郴，是否沒有不好的事情到來？例(22)爲記事刻辭，"萬家見(獻)一"是指"萬家"貢獻了一對龜版。

(24)乙卜，貞：二卜有咎，唯見，今有心敫，亡囚？一(《花東》102)

本辭中的"見"，疑應讀爲"現"，當"顯現"講，與讀爲"獻"義者有別。

(五)肇

在花東子卜辭之外的其他組類甲骨文中，"肇"字有"開啟""天晴""人名""先導"等多種用法。花東子卜辭中的"肇"字不算少，但上述用法均不見，如：

(25)癸巳卜：子䅨，惠白璧肇丁？用。一(《花東》37)

(26)□卜：惠三十牛肇丁？二(《花東》203)

(27)乙亥卜：吉祖乙乡宰、一牝，子亡肇丁？一

乙亥卜：吉祖乙乡牢、一牝，子亡肇丁？二(《花東》275+517)

(28)壬卜，在麗：丁曰：餘其肇子臣。允？一二(《花東》410)

上述例(25)~(27)中的"肇"應與"入""獻"近似，意思爲"貢納""進獻"。其中例(25)"惠白璧肇丁"意爲把白璧進獻給武丁，例(26)"惠三十牛肇丁"意爲把三十頭牛進獻給武丁。例(28)中的"肇"與"畀"(即見於同版第一辭)用法近似，有"給予""贈與""賜予"義②，卜辭大意是，武丁説到"我要賜給'子'臣"，是否是真的。可見花東子卜辭中的"肇"字既有"進獻"義，又有"賜予"義。

---

① 《花東》453 成套。

② 參看《花東》第 1574、1575 頁。

(六)畀

裴錫圭先生曾指出,甲骨卜辭裏的"畀"字,用法跟古書裏的"畀"字差不多,幾乎都是當"付與"講的①。考之於花東子卜辭,此說可信。

> (29)庚戌卜:其畀牆尹音,若? 一(《花東》178)
>
> (30)壬卜,在麄:丁畀子𨚸臣? 一二(《花東》410)
>
> (31)乙巳卜:有圭,惠之畀丁,珥五? 用。二(《花東》475)

"付與"可以包含兩個方面,即下對上,這時"畀"有"進獻"義;上對下,這時"畀"有"賞賜""賜予"義。例(30)"丁畀子𨚸臣"顯系上對下,是指武丁賞賜給花東主人"子"𨚸臣而言,例(31)"惠之畀丁"則顯係下對上,是指花東子家族把"圭"進獻給武丁而言。

(七)再

甲骨文中的"再"字,像用手提物之形。其本義可能爲"舉",有時包含"進獻"義。花東子卜辭中兩類含義的"再"均可見,如:

> (32)辛未卜:伯或再册,唯丁自征邵? 一(《花東》449)
>
> (33)乙亥:子惠白圭再用,唯子[見(獻)]? 一(《花東》193)
>
> (34)丙卜:惠子措圭用罘珥再丁? 用。一(《花東》203)
>
> (35)丙寅卜:丁卯子勞丁,再鬯圭一、珥九? 在𪊀,來狩自罘。一二三四五(《花東》480)

上述例(32)中的"再"用其本義,訓爲"舉"。其餘三例的"再"均爲"進獻"義,其中例(33)中的"再"還可與同辭之"獻"前後呼應。

(八)取

于省吾先生曾指出,自我叫取,自外叫來,送致叫氏②(即本節"以"字,筆者按)。朱鳳瀚先生對王卜辭中徵取物品用的"取"進行過較詳細的討論③,所論甚是。花東子卜辭中的"取"數量不多,僅有 9 例,除一版含義待

---

① 裴錫圭:《古文字論集》第 93 頁,中華書局,1992 年。
② 于省吾:《從甲骨文看商代的社會性質》,載《東北人民大學人文科學學報》1957 年第 2、3 期。
③ 朱鳳瀚:《商周家族形態研究》(增訂本)第 201~202 頁,天津古籍出版社,2004 年。

考外,其餘 8 例均用爲"徵取"義,如:

> (36)戊卜:子其取吳于夙,丁弗作? 一(《花東》39)
>
> (37)壬卜:子有求,曰:取紙受? 一二(《花東》286)
>
> (38)壬辰卜:子呼射發𠂤取又車,若? 一
>
> 癸巳卜:子惠大令,呼比發取又車,若?(《花東》416)

上述例(36)中的"子其取吳于夙"是指花東主人"子"從"夙"地徵取"吳"這個人。例(37)中的"取紙受"意爲從"受"地徵取"紙"這種絲織品。例(38)第二辭之"呼比發取又車"意爲呼令(大)和"發"這個人一起去徵取車輛。

(九)匄

甲骨文中的"匄"字,"祈求"義。或加一偏旁"口",義同。花東子卜辭中"匄"字不少,均用作"祈求""匄求"義,如:

> (39)庚戌卜:其匄禾馬賈? 一
>
> 庚戌卜:弜匄禾馬? 一(《花東》146)
>
> (40)丙辰卜,子炅:其匄黍于婦,若,侃? 用。一
>
> 丙辰卜,子炅:惠今日匄黍于婦,若? 用。一(《花東》218①)
>
> (41)匄黑馬? 二三(《花東》386)
>
> (42)辛亥老卜:家其匄有妾,有畀一? 一(《花東》490)

上述例(39)是一組正反對貞卜辭,貞問是否要向"賈"匄求"禾馬"? 例(40)第一辭貞問向婦好匄求黍,是否順利? 婦好是否會高興? 第二辭貞問今天向婦好匄求黍,是否順利? 例(42)貞問大意是"家"匄求妾,"子"是否要賞賜給他一個? 同一辭中,前面用"匄",後面用"畀",前後呼應。

(十)乞

"乞"有"乞求""求取"義。花東子卜辭中"乞"字均見於甲橋刻辭,表龜甲之乞取。如:

---

① 《花東》379 版第 1 辭與此二辭乃同日卜同事。

(43)自賈[乞]。(《花東》26①)

(44)<ruby>弄<rt></rt></ruby>乞。(《花東》79②)

《花東》釋文中將上述諸辭中"乞"均釋爲數字"三",這點姚萱女士已有考辨③。

(十一)具

甲骨卜辭中的"具"字像兩手舉鼎形,第 1559 頁考釋認爲其作祭名。黃天樹先生認爲花東中該字應與"獻"意思相近④。從花東子卜辭看,理解爲"獻"比視爲祭名似更勝一籌,請看下述一組卜辭:

(45)甲卜:惠盜具丁? 用。一

　甲卜:呼多臣見(獻)暨丁? 用。一(《花東》92)

兩辭同文甲日占卜,似爲選貞關係。第二辭"呼多臣見(獻)暨丁"意爲呼令多臣獻翌祭所使用過的物品給武丁。第一辭中的"盜"字,甲骨文中多作人名,例見《合集》4284(典賓類)、《合集》3042(典賓類)、《花東》88 等,所以這裏的"盜"字很可能也用爲人名。如果把"惠盜具丁"與第二辭命辭部分對比,不難看出"具"含義應該與"獻"相近,具有進獻之義。

(十二)屰

花東子卜辭中的"屰"字可以用作人名,但在更多的辭例中,它用作動詞。用作動詞時,辭例中或有"迎"或有"獻"之類的意思。如:

(46)屰入六(《花東》20⑤)

(47)己卜:家其有魚,其屰丁,侃? 一

　己卜:家其有魚,其屰丁,侃? 二

　己卜:家其有魚,其屰丁,侃? 三

　己卜:家弜屰丁? 一

---

① 《花東》63 同文。

② 《花東》440、444、483 同文。

③ 《初步研究》第 193～195 頁。

④ 黃天樹:《讀花東卜辭劄記(二則)》,載《南方文物》2007 年第 2 期。

⑤ 《花東》83 同文。

弜屰？(《花東》236)

(48)壬卜:子其屰崖丁？一

乙卜:其屰雍多子于婦好？一(《花東》409)

(49)壬寅卜,子炅:子其屰⿰于婦,若？用。一(《花東》492)

上述例(46)中的"屰"用爲方國名或人名。例(48)(49)中的"屰"均應讀爲"逆",訓爲"迎"。例(47)中的"屰",似乎包含有"獻"之類的意思①。

除上述 11 個動詞外,花東子卜辭中還有一個介詞"自"需要交代。"自",有"由""從"義,可以用表貢納、徵求或賞賜物品的來源。如"自賈馬"(《花東》60、525)、"自丁黍"(《花東》68、416)、"自西祭"(《花東》4、170、214)、"自⿰帶"(《花東》451)等。

二、從花東子卜辭看殷商後期的貢納、徵求與賞賜

(一)貢納部分

花東中反映貢納活動的卜辭多明確記有貢納主體和受體(這裏所謂主體指行爲的發出者,受體指行爲的接受者),也有僅明確記錄其一,但據同版他辭亦能推斷出其相應的受體或主體者。

1.曾向商王武丁貢納物品者

首先是"子"。如:

(50)壬卜:子其入鷹、牛于丁？一(《花東》38)

(51)[乙亥]卜:子其入白一于丁？一(《花東》269)

(52)戊寅卜:翌己子其見(獻)珘于丁,侃？用。一(《花東》427)

例(50)貞問"子"是否要向商王武丁進獻"鷹"和"牛"。花東子卜辭中像這樣明確記錄貞問"子"向丁獻納與否的還見於多條卜辭,如《花東》第 26 版第 6 辭、第 37 版第 3、5 辭、第 180 版第 2 辭、第 198 版第 11 辭、第 202版第 7、8 辭、第 203 版第 11 辭、第 223 版第 4、5 辭、第 229 版第 2 辭、第249 版第 19 辭、第 275＋517 版第 7、8 辭、第 288 版第 8 辭、第 320 版第 7

---

① 但如果讀爲"逆",訓爲"迎",卜辭似乎也能講得通,故這點還需存疑。

辭、第 363 版第 4 辭、第 480 版第 1 辭、第 490 版第 1～4 辭等。

尤其應該引起我們注意的是下述兩辭：

(53) 己卯卜：子見(獻)暊以玖丁？用。——《花東》37

(54) 己卯：子見(獻)暊以玖丁，侃？用。——《花東》490

例(53)(54)兩辭同文，用字稍異而已。"子見(獻)暊以玖丁"語實際上反映了兩層貢納關係，"暊以玖"指"暊"這個人帶來的玖，該辭貞問"子"是否把"暊"帶來的玖獻給商王武丁？"暊"向"子"貢納了玖，"子"又將其獻給武丁[①]。

花東子卜辭中還有一部分辭例，常省略貢納主體"子"，僅記錄受體"丁"。因花東子卜辭的占卜主體是"子"，故這些辭例中貢納行爲的發出者仍是"子"，或同版他辭記有貢納主體"子"，故這些辭例中便略而未記。如：

(55) 五十牛入于丁？——

三十牛入？——

三十豕入？——

丙入肉？——

弜入肉？——《花東》113

由上例中的第一辭"五十牛入于丁"可知，其他諸辭中的"三十牛入""三十豕入""丙入肉"及"弜入肉"等辭中均是省略了貢納受體"丁"，該辭辭意大致是貞問"子"要向武丁貢納五十牛還是三十牛，抑或三十豕。並從正反兩方面貞問丙日是否向武丁貢納肉？像這樣貢納主體和受體分別是"子"和"丁"，但卜辭中僅明確記有"丁"者，花東子卜辭中也有很多，如 37.4、90.6、106.8、198.10、198.12、203.4～5、203.7～8、223.1、223.4～5、237.14～15、249.15、249.20、286.18～19、363.5、401.17、475.4 等。

花東中也有明確記錄貢納主體是"子"，而受體"丁"被省略者。如：

(56) 乙丑卜：有吉亡，子具✻，其以入，若，侃，又幇值？用。五六

---

① 《花東》第 451 版第 3 辭"自魯帶其獻于婦好"與此類似，該辭是子把"魯"獻來的帶再獻給婦好。《花東》第 220 版第 7 辭"子其入白屯"可能也屬這種情況，依《初步研究》的解釋，似理解爲子要把"伯"送來的"屯(人牲)"獻給武丁。

七八(《花東》333①)

綜上,花東子卜辭中既有省略貢納主體保留貢納受體的例子,又有省略貢納受體而保留貢納主體的例子。另外,貢納主體和受體同時省略的例子,花東子卜辭中也曾出現,如:

(57)乙巳卜:惠璧? 用。一

乙巳卜:惠琅? 一

乙巳卜:有圭,惠之畀丁,珥五? 用。二(《花東》475)

例(57)前兩辭中既不見貢納主體又不見受體,但對比同版同日占卜的第3辭"惠之畀丁"一語便可以看出,這兩辭中的貢納受體也應是"丁",主體則爲"子"。

其次是"多臣""多尹""多賈"等,花東子卜辭中常見"子"呼令他們向時王武丁進行獻納。如:

(58)丙午卜,在麗:子其呼多尹入璧,丁侃? 一(《花東》196)

(59)乙亥卜:其呼多賈見(獻),丁侃? 一

呼多賈罙辟,丁侃? 一(《花東》275+517)

(60)庚戌卜:子呼多臣燕,見(獻)? 用,不率。一

庚戌卜:弜呼多臣燕? 一(《花東》454②)

上述例(59)中的兩辭處於選貞位置,因此,第2辭"辟"後當是省略了"見(獻)"字。"辟"字,花東子卜辭中僅見此一處,《花東》釋文中認爲"辟"是辟臣,即身邊近臣之意。另外,花東中多臣向丁進獻的記錄還見於92.2、453.2、454.1~2等。有學者曾據花東之外的其他卜辭推測,商人家族內存在着一套類似西周、春秋的家臣制度③,這種推測是很有道理的,花東中的多臣可能也與此有關。

再次是"發"和"大"。花東主人"子"除呼令"多臣""多尹"及"多賈(或

① 《花東》6、342、481、《合集》21853(21123重)+《京津》2993同文。其中綴含版爲蔣玉斌先生綴合,參看《殷墟子卜辭的整理與研究》第229頁,吉林大學博士學位論文,2006年。已有多位學者指出其爲花東類型的卜辭。

② 《花東》34卜同事。

③ 黃天樹:《子組卜辭研究》,載《中國文字》新26期,臺灣藝文印書館,2000年。又收入《黃天樹古文字論集》第87頁,學苑出版社,2006年。

多賈眔辟）"等向時王武丁獻納外，還曾呼令"發""大"兩人向武丁進行獻納。如：

(61)庚戌卜：子惠發呼見（獻）丁，眔大，亦燕？用，戻。—（《花東》475）

本辭貞問大意是，"子"是否要呼令"發"和"大"一起向武丁進獻物品，並進行燕享？

最後，可能還有"盜"和"家"，參前文例(45)(47)。

2.曾向婦好貢納物品者

首先是"子"。花東中有明確記錄貢納主體和受體分別是"子"和"婦好"的卜辭，如：

(62)甲申卜：子其見（獻）婦好☒？ —（《花東》26）

(63)辛亥卜：子肇婦好㺿，往爯？在狀。—二(《花東》195)

(64)戊辰卜：子其以磬妾于婦好，若？ 一二三四五

庚午卜：子其以磬妾于婦好，若？ 一二三(《花東》265)

例(63)中的"子肇婦好㺿"是個雙賓語結構，意思是指"子"獻給婦好㺿。例(64)中的"子其以磬妾于婦好"是指"子"把磬地之妾獻給婦好。

也有僅記受體婦好，但亦可判斷出貢納主體是"子"者，如：

(65)戊寅卜：自鬻帶其見（獻）于婦好？用。二(《花東》451)

本辭貞問，來自於鬻地之"帶"要被（花東主人"子"）獻給婦好嗎？

其次是"多賈"和"多禦正"。花東子卜辭中"多賈"和"多禦正"向婦好進獻物品多是由"子"帶領婦好進入戈大地後，在"子"的呼令下進行的，如：

(66)壬子卜：子以婦好入于狀，子呼多賈見（獻）于婦好，肇紨八？ 一

壬子卜：子以婦好入于狀，子呼多禦正見（獻）于婦好，肇紨十，往爯？ 一二三四五(《花東》37①)

再次是"發"和"𡥀"二人。如：

———————————

① 《花東》62異日卜同事。

(67)辛亥卜:發肇婦好釿三,茟肇婦好釿二?用。往鑿。一

辛亥卜:惠發見(獻)于婦好?不用。一《花東》63)

(68)辛亥卜:呼茟面見(獻)于婦好?在狀。用。一《花東》195)

例(67)第一辭是"發"和"茟"二人同時向婦好進獻的記錄。例(68)貞問,呼令"茟"當面向婦好進獻嗎?

3.曾向"子"貢納物品者

花東子卜辭中"子"除作爲貢納主體向商王武丁以及武丁之配"婦好"進獻外,他還作爲貢納受體接受別人的進獻。曾向花東主人"子"進獻者有"大""發""屋""眣""萬家""多臣"和"伯"等人,如:

(69)辛:其宜,惠大入豕?(《花東》139)

(70)癸卯卜,在糞:發以馬?子占曰:其以。用。一二(《花東》498)

(71)辛卜:屖入牡宜?一(《花東》286)

(72)己卯卜:子見(獻)眣以玟丁?用。一(《花東》37)

(73)萬家見(獻)一。(《花東》226)

(74)庚申:歲妣庚牡一?子占曰:面□自來多臣殷?一(《花東》226)

(75)□□卜:子其入伯屯,若?一(《花東》220)

其他例子還見於113.26、490.1~4等,不備舉。上述例(72)之"眣"、例(75)之"伯"向花東主人"子"的獻納是間接地反映在"子"向武丁(或婦好)的貢納活動中的,參前文。

(76)己亥卜:子夢人見(獻)子玟,亡至艱?一(《花東》149)

本辭較爲特殊,這是"子"夢見有人向他獻玟的記錄。

通過對花東子卜辭全面整理後,我們發現這批卜辭中明確出現的貢納受體只有"丁""婦好"和"子"三人,貢納主體則較多。在貢納主體中,那些向"子"貢獻物品者,或在"子"的呼令下向"丁"或"婦好"進獻物品者,其身份應爲子家族中地位低於"子"的下一級貴族。

花東貢納卜辭中所涉貢物種類較多,其中常見的有玉器、絲織品、牛等,玉器中又以圭和玟較常見。有些貢物還記有數量、顏色等。貢物種類

主要有①：屯(220.7)、豕(26.6、139.9)、魚(26.6、236.16～18)、鷹(38.4)、牛(38.4)、牝(226.9～10)、豻(226.9～10)、麋(395＋548②)、馬(498)、生(113.26)、肉(113.21～22、237.14～15、401.17、490.8～9)、珷(37.3、90.6、149.2～3、180.2、195.1、198.12、288.8、427.2、490.1、490.4)、璧(180.2、196.1、198.10～11、490.1～2)、圭(203.11、475.4、490.2～3)、𡨄(178.1～3、490.2)、琅(178.1～3)、珥(203.11)、瑪(296.3)、帶(451.3)、菡(106.8)、鹵(202.8)、𦥑(37.4、249.15、249.20)、紵(63.3)、弓(124.7)等。還有記數量者如五十牛(113.16)、三十牛(113.18、203.4～5)、十牛(203.7～8)、三十豕(113.19)、珥五(475.4)、𥂖圭一、珥九(480.1)、珷三(37.20)、一𦥑(37.4)、紵二(63.3)、紵三(63.3)、紵八(37.21)、紵十(37.22、63.2)、二弓(124.7)、三弓(288.11)等，記顏色者如白璧(37.5)、白圭(193)、黃𢆶(223.1～5、229.2)等。再者，90.6辭"珷"後一字及320.7辭"于丁"前一字所指也均爲貢納品，前者可能屬玉類物品，後者還記有數目四，但不知所指何物。另外，395＋548③中所入之"獲"可能泛指擒獲物，92.2、453.2中向丁所獻之"曀"和6.2、333、342、481.1、《合集》21853(《合集》21123 重)＋《京津》2993④等辭中所獻之"侑"則可能分別指曀祭和侑祭的祭品。花東中僅一版上記子"以磬妾于婦好"(265.1、265.3)，即向婦好獻納的是人。

　　特別指出的是，貢納物品中之所以出現較多的玉器，這與玉器在我國禮文明中的重要作用是分不開的。據學者考證，我國玉器距今已有8000年的發展史。最早人民認識玉器，關注於它的使用價值和審美價值。伴隨着文明進程的發展，玉就逐漸被賦予了某種神秘力量。在很多規格較高、隨葬品豐富的墓葬中，經常有玉器的出土。人們以玉爲祭、以玉爲葬的習俗，正説明當時的人們對玉的珍視⑤。以玉作禮器，也見於傳世文獻的記載中，如《周禮·春官·大宗伯》："以玉作六器，以禮天地四方。以蒼璧禮

---

① "子"向"婦好"貢納的物品可能還包括羗奴，如《花東》215"子其以羗嗖曁于婦"。

② 黃天樹、方稚松：《甲骨綴合九例》第8例，原載中國文字學會、河北大學漢字研究中心編《漢字研究》第1輯，學苑出版社，2005年，後收入黃天樹主編《甲骨拼合集》第77則，學苑出版社，2010年。

③ 黃天樹、方稚松：《甲骨綴合九例》第8例，原載中國文字學會、河北大學漢字研究中心編《漢字研究》第1輯，學苑出版社，2005年，後收入黃天樹主編《甲骨拼合集》第77則，學苑出版社，2010年。

④ 蔣玉斌綴合，參《殷墟子卜辭的整理與研究》第229頁，吉林大學博士學位論文，2006年。已有多位學者指出其爲花東類型的卜辭。

⑤ 張得水：《史前玉禮器的起源與發展》，載《東南文化》2000年第11期。

天,以黄琮禮地,以青圭禮東方,以赤璋禮南方,以白琥禮西方,以玄璜禮北方。”

(二)徵求部分

這裏所説徵求包括徵取與求取。花東中徵求主體多爲“子”,受體則較多。如:

(77)丙辰卜:子其匄黍于婦,惠配呼? 用。—《花東》379)

這是花東主人“子”向婦好求黍的記録,當然去完成“求”這個動作的是“配”這個人,是“子”呼令“配”前往向婦好求黍的。

(78)庚戌卜:其匄禾馬賈? —

庚戌卜:弜匄禾馬? —

庚戌卜:其匄禾馬賈? 二(《花東》146)

(79)丙午卜:其敕火匄賈禾馬? 用。—

丁未卜:惠邲呼匄賈禾馬? —

惠馘呼匄賈禾馬? —

弜匄黑馬? 用。—(《花東》179①)

上述兩例中的“賈”是地名,這是“子”求取或徵取“賈”地之馬的記録。此外,花東子卜辭中還有“子有求,曰:取絍受”語(《花東》286)、“弜取在㕚絍,延成”“取在㕚絍,弜延”語(《花東》437),這些是子求取“受”地和“㕚”地絲織品的記録。甲骨文中族名、地名和人名三位一體,向某地求取物品亦可理解爲向某族人求取物品。

(80)壬辰卜:子呼射發𩰍取又車,若? —

癸巳卜:子惠大令,呼比發取又車,若?(《花東》416)

本例中看不出受體是誰,也就是説卜辭中没有説明花東主人“子”派“大”和“射發”等人是向誰求取的“車”。

花東子卜辭所涉徵求物品以馬匹爲主,還包括車、黍、絲織品等,且多不記數目字。如馬(288.5～6、467.8～11、493.1、525)、禾馬(146.4～6、179.3～

---

① 《花東》386、467卜同事。

6)、黑馬(179.7)、車(416.10～11)、黍(218.1～2、379.1)、紵(437.1～2)等。另外，高一級貴族有時可能會徵召某人如"吳"(39.17)，或者低一級貴族向高級貴族求取妾(490.11)①等。

(三)賞賜部分

與徵求部分類似，花東子卜辭中所見賞賜行爲亦相對少見，賞賜物種類少、數量極有限。如：

　　(81)癸亥：歲子癸乩一，皀自丁黍？ 一二三(《花東》48)

"皀自丁黍"可能是指登獻來自"丁"的黍子，來自"丁"的黍子自然是武丁賞賜給花東主人"子"的。"登自丁黍"語還見於《花東》第363版第3辭以及第416版第4、5辭。

除黍子外，還有占卜武丁是否賞給"子"臣(257.18、257.20、410.2)、閫臣(410.1)、丹、盉龜(450.3)的記錄。僅舉一例：

　　(82)辛卜：子其有肇臣自☒。 一二

　　辛卜：丁曰：其肇子臣。允？ 一

　　辛卜：子其有[肇]臣自[劦]寮？ 一(《花東》257)

"子"除作爲受體接受商王武丁(主體)的賞賜外，他也作爲賞賜主體向其下屬或下一級貴族(受體)進行賞賜，如：

　　(83)庚戌卜：其畀旛尹쌀，若？ 一(《花東》178)

本辭"畀"後之合文字當指某種官職名，也應是被"子"賞賜者，這次賞賜物"쌀"或是一種酒類物品。前文例(42)是"子"賞賜給"家"妾的記錄，可以參看。

總之，從花東子卜辭所反映的情況看，"子"向丁和婦好進獻的物品不但種類多，而且數量可觀，而丁對"子"的賞賜則相反，除黍、臣、閫臣、丹、盉龜外，其他物品不見。還有花東子卜辭中只見"子"的下屬或家族中的下一級貴族在"子"的呼令下向丁或婦好進行貢納，却不見丁和婦好對他們進行賞賜。另外，花東中"子"賞賜其下屬的情況與此相類，但所見賞賜物更少。

---

① 從不同角度看，有些辭例可看作徵求也可看作貢納或賞賜，尤以《花東》第490版第11辭"家其丐又(有)妾，又(有)畀一"最爲明顯。

三、所涉地點或場所

花東中所見貢納、徵求與賞賜活動的地點明確記載的有"犾"(37.20～22、195.1～2、437.1～2)、"夙"(39.17)、"麗"(196.1)、"麓"(320.7、410.1～2)、"韋"(249.15、249.19～20)、"𢍰"(363.4～5、480.1)、"𩵋"(450.3)等地。活動所涉及的具體場所則主要有"庭",如:

> (84)丁卯卜:子勞丁,再𩰬圭一、珥九? 在𢍰,狩[自]𡪡。一
>
> 丁卯卜:再于丁,𢽳(厄)在庭迺再,若? 用。在𢍰。一二(《花東》363)

本例貞問"子勞丁"時在"𢍰"地之"庭"向丁進獻是否順利之事。李學勤先生在《從兩條〈花東〉卜辭看殷禮》一文曾論述了本例及《花東》480上兩條卜辭中所見的子勞王之禮,他結合相關甲骨文、金文材料指出殷禮具有一貫性。子勞丁以玉,也應屬於廣義的賓禮範疇。此例中所反映的勞王以玉之禮,反映了殷商時期或已有成熟的禮制,而周代的郊勞與勞賓之禮,也應是從此殷禮基礎上發展而來的。

四、貢納、徵求與賞賜的目的和意義

通過辭例分析,我們認爲殷人貢納、徵求或賞賜尤其是貢納的物品大多是用於祭祀活動中的,如"黍""牛""豕""罰""卣""琡"和"圭"等。我們注意到,在花東貢納活動中出現的有些物品,如"肉",其實就是花東子家族在祭祀活動中所用過的祭牲,子再把它獻給武丁,例見《花東》第401版第17辭,這應類似於古書中的"獻胙肉"。子在田獵活動中所捕獲的獵物,有時也要獻出一部分,例見《花東》第395版第2辭。可見當時下級貴族對上級貴族的貢納活動可能已經呈現出某種制度化,即形成了所謂"禮制"①。

有些物品則有其他用途,如"車"和"馬"等應是在征伐或田獵活動中被使用。《花東》第381版第1辭中的"馬"就是用於田獵的,《合集》10405正

---

① 章秀霞:《殷商後期的貢納、徵求與賞賜——以花東卜辭爲例》,載《中州學刊》2008年第5期。

（典賓類）中的“車”則是田獵時的交通工具。河南安陽迄今已出土了幾十座殷墟時期的車馬坑，其中有的坑中還出有箭頭及雙面青銅短劍，説明這些車馬應是在征伐或田獵活動時被使用。

　　綜上，對花東相關辭例的梳理表明：在殷商後期，當高一級貴族舉行祭祀活動時，低一級貴族要貢納物品，這類似於古書中的“助祭”；低一級貴族舉行祭祀後，要把某些祭品獻給高一級貴族，這類似於古書中的“獻胙”；當低一級貴族田獵有所獲時，有時也要把部分獵物獻給高一級貴族。相應的，當高一級貴族要舉行活動需要某物時，會向低一級貴族進行徵取。這些大概多是用於生活資料的。爲展示恩惠，有時高級貴族也會賞賜物品給低一級貴族。通過這些活動，各級貴族可以確認臣主關係，同宗之間可以強化宗法血緣關係，以達到維護現行統治秩序的目的①。

　　周代及後世史書記載，周代亦存在助祭制度。大宗宗子主祭，小宗成員則執事助祭。至於是否貢納物品，文獻無明確記載。但值得注意的是，西周金文中，可以見到小宗人員爲大宗作祭器的現象，這也是一種助祭方式。

　　花東子卜辭表明，殷商時期，在祭祀之後，要將祭肉致送於他人。此乃後世“歸胙”之濫觴。周代有歸胙之禮，又稱爲“致福”，天子或君致送胙肉於臣屬稱爲“賜胙”，文獻記載如：

　　　《左傳·僖公四年》：“（晉國）大子祭於曲沃，歸胙於公。”
　　　《左傳·僖公九年》：“王使宰孔賜齊侯胙，曰：‘天子有事於文、武，使孔賜伯舅胙。’”
　　　《左傳·僖公二十四年》：“宋，先代之後也，於周爲客。天子有事，膰焉。”杜預注：“有事，祭宗廟也。膰，祭肉。尊之，故賜以祭胙。”
　　　《春秋·定公十四年》：“天王使石尚來歸脤。”
　　　《周禮·天官·膳夫》：“凡祭祀之致福者，受而膳之。”鄭注：“致福，謂諸臣祭祀，進其餘肉，歸胙於王。”
　　　《穀梁傳·僖公十年》：“已祠，致福於君。”
　　　《周禮·夏官·祭僕》：“凡祭祀致福者，展而受之。”鄭玄注：“臣有

---

① 章秀霞：《殷商後期的貢納、徵求與賞賜——以花東卜辭爲例》，載《中州學刊》2008 年第 5 期。

祭祀，必致祭肉於君，所謂歸胙也。"

　　《周禮·春官·都宗人》："掌都宗祀之禮。凡都祭祀，致福於國。"

　　《周禮·春官·家宗人》："掌家祭祀之禮。凡祭祀致福。"

　　所謂歸胙，即將祭祀剩後的牲體致送於他人，可以是臣下致福於君，如晉國太子申生致福於其父晉獻公。周王亦賜胙於諸侯，如周王賜予齊桓公胙肉。出土楚簡有諸侯間"致福"之事作爲紀年的記録，如新蔡簡甲三：27云："齊客陳異致福於王之歲。"[①]歸胙禮在兩周時期具有凝固諸侯與王室以及君臣之間親密關係的作用。

　　花東子卜辭中的祭肉，是臣屬送於商王武丁的，類似於周代的"歸胙""致福"，卜辭雖然記載較少，但亦可窺其一斑，説明殷商時期的祭祀，亦有餘肉致送於他人，此禮已開周代歸胙禮的先河。至於殷商時代是否有商王賜予臣屬祭肉之禮，從花東子卜辭推測，當時可能是存在的。花東子卜辭關於歸胙禮的記載雖然有限，但吉光片羽，彌足珍貴，這反映了殷禮對後世的影響。

　　另外，在殷墟王卜辭中，有關貢納方面的材料比較多。總體來看，地方方國諸侯要向中央王朝貢納一定數量的物品，包括玉帛、彝器、玩好，以及占卜用的龜甲等等，以維持中央王朝的政治經濟生活的運轉。例如，殷墟出土骨臼刻辭有"某某致骨若干""某某入龜幾何"的記録，甲骨文中亦屢有"來馬""來羌"等的記録，這些均是貢者提供馬匹、戰俘等的證據。不寧唯是，方國諸侯還要朝覲商王，並且參與商王的祭祀活動，以爲執事，服務於王室，效犬馬之力。徐中舒先生曾指出，"男"服必須負擔各種力役，包括耕種田地，貢納糧食；"甸"服必須向殷商王朝獻納獵獲物，同時還兼營粗耕農業[②]。

　　最後，需要説明的是，花東中那些記録貢納、徵求與賞賜活動的文字大多屬命辭，這也就意味着它們後來並不一定都被實施了。但是，通過這些占卜記録，我們還是能夠從中窺見當時各級貴族間貢納、徵求與賞賜活動及其禮儀的一些基本情況。

[①]　河南省文物考古研究所：《新蔡葛陵楚墓》第188頁，大象出版社，2003年。

[②]　徐中舒：《論殷周的外服制——關於中國奴隸制和封建制分期的問題》，收入《徐中舒歷史論文選輯》，中華書局，1998年。

第八章 花東子卜辭與殷商
藉田禮、婚禮研究

花東子卜辭中有關藉田和婚姻方面的材料極其少見,故本章主要是結合花東之外的其他卜辭以及相關文獻中的記載,對花東子卜辭中極其有限的相關卜辭進行分析,以期能對當時的藉田禮和婚禮管窺一二。

一、花東子卜辭與殷商藉田禮

我國古代,統治者非常重視藉田禮。從先秦到清代,都曾舉行過大型藉田活動。關於藉田禮的性質、作用及儀式,《國語·周語》及《禮記·月令》等文獻中均有記載。據《周語》上所記載的周宣王大臣虢文公的諫言,周初的藉田禮儀式是比較繁複的,應包括有五項儀節,即行禮前的準備、舉行饗禮、正式舉行藉禮、禮畢後的宴會以及廣泛的巡查和監督庶人耕作[1]。如此繁複的周代藉田禮自然不大可能是在周初才出現的。

殷墟甲骨文中有"耤"字,字形或像人手持耒的長柄而足踏耒的下端之形,或又從昔聲。含有"耤"字的辭例多見,如:

(1)貞:呼雷耤于名?(《合集》14 正,賓一類)

(2)甲申卜,賓貞:呼耤,生?

貞:不其生?(《合集》904 正,賓一類)

(3)丙辰卜,爭貞:呼耤于隹,受有年?(《合集》9504 正[2],賓一類)

(4)貞:今我耤,受有年?(《合集》9507 正,賓一類)

這些辭例中的"耤"均用其本義,指用耒耕作。例(1)貞問,是否要呼令"雷"這個人在"名"地用耒耕作? 例(2)貞問,呼令民眾去耕種,農作物是否

---

① 楊寬:《西周史》第 268～270 頁,上海人民出版社,1999 年。
② 可以與《乙編》4982、《乙補》6091 綴合,參見林宏明《醉古集——甲骨的綴合與研究》第197 組。

會生長出來？例(3)貞問,呼令民衆在"陸"地耕種,是否會有好收成？

　　(5)己亥卜:萑耤？

　　己亥卜,貞:令屮小耤臣？（《合集》5603①,賓出類）

　　上述例(5)第一辭中的"萑耤"或應讀爲"觀耤","耤"可能依然用爲動詞。第二辭貞問是否要令"屮"擔任"小耤臣"之職？"小耤臣"作爲一種農業官員,其職責可能是負責監督奴隸勞動,相當於《周語》中的農師農正之類。甲骨文中有些辭例表明商王親自參加田間勞作,如:

　　(6)戊寅卜,賓貞:王往以衆黍于囧？（《合集》10,賓三類）

　　(7)庚戌卜,殼貞:王蒞黍,受年？

　　貞:王勿蒞黍,弗其受年？—（《合集》9525 正,典賓類）

　　(8)己巳,貞:王米囧,其登于祖乙？（《補編》10642 甲乙,歷二類）

　　上述例(6)貞問,商王是否要帶領衆人到"囧"地種黍？徐喜辰、島邦男、裘錫圭等先生均認爲這條卜辭可以反映殷商藉田禮②,可信。從例(8)一辭可以看出,商王會把藉田收穫物作爲祭祀之用而獻給先祖,這與周代藉田禮中也把收穫物用來祭祀的性質相同,此舉是用來表示對鬼神和先祖的恭敬之情。

　　就花東子卜辭而言,含有"耤"字的辭例極少,只有一見:

　　(9)耤,弜力蚑,若？（《花東》365）

　　其中的"耤"字作冊形,從二耒。《花東》認爲該字"即人扶二耒翻地之意",是"耤"字的另外一種寫法,其説正確。可惜的是,上引《花東》365 一版通篇刮削嚴重,同版其他諸辭殘缺過甚,不過從例(9)辭例上來看,"耤"似乎用爲動詞,表用耒耕田之意。如果這種推測可信的話,則這條卜辭或爲殷商王室貴族參與藉田禮的材料。

　　楊寬先生曾探討藉禮來源,他認爲藉禮"一直可以追溯到原始公社制末期","在原始社會末期的氏族聚落中,當他們以農業爲主要生産時,所有集體耕作,都是由族長和長老帶頭進行的。在每種重要的農業勞動開始

---

①　《合集》5604＋《合集》9500 同文。

②　裘錫圭:《關於商代的宗族組織與貴族和平民兩個階級的初步研究》,收入《古代文史研究新探》,江蘇古籍出版社,1992 年。

時,往往由族長主持一種儀式,以組織和鼓勵成員的集體勞動",古代藉禮即源於這種儀式①。古代藉禮可以追溯到原始公社制末期,這點能夠得到民俗學方面的支持,但却無法給出文字學方面的確證。不過,從上述殷墟甲骨卜辭中的材料來看,說殷商時期已經有了藉田之禮應該是可信的。

二、花東子卜辭與殷商婚禮

婚姻是人類社會發展到一定階段的產物。人類的繁衍生息,離不開男女兩性的結合,因此自古以來婚姻在人們心中都佔據着極其重要的位置,且其時代特色甚爲鮮明。在周代,嘉禮是五禮之一,而婚禮就是嘉禮中的一個重要組成部分。如果要瞭解和研究先秦時期的婚禮情況,就離不開《儀禮·士昏禮》《禮記·昏義》兩篇傳世文獻。

> 昏禮者,將合二姓之好,上以事宗廟,而下以繼後世也,故君子重之。是以昏禮,納采、問名、納吉、納徵、請期……
>
> 敬慎、重正,而後親之,禮之大體而所以成男女之別,而立夫婦之義也。男女有別,而後夫婦有義;夫婦有義,而後父子有親;父子有親,而後君臣有正。故曰:"昏禮者,禮之本也。"
>
> 夫禮始於冠,本於昏,重於喪、祭,尊於朝、聘,和以射、鄉:此禮之大體也。(《禮記·昏義》)

上述這些文字論述了婚禮的意義及禮之大體,説明婚禮是禮的根本。應該説這是對我國古代尤其是周代貴族婚禮較爲規範化的表述。需要指出的是,婚禮不會是周代才開始出現的,宋人鄭樵在《通志·二十略·禮略》篇中就説到:"伏羲氏制嫁娶,以儷皮爲禮;夏氏親迎於庭,殷迎於堂。"不論此説是否有所誇張,但我國婚禮的産生應當早於周代。據文獻所載,商人的高祖契曾實施"夫婦有別"的教化,如《孟子·滕文公上》中就説:"聖人有憂之,使契爲司徒,教以人倫:父子有親,君臣有義,夫婦有別,長幼有序,朋友有信。"

商代的婚姻制度,其主流應該是一夫一妻制。無論是甲骨文字材料,

---

① 楊寬:《西周史》第 274 頁,上海人民出版社,1999 年。

還是地下發掘的其他考古遺跡,都已經證明,商族至少自示壬開始,或更早一段歷史時期,社會已經實行一夫一妻制①。但殷商時期的婚制又有着鮮明的時代内涵,即那個時代的所謂"一夫一妻"只是對女子的要求,對男子(尤其是貴族男子)而言,他們每每可以擁有多位妻子。商王是可以有多個配偶的②。武丁有"陽甲""盤庚""小辛"和"小乙"四父,但却有名"甲""丙""丁""己""庚"和"癸"者的六母。武丁本人,至少也有名"辛""癸""戊"的三配。商王多妻,在周祭卜辭中表現得至爲明顯③。一夫多妻的現象,在殷商時期"商王"之外的其他貴族身上也可以見到,如山西靈石縣曾發現有一商代方國貴族的墓地,其中一號墓的墓室中有一椁三棺。三棺尺寸略同,正中爲男性墓室,仰身直肢,兩側各一具女性尸骨,均爲側身葬,面向墓主④。學界普遍認爲,這是一座一夫雙妻的貴族合葬墓。

《左傳·僖公二十三年》有言"男女同姓,其生不蕃",至遲殷商時期的人們已經明白這個道理。在商代,奴隸主貴族們認爲要使王朝得到持續不斷地鞏固與發展,不能單單依靠同姓的力量,必須團結異姓貴族才能實現這種目的。因此,商代應流行族外婚,如商湯就曾娶有莘氏之女。在促進商與有莘氏兩族之間保持友好關係的同時,商湯又得到了賢臣伊尹,爲以後商族的壯大作出了貢獻。請看文獻中的有關記載:

　　成湯東巡,有莘爰極。何乞彼小臣,而吉妃是得?水濱之木,得彼小子。夫何惡之,媵有莘之婦?(《天問》)

　　(伊尹)長而賢,湯聞伊尹,使人請之有侁氏。有侁氏不可。伊尹亦欲歸湯,湯於是請取婦爲婚。有侁氏喜,以伊尹爲媵送女。(《吕氏春秋·孝行覽·本味》)

在殷墟甲骨文中,也常常可以看到殷商王朝與異族間保持有政治聯姻這種關係的例子,如《類纂》第234頁有"取(某)女"之辭,"某"即女子所出族氏方國之名,"取某女"即爲娶某方國之女子。又卜辭中"婦某"之人名如婦好、婦妌、婦娘、婦鼠等習見,其中"婦"字後面一字常用女字加上方國名

① 宋鎮豪:《商代社會生活與禮俗》第400頁,中國社會科學出版社,2010年。
② 鄭慧生先生在《商代宗法溯源》(原載《鄭州大學學報》1985年第2期,後收入《甲骨卜辭研究》,河南大學出版社,1998年中也有論述,可以參看。
③ 關於這點,可以詳看常玉芝《商代周祭制度》,綫裝書局,2009年。
④ 山西省考古研究所、靈石縣文化局:《山西靈石旌介村商墓》,載《文物》1986年第11期。

或地名構成（女旁或省略），"婦某"即來自某方國之婦。這些都是殷商王朝與地方族氏方國通婚的明證。劉桓先生指出"殷王娶女範圍頗廣"，並舉《合集》9741 正（賓一類）"取女于林"（即取女子於南方的林方）爲證①，可以參看。

> （10）庚寅卜，殼貞：兴以角女？
>
> 庚寅卜，殼貞：兴弗其以角女？（《合集》671 正，典賓類）
>
> （11）丁巳卜，古貞：周以嫘？
>
> 周以嫘？
>
> 貞：周弗以嫘？（《合集》1086 正，典賓早）

上述卜辭中的"以"字，有帶來、致送之意。例（10）中的兩辭正反對貞，貞問"兴"這個人是否會帶來"角"族之女子？ 例（11）貞問"周"是否會帶來名"嫘"的女子？ 這是地方族氏方國用結姻親的方式，爲了穩固與商王朝之間的政治關係，而把女子嫁到殷商王室的例證。

> （12）辛卯卜，爭：勿呼取奠女子？
>
> 辛卯卜，爭：呼取奠女子？（《合集》536，賓一類）

例（12）中的"奠"，學者或解爲奠服之意，此可備一説。本文從"奠"讀爲"鄭"之説，"奠女子"即鄭地之女子。這裏的"呼取（娶）"帶有些强制命令的味道，可見這時地方嫁女給商王朝或並非出於自願，而是迫於王威，似明顯與卜辭中單言"取某女"者有別。

商王朝不僅娶異族女子爲妻，也會把本族女子外嫁於異族，如《周易·泰卦》所言"帝乙歸妹"即是商王將王族少女遠嫁周族文王之事。而對於商代各地的族氏方國來説，娶女於別族（包括商族之外）的政治婚姻亦見於經籍，如《詩經·大雅·綿》"古公亶父，來朝走馬。率西水滸，至於岐下。爰及姜女，聿來胥宇"，即記錄了周族的古公亶父與大姜的婚姻。

在花東子卜辭中，與婚禮相關的材料並不多，但其内容却非常重要，如：

> （13）丙辰卜：妙又取，弗死？ 一

① 劉桓：《試説"多生"、"百生"與"婚媾"》，載《陝西歷史博物館館刊》第 2 輯，三秦出版社，1995 年。

甲子卜，貞：ᢀ中周妾不死？　一二

甲子卜：ᢀ其死？　一二（《花東》321）

上述例（13）第二辭中“ᢀ中周妾”語，學界對其理解尚有分歧。首先看“ᢀ”字字形，不少學者均把它隸釋爲“妃”。林澐先生認爲“ᢀ”分明從“虫”，它和甲金文中從“已”的“妃”不是一個字[①]。洪颺女士也指出釋“妃”恐非，該字左邊所從與《合集》22246、22247（婦女類）兩版中“害”字下部所從相同[②]。對“ᢀ”字字形的分析，我們贊同林澐先生、洪颺女士的意見。

明白了“ᢀ”字構形，還無法明白“ᢀ中周妾”一語的含義。“中周”是什麽意思呢？

（14）乙卜，貞：賈壴有口，弗死？　一

乙卜，貞：中周有口，弗死？　一（《花東》102）

（15）辛丑卜：翌壬，子其以中周于狀？　子曰：不其□。孚。　一（《花東》108）

兩例中的“中周”均人名。其中例（15）貞問第二天壬（寅）日花東主人“子”是否要帶領“中周”到“狀”地？例（14）中因爲“賈壴”“中周”二人“有口”（可能是指有口疾），遂貞問他們會不會死去？

“中周”是人名，卜辭中又有“子商妾盥”（《合集》14036，典賓類）即“子商”之妾名“盥”者，所以有學者認爲“ᢀ中周妾”是“中周妾ᢀ”的倒寫形式，即“中周”之妾名“ᢀ”者[③]。此説可從。在上述例（13）第三辭中“ᢀ中周妾”又簡稱“ᢀ”僅保留其私名。例（13）中花東主人“子”反復貞問“ᢀ”會不會死去，例（14）中“子”又貞問“中周”會不會死去，由此可見“子”對其夫妻二人的關心程度。

（16）周入四。（《花東》327）

這是一版記事刻辭。《花東》認爲這是“周人向殷王朝貢龜之記録”，此説可能並不確切，這或應是周人向花東子家族貢龜之記録。這裏的“周”與

---

① 林澐：《花東子卜辭所見人物研究》，收入陳昭容主編《古文字與古代史》第 1 輯，臺灣中研院歷史語言研究所，2007 年。

② 洪颺：《〈殷墟花園莊東地甲骨釋文〉校議》，載《古籍整理研究學刊》2008 年第 3 期。

③ 黃天樹：《〈殷墟花園莊東地甲骨〉中所見虛詞的搭配和對舉》，原載《清華大學學報（哲社版）》2006 年第 2 期，後收入《黃天樹古文字論集》，學苑出版社，2006 年。

上文辭例中的"中周"關係如何？曹定雲、劉一曼先生認爲兩者所指相同，"𢎥中周妾"是殷女稱爲"中周"配偶的證據，説明"周"與殷王朝存在着婚姻關係[①]。如果這種理解可信，則這是商王朝把本族女子外嫁於異族的確證。林澐先生認爲，在目前無法舉證的情況下，"中周"與"周"的關係應存疑[②]。而無論如何，從上舉例（15）"子其以中周于犾"語來看，至少"中周"不屬於花東主人"子"所在的家族，他或屬於殷商中央政府，或屬於其他異族首領。如果屬於後一種情況，則"𢎥"與"中周"的結合爲地方族氏方國之間的聯姻。

花東子卜辭中還有如下之辭：

（17）辛亥耂卜：家其匃有妾，有畀一？　一（《花東》490）

（18）戊辰卜：子其以磬妾于婦好，若？　一二三四五

戠（待）？　用。　一二三四五

庚午卜：子其以磬妾于婦好，若？　一二三

戠（待）？　用。　一二三（《花東》265）

例（17）中的"家"在花東子卜辭中可以用爲人名，除上舉一例外，其在"萬家見（獻）一"（《花東》226）、"家其又魚，其芇丁"（《花東》236）語中也用爲人名。其中在《花東》226 中"家"是向花東子家族進獻龜版，而在《花東》236 中他則是向時王武丁進獻物品。可見，"家"這個人應是花東子卜辭主人"子"的下一級貴族。例（17）中"家"匃求的是"妾"，遂貞問是否"畀一"即賞賜給他一位。但是，在這裏"家"是向"子"還是向"丁"匃求的"妾"呢？我們傾向於是向花東主人"子"匃求妾。例（18）中的"磬妾"，《花東》認爲"子其以磬妾于婦好"是説子贈送磬和奴婢於婦好。從花東之外的其他卜辭中"磬"多用爲地名，用表祭祀或田獵場所的情況來看，花東子卜辭中的"磬"極有可能也是用爲地名。"磬妾"即磬地或磬族之妾。"子其以磬妾于婦好，若"即貞問，花東主人"子"如果把磬地之妾帶給婦好，是否順利？在其他組類卜辭中，"妾"多泛指配偶而言，花東子卜辭中"妾"除含配偶義外，也

① 曹定雲、劉一曼：《殷墟花園莊東地出土甲骨卜辭中的"中周"與早期殷周關係》，載《考古》2005 年第 9 期。

② 林澐：《花東子卜辭所見人物研究》，收入陳昭容主編《古文字與古代史》第 1 輯，臺灣中研院歷史語言研究所，2007 年。

可用指奴婢,甚至用來作爲祭牲,如《花東》409"惠小宰又及妾禦子臧妣丁/惠及臣又妾禦子臧妣庚"中即用作祭牲。上引例(17)中的"妾"具體爲何意雖因材料限制不可詳考,但至少也不能完全排除妻妾義,而例(18)中的"妾"用爲奴婢的可能性較大。

　　我國古代婚禮儀式特别繁多,有"九十其儀"之説(《詩經·豳風·東山》)。據《儀禮·士昏禮》和《禮記·昏義》,先秦完備的婚禮包括六道手續,即納采、問名、納吉、納徵、請期、親迎。這六道婚禮手續學界一般稱之爲"六禮"。六禮形成於周代,但如此完備的周代婚禮顯然應當是在殷商婚禮的基礎上發展而成的。所以,宋鎮豪先生就指出,商代貴族婚姻不一定會像周代婚禮那樣如此規範系統,但其中的禮儀内容,在當時的社會生活中,却多多少少就已經存在了[①]。由於出土材料的限制[②],欲對商代婚禮作進一步深入的研究,尚需待新材料的補充。

　　另外,從殷墟卜辭來看,商代爲男權社會,一些涉及生育的卜辭明顯表現出男尊女卑的傾向。例如貞問是否生女,生女則不嘉。同時,商王世系圖表明,女性不能問津王位的繼承。但是,商代婦女的地位相對於後代來説,也佔有較爲重要的位置。從卜辭中的婦好等可以參與王國政事、戰争、巡察等情況來看,其地位蓋非後世女性所可比也。

---

　　①　宋鎮豪:《商代婚姻的運作禮規》,載《歷史研究》1994年第6期。宋先生文中就婚禮中的"議婚""訂婚""請期"和"親迎"等幾種儀式在甲骨文中的體現舉了不少例子,可參看。

　　②　花東子卜辭中還有另外幾版材料,不知道是否與婚禮有關,如"丙卜:𡥀又由女,子其告于婦好,若? 一"(《花東》3)、"己巳卜,貞:子利女不死? 一。/其死? 一"(《花東》275+517)、"甲寅卜:子屰卜母[孟]于婦好,若? 一二三"(《花東》294)。

第九章 花東子卜辭與殷商甲骨
占卜制度研究

占卜是世界上許多古老民族都曾存在的一種歷史文化現象，其卜法更是多種多樣。甲骨占卜起源較早，是我國上古時期比較流行的一種占卜術。據考古資料，我國新石器時代已有卜用之骨，後至殷商時期甲骨占卜尤爲盛行。《史記·龜策列傳》有載："自古聖王將建國受命，興動事業，何嘗不寶卜筮以助善！唐虞以上，不可記已。自三代之興，各具禎祥。"可見，甲骨占卜既是我國古代文化的重要内容之一，也是我國上古時期政治、社會生活中的一項重要活動，尤其以殷商時代比較盛行，其制度也是殷禮的重要組成部分。

在商代，包括商王在内的王室貴族和中小貴族以及平民等都從事甲骨占卜活動，但具體占卜時却是有區別的。陳夢家先生曾指出，"在殷王統治下的大殷區以内"，"王室的占卜"和"王室以外的占卜"，在卜骨的形制、材料等方面是有差異的①。劉一曼先生也曾指出，殷代不同等級不同身份的人使用的卜龜是存在一定差異的，認爲殷墟殷代遺址所出的大卜龜大概與青銅禮器一樣，也是等級、權力、地位的一種標示物②。

然而，儘管在《尚書》《周易》《詩經》、"三禮"、《史記》等歷史文獻中對甲骨占卜有所記載，部分所描述的也可能是殷代遺法，但其中所述多語焉不詳，要瞭解甲骨占卜詳情最可靠的辦法大概只能以文獻記載爲輔，而主要則要從甲骨中去尋找了。殷墟之前的先商和早商時期，發現的卜用甲骨數量少，且多没有刻辭，意義有限。而屬於商代後期的殷墟甲骨，其數量之巨、鑽鑿技術之發達、占卜程式之完備等都是空前的，可以説是甲骨占卜的典型代表。加之這一時期的卜用甲骨又有卜辭可供深入探討，因此是研究商代甲骨占卜制度的第一手資料。

---

① 陳夢家：《殷虚卜辭綜述》第 25 頁，科學出版社，1956 年。
② 劉一曼：《安陽殷墟甲骨出土地及其相關問題》，載《考古》1997 年第 5 期。

殷墟甲骨卜辭有王卜辭和非王卜辭兩種,前者體現的是殷商王朝最高統治者商王所使用的卜法,後者體現的是商王之下的其他殷商貴族所使用的卜法。花東子卜辭屬非王卜辭。這批材料以三位一體科學著録法的全部刊佈,爲從微觀上研究甲骨卜法提供了便利條件。此前學者研究殷墟甲骨卜法,大多只能依據甲骨著録書中的拓本或摹本,由於清晰度等條件的限制,一些微觀層面的觀察如兆序字的判斷等往往會受到很大影響。花東材料的著録則基本上克服了以往甲骨著録書中的這種局限性。下面我們就從卜法的角度,對這批甲骨所體現出來的殷商甲骨占卜制度中的若干問題進行一些討論①,並對花東甲骨中那些可以進行排序的兆序字排列方式,或謂之可以由兆序字繫聯起來的組卜兆的排列方式進行了系統的整理和探討,以便更加細緻地瞭解殷商甲骨占卜制度中的一些細節問題。

一、卜兆是殷墟甲骨占卜中的核心與靈魂

張秉權先生曾指出:"殷墟甲骨上的種種現象,似乎都是環繞着一個核心而産生的,那個核心便是縱橫俯仰的卜兆。譬如攻治鑽鑿是在替開兆做準備工作;序數是標記卜兆先後次序的;記兆術語是標記卜兆性質的;卜辭是一個或一組卜兆的貞卜的題目……凡此種種,都像衆星拱月似的環繞在卜兆的周圍,可以説都是卜兆的一些附屬品……只有卜兆才是占卜中最主要而缺少不得的東西,它是一種預示吉凶的神秘符號。"②儘管張先生對於序數(即本文所言兆序字)的理解是不全面的,但他有關卜兆在占卜中的地位和作用之論述則是非常正確的。

筆者曾整理並統計過花東甲骨中卜辭契刻時的行款走向與卜辭所粘附卜兆之間各種不同的組合狀況③,可以發現,除極少量因失誤、兆序字排列方式及刻手主觀因素等特殊原因而致的特殊情況外(如《花東》252.3 就是因刻手失誤而使卜辭僅守前五個卜兆契刻,後三個卜兆則被另外一辭隔離開,並被界劃綫誤劃入另外一辭中;351.3、4 因兆序字排列方式,108.2、3

①　本章部分内容刊於《中州學刊》2010 年第 5 期。
②　張秉權:《殷虚卜龜之卜兆及其有關問題》,載《"中央研究院"院刊》第 1 輯,1954 年。
③　章秀霞:《花東卜辭行款走向與卜兆組合式的整理和研究》,收入《紀念王懿榮發現甲骨文 110 周年國際學術研討會論文集》,社會科學文獻出版社,2009 年。

和 305.2 因刻手主觀因素等，以至於其卜辭都没有圍繞所守全部卜兆契刻），無論卜辭契刻時的行款走向如何千變萬化，原則上總是圍繞着它所屬的一個或一組卜兆而行刻，並且當一條卜辭和所屬卜兆與其他卜辭及卜兆距離較近而容易混淆時，還往往特意用界劃綫相區隔，如花東 37、53、181 等很多版卜甲上都有界劃綫。

花東中有這樣一例卜辭，其繞兆契刻的情況更能很好地説明甲骨占卜過程中卜兆的核心地位，即 463.3 辭。該辭下方有三個卜兆，左邊一卜兆記有兆序字"一"，右邊一卜兆記有兆序字"二"，而中間一卜兆則無兆序字，該辭從左邊一卜兆内側的兆枝上方起刻後，迎兆而進，過該兆兆幹後，却躍過中間無兆序字的一卜兆，然後再於右邊一卜兆内側的兆枝上方契刻，過該兆兆幹後再轉爲下行。由這種契刻方式看，中間一卜兆實際上與該條卜辭並非一回事，故卜辭才未繞該兆契刻，這恰好説明卜辭是以自己所屬的卜兆爲核心而契刻的。另外，花東中有些卜甲上僅有卜兆和兆序字而没有卜辭，如花東 101、308 等版，很多情況下則是卜甲的大部分區域僅有卜兆而無卜辭和兆序字，只有少部分區域有卜辭和兆序字。事實上，殷墟出土的甲骨上很多都有此類現象。這些均表明，甲骨占卜過程中，卜兆才是整個過程的核心與靈魂，而卜辭和兆序字則是可以省略不記的，或只有占卜比較重要的事情時才會附記於卜兆附近。

二、卜辭的契刻與刮削

從花東甲骨卜辭的契刻情況看，在一次完整的甲骨占卜程式中，灼龜見兆後，乃依"契刻兆序字→契刻卜辭→界劃綫圈圍卜兆和卜辭"之順序來進行，這與以前卜用甲骨上所顯現出來的契刻順序是一致的。但花東也有自身的一些特點，比如對界劃綫的使用，張秉權先生曾據《乙編》中的材料指出，"有很多不易分别的卜辭，却没有綫條來界分，而且有時候那些綫條的本身也會引起人們的困惑，譬如《乙編》4057（即《合集》9504 正，筆者按）的界劃綫横貫序數'4'而過，又有一些綫條劃分了卜辭和卜兆，但是却將它們的序數或記兆術語劃出在界限之外，如《乙編》726（即《合集》9608 正，筆者按)者"①。但是這些情況在花東中基本上不存在②,花東中界劃綫的界劃區分作用,無論是區分卜兆還是區分卜辭,或者同時圈圍卜兆與卜辭,往往還是比較清晰的,不太容易使人對卜辭、卜兆和兆序字之間的隸屬關係產生歧義。

花東子卜辭契刻時還有一個比較明顯的特點,就是常見把"干支""干支卜""干卜""祭牲數＋牲名""牲名＋祭牲數"等兩字或三字作爲一個契刻單位,在横行行款中往往將它們作上下契刻,如335.2之"牝一"、226.5之"丁巳"、228.17之"戊子卜"、124.1之"二羊"等,也有少量"干支""干支卜""干卜"以及大量祖先名號在縱行行款中作左右書者,如37.14之"乙巳"、257.20之"辛卜"、214.5之"祖乙"、320.6之"妣庚"等等,此類現象在花東中特别常見。

花東中還有契刻之卜辭後來又被刮削者,刮削的目的或認爲是準備再用③。朱岐祥先生在其《殷墟花東甲骨文刮削考》一文中不同意再利用説,他認爲花東甲骨中有129版曾遭刮削的痕跡,占全部的23%,這種刮削應是整坑甲骨在埋藏前集體一次有意的選擇性的刮削結果,"刮削的背景是殷墟花園莊東地甲骨的主人子因賢能而受到武丁或婦好的猜忌,遂遭放逐疏遠,失却繼承王位的機會。子或其家族後人爲免續招禍患,遂將子卜辭中許多記録子主持政事和祭祀的事例删除"④。

從花東中遭刮削之甲骨的普遍情況看,其重複再利用的可能性確實不太大,正如朱岐祥先生文中所指出的那樣,129版遭刮削者中,僅有極少的4例重新刻上了文字,可視爲特例,且只有1例是問卜内容,可見花東甲骨並没有刮削後重複使用的習慣。朱先生指出這種刮削是"整坑甲骨埋藏前集體一次選擇性的刮削結果"亦是可取的。但是,其對刮削原因的解釋尚欠缺一些足夠的證據,有些疑點似乎無法解釋。筆者在翻檢花東被刮削卜辭的過程中,注意到這樣一個現象,即存在刮削卜辭現象的129版卜甲中,

---

① 張秉權:《殷虚卜龜之卜兆及其有關問題》,載《"中央研究院"院刊》第1輯,1954年。

② 花東第289版第4辭與第7辭之間的界劃綫有一處劃到了第7辭的"其"字上,但這與張先生所提到的情況並不太類同,此處乃因第7辭之"其"與第4辭之"卜"兩字緊挨而刻故不得已爲之。

③ 《花東》第1685頁。

④ 朱岐祥:《殷墟花東甲骨文刮削考》,收入臺灣東海大學中文系編《甲骨學國際學術研討會論文集》,2005年。

雖有 74 版上遭刮削的卜辭其卜日是完全不可辨的,但尚有 55 版卜甲上遭
刮削的卜辭裏還能辨出其卜日[1],且可辨卜日僅記爲“天干”者見於 48 版,
占可辨總數 55 版卜甲中的 87.3%,而可辨卜日僅記爲“干支”者共見於 3
版,占總數的 5.5%,可辨卜日記爲“天干”與記爲“干支”共版者見於 4 版
(其中第 88 版被刮者僅 1 例卜日可能記爲“干支”,其餘 11 例皆記爲“天
干”),占總數的 7.3%。至少從這些尚可辨其卜日的刮削之辭來看,被刮削
者中,將近 90% 其卜日都是僅記爲“天干”,只有少許卜日是記爲“干支”
者,可見這種刮削確實是有“選擇性”的。但是,此若是子或其家族後人爲
免續招禍患而將子卜辭中許多記録子主持政事和祭祀的事例加以删除的
話,那麽花東中還有大量卜日記爲“干支”者,且其中也不乏子與丁和妣庚
之間親密關係的見證和祭祀事例,爲什麽它們没有遭到大量刮削呢? 又據
筆者初步統計,花東子卜辭中卜日僅記爲“干支”者見 220 版,卜日僅記爲
“天干”者見 115 版,而這兩種卜日記録方式共版者則極少,僅 16 版,可見
使用這兩種卜日記録方式的占卜絶大部分都是各用其甲的。所以,我們懷
疑這種現象可能與花東子家族的占卜制度有關,而並非政治權力鬥爭背景
下的行爲。

三、關於“犯兆”問題

卜辭在卜兆附近契刻時,一般都會避兆而刻,不會侵犯到卜兆,稱爲
“避兆”,但也有些卜辭並不回避卜兆,契刻時會侵犯到卜兆,即所謂“犯
兆”。“避兆”是常態,“犯兆”則是特例。相對而言,犯兆現象在武丁時期的
王卜辭中較多些,其卜辭常跨越兆枝而刻,如《合集》5611 正(典賓類,其舊
著録片《乙編》867 拓本清晰)。花東中亦見卜辭侵犯兆枝的例子,如 132.1
辭中“廌”字和第二個“妣庚”之“妣”字以及 142.5 辭中“子祝”之“祝”字等
便是跨越兆枝而刻,且所犯之兆無兆序字,卜兆亦經過刻畫。武丁時期卜
辭所犯之兆或爲廢兆,或僅是兆序字被刮去但並非廢兆。花東中的這兩例
被侵犯之兆應該屬於廢兆。

---

[1]　依據《花東》釋文。

四、兆序字的契刻問題

兆序字是甲骨占卜過程中常常被刻於兆幹內側（指有兆枝的一側）兆枝上方的數目字，舊有甲骨中也有將其刻於兆幹頂端者，它並不屬於卜辭。張秉權、劉淵臨、宋鎮豪等先生在論述相關問題時都曾對這種數字作過考察。張秉權先生稱之爲“序數”，認爲序數是用來標記卜兆的占卜次序的，是用來表明某一卜兆屬於某一事件的貞卜之中的第若干次占卜的[①]。劉淵臨先生認爲甲骨上的這種數目字實際上包括兩種，一爲序數，一爲卜數，前者是占卜先後的次序，後者是一件事占卜次數的多寡[②]。宋鎮豪先生認同劉説[③]。就花東甲骨中的兆序字而言，應都屬於“序數”之類。

花東中兆序字的契刻有着不同於其他組類的自身特點。蔣玉斌先生曾指出，花東類的特點是兆序字與歧出的兆枝十分接近，這一點與其他各種是不相同的，他認爲這種習慣可能與花東類獨特的行文格式有關。花東類常常迎着兆枝向兆幹方向刻辭，把兆序字刻得較低而接近兆枝，可能是給隨後要契刻的卜辭預留空間[④]。這種論述與花東中兆序字契刻的情況是吻合的，但花東中兆序字的契刻也有一些不合此常規的特例。如：一般情況下，花東中兆序字刻於有兆枝的兆幹一側，且距離兆枝較近的兆枝上方。但是，也有少許刻寫位置例外者，如：75.6 中兆序字“一”、304.5 中兆序字“二”[⑤]、409.31 中兆序字“五”等雖刻於有兆枝的兆幹一側，且在兆枝上方，但距離兆枝却比較遠；182 版卜甲上無卜辭，僅有五個兆序字，刻寫均特殊，或刻於無兆枝的兆幹一側，或刻於兆枝下方，或刻於兆枝上方較遠處

---

① 張秉權：《卜龜腹甲的序數》，收入《“中央研究院”歷史語言研究所集刊》第 28 本上册，1956 年。

② 劉淵臨：《殷虛“骨簡”及其有關問題》，收入《“中央研究院”歷史語言研究所集刊》第 39 本上册，1969 年。

③ 宋鎮豪：《再論殷商王朝甲骨占卜制度》，載《中國歷史博物館館刊》1999 年第 1 期。

④ 蔣玉斌：《殷墟子卜辭的整理與研究》第 164 頁，吉林大學博士學位論文，2006 年。

⑤ 304.4 與 304.5 辭例一致，從拓片上看，其兆序字分别爲“一”和“二”，但從照片上看，304.4 中兆序字似爲“二”，後承蒙中國社科院考古所曹定雲先生幫助核查原片，第 4 辭兆序字確係“一”，非“二”。這樣，此兩辭分别是對同一事的第一卜和第二卜，只是兆序字“二”的契刻位置不同於花東常例罷了。又下文“關於犯兆問題”中所提及 142.5“祝”字所犯之兆無兆序字，亦無刮削之痕跡，也爲曹定雲先生核實原片後告知，謹致謝忱。

等;145 版卜甲上兆序字"一",《花東》漏摹,亦刻於兆枝下方,但此例中"子貞"二字倒刻,且位於兆序字"一"的下方,此應爲殷人占卜之後誤將甲首與甲尾倒置而進行刻寫所致①;據原摹本,423、424 兩版卜甲上的兆序字刻寫亦較特殊。另外,花東中有個別兆序字寫法特別,如 178.4 中兆序字"五"刻寫爲五橫畫,不同於常見的"五"字寫法。

花東甲骨中兆序字最大爲"十"者共 2 見,分別見於 176.1 和 310.2,前者是關於丁丑日向妣甲行祭祀之事,後者辭殘,從殘辭看應是關於甲戌日傍晚向祖乙行祭祀之事;兆序字最大爲"八"者 2 見(252.3、333),爲"六"者5 見(209、243、450.4～5、451.2、487.3),爲"五"者約 20 見左右,爲"四"者約30 餘見,爲"三"者約 100 餘見,爲"二"者約 300 餘見,爲"一"者則可能有一千左右。此外,還有少量僅記卜辭未記兆序字者。

由此可見,花東中對一事進行内容完全相同的貞問次數最多可以達到十次,十次以上者並未見。舊有甲骨卜辭中相同内容的最多貞問次數在學者間是有分歧的,胡厚宣先生以爲存在十次以上者,最多甚至可達十八次,其兆序字乃從十以後,復又從一而始②。彭裕商先生甚至還曾舉出賓組中(《合集》1656)有正反貞問次數均多達 22 卜者③。但張秉權先生認爲殷人對一件事情(即一個題目)的占卜最多不會超過十次以上,並指殷人在占卜之後,並不是對每一件事情都刻以卜辭的,胡氏所舉例子只是一小部分與"十"相連接的沒有卜辭的序數而已,而對於大多數不與"十"相連接的沒有卜辭的序數,便無法解說了④。花東中也有少量僅記兆序字但却沒有記錄卜辭者,如花東 14.8～9、67.4、101、182、308、351.1～2、451.5、472.1 等。其中,101、182、308 三版卜甲上除無卜辭的兆序字外,也沒有其他任何卜辭及其相應的兆序字,筆者認爲此類比較合適的解釋就是如張秉權先生所說,只好假定它們的卜辭沒有刻上了。但是,14.8～9、67.4、351.1～2、451.5、472.1 等由於同版卜甲上還有其他卜辭及其相應的兆序字,所以從理論上來說,筆者倒覺得這類情況似乎也可以有另外一種思考和假定的方向,即

---

① 參看《校勘》文。
② 胡厚宣:《卜辭同文例》,收入《"中央研究院"歷史語言研究所集刊》第 9 本,1947 年。
③ 彭裕商:《殷代卜法新探》,收入《夏商文明研究》,中州古籍出版社,1995 年。
④ 張秉權:《卜龜腹甲的序數》,收入《"中央研究院"歷史語言研究所集刊》第 28 本上册,1956 年。

這些僅刻有兆序字的卜兆所省略未刻的卜辭可能是與同版他辭同文,也就是說所省刻的卜辭與同版卜甲上的其他某條卜辭(極有可能是相鄰之辭)屬於各爲兆序的一組重貞卜辭,因辭例相同故省略未刻而已。

五、花東子卜辭中所見卜法

通過對花東子卜辭的考察,筆者有一初步想法,即若從卜法的角度出發,甲骨卜辭中最基本的貞卜方法實際上或只有單次式卜問、重複式卜問、選擇式卜問和習卜等,而所謂正反對貞似乎可以歸入到廣義的選擇式卜問中去。常説的"對貞"主要是從卜辭契刻位置的角度形成的一種叫法,"對貞"卜辭與卜問方式之間並不是一種必然繫聯的關係,如處於對貞位置的卜辭,就有選擇式(包括正反性選擇)、單次式等多種卜問方式,甚至還有是對兩個不相干的事件進行的卜問。下面對花東子卜辭中所見的貞卜方法分別加以論述:

(一)單次式卜問

單次式卜問是指對某事只作一次性的具有相同關注內容的貞卜,即只有一卜。單次式卜問的特點是相同內容的卜辭只被記録一次,且兆序字只有"一",或兆序字"一"被省刻。如:

　　(1)己亥卜:毋往于田,其有事?子占曰:其有事。用。有宜。一(《花東》288)

(二)重複式卜問

重複式卜問是指對某事進行了多次的具有相同關注內容的貞卜,即有兩卜或兩卜以上。重複式卜問的特點是相同內容的卜辭被記録一次或一次以上,其兆序字或相連或各自爲之,各爲兆序時,其中最大兆序字或爲"一",或大於"一",而兆序字相連時,其相連的兆序字中最大者則爲"二"或大於"二"。重複式卜問常常是在同一版卜甲上進行,但也有在不同卜甲上進行者。

　　(2)丙辰卜:延奏商,若?用。一二三四(《花東》382)

　　例(2)中的這次貞問是針對"延奏商"是否"若"之事進行的,共貞問四次,在同一版卜甲上進行,其兆序字相連,卜辭只記錄了一次。花東子卜辭中還有對某事進行的多次貞卜中,亦在同一版卜甲上進行,其兆序字亦相連,但卜辭被記錄了兩次或三次者,如:

　　　　(3)壬午夕:歲犬一妣庚? 一二三

　　　　壬午夕:歲犬一妣庚? 四(《花東》451)

　　　　(4)丁卯卜:子其入學,若,侃? 用。一二三

　　　　丁卯卜:子其入學,若,侃? 用。四五六(《花東》450)

　　　　(5)歲妣庚䏍一? 一

　　　　歲妣庚䏍一? 二

　　　　歲妣庚一䏍? 三(《花東》446)

　　例(3)(4)(5)中的貞卜均在同一版卜甲上進行,兆序字相連,但例(3)(4)中的卜辭却被記錄了兩次,例(5)中的卜辭被記錄了三次。

　　　　(6)己丑:歲妣庚一牝,子往溝禦興? 一二三(《花東》255)

　　　　己丑:歲妣庚牝一,子往溝禦? 四(《花東》55)

　　例(6)中的兩辭貞問內容相同,兆序字相連,前三卜和第四卜分別位於不同的卜甲上,故卜辭也被分別記錄於不同的卜甲上。

　　上引例(2)～例(5)中的重複式卜問均是在同一版卜甲上進行,其卜辭被契刻一次、兩次或兩次以上者,或是由於契刻空間或其他因素而致,實際上並沒有什麼本質上的區別,包括例(6)中的卜辭也是如此,只是將重複式的卜問放在不同的卜甲上進行而已。

　　上述例(2)～例(6)中的重複式卜問都屬於兆序字相連者,但花東中還有一種重複式卜問,即卜辭被契刻兩次或兩次以上,或在同一版卜甲上,或在不同卜甲上,但兆序字則是各自爲之,如:

　　　　(7)己卯:歲妣己牝一? 一

　　　　己卯:歲妣己牝一? 一二三(《花東》314)

　　　　(8)乙亥夕:歲祖乙黑牝一,子祝? 一二

　　　　乙亥夕:歲祖乙黑牝一,子祝? 三四(《花東》67)

　　　　乙亥夕:歲祖乙黑牝一,子祝? 一(《花東》161)

例(7)爲在同一版卜甲上進行的各爲兆序的重複式卜問,例(8)則爲在不同卜甲上進行的各爲兆序的重複式卜問。

(三)選擇式卜問

選擇式卜問是指對某事進行了多次的具有不同關注内容選擇的貞卜,即在兩個或兩個以上的不同選擇項中進行貞卜決疑。選擇式卜問的特點是具有不同關注内容選擇的卜辭被分別記録,其兆序字或相連或各自爲之,各爲兆序時,其中最大兆序字或爲一,或大於一,而兆序字相連時,其相連的兆序字中最大者則爲二或大於二。

1.正、反選擇式卜問

這是選擇式卜問的一種特殊形式,屬於在正、反之間進行的選擇性貞卜,也是花東中重要的貞卜方式之一,常説的正反對貞即屬於此類。這種卜問方式中,正問、反問卜辭基本上都是分佈在同一版卜甲上,未見分佈於不同卜甲上的例子。

正、反選擇式卜問的卜辭在卜甲上較常見的分佈情況是:分佈於左右甲上的對貞位置,且右甲上爲正問之辭,左甲上爲反問之辭,正、反問各爲兆序。此即所謂的正反對貞卜辭。這種分佈情況也是花東正反對貞卜辭所守組卜兆中最常見的一種排列方式。如:

(9)丙卜:子其敷于歲禦事? 一
丙卜:子弜敷于歲禦事? 一(《花東》114)

此兩辭屬於一組正反對貞卜辭,其中第一辭爲從正面貞問,位於《花東》114版卜甲的右甲上,第二辭爲從反面貞問,位於《花東》114版卜甲的左甲上,正反問各爲兆序字,且均爲一,即各一卜。此類所謂正反對貞卜辭中,除正、反問各爲一卜者外,還有正、反問各爲二卜、各三卜、各爲四卜和各爲五卜者,而正、反問各爲六卜和各爲六卜以上者,花東中未見。如:

(10)辛卜:其速丁? 一二
弜速丁? 一二[①](《花東》124)
(11)戊申卜:日用馬于之,力? 一二

[①]　兩辭中《花東》原摹本均漏摹兆序字"一"及其卜兆,原釋文亦漏釋。

戊申卜：弜日用馬于之，力？一二①（《花東》196）

（12）庚申卜：弜取在狀紡，延成？一二三

庚申卜：取在狀紡，弜延？一二三（《花東》437）

（13）丁未卜：子其妝用，若？一二三四

勿妝用？一二三四（《花東》241）

（14）戊戌夕卜：暨［己］，子求豕，遘，擒？子占曰：不三，其一。用。
一二三四

弗其擒？一二三四（《花東》378）

（15）乙酉卜：子又（有？）之陇南小丘，其罢，獲？一二三四五

乙酉卜：弗其獲？一二三四五（《花東》14）

　　分佈於左右甲對貞位置的正、反選擇式卜問的卜辭還見有這樣的情況，即左甲上爲正問之辭，右甲上爲反問之辭，正、反問各爲兆序，但此類情況較少。如：

（16）丙寅夕卜：由，椄于子？一

丙寅夕卜：侃，不椄于子？一（《花東》9）

（17）己巳卜，貞：子利女不死？一

其死？一（《花東》275＋517）

（18）戊辰卜：大有疾，亡延？一

其延？一（《花東》299）

　　例（16）～例（18）中的正問之辭均在左甲上，反問之辭均在相應的右甲上，正、反問的兆序字並不相連，而是各自爲之。

　　花東所謂正反對貞卜辭中，不管是較常見的右甲上正問左甲上反問者，還是相對較少的左甲上正問右甲上反問者，往往都是以右爲主，即右甲上的貞卜內容往往是問疑者想要的答案，如上引例（14）～例（18）中根據卜辭內容就可以非常顯地看出這一點。以例（16）爲證，其中的兩辭是從正、反兩種不同的角度進行的貞卜，各爲兆序字，均爲一卜。由，災咎意，侃，喜樂意，椄，擔心、擔憂之意。第一辭貞問"由，椄于子？"該辭位於卜甲的左甲上，第二辭貞問"侃，不椄于子？"該辭是位於卜甲的右甲上。以右甲

_____

①　兩辭中《花東》原摹本均將兆序字"一二"誤摹爲"一一"，原釋文中亦均爲"一一"。

爲主,也就是説右甲上的貞問内容是問疑者希望得到的答案,就這次貞問而言,問疑者希望得到的答案是"侃,不梄于子"。

即使非對貞位置的卜辭中,有時似乎也是以右爲主,如304.1、2"甲卜:子疾首,亡延? 一/子疾首,亡延? 二",兩辭爲第一卜和第二卜,均刻於右甲,表明卜者希望得到的答案是"子疾首亡延"。

花東正、反選擇式卜問的卜辭中還有少量處於非對貞位置者以及部分處於對貞位置的,正、反問多各爲兆序者,此不一一列舉。

2.其他選擇式卜問

指除正、反選擇式卜問之外的其他類選擇式卜問方法,即以前常説的選貞。和正、反式選擇卜問的卜辭一樣,其他選擇式卜問的卜辭基本上也是分佈在同一卜甲上,或處於對貞位置,或處於非對貞位置。而貞問的選擇對象有祭牲、時間、貢納者、貢納物品及數量等等,且多各爲兆序。

　　(19)乙亥卜:其呼多賈見(獻),丁侃? 一

　　呼多賈罗辟,丁侃? 一(《花東》275＋517)

　　(20)五十牛入于丁? 一

　　三十牛入? 一

　　三十豕入? 一(《花東》113)

例(19)兩辭處於對貞位置,貞問的是要呼令"多賈"還是呼令"多賈罗辟"向丁獻納物品,丁會喜樂嗎? 這是對貢納者的選擇卜問。例(20)貞問的是要獻納"五十牛""三十牛"還是"三十豕"給丁呢? 這是對貢納物品的選擇卜問。

(四)習卜

習卜是指在不同時間内因襲前次對某事的占卜而繼續對該事或該事的發展進行的貞卜。

　　(21)己巳卜:曉庚歲妣庚黑牡又羊,暮蚊? 用。 一二三四五

　　庚午:歲妣庚黑牡又羊,子祝? 一二三四五六(《花東》451)

例(21)中的兩辭反映了在不同時間内因襲卜祭同一事件的占卜過程,爲在同一版卜甲上進行的習卜。第一辭顯示在己巳日先進行了貞問,主要是貞問要不要在第二天庚日(即庚午)用"黑牡又羊"對妣庚進行祭祀之事,

反復貞問了五次,第二辭則顯示,到了庚午日,又再次對此事進行了占卜,這次仍然是貞問要不要用"黑牡又羊"對妣庚進行祭祀? 反復貞問了六次,而且這次是由子主持儀式的。

　　除上述比較單純的卜問方式外,殷人在占卜過程中往往又會綜合使用多種卜問方式來進行貞卜,這就導致在卜辭中會出現一些多種卜問方式並用的非常複雜的貞卜之法。

　　　　(22)癸丑卜:子裸新嵒于祖甲? 用。一①

　　　　癸丑卜:子裸? 二(《花東》248)

　　　　癸丑卜:惠二牢于祖甲? 不用。一

　　　　癸丑卜:惠一牢又牝于祖甲? 不用。一

　　　　癸丑卜:子裸新嵒于祖甲? 用。三(《花東》459)

　　該例中第一、二辭位於《花東》248 版卜甲上,第三、四、五辭位於《花東》459 版卜甲上,而第一、二、五辭爲處於不同卜甲上且兆序字相連的重貞卜辭,卜是否用"新嵒"對祖甲進行裸祭? 它們又和第三、四辭共同構成了一組各爲兆序的選貞卜辭,卜究竟是要用"新嵒",還是要用"二牢",還是要用"一牢又牝"對祖甲進行祭祀之事。用辭表明對祖甲進行祭祀最終選用的祭品是"新嵒",而沒有選用"二牢"或"一牢又牝"。

六、兆序字或由兆序字繫聯起來的組卜兆的排列方式

　　我們知道,殷人往往對同一事進行多次占卜,每卜一次又常刻一兆序字加以標示,並將所卜之事刻於卜兆附近,對同一件事的占卜有時是在同一版甲骨上進行,有時是在不同的甲骨上進行。這樣就出現了成套卜辭或成套卜甲(卜骨)的現象,這種對同一事進行多次占卜的過程中所出現的多個卜兆也就是我們所說的組卜兆。而兆序字是甲骨占卜制度研究中的一個重要的繫聯工具。根據兆序字的繫聯,參以甲骨卜辭辭例,筆者對花東子卜辭中兆序字及由兆序字繫聯起來的組卜兆排列方式進行了初步整理,

---

① 該辭在《花東》原摹本和釋文中均漏兆序字"一"。

下面對此進行一些討論。

　　首先要説明的有兩點：

　　第一，由於兆序字的排列方式和組卜兆的排列方式基本上是一致的，因此爲便於論述，下文一律稱組卜兆的排列方式。又，單次式卜問的卜辭所守卜兆只有一個，不存在組卜兆的問題，選擇式卜問、重複式卜問以及習卜的卜辭所守卜兆均有兩個或兩個以上，這些才有組卜兆的問題。但是，對於那些其相同卜辭被記録了兩次或兩次以上，且各爲兆序字的組卜兆，如果其多次記録的卜辭又完全一致沒有任何省略，那麼我們是無法判斷出各爲兆序字者究竟誰爲先卜誰爲後卜的，因此也就無法找出這類組卜兆的排列方式。而對於那些其相同卜辭只被記録一次且兆序字相連的組卜兆，或者其相同卜辭被記録兩次或兩次以上且兆序字相連的組卜兆，我們則是可以借由兆序字的繫聯而判斷出其中誰爲先卜誰爲後卜的，因此也就可以找出這類組卜兆的排列方式。下面我們主要就此類由兆序字繫聯起來的組卜兆在花東卜甲上的排列方式作一整理和探討，並分別加以論述。另外，如果組卜兆分佈於不同的卜甲上，其組卜兆的整體排列方式也是無法描述的，如果有組卜兆中的部分卜兆位於同一版卜甲上，則這組卜兆中的部分卜兆的排列方式還是可以描述的，我們的整理和統計也包括這部分。儘管下文中所整理和統計的組卜兆排列方式無法將花東中全部的組卜兆包含進去，但是這種探討還是能夠藉以窺視花東子家族在占卜過程中的一些細節問題的。

　　第二，花東中的不同卜甲，其背面鑽鑿形態和鑽鑿數量並非完全一致，尤其是鑽鑿的數量往往由卜甲大小、甲橋寬窄等客觀因素而決定，故灼燒之後在卜甲正面所顯示出來的卜兆也多少不一，卜甲最寬處的中縫至左右甲橋邊緣之間的卜兆少者僅有兩縱列，多者有時可達六列，一般情況下以五列者居多，而整版卜甲上卜兆的橫排數量也是不完全一致的。因此爲方便描述，我們以《花東》490龜腹甲的摹本爲底本，結合花東卜甲中常見的卜兆分佈情況，製作了一個花東卜甲卜兆分佈PS圖，如圖一所示。爲方便論述，我們將左、右腹甲上常見的卜兆情況各編爲1至5列，並將花東卜甲中縫兩側稱爲“内”，卜甲邊緣方向稱爲“外”，卜甲甲首方向稱爲“上”，卜甲甲尾方向稱爲“下”，左右甲橋上肩之間的連線暫稱之爲“上肩綫”，左右甲橋下肩之間的連線暫稱之爲“下肩綫”。

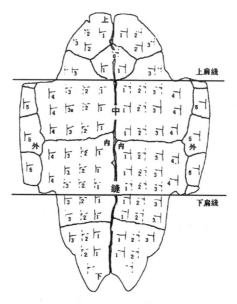

圖一：花東卜甲卜兆分佈 PS 圖

　　根據我們的整理和統計，花東卜甲上可辨識的組卜兆排列方式約有十二種：

（一）自内而外（122 例）

　　即組卜兆自卜甲中縫向卜甲邊緣方向排列，在左甲爲自右而左橫向排列，在右甲爲自左而右橫向排列，這是花東組卜兆在卜甲上最爲重要也是最爲常見的一種排列方式。共見 122 例。

　　這種排列方式的組卜兆中多包括兩個或三個卜兆作如是排列，如圖二、圖三所示，未見四個或四個以上卜兆作如此排列者。

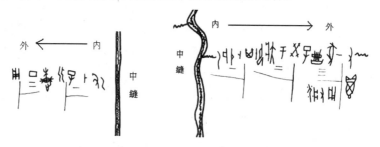

圖二：《花東》180 摹本截圖　　　　　圖三：《花東》76 摹本截圖

　　自内而外排列的組卜兆中，其第一卜往往是從左甲或右甲上距離中縫最近的第 1 列卜兆開始的,然後向外依次進行,如圖二、圖三中兩例均是。但也有少部分第一卜是從左甲或右甲上距離中縫次近的第 2 列卜兆開始的,然後向外依次進行,如圖四所示。還有第一卜從右甲上距離中縫遠些的第 3 列卜兆開始,然後向外排列進行第二卜,如圖五所示,此種情況極少,僅見此一例在右甲上者,左甲上則未見。

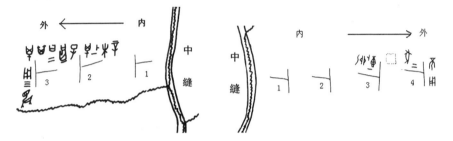

圖四:《花東》234 摹本截圖　　　　　　圖五:《花東》237 摹本截圖

　　這種自內而外排列的組卜兆中,其卜辭的行款走向也大多與此基本一致,即其卜辭的行款走向常作迎兆單列橫行或作迎兆單列橫行後再轉變方向。圖二至圖五中的卜辭行款均如此。

　　自內而外排列的組卜兆以居於前甲下部和後甲上部者最多,約有 83 例,居於後甲下部和尾甲者次之,約有 32 例,居於卜甲其他位置者極少。除背甲上有兩例外,其餘均是在腹甲上。

　　另外,還有 4 組組卜兆是分佈於同版卜甲上的不同處,即其卜辭被契刻了兩次,各守組卜兆中的部分卜兆,其中有一處的卜兆是作自內而外排列者,如 237.9 辭,該辭所守卜兆爲前三卜,位於右前甲的第 1、2、3 列,作自內而外排列,而 237.10 辭爲第四卜,却位於左前甲。因此,這種情況實際上是居於同版異處的組卜兆,只是其中一部分作自內而外排列。這種情況很少。而且,這樣的組卜兆從整體上説,其排列方式並不能算是自內而外,故未將其計入自內而外排列的組卜兆數量中,只是在此附帶討論一下。

(二)自外而內(19 例)

　　即組卜兆自卜甲邊緣方向卜甲中縫方向排列,在左甲爲自左而右橫向排列,在右甲爲自右而左橫向排列,這種組卜兆的排列方式在花東中較少,共見 19 例。其中 17 例均是卜辭契刻一次,並守有兆序字相連的整組卜兆,僅 2 例是卜辭被契刻兩次,分別依守兆序字相連的組卜兆中的部分卜兆。

這種排列方式的組卜兆中僅見有兩個卜兆者,未見三個或三個以上卜兆作如此排列者。

自外而內排列的組卜兆中,其第一卜往往是從左甲或右甲上距離中縫稍遠些的第 2 列或第 3 列卜兆開始,然後向內即中縫方向依次進行排列,如圖六、圖七所示。其中圖七中兆序字"二"原摹本漏摹。

圖六:《花東》336 摹本截圖　　　　圖七:《花東》474 摹本截圖

這種自外而內排列的組卜兆中,其卜辭的行款走向大部分與此是相反的,即其卜辭的行款走向以迎兆契刻者常見,圖六、圖七中的卜辭行款均如此。但也有少部分是一致的,即其卜辭的行款走向也有順兆而刻者。

自外而內排列的組卜兆以居於前甲中下部和後甲中上部者爲多,其餘位置上的分佈則比較均衡。但總體上是居於左甲者多,有 13 例,右甲上僅見 6 例。

另外,還有少量組卜兆中的部分卜兆作自外而內排列,但整體上並不是這種排列方式,故亦不計入此類排列方式。

(三)自上而下(38 例)

即組卜兆在卜甲上作自上而下縱向排列,左甲、右甲上無區別。這也是花東組卜兆在卜甲上比較常見的一種排列方式,共見 38 例。其中 24 例均是卜辭契刻一次,並守有兆序字相連的整組卜兆,如圖八。還有 14 例是卜辭被契刻兩次(個別甚至被契刻三次),分別依守着兆序字相連的組卜兆中的部分卜兆,如圖九中,卜辭被契刻兩次,分別守前兩卜和第三卜,但三個卜兆所組成的組卜兆從整體上仍是作自上而下排列。這種排列方式的組卜兆中最多有六個卜兆作自上而下排列者,見圖八。

這種排列方式中的組卜兆在左甲或右甲上的第 1、2、3、4 列卜兆處均有分佈,距中縫近者和遠者數量上差不多,但相對於其他種類的排列方式而言,自上而下排列方式在距中縫較遠處的分佈還不算少。

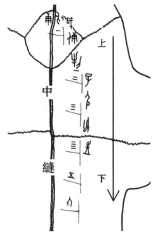
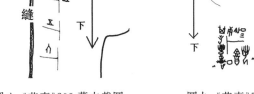

圖八：《花東》209 摹本截圖　　　　　圖九：《花東》501 摹本截圖

這種自上而下排列的組卜兆中,其卜辭行款走向既有迎兆單列橫行而刻者,如 11.2 辭,也有迎兆轉向而刻者,如 124.16 辭,還有背兆單列下行而刻者,如 337.1 辭。

(四)自下而上(40 例)

即組卜兆在卜甲上作自下而上縱向排列,左甲、右甲上無區別。這也是花東組卜兆在卜甲上比較常見的一種排列方式,僅次於自內而外的排列方式,共見 40 例。其中 28 例均是卜辭契刻一次,並守有兆序字相連的整組卜兆,如圖十,還有 12 例是卜辭被契刻兩次(個別甚至被契刻三次),並分別依守着兆序字相連的組卜兆中的部分卜兆,如圖十一,卜辭被契刻兩次,分別守組卜兆中的第一卜和第二卜,但整組卜兆在整體上仍是作自下而上排列。

這種排列方式中的組卜兆在左甲或右甲上的第 1、2、3、4 列卜兆處亦均有分佈,但與自上而下排列方式的組卜兆不同的是,自下而上排列的組卜兆在卜甲上的分佈是以距中縫較遠者常見,如居於左甲、右甲上第 3、4 兩列卜兆處者比較多。

這種自下而上排列的組卜兆中,其卜辭行款以迎兆轉向而刻者居多,如圖十、圖十一中卜辭行款均如此,另外也有少部分是背兆單列下行等其他行款形式。

另外,此種組卜兆的排列方式還有兩例見於龜背甲上,即 36.4、5

兩辭。

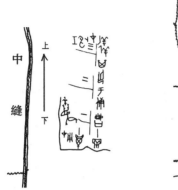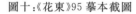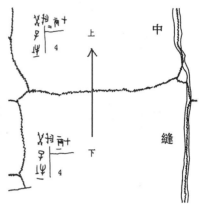

圖十:《花東》95 摹本截圖　　　　　　圖十一:《花東》321 摹本截圖

（五）自內而外並自上而下（15 例）

　　此類組卜兆排列方式比較典型的具體例子如圖十二所示,見於《花東》487 版卜甲上。這種排列方式的組卜兆中至少包含有三個卜兆,亦有包含四個、五個或六個卜兆者,六個卜兆以上者花東中則不見。

　　自內而外並自上而下排列的組卜兆花東中共見 15 例。其中有 13 例爲卜辭契刻一次,並守有兆序字相連的整組卜兆,如圖十二所示,另有 2 例是卜辭被契刻兩次,並分別依守着兆序字相連的組卜兆中的部分卜兆,如圖十三,圖中下面一辭“其”字後應漏刻一“自”字。此次占卜中共卜三次,兆序字分別記爲“一”“二”“三”,卜辭則被記錄了兩次,並分別守前兩卜和第三卜,但從整體上看,該組組卜兆仍作自內而外並自上而下排列。

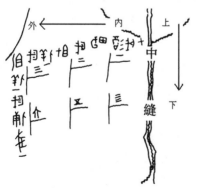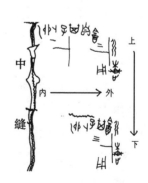

圖十二:《花東》487 摹本截圖　　　圖十三:《花東》454 摹本截圖

這種排列方式的組卜兆在左甲或右甲上的第1、2、3列卜兆處均有分佈,但達至第4列卜兆處者則極少,僅見1例(280.2①)。因此,該類排列方式的組卜兆以居於卜甲中縫較近處爲常見。

另外,此類組卜兆中,其卜辭的行款走向均爲迎兆單列橫行而刻或迎兆轉向而刻,如圖十二、圖十三中的卜辭行款即爲迎兆轉向而刻。

(六)自内而外並自下而上(25例)

這種排列方式的組卜兆中以三個卜兆最爲常見,如圖十四所示。但也有少量包含四個、五個或六個卜兆者,六個卜兆以上者則不見。

自内而外並自下而上排列的組卜兆花東中共見25例。其中有18例爲卜辭契刻一次,並守有兆序字相連的整組卜兆,如圖十四,另有6例是卜辭被契刻兩次或兩次以上(僅1例被契刻三次,其餘5例均是契刻兩次),並分別依守着兆序字相連的組卜兆中的部分卜兆,如圖十五。還有1例無卜辭者(101)。

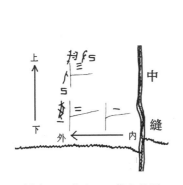

圖十四:《花東》67摹本截圖　　　圖十五:《花東》475摹本截圖

這種排列方式的組卜兆在左甲或右甲上的第1、2、3列卜兆處均有分佈,但達至第4列卜兆處者亦極少。值得注意的是,自内而外並自下而上的組卜兆排列方式以在右甲者居多,25例中有17例是位於右甲上,僅8例在左甲上。

此類排列方式的組卜兆中,其卜辭的行款走向亦以迎兆單列橫行而刻或迎兆轉向而刻爲常,其他形式的行款走向較少。

---

① 《花東》摹本中該辭所守組卜兆中最下面的兆序字"三"及其卜兆均漏摹,拓本清晰可見。

（七）自上而下並自外而内（4 例）

這是花東組卜兆排列方式中非常少見的一類，僅有 4 例。其中 2 例爲卜辭契刻一次，並守有兆序字相連的整組卜兆，如圖十六，另 2 例爲卜辭被契刻兩次，並分別依守着兆序字相連的組卜兆中的部分卜兆，如圖十七。

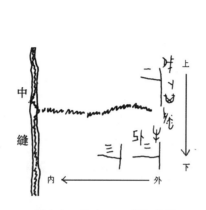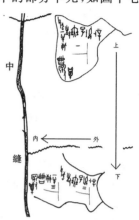

圖十六：《花東》276 摹本截圖　　　　圖十七：《花東》181 摹本截圖

4 例全部分佈於右甲第 1、2、3 列卜兆處，左甲上未見此類組卜兆排列方式。其卜辭行款走向則爲迎兆轉向而刻，或順兆轉向而刻，其他類型行款走向不見。

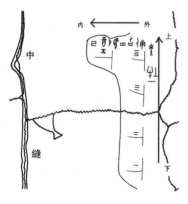

圖十八：《花東》150 摹本截圖

（八）自下而上並自外而内（3 例）

這也是花東組卜兆排列方式中極少的一種，可以確定者僅見 1 例，如圖十八。

該組組卜兆中，其卜辭被記錄一次，守着兆序字相連（一至五）的整組卜兆。該組卜兆位於右甲距離中縫較遠的第 3、4 列卜兆處，其卜辭行款爲迎兆轉向而刻。

另外，494.1、3 兩辭兆序字相連，卜辭辭例中除卜日非同一日而是前後兩日外，其餘完全一致。494.2、4 兩辭亦然。如果它們所守卜兆也屬於一組組卜兆的話，則其排列方式也是自下而上並自外而内，這裏暫計入此類。

(九)斜向而排(28 例)

斜向而排的組卜兆中一般是包含有兩個卜兆,且兩卜兆在卜甲上的相
對位置既非在同一水平綫上的左右位置,亦非在同一分隔號上的上下位
置,而是斜向排列,或自左下方向右上方排列(圖十九),或自右上方向左下
方排列(圖二十),或自左上向右下排列(圖二十一),或自右下方向左上方
排列(圖二十二[①])等。

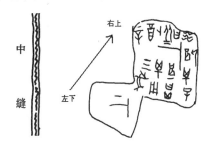 

圖十九:《花東》295 摹本截圖　　　　圖二十:《花東》378 摹本截圖

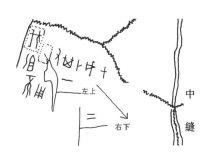 

圖二十一:《花東》343 摹本截圖　　　圖二十二:《花東》437 摹本截圖

花東中此類斜向排列的組卜兆共見 28 例,在花東各種組卜兆排列方
式中居於第四位元。其中,有 12 例爲卜辭僅契刻一次,並依守兆序字相連
的整組組卜兆,圖十九至圖二十二中各例均是如此。還有 16 例是卜辭被
契刻兩次,並分別依守兆序字相連的組卜兆中的部分卜兆,如圖二十三
所示。

---

①　該圖中兆序字"一"及其卜兆原摹本均漏摹。

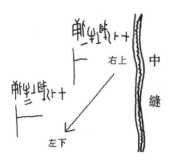

圖二十三:《花東》446 摹本截圖

此種排列方式的組卜兆中,其卜辭行款走向仍以迎兆單列橫行而刻或迎兆轉向而刻爲主,如圖十九、二十、二十一、二十三中所示。而卜辭如圖二十二中作背兆轉向而刻者則很少,其他類型的行款走向也較少。

(十)逆時針環形排列(2 例)

此種組卜兆排列方式花東中最少,僅 2 例,分別見於 37.22 和 459.6,具體如圖二十四、圖二十五所示:

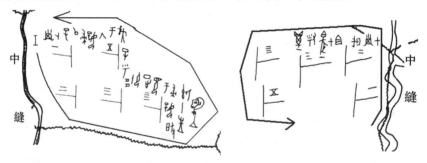

圖二十四:《花東》37 摹本截圖　　　　　圖二十五:《花東》459 摹本截圖

兩例中兆序字均爲一至五相連,卜辭守兆而刻,一爲迎兆轉向而刻,一爲迎兆單列橫行而刻,兩例中的組卜兆則爲沿順時針方向自中縫近側作環形狀排列。

(十一)混合排列(6 例)

所謂混合排列,是指某組組卜兆在卜甲上的排列方式混合使用了上述(一)至(十)排列方式中的兩種或兩種以上者。這是花東組卜兆排列方式中較少的一種,僅見 6 例。其中 4 例是卜辭契刻一次,並守有兆序字相連的整組卜兆,如圖二十六至二十八,1 例是卜辭被契刻兩次,並分別依守着兆序字相連的組卜兆中的部分卜兆,如圖二十九,還有 1 例是卜辭被契刻三次,並分別依守着兆序字相連的組卜兆中的部分卜兆,見於 181.11、12、13 辭所守組卜兆。

圖二十六見於 451 版卜甲,其卜辭共守五個卜兆,其中前三個卜兆在下方,作自內而外並自上而下排列,而後兩個卜兆則在上方,作自內而外

排列。

　　圖二十七見於 380 版卜甲,其卜辭守有三個卜兆,第一卜在最上面,第二卜在最下面,第三卜居其中。

　　圖二十八見於 176 版卜甲,卜辭守十個卜兆,前五個卜兆在下方,作自內而外並自上而下排列,後五個卜兆在上方,作自內而外並自下而上排列。

　　圖二十九見於 451 版卜甲,卜辭被契刻兩次,分別依守組卜兆中的前三卜和第四卜,且整個組卜兆的排列屬於混合排列,先自上而下又自下而上。

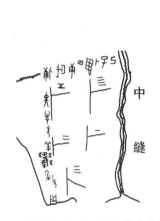

圖二十六:《花東》451 摹本截圖

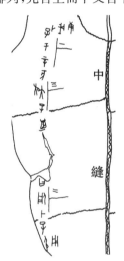

圖二十七:《花東》380 摹本截圖

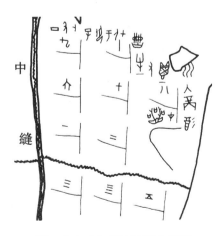

圖二十八:《花東》176 摹本截圖

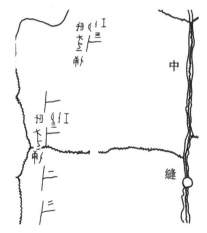

圖二十九:《花東》451 摹本截圖

（十二）其他（25 例）

最後，我們把無法歸入前述（一）至（十一）種的組卜兆排列方式暫歸爲"其他"類，這一類有三種情況：

1.兆序字相連的一組卜兆分置於同版卜甲中縫兩邊，即左、右甲上。這種情況占"其他"類中的絕大部分，其中大多又都是左右甲上各有一個卜兆者（僅極個別例外者，如 270.1、2），且處於對貞位置者居多。如 249.13 和 14、286.25 和 26、459.10 和 11、37.1 和 2 等等。此類情況的組卜兆排列以第一卜在右甲第二卜在左甲者占多數，第一卜在左甲第二卜在右甲者相對較少。

2.無法描述其排列方式的還有兆序字相連但處於不同卜甲上的組卜兆，通常是每甲上有一兆。如 161.1 和 392.1。

3.還有一種情況，即在同版或異版上的若干條卜辭辭例完全一致，其兆序字亦完全一致或部分一致，這實際上屬於重貞卜辭所守組卜兆，雖然無法從整體上描述其組卜兆的排列方式，但有些卻可以對其組卜兆中的部分卜兆排列方式進行整理歸類，這已經計入前文相應的排列方式中，因此，此處"其他"類中的 25 例是不包括這一部分的。

下面我們將上文中所述組卜兆排列方式的整理和統計結果情況作成表格的形式，以方便互相之間的對照和比較：

花東甲骨組卜兆排列方式整理和統計表

排列方式		一式	二式	三式	四式	五式	六式	七式	八式	九式	十式	十一	十二
第一卜位置	組卜兆數	122＝122＋0（4＋1）	19＝17＋2（1＋0）	38＝24＋14（2＋1）	40＝28＋12（1＋0）	15＝13＋2（1＋0）	25＝19＋6（0＋2）	4＝2＋2（0＋0）	3＝1＋2（0＋0）	28＝12＋16（2＋0）	2＝2＋0（0＋0）	6＝4＋2（1＋0）	25＝20＋5
上肩綫之上	左一				1					1			1
	右一						1			1；1			1
	左二		1							1；1			
	右二	2								1			

續表

排列方式		一式	二式	三式	四式	五式	六式	七式	八式	九式	十式	十一	十二
第一卜位置 / 組卜兆數		122＝122+0（4+1）	19＝17+2（1+0）	38＝24+14（2+1）	40＝28+12（1+0）	15＝13+2（1+2）	25＝19+6（0+0）	4＝2+2（0+0）	3＝1+2（0+0）	28＝12+16（2+0）	2＝2+0（0+0）	6＝4+2（1+0）	25＝20+5
	左三		1;1							1			
	右三		1;1	5						1;1			1
跨上肩綫	左一												
	右一	2								1			1
	左二			1		1							
	右二			1						2			
	左三	1								1			
	右三			1;									1
上下肩綫之間	左一	31		1;1	1	2				1	1		1
	右一	32		2;3;1	1;1;1	3;1;1	7			1	1		1
	左二	8	3	1;1	5	1	2			1			1;1
	右二	10	1	2;1	3;2	1	3	1		2;2			2
	左三		4	2;2	1	1				1			2
	右三	2	2					1;1		2			1
	左四			2	5;1							1	
	右四			1	6;1				1	1			1
跨下肩綫	左一	1;1					1						
	右一	2				1	3			1		2	1
	左二					2			1	2			
	右二					2			1			1	

續表

排列方式		一式	二式	三式	四式	五式	六式	七式	八式	九式	十式	十一	十二
第一卜位置	組卜兆數	122＝122+0（4̤+1）	19＝17＋2̲（1̤+0）	38＝24＋14̲（2̤+1）	40＝28＋12̲（1̤+0）	15＝13＋2̲（1̤+2）	25＝19＋6̲（0̤+0）	4＝2+2̲（0̤+0）	3＝1+2̲（0̤+0）	28＝12＋16̲（2̤+0）	2＝2+0̲（0̤+0）	6＝4+2̲（1̤+0）	25＝20+5
	左三												
	右三			1̤									
下肩綫之下	左一	10		2			1;1̲					1	
	右一	16		1			3			1̲			
	左二	1	2	1	1̲	1̲	2			1̲			2
	右二	5	1	2	1;2̲								1
	左三		1		2̲								1̲
	右三		1̤		2;1̲								2
跨肩綫上中下	左一												
	右一			1									
	左二											1	1
	右二			2				1				1̤	1
	左三												
	右三									1̲			
背甲		右甲 2			左甲 3								

該表有以下幾點需要説明：

第一，上表排列方式一欄中，等號"＝"後面第一個數位表示該排列方式中，整組卜兆位於同版卜甲的同一處且粘附的卜辭只契刻了一次的組卜兆數目；等號"＝"後面第二個數位表示該排列方式中，整組卜兆被分置於同版卜甲的兩處且粘附的卜辭也分別被契刻了兩次的組卜兆數目，以下劃粗綫加以標示；等號"＝"前面的數是上述兩種情況的組卜兆數目之和。

第二,等號"＝"號後面第三個數字表示被分置於同版卜甲不同處,粘附的卜辭也被分別契刻,但僅其中一處的部分卜兆作該排列方式的組卜兆數目,以下劃波浪綫標示;等號"＝"後面第四個數字表示被分置於不同卜甲處,粘附的卜辭也被分別契刻,但也僅有其中一處作該排列方式的組卜兆數目,又因爲此類組卜兆是分置於不同的卜甲上的,故不便標出整組卜兆與肩綫的相對位置,所以僅列出其數量;這兩種情況的組卜兆中,僅有其中部分卜兆作該排列方式,整組卜兆則非,因此表中未把這兩種數目計入某排列方式的總數裏,僅列出並外加"()"以供參考。

第三,表中"第一卜位置"下面的"左一",指該組卜兆中的第一卜位置是在前文圖一中左甲上的第1列卜兆處,"右一"則指該組卜兆中的第一卜位置是在前文圖一中右甲上的第1列卜兆處。其他依次類推。

第四,最後一欄中"其他"排列方式中,僅包括兩種情況:一是組卜兆分置於同版的左右卜甲上,卜辭亦分別契刻兩次;二是組卜兆分置於不同的卜甲上,卜辭亦分別契刻兩次。

第五,習刻、因刮削或殘缺而無法判定組卜兆者、文中提到的個別特例以及單字卜辭(如僅有一"用"字者等)不在下表的統計範圍之內。

綜上所述,從花東甲骨的情況看,殷商時期甲骨占卜過程中卜兆確爲整個過程中的核心與靈魂。卜辭及兆序字、記兆術語等都是可以省略不記的,但卜兆是必備的,無卜兆則無以爲占卜。花東甲骨占卜主體"子"對同一事件進行內容完全相同的卜問次數最多可以達到十次,超過十次者未見。除少量特例外,花東中兆序字的刻寫位置也有着不同於以往舊有刻辭的自身特點。花東子卜辭常有被刮削掉者,且被刮削之辭的卜日絕大多數是記爲天干者,其中緣由或與該"子"家族的占卜制度有關,而未必是政治鬥爭背景下的選擇性行爲。花東中亦存在"犯兆"現象、界劃綫等,但其界劃綫的使用基本未見使人對卜辭、兆序字和卜兆之間的隸屬關係產生歧義之例。該家族占卜中常以自中縫處開始灼龜向外依次進行爲最常見。總之,該家族占卜活動中的種種情況表明,殷商時期商王和王朝貴族等在甲骨占卜活動中,既有一些普遍存在的制度和現象,同時不同的占卜主體又有着自身的某種習慣和特點,形成了一些不同的家族特色。花東之"子"家族在灼龜占卜程式方面亦是有着自身家族特點和習慣的。

第十章　從花東子卜辭中的禮儀內容看
商後期社會關係

殷禮中隱含着多重社會關係。就花東子卜辭所涉禮制門類中，最能反映商後期社會關係者主要有三：一是祭禮，二是軍禮，三是貢納禮。

一、花東子卜辭所見殷商祭禮反映的社會關係

(一)花東子家族的祭祀權高於其他非王貴族家族，但受商王"丁"限制

先秦時期，"國之大事，在祀與戎"(《左傳·成公十三年》)，殷墟甲骨文中有關祭祀和軍事征伐的卜辭異常豐富，也證明了這一點。祭禮是殷商禮制中最爲發達的門類，在無所不祭的日常生活中，已經形成了一套系統的祭禮。祭禮在殷墟王卜辭和非王卜辭中的表現既有一致性，又有差異性，體現了商王和非王貴族二者之間所行之禮的連貫性和差等性，但其反映的社會關係狀況是一致的。

從花東子卜辭的祭祀對象看，該家族可以祭祀的先公先王最遠可至先公上甲及先王大乙、大甲和小甲，其中上甲即《國語·魯語》《楚辭·天問》等文獻記載中的"上甲微"、《史記·殷本紀》中的"微"。殷墟王卜辭中，上甲被稱爲"高祖上甲"(《屯南》2384)，是商代周祭制度中第一個被祭祀的殷人先祖，也是第一個以天干爲廟號的殷人先祖，有着非常崇高的地位。上甲不但與早於其世次的其他高祖如夒、河、王亥等合祭(《合集》1205、1182)，而且與晚於其世次的其他先公或先王合祭時，往往是由他這裏開始行祭(《合集》32385、37844)。大乙即商王朝的建立者，文獻中多稱之爲"湯"或"成湯"，大乙是其廟號。殷墟卜辭中多稱其"大乙"或"成"或"唐"等。由於他是商王朝的開國之王，所以王卜辭中合祭殷人先王時，也常常從他這裏開始(《合集》231、《屯南》3890)，他既可與高祖上甲合祭(《合集》6583)，又可享受單獨的隆重祀典(《屯南》2293)。大甲即《史記·殷本紀》

中的"太甲"。王卜辭中,大甲可以與上甲合祭(《合集》32388),或與其他先王合祭(《合集》300),也可以單獨接受祭祀(《屯南》940)。小甲是大甲之孫、大庚之子,屬旁系先王。除在周祭中對小甲進行例行性祭祀外,王卜辭中沒有見到小甲與上甲或其他先王合祭的例子,且單獨受祭的情況也極少(應僅見《合集》1489、18407 等)[1]。

花東子家族可以祭祀的高祖上甲和先王大乙、大甲、小甲,在賓組、自組等王卜辭中也是常被祭祀的對象,僅旁系先王小甲相對來説不太被重視。學界對這四位遠祖的具體所指基本上是沒有分歧的,而且在其他非王卜辭如原子組卜辭、午組卜辭、婦女卜辭、圓體類卜辭、非王劣體類卜辭等中,皆不見祭祀這四位遠祖[2]。由此可見,花東子家族在商代子姓宗族中的祭祀權規格要比其他非王貴族家族更高,花東"子"具有其他非王卜辭主人所無法達至的重要地位。但是從另一方面看,包括花東子家族在內的非王貴族家族的祭祀權力又受到一定限制,如花東子卜辭中有些辭例似乎表明,"子"在家族祭祀中享有的主祭權是來自商王的授權:

(1)庚戌卜:唯王令余呼燕,若? 一(《花東》420)
(2)庚寅:歲妣庚小牢,登自丁黍?(《花東》416)

例(1)中"余"乃花東"子"之自稱,"燕"爲祭名。此辭大意是在庚戌日貞問,商王命我(指花東之"子",筆者按)呼令人進行祭祀是否順利?例(2)中的所謂"牢"本應爲上從宀下從羊之字,指商人用於祭祀的一種圈養的羊。該例中的"自丁黍"一語還見於《花東》48、363 等版,多是貞問進行歲祭時,是否登獻來自"丁"的黍子?花東子卜辭中的人名"丁",陳劍先生最早明確指出即是時王武丁[3],儘管有學者對其具體所讀有分歧,如裘錫圭先生讀爲"帝"[4],李學勤先生讀爲"辟"[5],也有學者從語詞繫聯的角度加以

---

① 常玉芝:《商代宗教祭祀》第 210～244、256 頁,中國社會科學出版社,2010 年。
② 《合集》21540 記有"侑大甲母妣辛",常耀華先生《殷墟甲骨非王卜辭研究》第 21 頁(綫裝書局,2006 年)將該片看作是原子組卜辭,將大甲列入"子組死人",《花東》前言中也將該片視爲子組卜辭,不知是否是遺漏,蔣玉斌先生《殷墟子卜辭的整理與研究》190 頁(吉林大學博士論文,2006 年)未將該片卜辭列入丙種子卜辭(即原子組卜辭,筆者按)材料總表中。但該辭中所祭爲大甲之配妣辛,而非祭大甲。
③ 陳劍:《説花園莊東地甲骨卜辭的"丁"——附:釋"速"》,載《故宮博物院院刊》2004 年第 4 期。
④ 裘錫圭:《裘錫圭學術文集·甲骨文卷》第 516～522 頁,復旦大學出版社,2012 年。
⑤ 李學勤:《關於花園莊東地卜辭所謂"丁"的一點看法》,載《故宮博物院院刊》2004 年第 5 期。

討論等①,但認爲此人就是指商王武丁則有相當的共識。

上引卜辭表明,"子"呼令其家族成員進行祭祀是得到王的命令而進行的,這裏包含了兩方面信息:一是"子"在其家族内部具有呼令家族成員進行祭祀的大權,二是"子"這種家族祭祀的主祭權是在王的命令下進行的。這也説明,在殷商非王貴族的家族祭祀中,商王並非完全被置之度外。如上引辭例,在花東子家族歲祭妣庚或其他祖先時,所登獻的重要祭品黍子是由商王武丁所控制的。另外花東中常有"子"向婦好勻求黍的記録,如"子其勻黍于婦,惠配呼"(《花東》379)、"惠今日勻黍于婦"(《花東》218)等等。勻,意爲勻求,婦指婦好,是商王武丁的配偶。花東"子"進行家族祭祀需要登獻這種重要的祭品時,則要向婦好申請勻求。這些現象表明,雖然不能完全排除商王直接參與非王貴族家族祭祀的可能性,但他往往會通過另外的方式參與其中,以達到控制非王貴族、維護自己最高宗族地位的目的。商王才是祭祀權的最終主導者、把持者和分配者。例如,王卜辭中常見的至上神"帝"及自然神祭祀在非王卜辭中却極其罕見,很明顯,商王與商王之外的殷商非王貴族二者祭祀神靈的範圍和等級是有區別的,這與祭祀主體的地位大概是存在對應關係的。《吕氏春秋·順民篇》《墨子·兼愛下》《國語·魯語上》《荀子·大略》等古籍中曾記載商湯"以身爲犧牲,用祈福於上帝"之事,而商末周武王伐紂時,將紂王放棄對上帝和先祖的祭祀作爲紂王的重要罪狀之一,"弗事上帝神祇,遺厥先宗廟弗祀","昏棄厥肆祀弗答"等等。這也恰恰從反面證明,商王作爲最高統治者才最終掌握着當時對至上神"上帝"和先祖的祭祀權,其他非王貴族的祭祀權則是來自於他的授權。

另外,如前文第一章所述,非王卜辭中所祭祀的祖先多集中於祖乙以後。以花東子卜辭爲例,花東"子"擁有規格很高的祭祀權,所祭神靈雖可達至上甲,但所祭神靈的範圍主要集中於上甲以後的商人祖先,尤其是祖乙以後的近祖。如果學者認爲花東子卜辭的祖乙是小乙可信的話,那麽該家族所祭祀的近祖就是從小乙到兄丁三輩。而且對祭祀時將用牲的數量、種類都作了具體詳細的占卜和記録,這樣看起來花東"子"很多時候像祭祀行爲的執行者。

① 　如朱岐祥《由語詞係聯論花東甲骨的丁即武丁》(載《殷都學刊》2005年第2期)一文。

(二)花東"子"是其家族祭祀的主持者和實際控制者

在以非王貴族爲占卜主體的非王卜辭中,其所反映出來的祭禮信息表明,這些非王貴族作爲其家族族長,他們在其家族祭祀中是主持者和實際控制者。如花東子卜辭中,該"子"可以自己主持家族祭祀,也可以讓其他人代替自己主持祭祀:

(3)甲辰:歲祖甲一牢,子祝?(《花東》17)

(4)乙卯:歲祖乙殺,惠子祝?用。(《花東》76)

(5)庚午:歲妣庚黑牡又羊,子祝?(《花東》451)

(6)庚寅卜:子弜[往]祼,惠子畫?用。(《花東》416)

(7)貞:子畫爵祖乙,庚亡艱?(《花東》449)

上述例(3)至例(5)分別卜問歲祭祖甲、祖乙和妣庚時,是否由"子祝"?"子祝"一語常見於花東祭祀卜辭中,《花東》30頁將其與王卜辭中的"王祝"加以比較,認爲是"子"主持祭祀的證據。此說可從。筆者對花東子卜辭中含"子祝"的辭例進行了統計,發現凡含"子祝"者,均屬於對祖甲、祖乙和妣庚三位先祖進行的歲祭卜辭。我們知道,祖甲、祖乙和妣庚是花東子卜辭中被祭祀次數最多、用牲豐厚、地位尊崇的三位先祖。從對他們用牲的豐隆情況看,祖甲、祖乙地位基本相同,而妣庚是花東子卜辭中極其重要的先妣,對其祭祀次數之頻繁,規模之豐隆,也遠遠超過其他神靈,甚至超過地位尊崇的祖甲、祖乙這兩位男性祖先神。以致學者主張"應該是他們與武丁的關係至爲密切所致",祖甲應是武丁的父輩陽甲,祖乙應是武丁的生父小乙,妣庚是武丁的生母妣庚[①]。可見,三位先祖在花東子家族中的地位是非同一般的。對他們的歲祭都是由花東"子"親自主持,反映了非王貴族"子"對家族祭祀活動的主導和控制。例(6)卜問是否讓子畫代替子主持祭祀?例(7)卜問由子畫主持祭祀祖乙及庚日這天是否沒有艱困之事?

朱鳳瀚先生曾指出,殷商宗族長在宗族內主持對家族祖先神的祭祀,具有高於其他族人的至尊地位,這些貴族族長享有對其家族祖先祭祀的崇

---

① 楊升南:《殷墟花東 H3 卜辭"子"的主人是武丁太子孝己》,載王宇信、宋鎮豪、孟憲武主編《2004 年安陽殷商文明國際學術研討會論文集》,社會科學文獻出版社,2004 年。

高權力,擁有對其家族祖先的主祭權①。劉源先生亦有此類觀點②。花東祭祀卜辭中所反映的情況也進一步證明了這種看法的正確性。

(三)花東"子"關心其下屬成員,常爲他們的災病艱禍而行祭禮於先祖

在非王卜辭裏,像原子組卜辭、午組卜辭、花東子卜辭等内容表明,占卜主體"子"非常關心其下屬成員,常爲他們的災病禍艱而向先祖行祭禮。以花東子卜辭爲例,花東"子"常爲某些人物的疾病健康或艱禍情況而向祖先行御祭。如"往徵御癸子(《花東》427)"中的"徵"、"其御大于癸子(《花東》478)"中的"大"、"惠多臣御往妣庚(《花東》53)"中的"多臣"、"畫亡其艱(《花東》505)"中的"畫"(即子畫,筆者按)等人物。這些受到"子"關心的人物與卜辭占卜主體"子"之間的關係直接反映了商後期非王貴族家族的内部關係。學者對這些人物多屬"子"的下屬成員分歧不大,但對於其具體身份究竟爲何、哪些才是非王貴族"子"的同族親屬成員等,研究者則意見不一。比如,關於"多臣"的認識,或認爲各種非王卜辭和王卜辭中的"多臣"應該被視爲奴隸的集合詞而不能被理解爲衆多的官員③,或認爲非王卜辭中的"多臣"很可能是指家族内協助族長進行管理的家臣④,或認爲是由親族成員充任的在宗族内爲宗子服務的官吏、屬臣,應該是"子"的近親成員、具有貴族身份等等⑤。

1957年,于省吾先生在《從甲骨文看商代的社會性質》一文中曾提出,先秦時代祭祀必由同族⑥。文獻典籍中對祭祀必由同族的情況是有記載的,如《左傳·僖公十年》曾記載狐突之語:"臣聞之,神不歆非類,民不祀非族,君祀無乃殄乎!"《論語·爲政》記載孔子的話:"非其鬼而祭之,諂也。"鄭玄注曰:"人神曰鬼,非其祖考而祭之者是諂求福。"而《禮記·曲禮》也有類似記載:"非其所祭而祭之,名曰淫祀,淫祀無福。"朱鳳瀚先生亦指出,既

---

①　朱鳳瀚:《商周家族形態研究》(增訂本)第160、211頁,天津古籍出版社,2004年。

②　劉源:《商周祭祖禮研究》第319～320頁,商務印書館,2004年。

③　林澐:《花東子卜辭所見人物研究》,載陳昭容主編《古文字與古代史》第1輯,臺灣中研院歷史語言研究所,2007年。

④　黄天樹:《黄天樹古文字論集》第82～98頁,學苑出版社,2006年。

⑤　朱鳳瀚:《商周家族形態研究》(增訂本)第608頁,天津古籍出版社,2004年。

⑥　於省吾:《從甲骨文看商代社會性質》,載《東北人民大學人文科學學報》1957年第2～3期。

然在當時人的觀念中,祖先神"不歆非類",而且古人以爲"非我族類,其心必異",那麼祖先神也絕無降福於非族類者之理。所以,可以認爲凡王爲之求佑於祖先神者,亦應爲商王同姓貴族[①]。若據此標準,那些花東"子"爲之求佑於自己的祖先神者,也應屬於和花東"子"同姓的家族親屬成員,如上文提到的徵、大、多臣、子畫等。但林澐先生分析認爲,這樣看問題並不符合古人的實際觀念,商人並"不把祭祀範圍死板地局限在一個家族的直系祖先範圍內。明顯的例子是商王祭祀伊尹。伊尹史載是有莘氏嫁女的媵臣,不僅不是商王室的同姓族人,而且還出身奴隸,因輔助商王有大功,列入王家祀典"。至於《花東》53 等例中的"多臣御往",林先生認爲是"御往多臣"的賓語提前形式,多臣是被禳者,而不是主持祭祀者,"商代的被禳者不一定與受祭者是同一家族的成員"[②]。從殷墟甲骨文中反映的情況看,上述兩種分析是有道理的,但有些問題需再作些討論。

我們認爲,《左傳·僖公十年》所記"民不祀非族"確實不符合商代實際,林澐先生關於商王祭祀異族伊尹的分析是正確的。但筆者也發現一個特殊的現象,即甲骨卜辭中對伊尹行祭禮時,所用祭法常爲侑祭、燎祭等,而不用御祭。御祭是商人爲禳除疾病艱禍等而常向祖先神所行之祭。這可能説明在商族人的心目中,異族神伊尹是沒有爲商族人禳除疾病艱禍之功能的,這一點值得注意。另外,林先生認爲"商代的被禳者不一定與受祭者是同一家族的成員"的看法也是可取的。既然被禳者不一定和受祭者同族,這是否意味着祖先神也可以降福於非族之人呢? 筆者以爲並非如此,朱鳳瀚先生關於"祖先神也絕無降福於非族類者之理"的看法與"被禳者和受祭者不一定同族"的觀點之間並無根本矛盾。因爲被禳者作爲服務於商王或非王貴族"子"的人員,不管他們是否爲同族成員,其疾病艱禍等必然會影響其工作職能的正常發揮,也等於影響他們所服務的對象,即商王或非王貴族"子"的利益。換句話説,爲被禳者而向自己的祖先神行祭,看似爲被禳者求佑,但根本上還是爲了維護商王或非王貴族"子"的自身利益,而祖先神禳除那些被禳者的災疾,其實質也是維護與自己同族的商王或非王貴族"子"等主持祭祀者的利益,本質上仍屬降福於同族之人,而非降福

---

　　① 朱鳳瀚:《商周家族形態研究》(增訂本)第 30 頁,天津古籍出版社,2004 年。
　　② 林澐:《花東子卜辭所見人物研究》,載陳昭容主編《古文字與古代史》第 1 輯,臺灣中研院歷史語言研究所,2007 年。

於非族類者。至於那些被禳者是否與受祭者同族的問題，則應具體分析，有待進一步研究。

根據以上所論，我們認爲比較謹慎的做法是，應將"能夠代替占卜主體向占卜主體的先祖行祭禮"作爲判別是否爲同族的重要依據。在那些占卜主體因爲其疾病災艱等爲之求佑的人物中，若没有發現他們可以代替占卜主體行祭的卜辭記録，至少不能説他與占卜主體或受祭先祖一定就是同族之人。

據此我們認爲：花東子卜辭中如"子畫"等類的人物應屬花東子家族的親屬成員，不僅僅是花東"子"關心他們的災艱情况，重要的是他們有代替花東"子"向其先祖行祭禮的記録，見上文例（6）、例（7）。花東子卜辭中如"徵""大""多臣"之類不一定屬於花東子家族的親屬成員，花東子卜辭中只有花東"子"爲他們向先祖行御祭的記録，如上文提到的"往徵御癸子""其御大于癸子""惠多臣御往妣庚"等，但没有他們代替花東"子"向其先祖行祭禮的記録。至於"多臣"的具體身份，考慮到多臣可與多婦並卜是否"亡疾"（《合集》22258，婦女類），在花東子卜辭中多臣又與子興同版並舉（《花東》53），而多婦和子興的地位均不低，因此我們傾向於多臣應爲家臣或屬臣之説，當非奴隸。

二、花東子卜辭所見殷商軍禮反映的社會關係

殷墟非王卜辭中也有軍事征伐卜辭，反映了一些大的殷商非王貴族家族是擁有自己的家族武裝力量的，其軍事活動有些可與王卜辭中的征伐之事互補互證，不但在甲骨卜辭時代判定方面具有重要意義，而且這些軍事征伐類卜辭中所反映的禮制信息對於探討商後期社會關係同樣有着重要的作用。就花東子卜辭看，其中所見軍禮内容及其所反映的社會關係也是很豐富的。

（一）花東"子"接受"丁"的命令出征作戰

非王貴族家族的軍事行動，有些可能是自己組織進行的，如原子組卜辭中所見的軍事活動或屬此類情况（《合集》21708～21710）。因爲"明確記

載子組家族協助商王參與大規模戰爭的卜辭尚未見到"①，有些則可能是受商王的命令而協同或參與作戰的，如非王劣體類卜辭中所見的"幸亘"之事(《合集》20379)，黄天樹先生指出，這裏的"幸，同執，義爲捕獲。亘，方國名"②。可從。"幸亘"的軍事行動還出現於屬王卜辭的自歷間類、賓一類等卜辭中。在這場戰爭中，非王劣體類家族可能就是受商王命令而參與作戰的。從花東子卜辭中的情況看，花東"子"與商王"丁"(武丁)和"婦好"關係密切，他是接受武丁的命令並率領其屬下和族人出征作戰的：

(8)辛未卜：伯或再册，唯丁自征卲？／辛未卜：丁弗其比伯或伐卲？(《花東》449)

(9)辛未卜：丁唯好令比[伯]或伐卲？(《花東》237)

(10)辛未卜：丁唯子令比伯或伐卲？／辛未卜：丁唯多半臣令比伯或伐卲？(《花東》275＋517)

例(8)～例(10)是一組貞問有關辛未日征伐卲方的卜辭，殷墟甲骨文中多見"比伐""令伐""呼伐"之辭，這是殷人出征前考慮選派誰擔任將領軍作戰的確證。這組卜辭貞卜是商王武丁親自率兵征伐卲方，還是武丁聯合伯或一起率兵征伐卲方，抑或武丁選派婦好、多半臣或花東"子"聯合伯或一起率兵征伐卲方？這一方面説明花東子家族具有一定的軍事實力。朱鳳瀚先生曾指出，花東田獵刻辭中，"子"所率領的族衆稱作"人"或"我人"，反映出花東子卜辭所屬家族貴族是有自己獨立的家族武裝的③，"子"出征作戰時率領的武裝力量應該正是其家族武裝。另一方面也説明這次征伐卲方的戰爭，花東"子"應是受商王武丁的命令參與協同作戰。從花東子卜辭的記録看，花東"子"最後應該參與了這次伐卲方的軍事行動，參下文"花東‘子’是家族軍事指揮權的掌控者"部分。

(二)花東"子"是家族軍事指揮權的掌控者

從整個國家層面來説，商王無疑是軍事指揮權的最高掌控者。但是若從花東子家族内部來説，花東"子"應是其家族軍事指揮權的掌控者。他可

---

①　黄天樹：《黄天樹古文字論集》第 90 頁，學苑出版社，2006 年。

②　黄天樹：《黄天樹古文字論集》第 117 頁，學苑出版社，2006 年。

③　朱鳳瀚：《商周家族形態研究》(增訂本)第 604 頁，天津古籍出版社，2004 年。

以呼令其屬下和族人出征作戰，如《花東》264 版有"子其呼射告罘我南征"
的記録，這是貞問花東"子"是否呼令"射告"和"我"地之人"南征"的事。可
見，在非王貴族家族内部，"子"是家族武裝力量的掌控者。

　　關於花東子卜辭中的"南征"，筆者認爲與征伐召方（即邵方）的戰事有
關。可能是商王在戰前選將後决定征伐召方時花東"子"要參與協同作戰，
因此花東"子"才貞卜自己是否呼令"射告"和"我"地之人"南征"。如果這
種推測不誤的話，召方應在商殷的南面。除花東子卜辭中的這一綫索外，
歷類中也有辭例與此暗合：

　　　　(11)辛亥貞：王南征……/癸丑貞：王征召方，受又？/其征？/乙
　　　卯貞：王征召……/丙辰貞：王征召方，受又？（《屯南》4103）

　　該版卜骨是從辛亥至丙辰這六天内貞卜征伐召方的記録，其中"辛亥
貞，王南征"一辭位於骨版最下方，稍有殘缺，其餘各條卜辭皆明言征伐召
方之事。這應該也説明了召方的地域當在商殷之南。許進雄先生曾根據
卜辭中所記涉河征伐召方的情况，推測其地應在"河曲之西或南，即在陝西
或黄河之南的河南境内"①。現在看來，召方的地望應不在河曲之西的陝
西，應在黄河之南的地域中。

(三)花東"子"是家族田獵活動的實際主導者

　　如前文第五章所述，花東子家族的田獵活動中，參加者至少有三個層
次：子、多尹和人。其中，花東"子"經常親自參加，他還可以呼令多尹參加：

　　　　(12)壬申卜：子往于田，從昔听？用。擒四鹿。一（《花東》35）
　　　　(13)壬辰：子夕呼多尹□阶南豕，弗遘？子占曰：弗其遘。用。一
　　　（《花東》352）

　　尹是官職名，多尹應指多位尹，這是子在"夕"時即夜晚時呼令多位尹
去阶南之地尋求豕的記録。花東"子"還"以人"進行田獵活動：

　　　　(14)乙酉卜：子于暨丙求阶南丘豕，遘？一二三四/以人，遘豕？
　　　一二（《花東》14）

---

① 　許進雄：《武乙徵召方日程》，載《中國文字》新 12 期，臺灣藝文印書館，1988 年。

"人"可能由普通的族人、族衆或某地之人組成,是商後期社會關係中地位較低者,他們作爲殷商貴族田獵活動時的一般隨從,應該也是家族武裝中的普通士卒,子經常帶領他們去田獵。對於田獵活動的結果,常常是由子親自加以占卜:

(15)癸酉卜:子其擒? 子占曰:其擒。用。四麞、六兔。(《花東》395+548)

(16)戊午卜:我人擒? 子占曰:其擒。用。在斝。一(《花東》312)

(17)辛未卜:擒? 子占曰:其擒。用。三麞。一二(《花東》234)

可見,花東"子"是其家族田獵活動的實際主導者。

另外,花東子卜辭中有"丁"涉河而"狩""往田"的記載,但其辭中否定詞用"不、弗",應理解爲"子"在占卜、推測"丁"會不會涉河而狩,與下級揣摩上級領導意圖相似。因此,我們認爲商王武丁並不是花東子家族田獵活動的實際參與者。

三、花東子卜辭所見殷商貢納禮所反映的社會關係

殷禮中的等級色彩已經比較濃厚。比如,在墓地選擇方面有着明顯的表現,像安陽殷墟在墓葬的分佈上就已經形成了分族埋葬的制度,王陵區是單獨選擇塋域的[①]。另外,陳夢家先生曾指出,"在殷王統治下的大殷區以內","王室的占卜"和"王室以外的占卜",在卜骨的形制、材料等方面是有差異的[②]。劉一曼先生也曾指出,殷代不同等級身份的人使用的卜龜是存在一定差異的,她認爲殷墟所出的大卜龜大概與青銅禮器一樣,也是等級、權力、地位的一種標示物[③]。説皆可信。從花東子卜辭所見貢納禮看,其反映的社會關係有着突出的等級色彩。

花東子卜辭顯示,該"子"除了自己經常向商王"丁"和"婦好"貢獻禮品外,還命令自己的屬臣或族人向商王"丁"和"婦好"貢獻禮品,如"子其呼多尹入璧,丁侃"(《花東》196)、"其呼多賈獻,丁侃"(《花東》275+517)、"子呼

---

① 張得水:《中原先秦喪葬制度中的塋域與方位之制》,載《華夏考古》2005 年第 3 期。

② 陳夢家:《殷虛卜辭綜述》第 25 頁,科學出版社,1956 年。

③ 劉一曼:《安陽殷墟甲骨出土地及其相關問題》,載《考古》1997 年第 5 期。

多臣燕獻"(《花東》454)、"子呼多御正獻于婦好"(《花東》37)、"子惠發呼獻丁,眔大"(《花東》475)等。另外,有的人還向花東"子"奉獻禮品,如"惠大入豕"(《花東》139)、"發以馬"(《花東》498)、"萬家獻一"(《花東》226)等。這些在花東"子"的呼令下向武丁和婦好獻禮者或自己向花東"子"獻禮者,如多尹、多賈、多臣、多御正、發、大、萬家等等,其地位低於花東"子",但其身份未必屬於花東子家族的親屬成員。

　　在上級對下級的賞賜行爲中,無論是武丁對花東"子"的賞賜還是花東"子"對其下級成員的給與,都比較少見,且賞賜物的種類少、數量有限,更多時候還是下級成員向上級貴族的獻禮。另外,花東子卜辭中未見武丁或婦好向花東"子"的下級成員有賞賜行爲,也就是説花東子卜辭中,有下級對上級貴族的隔級獻禮,但未見上級貴族對下級的隔級賞賜,這一現象值得注意。

　　花東子卜辭材料刊佈後,李學勤先生就注意到了其中反映的禮制信息,曾對殷商貴族勞王的禮儀作了研究。他通過將《花東》480、363兩版上的兩條卜辭與《殷契萃編》1000及1965年陝西長安大原村發現的商青銅器始尊的銘文(拓本見《殷周金文集成》6000)相對比,認爲儘管它們時代相距甚遠(花東爲武丁時期,《殷契萃編》1000屬無名組偏晚的王卜辭,應在康丁前後,始尊年代更晚,其形制紋飾應屬商末),但其中反映的有關貴族勞王的禮儀卻幾乎相同①。這反映了我國古禮的前後延續和承繼性。在這次勞王禮儀中,花東"子"向商王"丁"貢獻的禮品有"圭一""珥九",均爲玉器,其中"圭"從字形上看,像"吉"字的上半部,王暉先生認爲該字形應釋"戞",其本義爲"戈頭"或"戈首"。玉戈頭與玉圭,皆見於殷墟發掘出土的資料中,都是用於祭祀的禮器,甚至玉戈的使用在殷禮中更爲頻繁,但周禮中則玉戈漸失獨留玉圭②。"一"和"九"是件數,而非尺寸大小之數。《周禮·春官·大宗伯》:"天子執鎮圭,長一尺二寸;公執桓圭,長九寸;侯執信圭,長七寸;伯執躬圭,長七寸;子執穀璧,男執蒲璧。"可見,周禮中不同形制和大小的圭與璧是代表使用者的不同身份和地位。今甲骨文中所獻之玉器的尺寸和形制雖已不可詳考,但推測或已有等級觀念隱存其中,可能

---

　　① 李學勤:《從兩條〈花東〉卜辭看殷禮》,載《吉林師範大學學報》2004年第3期。

　　② 王暉:《卜辭字與古戈頭名"戞"新考——兼論"字非"圭"説》,載《殷都學刊》2011年第2期。

在禮數方面還沒有像後世那樣作出嚴格的規定。

　　綜上，從本文的討論來看，殷禮中所蘊含的社會關係是多重的，如商王與下級非王貴族"子"之間的關係、不同非王貴族家族之間的關係、非王貴族"子"與其下級成員之間的關係、商王與非王貴族"子"的下級成員之間的關係等等。就花東子卜辭中的禮制信息及其所反映的社會關係看，處於不同社會關係中的成員其社會地位是不一樣的，同為非王貴族家族其社會地位亦高低有別，如花東子家族有着崇高的社會地位，享有的祭祖禮規格也高於其他非王貴族家族。花東"子"與商王的關係尤為密切，這主要應是由非王貴族"子"與商王的血緣親疏關係所決定的。花東"子"在其家族內部的地位最高，是家族祭祀禮儀的主持者和實際控制者，有時也會讓其他家族成員代替自己主持祭禮，他也是其家族武裝力量的掌控者和家族田獵活動的主導者。經商王選將之後，他還受命參與了當時針對召方的協同作戰。另外，殷禮中的等級觀念已經較為顯著，非王貴族"子"在其家族內部的各種禮儀活動中都有着實際的控制權和主導權，但這種權力是來自於商王的。下級向上級的獻禮也遠多於上級向下級的賜予，常有下級向上級的隔級獻禮，却鮮見上級向下級的隔級賞賜。總之，出土甲骨文中展現出的殷禮及其所反映的社會關係中已經有了濃厚的等級色彩，這與有關文獻記載和考古發掘資料中所表達出來的信息是一致的。

四、關於殷禮研究的一些思考：卜辭中的禮與俗問題

　　關於禮與俗的關係問題，學界多有論述，也有某種共識，此不贅述。但是，一旦涉及一些具體的問題，往往會產生分歧。比如，禮的起源問題，禮究竟起源於什麼？從古至今，就有一二十種不同的説法。在進行本課題研究的過程中，我們也常常思考這樣一個問題，即甲骨卜辭中所反映的殷商時期這些"禮"，有沒有"俗"？究竟哪些於屬於"俗"的範疇？對於這個問題，與我們對"禮"的內涵界定有着密切的關係。

　　若從狹義理解，禮是自上而下的一套嚴密的社會行為規範，俗則是民衆自發而形成的一些行為規範，這也是兩者的一個基本區別。從這個意義上講，一方面甲骨卜辭中所反映的文化現象，肯定有尚屬於俗、還未上升為

制度的成分,另一方面,我們也發現,殷人的很多行爲其實是前後一貫的,具有制度化的因素和傾向,或者説已經基本形成了禮制,將其理解爲禮應該更符合歷史的實際,比如祭祖、軍事征伐、貢納、甲骨占卜等很多方面。當然亦有很多禮俗交合、難以區分的情況,這則需要在具體研究過程中具體甄別。

若從廣義理解,也可以説,古代的禮,其實是一個建構完備的文化體系,這一體系涵攝了政治、法律、宗教、倫理和社會制度等多重内容。誠如章太炎先生在《檢論·禮隆殺論》中説:"禮者,法度之通名,大别則官制、刑法、儀式是也。"禮是物質(禮物)、典章制度(禮制)、禮的踐履(禮儀)、倫理思想(禮義)等多層面的統一體,兼具政治、宗教、倫理、道德等多重屬性。中國的禮樂文明,所追求的是一種尊卑有序、貴賤有等、和諧有序的有道秩序,它是以禮樂制度爲基礎,以訴諸貴族階層自上而下垂教的禮樂教化方式,整合人倫關係的一種綜合的文明體系。中國的禮樂文明是一種人文意義上的綜合文化共同體。因此,從這個意義上講,禮所涵攝的範圍相當廣泛,俗也應該是被包含其中的。那麽對殷禮的考察,實際上也是對殷商文化的整體考察。

就殷禮研究本身來説,我們覺得首先是要從甲骨文中去尋找,就像顧頡剛先生曾提到的那樣,"應當從甲骨文中歸納出真商禮"。作爲三千多年前殷商王朝的遺物,殷墟甲骨文是殷商文明發達程度的重要體現,殷商"禮書"是隱存於其中的。量化的統計是判斷某種禮是否已經完全制度化或尚未完全制度化的重要條件,因此殷禮研究必須在全面整理、分析甲骨卜辭的基礎上,通過將相關辭條進行排譜,進行數量上的對比和探究,同時由於甲骨卜辭的性質以及甲骨的零碎性所限,所以還必須輔以利用銅器銘文、結合傳世文獻等多種手段,才能對殷禮門類及其制度化、規範化程度等相關問題作較爲深入和詳盡的研究,得出相對可靠的結論。否則,可能就會有簡單的附會之嫌。

通過本課題對花東子卜辭及其所反映的殷禮問題的探討,我們基本上有了以下認知:

第一,中國傳統禮制在商代已基本成形,殷禮門類已相當齊備,儀節也漸趨繁縟,爲後來出現更爲嚴密和規範的周禮作好了準備。但是,在形式上殷禮還不像周禮那樣規範，比如在禮數上，涉及祭品或貢獻物品的數量時，雖然有一些相對偏好喜用的常數，但還沒有像後世那樣嚴格的規定和加以固化。

第二，不同殷禮門類的制度化和規範化程度不同，最爲發達者乃屬祭禮，尤以祭祖禮爲常。殷人祭祖禮中，女性祖先受尊崇的程度要超越周代，但與其配偶共同受祭時，依然要處於男性祖先的從屬地位。這也是商周乃至後世祭祖禮中的普遍情形，周以後更甚。

第三，殷人在祭祀祖妣的例行性活動中，祭日與受祭對象日干名相一致的祭祀禮制已經基本常態化，但尚未完全嚴格化，也有例外之時，出現祭日與祭祀對象日干名不一致的情況。這反映了殷商時期常態化祭禮儀式內容中的特殊性，也說明了殷禮本身在很多方面有不少演變，在走向完善和規範的動態過程中，商末周祭制度的嚴密性勝於祖庚祖甲時期就說明了這一點。

第四，殷商時期的祭禮中，祭祀神靈的範圍，在商王與商王之外的殷商貴族之間是存在差等的，祭祀神靈等秩和祭祀主體的地位是存在對應關係的。至上神“帝”及自然神基本上不見於花東子卜辭，其他非王卜辭中對帝及自然神的祭祀也極其少見，可以說，非王卜辭主人所擁有的祭祀範圍與商王相比大大縮小，大概是因爲帝及大部分自然神並非商王之外的其他貴族所可祭祀，這應與非王家族的身份和地位是相稱的。而且，商王和其他王室貴族祭祀祖妣的規模和頻度等均有區別，即使同爲非王卜辭的不同占卜主體，其禮儀也有些微區別。

第五，商王之外的殷商貴族和商王的關注點是有區別的，前者還非常關注自己在國家重大事務中的作用和境遇，並時常推測、揣摩後者的一些活動或心理。

第六，對祖妣的祭禮類型應綜合祭祀對象和祭祀目的等指標作爲依據，才能最大限度地說明殷商後期的祭祖禮儀詳情。另外，有些花東整理者認爲的所謂祭名，事實並非全是。有些屬誤釋，如學者已指出的“粤”爲“乎(呼)皀”二字之誤，“粮”爲“乎(呼)食”二字之誤等，兩者均非祭名。有些屬用牲法之列，如歲、伐、毛、宜等多用爲用牲之法。有些則可能只是某種獨立祀典中的一個儀注而已。

第七，商周禮制在很多方面具有承繼性，比如在商代甲骨文和周代金文尤其是周代早期的金文中所記載的征伐、貢納、燕射之事等，所反映的禮制内涵大多相近，常常可以合觀。

　　第八，根據楚簡中卜筮祭禱簡所反映的情況看，商周時期在祭祀方面，楚人的文化與中原文化似乎有着不少共性特徵。楚人尊崇巫鬼的信仰、向鬼神進獻食物的祭祀、向鬼神卜時日吉凶的習俗、祭禱時對選用牝牲或牡牲的重視等，與中原商文化有着很大的類似性。

第十一章　殷禮對我國後世的影響

孔子曾説:"殷因於夏禮,所損益可知也;周因於殷禮,所損益可知也。"(《論語・爲政》)作爲殷人之後,孔子對殷禮是比較瞭解的,而且對殷代的部分禮也比較推崇,他對周禮與前代之禮的傳承關係有明確認識,也清楚周禮是在對前代禮制改造基礎上發展而來的。我們探討殷禮對後代的影響,孔子的因襲損益之説是較好的概括。實際上殷禮對後世的影響,主要是對周代的影響,這可以從正面和反面來論:正面來説,殷周禮制有因襲,周禮是吸取了殷禮而制定了"郁郁乎文哉"之禮制,這是正面的影響;另一面來説,周代的部分禮制,如祭禮,恰是對殷禮的"反動",是吸取殷商覆亡的教訓而製作的一些禮制,這也應屬於殷禮對周禮的影響。因此,下文我們探討殷禮對後世的影響時,重點也是放在對周禮的影響上。又,因"祀"與"戎"乃先秦時期"國之大事",甲骨文中的相關記載亦較多,加之篇幅所限以及探討殷禮對後世影響這一題目的複雜性,故下文僅主要擇取與甲骨文記載(包括花東甲骨中的記載)密切相關的典型禮制——祭禮和軍禮——對後世之影響加以討論,並將討論的重點主要放在殷商祭禮和軍禮對周代的影響上,以期能從中管窺殷禮對後世影響之概況。其中,殷商祭禮對後世的影響,其考察思路是從祭祀對象(即神靈系統)、祭祀品物(祭品)、祭祀儀式(祭儀)以及祭祀觀念等幾個方面來考察殷周祭祀的異同,從而探討殷商祭祀制度對後來王朝的影響;殷商軍禮對後世的影響,其考察思路則是以考察周代戰爭禮儀並上溯其來源的方式,來探討這一問題。

一、殷商祭禮對後世的影響

我們可以將祭祀解構爲祭祀對象(即神靈系統)、祭祀品物(祭品)、祭祀儀式(祭儀)以及祭祀觀念等幾個方面,以從中考察殷周祭祀的異同,從而來探討殷商祭祀制度對後世的影響。

(一)因襲

首先,我們看鬼神系統的沿襲。從甲骨文記載來看,殷商的鬼神系統,一部分被周人予以繼承下來,進入周人的祀典。粗略可考者,如:

1.天神系統

殷商時期祭祀上帝,而周代亦有上帝之祭。據殷墟甲骨文中的記載,在殷人心目中,"帝"(或稱"上帝")是位至上神,他具有"令風"(《合集》672正)、"令雨"(《合集》14153)、"令雷"(《合集》14127)、"咎王""害王"(《合集》6734)、"缶王"(《合集》14188)、"若王"(《合集》14198正)、"授祐"(《合集》6271)、"授年"(《合集》9731正)、"降若"(《合集》6497)、"降艱"(《合集》10166)、"降摧"(《合集》14171)、"降憂"(《合集》14176)、"作孽"(《合集》14184)、"終邑"(《合集》14209正)、"圭邑"(《合集》14212)、"肇王疾"(《合集》14222)等多項權能,因此殷商時期(尤其是武丁時期)經常祭祀上帝[1]。根據古代傳世文獻的相關記載,在周代,"帝"是有目、口、耳、足、心和形體等的,他還擁有自己的宮廷,統轄着宇宙内的一切神靈,具有絶對的威權。《詩經》中也曾經記載,周人遭遇到大旱之災時,人們要"上下奠瘞,靡神不宗",然而被祭祀的神靈則主要是上帝和后稷。又,根據《禮記·郊特牲》《周禮·大宗伯》等文獻的記載,在周代,被郊祭的神靈是比較多的,例如日月星辰司中司命風師雨師后稷等,但核心之神却都是上帝[2]。

對日神的祭祀,殷周亦有承襲。我國古代祭日神之禮起源甚早,如《尚書·堯典》云"分命羲仲,宅嵎夷,曰暘谷。寅賓出日,平秩東作""分命和仲,宅西,曰昧谷,寅餞納日,平秩西成",即是對日的祭祀。甲骨文中也有對"出日"和"入日"的祭祀占卜記録[3],如"呼雀裁于出日于入日宰"(《合集》6572)、"又出日/又入日"(《合集》34163)。周代有春、秋二季祭日禮,於春分日朝(早上)祀日,於秋分日夕(傍晚)祀月。《國語·周語上》:"古者先王既有天下,又崇立上帝明神而敬事之,於是乎有朝日、夕月。"《國語·魯

----

① 不唯祭祀上帝,就連上帝身邊的臣子也時常被祭祀,如"燎帝使風一牛"(《合集》14226)就是用燎一牛的方式對上帝的使者風神的祭祀,"燎于帝云"(《合集》14227)是對上帝的臣子"云"舉行的燎祭,"王又歲于帝五臣"(《合集》30391)是商王對上帝的五臣舉行的祭祀。

② 張榮明:《論周代上帝觀》,載《社會科學輯刊》1991年第1期。

③ 宋鎮豪:《甲骨文"出日"、"入日"考》,載《出土文獻研究》第1輯,文物出版社,1985年。

語下》亦云:"天子大采朝日。……少采夕月。"《大戴禮記·保傅》云:"三代之禮,天子春朝朝日,秋暮夕月,所以明有別也。"除一部分表時間外,有一部分也應和祭日有關。

2.地祇系統

根據傳世文獻與考古資料的記載,商代以前,立社祭祀即已存在。如《尚書·甘誓》云:"用命,賞於祖;弗用命,戮於社,予則孥戮汝。"《墨子·明鬼下》云:"昔者虞夏、商、周三代之聖王,其始建國營都日,必擇國之正壇,置以爲宗廟;必擇木之修茂者,立以爲菆位。"1953年,河南鄭州二里崗出土了一片刻字動物肋骨①,上刻有"又土羊"文字,"又"即殷墟卜辭中的侑祭,土即社②,卜辭內容是記以羊侑祭社。鄭州商城東北部的北城牆東段內側祭祀場地發現有二里崗上層期祭祀遺跡,在祭祀場所內共計發現有6塊石頭,中間有一最大石頭,以此爲中心作爲祭祀標誌。圍繞中心石頭的北側、東側和南側有排列有序的燒土坑2座、殉狗坑8座、殉狗100餘隻,以及單人坑14座③。該遺址爲一處社祀遺跡④。此外,1965年發現的江蘇丘灣商代祭祀遺址,中心是豎立於地上的四塊天然大石,周圍有人骨架20具、人頭骨2個、狗骨架12具。經學者研究,該遺址亦爲一處社祀遺跡⑤。可見,商周兩代對社的祭祀,是一脈相承的。而且這種祭祀,對於後世中國的祭祀制度以及信仰,影響較大。

甲骨文中出現有四方以及四方風名,例見《合集》14295(自賓間類)、《合集》14294(典賓類)。從甲骨卜辭來看,四方和四時農業生產關係密切。四方神即司四方之神,分處於四極(四隅),這些神靈實際上又是司四時之神。根據馮時先生考證,四方又爲"司分至神",其權能兼司四方和四時⑥,

<hr>

① 裴明相:《略談鄭州商代前期的骨刻文字》,收入《全國商史學術討論會論文集》,1985年。
② 李學勤:《鄭州二里崗字骨的研究》,收入《中國古代文明研究》,華東師範大學出版社,2005年。
③ 河南省文物考古研究所:《鄭州商城》第493~506頁,文物出版社,2001年。
④ 郝本性:《試論鄭州出土商代人頭骨飲器》,收入《鄭州商城考古新發現與研究(1985~1992)》第15~20頁,中州古籍出版社,1993年。
⑤ 俞偉超:《銅山丘灣商代社祀遺跡的推定》,載《考古》1973年第5期。另參王宇信、陳紹棣《關於江蘇銅山丘灣商代祭祀遺址》,載《文物》1973年第12期;趙林《商代的社祭》,載《大陸雜誌》第57卷第6期,1978年9月。
⑥ 目前所見甲骨文中並未有夏季和冬季的記載,但並不能排除四季觀念在殷商時期的存在。參看馮時《中國天文考古學》第175頁,社會科學文獻出版社,2001年。

這些神靈實際上又是司四時之神。四方神見於《禮記·曲禮下》記載,云:"天子祭天地,祭四方,祭山川,祭五祀,歲遍。諸侯方祀,祭山川,祭五祀,歲遍。"可見殷周時期對於四方的祭祀,也具有沿襲性。

至於對山川等神靈的祭祀,殷周沿襲性更強。在殷墟甲骨文中,屢見對"岳""河"的記載,前者如"侑于岳"(《合集》377)、"燎于岳"(《合集》1824)、"酒岳"(《合集》8843)、"舞岳"(《合集》9971 正)、"往于岳"(《合集》9981)、"禱年于岳"(《合集》28255)等,後者如"燎河"(《合集》326)、"酒河"(《合集》672 正)、"侑報于河"(《合集》892 反)、"禦羌于河"(《合集》6616正)、"禱河"(《合集》30429)等。而根據《墨子·明鬼下》記載,武王伐商時有分祀之舉,"昔者,武王之攻殷誅紂也,使諸侯分其祭,曰:使親者受內祀,疏者受外祀"。孫詒讓謂:"受內祀,謂同姓之國得立祖王廟。"外祀爲"異姓之國祭山川四望之屬"①。可見周代的祀典一部分是繼承殷商而來。

在祭祀儀式方面,殷周兩代亦有沿襲性。其中,比較重要的是立尸制度。《禮記·禮器》說:"夏立尸而卒祭。殷坐尸。周旅酬六尸。"則殷人祭祀用尸②。早在 20 世紀 50 年代,饒宗頤先生就指出,卜辭有"立尸""賓尸"的記錄,證明"殷有卜尸之禮"③。後來,曹錦炎先生著文重申此點,他認爲甲骨文中"延尸"的文例,應相當於古代典籍所謂的"陳尸"之禮。他主張,並不是每一位先王(或每一次)的祭祀都需要陳設尸主,設與不設是通過占卜來決定的。尸主有時由他族首領(或族人)充當,有時則由本氏族人充當。饒宗頤、沈建華、連劭名等先生則認爲甲骨文的"延尸"與典籍的"延尸"同,即把尸引進祭祀場所的一種儀式④。與"延尸""立尸"相關的活動是"賓","賓"就是導引、迎接"尸"的過程。通常,這個角色是由"祝",也就

---

① 孫詒讓:《墨子閒詁》第 235 頁,中華書局,2001 年。

② 參饒宗頤《殷禮提綱》,收入《饒宗頤二十世紀學術文集》第 4 卷,臺灣新文豐出版公司,2003 年;葛英會《說祭祀立尸卜辭》,載《殷都學刊》2000 年第 1 期;方述鑫《殷墟卜辭中所見的"尸"》,載《考古與文物》2000 年第 5 期。

③ 饒宗頤:《殷代貞卜人物通考》第 5 卷第 294～295 頁,香港大學出版社,1959 年。

④ 沈建華:《卜辭所見賓祭中的尸和侑》,收入《華夏文明與傳世藏書》,中國社會科學出版社,1996 年;曹錦炎:《說卜辭中的延尸》,收入《徐中舒先生百年誕辰紀念文集》,巴蜀書社,1998年;連劭名:《殷墟卜辭所見商代祭祀中的"尸"和"祝"》,收入《徐中舒先生百年誕辰紀念文集》,巴蜀書社,1998 年;饒宗頤:《殷禮提綱》,收入《饒宗頤二十世紀學術文集》第 4 卷,臺灣新文豐出版公司,2003 年;葛英會:《說祭祀立尸卜辭》,載《殷都學刊》2000 年第 1 期;方述鑫《殷墟卜辭中所見的"尸"》,載《考古與文物》2000 年第 5 期。

是"巫"充當的。此外,甲骨文中有"屮子""又子"之語,"子"讀如"尸","屮子"、"又子"實際上就是"侑尸"或"侑祀",是"尸禮"的反映①。根據目前所見的傳世文獻與甲骨文資料,商代祭祀時已立尸,應是基本可以成立的看法。殷周皆立尸祭祀,是殷周禮制沿革因襲之一端。

殷商時期的祭法,如燎、沉、埋等,對後世影響巨大,幾千年來,這些祭法一直在王朝祭祀活動中被沿用下來。

當然,殷代祭祀制度不僅是祭祀儀式以及祀典對後來王朝具有一定的影響,在祭祀觀念上,殷商對後代亦有一定影響。如殷商時代的敬祖觀念,對於中國傳統敬天法祖觀念就具有十分重要的影響②。

(二)變革

正如前文所言,周代的部分禮制,是對殷禮的"反動",是在吸取殷商覆亡教訓的基礎上製作的。從本質上說,這種變革也應屬於殷禮對周禮的影響範疇。在經過殷周之際的變革之後,周人更多地認識到人的感情也是價值的合理依據,而"禮則成了社會認同的象徵性規則"以確立社會的秩序③,在政治上更多地滲入了理性的一面。周人的政治理性在於吸取多國滅亡的教訓,其中之一是認識到"濫祀"對於國家的危害。面對龐大的殷王朝傾覆於一旦的殘酷現實,周人深刻意識到仰賴鬼神以及頻繁的祭祀難以挽救一個國家的覆亡,這促使他們進行理性反思。《逸周書·史記》以生動的事例指出:"昔者玄都賢鬼道,廢人事天,謀臣不用,鬼策是從,神巫用國,哲士在外,玄都以亡。"即反映了周人對濫祀亡國的理性認識。

武王克商之初,天下未定,多沿用殷商舊制,金文以及傳世文獻記載都表明了這一點④。待東征平東夷以及三監、武庚之亂,國內局勢緩和,周公乃"制禮作樂"⑤,規劃一個新王朝的政治藍圖並確定自己的治國理念。殷鑒不遠,周人對殷人的祭祀以及神靈觀念進行了深刻反思。在此基礎上,

①　常正光:《卜辭"侑祀"考》,收入《徐中舒先生百年誕辰紀念文集》,巴蜀書社,1998 年。

②　趙誠:《甲骨文與商代文化》,遼寧人民出版社,2000 年。

③　葛兆光:《中國思想史》第 1 卷第 34 頁,復旦大學出版社,2001 年。

④　王暉:《周代殷周二禮並用論》,載《文史》2000 年第 2 期。此外,西周早期的銅器記祭祀名稱有許多與卜辭相同,中期以後不再出現,可參看劉雨《西周金文中的祭祖禮》,載《考古學報》1989 年第 4 期。

⑤　參看《左傳·文公十八年》《禮記·明堂位》《史記·周本紀》《尚書大傳》等記載。

周人對殷人祭祀傳統予以多方面的改造,由此形成了西周具有周禮特色的祭祀制度。

1.祭祀品物

殷周之間祭禮的變革,體現在祭品方面,主要是針對殷人祭品選用數量較大,以及"事無巨細"皆求於神靈意旨的"鬼策是從"現象,周人以簡化祭品形式、儉約祭品、深化儀式内涵等爲内容進行了改革。

周人對用牲品類進行禮制化,形成"六牲"制度和"大牢""小牢"制度。常規祀典的祭祀用牲種類和規模,依據祭祀主體的身份尊卑貴賤而定,天地、宗廟、社稷祭祀各自有其禮制法度可遵循①。

在形式上縮減祭品數量和範圍,規範用牲制度之時,周人還深化祭品的人文意藴,賦予其理性化、人文化的内涵。出於對殷商祭祀的一種"反動",周人崇尚祭品的節儉,賦予祭品"儉約""昭儉"的特質,突出祭祀者的"誠敬"這一周人觀念中極其重要的範疇。針對殷人祭品豐多却最終仍以亡國而終的教訓,周人認爲能否受到神靈福佑,祭品多少並非主要。因此,周人在祭禮方面,突出強調的是人的内心對神靈的敬誠,認爲祭禮根本在於人的誠信。事實上,這種觀念更容易將那些外在的不穩定以及遊移的命運感内化爲對神靈的至誠之心。

2.祭祀規模與祭祀頻度

殷商末期,商人施行周祭制度,商王祭祀直系祖先的五種祭祀典禮,分別爲:"翌""祭""壹""叠(後世寫作'協')""彡(後世寫作'肜')"。完成五種祀典所需的時間是三十六旬或三十七旬②。如果再加上對其他神靈的祭祀,我們可以看到商人幾乎是無日不祭祀③。殷商祭祀,大部分是殷王親自主祭,有時也讓別人代祭。殷商王室貴族花如此多的時間、精力從事事神活動,充分説明了這個時代是一宗教狂熱的神本時代。

針對殷人頻繁無節制的祭祀,周人作了許多改革。《禮記·祭義》載"祭不欲數,數則煩,煩則不敬"。周人認爲對神靈的祭祀越頻繁,就越容易使人褻瀆不敬,《國語·楚語下》記載觀射父告誡楚昭王道:"敬不可久,民力不堪,故齊肅以承之。"王引之《經義述聞·國語下》:"齊字當訓爲疾,與

---

① 曹建敦:《周代祭祀用牲禮制考略》,載《文博》2008年第3期。
② 殷商周祭制度是一個繁難的課題,此處論述綜合董作賓、陳夢家、許進雄、常玉芝諸説。
③ 李亞農:《殷代社會生活》,收入《李亞農史論集》第416頁,上海人民出版社,1978年。

肅同意,故以齊肅連文。《爾雅》曰:'肅、齊,疾也。'敬不可久,故欲其疾速也。"觀射父的話也充分説明頻繁的祭祀對於民力是很大的消耗,也容易導致對神靈的褻瀆而達不到預期的效果。"祭祀不敬,不如不祭"①,因此周代的祭祀改革,首先就是廢除了殷人對先王的周祭制度,删繁就簡,並依據四時季節的轉換,在四孟之月舉行宗廟四時祭祀。

其他大型的郊祀、社稷、山川、日月皆有常祭,有月可循,有日可度②。相對於殷商祭祀來説,周代在祭祀規模與頻度方面的簡化,使其祭祀豐薄有度,隆殺有節,既體現了祭祀的誠敬,又有效地簡省祭祀頻度與規模,從而節約人力與物力③。

3.祭祀禮儀

祭祀儀式是一個頗爲繁複的問題,由於受到傳世文獻及甲骨文材料的限制,我們現在對殷人祭祀儀式的具體詳情瞭解得還比較有限。周代的祭祀儀式,結合《周禮》《儀禮》以及《左傳》等記載,尚可管窺祭祀儀式之大概。下面主要從齋戒等角度考察殷周兩者之間的差異。

①齋戒

文化人類學的研究告訴我們,禁忌存在於早期社會中。殷人大概在祭祀之前有齋戒活動,但殷商時期,在密集頻繁的周祭制度之中,很難設想他們齋戒的時間會較長。甲骨卜辭已經揭示出,殷人在舉行祭祀前要先行進行占卜,即他們往往要在得到吉兆之後的次日便要舉行祭祀,時間如此之短,同樣也表明那時的齋戒不會太長。

周代的齋戒活動則形成一定的規制。周代祭祀之前分爲"致齋"與"散齋"兩類。如《周禮·天官·大宰》:"前期十日,帥執事而卜日,遂戒。"鄭玄注:"前期,前所諏之日也。十日,容散齊七日,致齊三日。"《禮記·祭統》云:"是故君子之齊也,專致其精明之德也。故散齊七日以定之,致齊三日

---

① 《禮記·檀弓上》:"祭禮,與其敬不足而禮有餘也,不若禮不足而敬有餘也。"

② 如郊祀是在子月冬至日舉行,此外有祈穀之郊在建寅(正月)舉行;社稷祭祀,分爲春祈秋報,《禮記·月令》:"仲春之月,擇元日,命民社。"《禮記·郊特牲》:"日用甲,用日之始也。"日月常祭是在春秋分日舉行,周代有春、秋二季祭日禮,時辰選擇按照象物比類原則,於春分日朝(早上)祀日,於秋分日夕(傍晚)祀月。《國語·周語上》:"古者,先王既有天下,又崇立於上帝,明神而敬事之,於是乎有朝日、夕月以教民事君。"《國語·魯語下》:"天子大采朝日……少采夕月……"《大戴禮記·保傅》云:"三代之禮,天子春朝朝日,秋暮夕月,所以明有别也。"

③ 四時祭祀之名,説法不同。但周人的四時祭祀,具有簡樸的風格。

以齊之。"齋戒的内容包括不茹葷腥、不飲酒、不聽樂、不御婦人等,齋戒的
目的是防"外物"之干擾,遏制"嗜欲",使祭祀不"散其志",以交神明。

②祭祀儀式内容的占卜

甲骨卜辭中,對祭祀儀式内容的占卜,可謂是類别繁多。經初步統計,
殷人占卜的祭祀儀式内容主要有:祭祀的時日;祭祀的犧牲,包括占卜犧牲
的數量、牝牡、顏色、具體的用牲法;祭祀方式,是否合祭或專祭;祭祀結果,
是否會受到護佑;祭祀對象等。殷人在祭祀儀式内容的占卜方面,事無大
小,基本上都是依靠占卜來探測鬼神的意志,似乎並無特定規律和程式可
循,説明殷人在祭祀儀式内容方面的占卜或許尚無明確的制度化規定。

周代的祭祀占卜主要包括卜日與牲。第一,常規的郊祀以及山川等祭
祀,需要占卜日期。《周禮·天官·大宰》:"前期十日,帥執事而卜日,遂
戒。"《周禮·春官·大宗伯》:"凡祀大神,享大鬼,祭大示,帥執事而卜日。"
《儀禮》記載的諸侯之士、大夫的祭祖禮,因減殺於天子、諸侯有"諏日"之
禮。第二,犧牲的占卜,因爲祭祀犧牲的顏色、牝牡、大小皆有禮制可循,故
而周代祭祀占卜犧牲,不再如殷人占卜内容較爲繁雜,周代主要是占卜犧
牲的吉凶。《禮記·祭義》:"君召牛,納而視之,擇其毛而卜之,吉,然後養
之。"《公羊傳·宣公三年》:"養牲養二卜。帝牲不吉,則扳稷牲而卜之。帝
牲在於滌三月。於稷者,唯具是視。"比較而言,周代祭祀的占卜内容已大
大簡化。

③祭品的使用方法

殷商時期,不僅祭祀活動極爲頻繁,祭品的使用方法也極爲繁多。據
甲骨卜辭,殷商祭法常見者如:伐,斬首以祭。伐的對象主要是人牲,尤以
羌人居多,偶有用宰者(《合集》889,賓一類)。場所一般選在宗廟内(如《合
集》34047,歷一類;721正,賓一類等)。卯(《合集》35355,黄類),"因卯之
字形取義,蓋言對剖也"[①]。卯的用牲法,也即周代禮書所言的解牲分爲左
右兩胖。乇(《合集》22241,婦女類),作爲用牲法,可讀爲刮,有刮削之意,
用法與割相近[②]。歲(《合集》32757,歷二類),割牲以祭。發(《花東》178.8)。
燎(《合集》34198,歷二類)、焚(《合集》32288,歷二類),燎的犧牲主要有牛

① 郭沫若:《卜辭通纂》第39片考釋,科學出版社,1983年。

② 趙平安:《續釋甲骨文中的"乇、舌、栝"——兼及舌(昏)的結構、流變以及其他古文字資料
中從舌諸字》,載《華學》第4輯,紫禁城出版社,2000年。

（《合集》32302，歷二類）、羊（《合集》1417，賓三類），此外還有豕（《合集》14702，賓一類）、羌（《屯南》961，歷一類）、虎（《合集》20710，自小字）、犬（《英國》1250，賓一類）、豳（《合集》15617，典賓類）等。燎的場所一般在宗廟之外。亦用於祭社、山、云、河等自然神祇[1]。埋，對象主要是河川之類的自然神，還有方神（《合集》14313，典賓類）。沉，用牲以牛羊爲主，偶爾用人牲（《合集》32161，歷二類）。主要祭祀對象爲河神，偶見社神（《合集》779正，典賓類；《合集》780，典賓類）。俎，在甲骨卜辭中，“俎”既用作用牲法，殆爲對人、動物牲的解殺，也用作祭名。羅振玉先生認爲卜辭中的俎字“象置肉於且上之形”[2]，此當是俎之本意。俎的對象主要爲牛、牢、羌等，數量往往很大，另見有牝（《合集》7814反，賓一類）、羊（《合集》30120，無名類）等。場所則有宗廟（《合集》26020，出二類；《屯南》675，歷二類）和安陽以外的地方（《合集》）378、388、3902、394、318，典賓類；8034、8035，賓一類）。此外，尚有刺、殺、射、簸、施、投等祭法。陳年福先生《甲骨文動詞詞彙研究》曾列出卜辭中祭祀動詞108個[3]，可見殷代祭法種類至少應在100種以上。

關於周代的祭法，可參看下表：

文獻記載的周代祭法表

文獻	天地	社稷	山林	川澤	四方百物
《儀禮·覲禮》	祭天燔柴；祭地瘞		祭山、丘陵，升	祭川沉	
《禮記·祭法》	燔柴祭天；瘞埋祭地				
《周禮·春官·大宗伯》	以禋祀祀昊天上帝，以實柴祀日、月、星、辰，以槱燎祀司中、司命、風師、雨師	以血祭祭社稷、五祀、五嶽	以狸祭山林	沈（沉）祭	疈辜

---

① 黃然偉：《殷禮考實》，收入《殷周史料論集》，香港三聯書店有限公司，1995年。

② 羅振玉：《殷虛書契考釋·中》第38頁，轉引自《甲詁》第3325頁。

③ 陳年福：《甲骨文動詞詞彙研究》，巴蜀書社，2001年。

續表

文獻	天地	社稷	山林	川澤	四方百物
《管子·形式》			庪懸	沉	
楚簡		衅（血祭）		沉	
秦駰禱病玉版			覆藏（埋）		
《爾雅·釋天》	祭天曰燔柴；祭地曰瘞埋；祭星曰布		祭山曰庪縣	祭川曰浮沉	祭風曰磔
《公羊·僖公二十一年》何休注	天燎，地瘞，日月星辰布		山縣	水沉	風磔雨升

由上表來看，周代祭祀時祭品的使用方法之種類，已經明顯減少了。

將殷周祭法相互比較，可以看出周代的祭法，是根據祭祀對象的特性而採取對應的祭法的，即所謂“順其性之含藏”。周人認爲神靈貴臭味，燔燎是將祭品置於柴上焚燒，以其臭味上達神靈，祭祀天神採用此法[1]。同時，特定祭法使用的對象範圍也加以縮減，比如燎祭在殷商時期，既施用於天神，也使用於人鬼、地祇，而周人則施天神與人鬼，大約中期以後，燎僅施用於天神的祭祀。

④祭祀禮器

根據考古發現，在西周前期的墓葬中，酒器種類雖然很齊全，但是數量有所減少。西周穆王時期，隨葬銅禮器以鼎簋爲核心的“重食組合”取代以觚爵爲核心的“重酒的組合”。最爲顯著的是列鼎制度更加完善，這與周人對“酒”的認識似可相互發明[2]。周人從殷人酗酒亡國的教訓中，認識到必須以德保守“常彝”，不能酗酒怠政，否則將重蹈舊轍。《左傳·昭公五年》說：“聖王務行禮……爵盈而不飲。”《禮記·樂記》：“壹獻之禮，賓主百拜，終日飲酒而不得醉焉，此先王之所以備酒禍也。”據載，周人祭祀時，如爵、

---

[1]　從金文看，西周早期周公東征時燎祭也用於宗廟，當是祭祀改革前的沿用殷禮。西周穆王銅器小盂鼎記載：“盂以人馘入門，獻西旅，□□入。燎周廟。”盂以俘虜和馘進入廟門，獻於西方之道上，然後在周廟燎祭告先王。《逸周書·世俘》相照：“乃以先馘入，燎於周廟。”

[2]　關於殷周不同時期禮器組合的變化，參楊寶成《殷墟文化研究》第153～189頁，武漢大學出版社，2002年。

觚等飲酒器,下有禁以承之。禁的作用在於警戒飲酒者勿要貪杯而失禮失德,"名之爲禁者,因爲酒戒也"①。周人認爲,神歆享祭品,以酒味爲貴。如《禮記·郊特牲》云:"至敬不饗味,而貴氣臭也。諸侯爲賓,灌用鬱鬯,灌用臭也。"祭禮中用鬱鬯(一種香酒)敬獻尸,尸實際只是嗅嗅而已。基於飲酒重禮的理念,周王朝祭祀之獻,飲酒數量也有節制,最高也不過是九獻。在這種文化心理下,周代的祭祀用酒與殷人用酒呈現出不同的面貌。

4.鬼神信仰

根據甲骨文中的記載,在殷商時代,上帝主要是一尊自然神,他是一位高高在上的主宰,威嚴肅穆,喜怒無常,時常呼風喚雨,降蘆降災,令人恐怖畏懼。周人深刻意識到上天具有威嚴,天威可畏,"天命靡常""天命不易",如何保持天命? 周人發現了人的"德"方是天命所繫②,人必畏天命而恭敬於人之德。殷鑒不遠,周人深刻意識到只有敬德、慎德,方能永保天命,使天命不墜。正如陳來先生所說的那樣:

　　殷墟卜辭的研究表明,殷商時代至少其晚期的宗教信仰,以帝與帝廷爲代表,已不是單一神教,而是多神教信仰……殷人信仰的神主要反映了他們對自然力的依賴。但是,周人的宗教信仰顯然有些變化。周人信仰的最高代表是"天",甚至是"天命"。以文王爲代表的祖先神的地位有所上升,而"帝廷"的觀念似乎逐漸在減弱。

　　商周世界觀的根本區別,是商人對"帝"或"天"的信仰中並無倫理的内容在其中,總體上還不能達到倫理宗教的水準。而在周人的理解中,"天"與"天命"已經有了確定的道德内涵,這種道德内涵是以"敬德"和"保民"爲主要特徵的。用宗教學的語言來説,商人的世界觀是"自然宗教"的信仰,周代的天命觀則已經具有"倫理宗教"的品格,人們開始從倫理的角度來理解自然和神③。

周代,神靈被道德化,神靈不再是反復無常,動輒對人類施加禍咎,而具有了道德意義。首先,祖先神靈乃道德功烈之形象代表。周人觀念中,

① 《儀禮·士冠禮》鄭注。
② 饒宗頤:《天神觀與道德思想》,收入《饒宗頤二十世紀學術文集·經術、禮樂、經學昌言》第4卷,臺灣新文豐出版公司,2003年;徐復觀《中國人性論史·先秦篇》第13～29頁,上海三聯書店,2001年。
③ 陳來:《春秋時期的人文思潮與道德意識》,載《中原文化研究》2013年第2期。

祖先之功烈以及昭明之德足爲後人效法的典型，因此周人在彝器上銘刻先祖"功烈、勳勞、慶賞"等美善之事，是爲彰明先祖的功烈文德①，"以比其身"。周人觀念中的先祖鬼神，不是虛無飄渺的，而是道德功烈的載體，是福佑家族、可親可近的另外一個世界的形象。其次，神靈具有道德裁判功能，爲人間道德執法者；鬼神的權能固然存在，但是天命鬼神具有道德意志，爲人間道德的裁判，"更多地成爲人世道德原則的化身"②，能夠"賞善禍淫"③。由於堅信"神所憑依，將在德矣"（《左傳·僖公十五年》），周人祭祀時十分注重祭祀者的德行，認爲"穆穆秉明德"而"恤祀"，先祖等神靈即可"報以介福，萬壽無疆"（《詩經·小雅·甫田》）。

5.其他比較

①男女之祭

殷商一朝，殷人對女性祖先的祭祀綿延不絕，或專祭，或合祭④。花東子卜辭中，對妣甲的祭祀分爲兩種類型，一類是屬於禳災性質的御祭，蓋因某種不順而禱求於妣甲；一類是制度性的常規祭祀，祭祀妣甲的祭品有牛、公羊、小牢、牝豕、鬯酒、黍稷等，規格亦爲隆重等。

花東子卜辭的祭祀主體"子"爲商王朝的一位高級貴族，這反映出殷商對女性祖先的祭祀爲貴族之常禮。此外，殷商時期，尚有婦人主祭的記載，例見《屯南》2118（午組）、《合集》94正（典賓類）、《英國》160（賓一類），這反映出殷商婦女地位的尊崇，與周代禮制婦女不主祭形成鮮明的對比。

相對於殷商女性受祭之頻繁與享受待遇之高，周代對女性的祭祀則主要是隨從男性祖先配食⑤，如少牢饋食禮，是諸侯大夫祭祀祖先禮，其祝文云："假爾大筮有常。孝孫某，來日丁亥，用薦歲事於皇祖伯某，以某妃配某氏，尚饗！"主祭者爲主人爲宗子，祭祀先妣只是配食於男性先祖。與殷商時期相比，周代女性單獨受祭的情況較少，這種差異反映出，周代強化宗法制度下的父權，削弱女性的地位。

---

① 《史記·衛世家》："賜衛寶祭器，以章有德。"
② 陳來：《古代思想文化的世界——春秋時代的宗教、倫理與社會思想》第109頁，三聯書店，2009年。
③ 《左傳·襄公二十八年》："善人富謂之賞，淫人富謂之殃。天其殃之也，其將聚而殲旃。"
④ 天子由於廟數衆多，難以在一日之內遍祭，所以又有禘祭和祫的區別：禘是單獨的祭祀，祫是將群廟主集中在太祖廟合祭。
⑤ 特殊情況亦有，如對先妣姜嫄特立廟。

　　周代在正祭中，禁止女性主祭[①]。周代宗法制度是以父權爲基礎，男尊女卑，正祭之中女性無主祭之權。但周代婦人並非不參與祭祀，相反，宗婦及宗族中婦人需要參與祭祀的諸多環節，如祭品的準備、陳設、亞獻、撤去祭品等[②]。並且周代非常強調宗子、宗婦共同參與祭祀，如《禮記·祭統》説：“夫祭也者，必夫婦親之，所以備外内之官也。”《左傳·文公二年》亦云：“凡君即位，好舅甥，修昏姻，娶元妃以奉粢盛，孝也。”但是祭祀中婦人的活動時間、空間，以及參與禮儀等多受限制。《國語·魯語下》云：“天子及諸侯合民事於外朝，合神事於内朝；自卿以下，合官職於外朝，合家事於内朝；寢門之内，婦人治其業焉。上下同之。”祭禮之中，婦人之事無過於寢門之内，此爲辨外内[③]。《禮記·祭統》：“君純冕立於阼。夫人副、褘立於東房。”祭祀過程中，夫婦不同位，婦人在東房，主人在阼階下，男女不可混雜。依《儀禮·特牲饋食禮》《少牢饋食禮》記載，祭祖禮，婦人不參與爲期、視牲等儀節，正祭時，主婦無下堂洗爵之事，而是東房另設篚[④]，若需要使用庭中之爵，則有司贊者代爲取。此禮固出於因便而設，然未嘗不出於別男女而設計，因堂下爲賓客與族人活動之所，婦人若來回穿梭，則男女混雜而無男女之防。三獻後旅酬之時，堂下和房中各自爲禮，儀節亦所以爲別男女而設計。周人認爲父子親親關係建立的前提是男女之別，此爲建構社會宗法倫理與社會倫理的基礎。故而周代祭祀對女性的限制，目的在於別男女，其意圖不言自明。

　　②先公、先王之祭

　　甲骨文中出現過的祖先神大致可分爲兩類：一類是高祖遠公，如高祖夔、高祖亥、河、[上下結構字]、岳、季、王恒等；另一類是上甲以下的近祖先公、先王、先妣及某些先臣，近祖先公如上甲、報乙、報丙、報丁、示壬、示癸等，先王如大

---

　　①　一些特殊祭祀，如喪祭，女性可以單獨受祭祀，《禮記·雜記上》云：“主妾之喪，則自祔，至於練、祥，皆使其子主之，其殯、祭不於正室。君不撫僕、妾。”《公羊傳·隱公五年》載云：“九月，考仲子之宫。考宫者何？考猶入室也，始祭仲子也。”何休注云：“考，成也。成仲子之宫廟而祭之。所以居其鬼神，猶生人入宫室，必有飲食之事。不就惠公廟者，妾母卑，故雖爲夫人，猶特廟而祭之。禮，妾廟子死則廢矣。”

　　②　曹建墩：《東周祭祀研究》，清華大學博士學位論文，2007年。

　　③　《左傳·僖公二十二年》：“婦人送迎不出門，見兄弟不逾閾，戎事不邇女器。”祭祀中，婦人亦無廟門外事。

　　④　特牲饋食禮，東房應有爵，少牢饋食禮則東房無爵，有司代爲取之於庭中筐中。

乙、大丁、大甲、大庚等。在殷商時期,祖先神常有自己的宗廟,可以單獨受祭。而在周代,先公、先王則沒有自己的廟祧,先公之廟主藏於始祖后稷廟中,先王之主藏於文武之廟①。從文獻記載來看,祫是對集合廟主進行的祭祀,禘於太廟②。往往只有在合祭之時,周代的這些先公、先王始有受祭機會,而無專祭先公、先王之禮。

　　③兄弟之祭

　　殷商時期,兄弟相互祭祀亦屬於正常。如卜辭有"三兄"(《合集》27636)、"多兄"(《合集》23527、27637)、"四兄"(《合集》23526)之祭,乃是王對兄弟的祭祀,花東子卜辭中即有對兄丁的祭祀:

　　　　(1)丁卜:酌伐兄丁卯牢,又酚? 一二
　　　　(2)酌伐兄丁告妣庚,[又]裸? 一
　　　　(3)酌伐兄丁告妣庚,又歲? 一
　　　　(4)酌伐兄丁告蚊一牛妣庚? 一
　　　　(5)酌伐兄丁告妣庚,又伐妣庚? 一(《花東》236)

　　到了周代,祭祀乃是上下之垂直關係的祭祀,無兄弟之間的祭祀。此爲人所熟知,不贅。

　　綜上所述,周代的人鬼祭祀對象,大大縮小了範圍,烙上了宗法制度之印,具有濃厚的宗法色彩。

　　經過以上考察,我們認爲,殷商祭祀對於後代,尤其是對周代祭祀,具有重要的正、反兩面的影響,而某些祭祀制度,則是幾千年傳統祭祀制度的淵源,開啟後世某些祭祀制度之先河。

二、殷商軍禮對後世的影響

　　關於殷商軍禮對後世的影響,我們主要以考察周代戰争禮儀並上溯其來源的方式,來探討這一問題。

---

　　① 《周禮·春官·守祧》注。
　　② 沈文倬:《宗周歲時祭考實》,收入《宗周禮樂文明考論》,浙江大學出版社,1999 年;劉雨:《西周金文中的祭祖禮》,載《考古學報》1989 年第 4 期。

(一)治兵、校閲

治兵就是訓練軍隊,以備戰事。日常訓練軍隊,往往借蒐禮來訓練軍隊的戰鬥能力。如《左傳·襄公十三年》記載"晉侯蒐於綿上以治兵",《左傳·昭公十八年》也説:"乃簡兵大蒐,將爲蒐除。"另有一些文獻將治兵與振旅對言,似表明治兵應是在城外舉行。《左傳·隱公五年》:"三年而治兵,入而振旅,歸而飲至,以數軍實。"《爾雅·釋天》云:"出爲治兵,尚威武也;入爲振旅,反尊卑也。"孫炎注曰:"出則幼賤在前,貴勇力也;入則尊老在前,復常法也。"《穀梁傳·莊公八年》記載説:"出曰祠兵,習戰也;入曰振旅,習戰也。"《公羊傳·莊公八年》則説:"出曰治兵,入曰振旅,其禮一也,皆習戰也。"何休注曰:"殺牲饗士卒。"治兵的目的在於訓練士卒,以提高作戰能力。

殷商時期的治兵訓練軍隊,亦往往是借助於田獵的形式來訓練士卒,以提升軍隊的戰鬥力,詳見前文第五章。殷禮之淵源,於此可見一斑。

(二)戰前謀議、授兵

先秦時期,戰爭之前必須"受命於廟"(《左傳·閔公二年》),以獲得先祖的庇護。宗廟、學宫等在軍禮中有着舉足輕重的地位,制定軍事策略要在學宫之中舉行。《禮記·王制》:"天子將出征……受命於祖,受成於學。"鄭注謂在學宫的目的是"定兵謀也"。《詩經·魯頌·泮水》:"魯侯戾止,在泮飲酒。既飲旨酒,永錫難老。"鄭箋云:"在泮飲酒者,徵先生君子與之行飲酒之禮,而因以謀事也。"此即"受成於學"之事。學宫爲集會、講武、養老之場所,在此除與長者、智士定兵謀外,也應有告先師之禮以祈求先師的佑助。

周代兵器藏於國,一旦有戰事,需要祭祀於祖廟,然後將武器發給兵士,此稱爲"授兵"。《周禮·夏官·司兵》曰:"掌五兵、五盾,各辨其物與其等,以待軍事。及授兵,從司馬之法以頒之。及其受兵輸,亦如之。"孫詒讓《周禮正義》引惠士奇曰:"古者兵器藏於國,有事而後授兵,既事復還兵。"[1]《左傳·隱公十一年》記載:"鄭伯將伐許,五月甲辰,授兵於大宫。"

---

[1]　孫詒讓:《周禮正義》第 61 卷第 2546 頁,中華書局,1987 年。

杜預注：“大宮，鄭祖廟。”大宮爲鄭國祖廟，可見授兵是在宗廟舉行，由此也見授兵禮的莊嚴與神聖。

殷商時期，在戰爭征伐之前，往往在宗廟中舉行再册儀式。有關情況詳參本文第四章相關論述。從卜辭的内容來看，這是與戰爭之前的動員以及祭告神靈緊密連接的一種禮儀行爲。商代軍禮中，再册往往與命將合二而一，成爲出征前舉行的隆重的禮儀活動。如果結合周代的戰爭征伐“受命於祖”考慮，推測殷商時期在宗廟舉行的再册之禮，也應與戰爭之前的動員有關，類似於《尚書》之《甘誓》。

（三）致師

士氣對於戰爭的勝負極其重要，《左傳·莊公十年》載曹劌論戰曰：“夫戰，勇氣也。一鼓作氣，再而衰，三而竭。”所謂“氣”，就是指兵士必勝的信念、同仇敵愾的昂揚情緒以及必戰的意志。先秦戰爭中，在交戰之前有“致師”之事，其目的就是鼓舞士氣。《周禮·夏官》有“環人”之職“掌致師”。鄭玄注：“致師者，致其必戰之志。古者將戰，必先使勇力之士犯敵焉。”所謂致師，即在兩軍對壘之際，派勇力之士前往敵方挑戰，以示必戰之志與勇武。

由於受到卜辭記載内容的限制，我們目前尚未在其中發現商代戰爭致師的記載，但《逸周書·克殷解》記載：“周車三百五十乘陳於牧野，帝辛從。武王使尚父與伯夫致師。”孔晁注：“挑戰也。”由此可見，殷商末期，致師之禮即已存在，周代的致師禮，或也是從殷商時代繼承而來的。

（四）師祭

祭祀神靈，祈求神靈保佑自己一方能夠在戰爭中取勝，是古代軍隊最重要的禮儀。之所以要舉行這種莊重的禮儀，其目的也是用來堅定將士的必勝信念，增强軍隊的士氣。

1.戰前祭禱

先秦時期，戰爭之前祭祀天地、社稷、先祖等神靈以求保佑，此禮淵源甚古，稽諸殷商卜辭，多有與戰爭有關的祭祀記録，尤以武丁時期爲多，參下揭卜辭：

（5）甲申卜：于大示告方來？（《屯南》243，歷二類）

（6）甲申：于河告方來？（《合集》33052，歷二類）

上揭卜辭是説商人在敵方進犯後告先祖神靈，求得保佑。例（5）爲告於直系先王，例（6）爲告於河。卜辭之告，即《禮記》"造於祖"之造祭，爲告祖先神的禮儀，包括報告先祖神靈戰爭的發生並對其進行祭祀。

周代，戰爭之前爲求得神靈佑護，所祈禱的神靈範圍頗爲廣泛。《逸周書·小明武》説攻伐他國，"上下禱祀，靡神不下"。《周禮·春官·大祝》記載："大師，宜於社，造於祖，設軍社。"另如《詛楚文》所記，是向神靈控訴楚人之罪，祈求巫咸、亞駝等神保佑秦國克敵制勝。總之，爲達到勝利的目的，可以説是廣求諸神。尤其是對重要的上帝、社稷、先祖等神靈，必須殷勤祭祀。其中，祖先爲戰爭祈禱的重要神靈。西周初期銅器保員簋銘文云："王既燎，厥伐東夷。在十又一月，公返自周。"[1]周王討伐東夷在燎祭之後，應爲戰前的祭祀，目的是祈求戰爭勝利。《禮記·王制》説天子將出征，"造乎禰"，此造與《周禮·春官·大祝》"六祈"之"造"相同，皆爲就祖禰廟祈禱。

周代，出兵之前祭社，謂之宜。《爾雅·釋天》："起大事，動大衆，必先有事乎社而後出，謂之宜。"《左傳·閔公二年》曰："帥師者，受命於廟，受脤於社。"《左傳·成公十三年》記載魯文公及諸侯朝王，遂從劉康公、成蕭公會晉侯伐秦。成子受脤於社，不恭敬。劉子論曰："國之大事，在祀與戎。祀有執膰，戎有受脤，神之大節也。"此是軍隊出發之前宜社之證。

2.載主、舍奠

西周、春秋時期，天子、諸侯率軍出伐，祝官要奉祖先神位"廟主"和"社主"於齋車隨行。《史記·周本紀》中就記載周武王伐紂時，曾載文王之主隨行。《左傳·定公四年》衛祝佗子魚曰："君以軍行，祓社釁鼓，祝奉以從。"杜注曰："奉社主也。"《禮記·文王世子》也有記載："其在軍，則守於公禰。"注則曰："謂從軍者，公禰，行主也。所以遷主言禰，在外親也。"《周禮·春官·小宗伯》記載説："若大師，則帥有司而立軍社，奉主車。"鄭注則説："有司，大祝也。王出軍，必先有事於社及遷廟，而以其主行。社主曰軍社，遷主曰祖。……社之主蓋用石爲之。奉謂將行。"軍社，孫詒讓謂之"軍

---

[1]　銘文參看張光裕《新見保員毀銘試釋》，載《考古》1991年第7期。

行所奉大社石主",蓋社主爲石制①。

　　周代軍旅載遷廟主與立軍社,每行舍奠祭祀。《周禮・春官・肆師》:
"凡師、甸,用牲於社、宗,則爲位。"鄭鍔解曰:"言社者,主也。宗者,遷廟之
主。不曰祖曰宗者,宗繼祖者也,載主而行不在國之常位,而祭不可以無
位,無位則鬼神無所依,故爲位,然後祭。"②

　　甲骨卜辭表明,如周代出征載主於齋車一樣,商人軍旅亦載祖先之主
隨行,並於戰爭期間,祭祀隨行之主。卜辭云:

　　　(7)甲申卜:令以示先步?

　　　弜先,兹(?)王步?(《屯南》29,近歷二類)

　　　(8)庚□涉?

　　　示其从上涉?(《合集》35320,歷二類)

　　　(9)癸亥,貞:王其伐盧羊,告自大乙,甲子自上甲告十示又一牛?
兹用。在茅隉。(《屯南》994,歷二類)

　　　(10)其奠危方,其祝至于大乙于之,若?(《屯南》3001,無名類)

　　上揭辭例中,示即神主③。郭旭東先生曾指出,例(7)和例(8)兩辭一
是貞問是不是讓所遷廟主先於商王先行一步?一是貞問庚日渡河時是否
讓廟主隨之同渡?都清楚地表明殷時有遷廟主隨軍的禮制④。例(9)是王
在征伐途中進行告祭先祖,用一牛。例(10)是平定危方,祝祭於大乙,戰爭
是否順利?從卜辭來看,殷商師祭包括大乙、祖乙以及多位祖先神。這點
和周代的載遷廟主隨行不同。

　　3.征途中禮神

　　周代戰爭,"禡於所征之地"(《禮記・王制》),途經名山大川時則舉行
告祭。《周禮・春官・大祝》記載軍隊征伐途中祭祀山川時說到:"國將有
事於四望……則前祝。"賈疏謂:"云有事於四望者,謂軍行所過山川,造祭
乃過。"《周禮・春官・肆師》:"類造上帝,封於大神。祭兵於山川,亦如之
(按,即爲位)。"鄭鍔解釋說:"封者,累土增高,非山川之大神則無累土爲壇

---

①　孫詒讓:《周禮正義》第49卷第2027頁,中華書局,1987年。
②　秦蕙田:《五禮通考》第239卷引語,味經窩初刻試印本,臺灣聖環圖書公司,1994年。
③　示即主,關於示和主的關係,參看陳夢家《殷虛卜辭綜述》第440頁,科學出版社,1956年。
④　郭旭東:《殷墟甲骨文所見的商代軍禮》,載《中國史研究》2010年第2期。

以封崇之禮。兵之所在必增高以祭之。"①行軍途中祭祀名山大川，因爲不是常祭，故禮儀較爲簡略，殺於正祭，其禮蓋用告禮。

甲骨文中亦有戰爭中祭祀神靈的記載：

（11）丁丑卜：侑于五山在［枼］隉？二月卜。（《合集》34168，歷二類）

（12）甲子自上甲告示又一，牛？兹用。在枼四隉。（《屯南》994，歷二類）

例（11）是卜在戰爭途中祭祀五山之事②，隉爲高丘之地，在征伐途中選擇高丘祭祀山神，蓋亦設置壇位。例（12）是卜在枼地祭祀祖先神之事，用一牛爲牲。疑此處的"隉"可能是人爲爲之的壇位，類似於鄭鍔所説的"累土爲壇以封崇之禮"。

4.告成、獻捷、獻俘禮

西周軍隊征伐凱旋而歸，有燎祭宗廟告至之禮。《殷周金文集成》第8册第4169號著録一簋，其銘文云："唯王伐逨魚，征伐淖黑，至，燎于宗周。"第5册第2839號小盂鼎云："盂以人馘入門，獻西旅，□□入燎宗周。"《逸周書·世俘》云："武王乃夾於南門用俘……乃以先馘，入燎於周廟。"周人燎祭的對象爲祖先神靈（於宗廟）。

或有戰爭之後即告成於神靈者。如《逸周書·世俘》記載武王克殷後，即在商都"薦俘殷王鼎。武王乃翼，矢憲告天宗上帝"，宣告奉天滅殷大業已完成。《禮記·大傳》："牧之野，武王之大事也。既事而退，柴於上帝，祈於社，設奠於牧室。"鄭注："奠告天地及先祖也。牧室，牧野之室也。古者郊關皆有館焉。先祖者，行主也。"是説武王勝利後即在牧野之館告祭天地祖先神靈。《左傳·宣公十二年》記載邲之戰，楚人勝晉，"爲先君宫，告成事而還"。這是特殊情況，依常禮，應該軍隊班師凱旋後再告廟。

若軍隊征戰凱旋，則行有獻社之禮。《周禮·夏官·大司馬》云："若師有功，則左執律，右秉鉞以先，愷樂獻於社。"《周禮·春官·大祝》："大師……及軍歸獻於社，則前祝。……反行，舍奠。"注："舍奠之禮，所以告至。"軍有功而還，奏凱樂獻社，大祝在前告神。

---

①　秦蕙田：《五禮通考》第239卷引語，味經窩初刻試印本，臺灣聖環圖書公司，1994年。

②　王蘊智：《枼字譜系考——兼説商代的枼族》，收入《字學論集》，河南美術出版社，2004年。

　　獻俘禮來源於父系氏族社會的狩獵獻祭以及戰爭慶功儀式等相關禮俗，其功能具有回報神靈的保佑宗教性意義以及斬首示勇、論功等世俗功能[①]。獻俘祭祀屬於獻俘禮的一部分。甲骨文中的有關情況請參看前文第四章有關論述。春秋、戰國時期，由於王權陵替，諸侯爭霸，社會劇烈變動以及人文思潮的逐漸興起，獻俘禮逐漸衰落，獻俘祭祀也隨之趨於衰亡。但由於傳統禮制的沿襲性以及思想觀念的落後殘餘，春秋時期，獻俘祭祀也偶有發生，但隨即遭到進步人士的强烈反對[②]。

（五）飲至、振旅

　　軍隊凱旋，周王或者諸侯要於宗廟内宴享功臣，論功行賞，這種"享有功於祖廟，舍爵策勳"的禮儀稱爲"飲至之禮"。小盂鼎銘文中曾多次提到慶功用酒，郭沫若先生指出就是"歸而飲至"之禮[③]。《殷周金文集成》第2739號著録有一件方鼎，其銘云："唯周公于征，伐東夷。豐伯、薄古，咸戈。公歸，貉于周廟。戊辰，飲秦飲。"此銘記載了周公征伐東夷歸來的飲至之禮。貉從示從倒寫之"隻"，暫讀爲"貉"，此銘内容蓋指宗廟獻俘。"飲至"包括"舍爵、策勳"等内容。"舍爵"就是飲酒，"策勳"就是書將士功勞於簡策。《左傳·襄公十三年》："十三年，春，公至自晉，孟獻子書勞於廟，禮也。"《左傳·隱公五年》："歸而飲至，以數軍實。"杜預注："飲於廟，以數車徒、器械及所獲也。"《左傳·桓公二年》："凡公行，告於宗廟；反，行飲至，舍爵、策勳焉，禮也。"書勞策勳，即論功行賞。

　　殷商時期，軍隊凱旋而歸，商人有"逆旅"之事，卜辭云：

　　（13）庚辰王卜，在▮貞：今日其屰旅以執于東單，亡災？（《合集》36475，黄類）

　　（14）癸亥：示先羌入？

　　王于南門屰羌？（《合集》32036，歷二類）

　　辭中的"屰（逆）羌""逆旅"，皆爲軍隊凱旋歸來的迎接儀式，可以視作

　　①　高智群：《獻俘禮研究》，載《文史》第35輯，中華書局，1992年。
　　②　《左傳·僖公十九年》："夏，宋公使邾文公用鄫子於次睢之社，欲以屬東夷。"《左傳·昭公十年》："秋七月，平子伐莒，取郠，獻俘，始用人於亳社。"用，杜預注："蓋殺人用祭。"
　　③　郭沫若：《兩周金文辭大系圖録考釋》第37頁，上海書店出版社，1999年。

軍隊振旅的一種。

(六)降禮

先秦時期,若投降則有降禮。司馬遷所記的投降之禮,蓋約《左傳》等先秦文獻所記而成。如《左傳·宣公十二年》記載鄭國為楚所破,"鄭伯肉袒牽羊以逆"。《韓詩外傳》卷六記載此事道:"楚莊王伐鄭,鄭伯肉袒,左把茅旌,右執鸞刀以進。"《新書·先醒》也說:"宋鄭無道,欺昧諸侯,莊王圍宋伐鄭。鄭伯肉袒牽羊,奉簪而獻國。"

周代降禮,亡國之君或肉袒牽羊而降,此禮最早可以上溯到殷商時期。《史記·微子世家》記載周武王克殷,"微子乃持其祭器造於軍門,肉袒面縛,左牽羊,右把茅,膝行而前以告"。《索隱》曰:"肉袒者,袒而露肉也。面縛者,縛手於背而面向前也。"這是殷商時期的投降禮節,其禮儀儀式與內在的禮義,與周代降禮有一脈相承之處。

綜上所述,殷商時期祭禮和軍禮的許多方面,如殷商祭祀系統中對部分天神和地祇的祭祀被周代所繼承,軍禮中的"謀伐""選將與冊命""振旅與田狩""獻捷與獻俘"、投降等禮儀,對於周代的軍禮則有着重要影響。可以說,殷周祭禮和軍禮中有許多內容是一脈相承的。但是,總體而論,周人對殷商祭禮方面的改革相對較多,拋棄了殷人祭祀思想中很多負面的觀念。

由於甲骨卜辭的性質只是殷人的占卜記錄,我們還無法確知其中所反映出的殷禮是否像周禮那樣規範和系統,但是,從周禮或後世之禮中的很多內容都可以從甲骨卜辭中發現其影蹤這一點上來看,殷商時期的禮應該已經備其大端,並是後世很多禮制內容的淵源所在。

主要參考文獻

著録書、工具書

［日］島邦男：《殷墟卜辭綜類》（增訂版），汲古書院，1971年版。

董作賓：《殷虚文字乙編》，臺灣中研院歷史語言研究所，1994年版。

郭沫若主編：《甲骨文合集》，中華書局，1977～1983年版。

李學勤等編：《英國所藏甲骨集》，中華書局，1985～1992年版。

李宗焜編著：《甲骨文字編》，中華書局，2012年版。

劉釗主編：《新甲骨文編》（增訂版），福建人民出版社，2014年版。

彭邦炯、謝濟、馬季凡編著：《甲骨文合集補編》，語文出版社，1999年版。

齊航福、章秀霞編著：《殷墟花園莊東地甲骨刻辭類纂》，綫裝書局，2011年版。

沈建華、曹錦炎編著：《甲骨文字形表》，上海辭書出版社，2008年版。

［日］松丸道雄、高嶋謙一：《甲骨文字字釋綜覽》，東洋文化研究所叢刊第13輯，1993年版。

宋鎮豪、段志洪主編：《甲骨文獻集成》，四川大學出版社，2001年版。

徐中舒主編：《甲骨文字典》，四川辭書出版社，1988年版。

許進雄：《懷特氏等收藏甲骨文集》，加拿大安大略博物館影印本，1979，1991年版。

姚孝遂主編：《殷墟甲骨刻辭類纂》，中華書局，1989年版。

姚孝遂主編：《殷墟甲骨刻辭摹釋總集》，中華書局，1988年版。

于省吾：《甲骨文字釋林》，中華書局，1979年版。

于省吾主編：《甲骨文字詁林》，中華書局，1996年版。

中國社會科學院考古研究所編：《甲骨文編》，中華書局，1965年版。

中國社會科學院考古研究所編：《小屯南地甲骨》，中華書局，1980～1983年版。

中國社會科學院考古研究所編著:《殷墟花園莊東地甲骨》,雲南人民出版社,2003 年版。

關於花東子卜辭的論著

蔡哲茂:《花東卜辭"不𪊨"釋義》,收入《紀念王懿榮發現甲骨文 110 周年國際學術研討會論文集》,社會科學文獻出版社,2009 年版。

蔡哲茂:《説殷卜辭中的"圭"字》,《漢字研究》第 1 輯,學苑出版社,2005 年 6 月。

曹定雲:《三論殷墟花東 H3 卜辭中占卜主體"子"》,《殷都學刊》2009 年第 1 期。

曹定雲:《殷墟花東 H3 卜辭中的"王"是小乙——從卜辭中的人名"丁"談起》,《古文字研究》第 26 輯,中華書局,2006 年 11 月;又刊於《殷都學刊》2007 年第 1 期。

曹定雲、劉一曼:《殷墟花園莊東地出土甲骨卜辭中的"中周"與早期殷周關係》,《考古》2005 年第 9 期。

常耀華、林歡:《試論花園莊東地甲骨所見地名》,收入王宇信、宋鎮豪、孟憲武主編《2004 年安陽殷商文明國際學術研討會論文集》,社會科學文獻出版社,2004 年版。

[美]陳光宇:《兒氏家譜刻辭之"子"與花東卜辭之"子"》,收入《紀念王懿榮發現甲骨文 110 周年國際學術研討會論文集》,社會科學文獻出版社,2009 年版。

陳　劍:《説花園莊東地甲骨卜辭的"丁"——附:釋"速"》,《故宮博物院院刊》2004 年第 4 期。

方稚松:《釋殷墟花園莊東地甲骨中的瓚、祼及相關諸字》,《中原文物》2007 年第 1 期。

葛英會:《讀殷墟花園莊甲骨卜辭》,《殷都學刊》2000 年第 3 期。

葛英會:《花東甲骨的繇辭》,《殷都學刊》2008 年第 2 期。

郭勝强:《殷墟〈花東〉甲骨中的"㘨"祭卜辭——殷墟花東卜辭研究》,《殷都學刊》2005 年第 3 期。

韓江蘇:《從殷墟花東 H3 卜辭排譜看商代彈侯禮》,《殷都學刊》2009 年第 1 期。

韓江蘇:《從殷墟花東 H3 卜辭排譜看商代舞樂》,《中國史研究》2008 年第 1 期。

韓江蘇:《從殷墟花東 H3 卜辭排譜看商代學射禮》,《中國歷史文物》2009 年第 6 期。

韓江蘇:《殷墟 H3 卜辭"祖甲、祖乙和妣庚"身份考證》,《殷都學刊》2007 年第 2 期。

韓江蘇:《殷墟花東 H3 卜辭主人"子"研究》,綫裝書局,2007 年版。

何景成:《釋"花東"卜辭的"所"》,《古文字研究》第 27 輯,中華書局, 2008 年 9 月。

何景成:《釋〈花東〉卜辭中的"索"》,《中國歷史文物》2008 年第 1 期。

洪　飈:《〈殷墟花園莊東地甲骨釋文〉校議》,《古籍整理研究學刊》 2008 年第 3 期。

黃天樹:《〈殷墟花園莊東地甲骨〉中所見虛詞的搭配和對舉》,《清華大學學報》2006 年第 2 期。

黃天樹:《花園莊東地甲骨中所見的若干新資料》,《陝西師範大學學報》2005 年第 2 期。

黃天樹:《甲骨文中有關獵首風俗的記載》,《中國文化研究》2005 年第 2 期。

黃天樹:《簡論"花東子類"卜辭的時代》,《古文字研究》第 26 輯,中華書局,2006 年 11 月。

季旭昇:《説牡牝》,收入《古文字研究》第 24 輯,中華書局,2002 年 7 月。

蔣玉斌:《甲骨文獻整理(兩種)》,《古籍整理研究學刊》2003 年第 3 期。

蔣玉斌:《殷墟子卜辭的整理與研究》,吉林大學博士學位論文, 2006 年。

李　静:《〈殷墟花園莊東地甲骨〉文字研究》,西南大學碩士學位論文, 2006 年。

李學勤:《從兩條〈花東〉卜辭看殷禮》,《吉林師範大學學報》2004 年第 3 期。

李學勤:《關於花園莊東地卜辭所謂"丁"的一點看法》,《故宮博物院院刊》2004 年第 5 期。

李學勤：《花園莊東地卜辭的"子"》，收入《河南博物院落成及河南博物館建館 70 周年紀念論文集》，中州古籍出版社，1998 年版。

李學勤：《論新出現的一片征人方卜辭》，《殷都學刊》2005 年第 1 期。

李學勤：《釋花園莊兩版卜雨腹甲》，收入《夏商周年代學劄記》，遼寧大學出版社，1999 年版。

林　澐：《花東子卜辭所見人物研究》，《古文字與古代史》第 1 輯，2007 年 9 月。

劉一曼：《殷墟花園莊東地甲骨坑的發現及主要收穫》，收入臺灣師范大學國文系、中研院歷史語言研究所編《甲骨文發現一百周年學術研討會論文集》，臺灣文史哲出版社有限公司，1998 年版。

劉一曼、曹定雲：《論殷墟花園莊東地甲骨卜辭的"子"》，收入王宇信、宋鎮豪主編《紀念殷墟甲骨文發現一百周年國際學術研討會論文集》，社會科學文獻出版社，2003 年版。

劉一曼、曹定雲：《殷墟花東 H3 卜辭中的馬——兼論商代馬匹的使用》，《殷都學刊》2004 年第 1 期。

劉一曼、曹定雲：《殷墟花園莊東地甲骨卜辭選釋與初步研究》，《考古學報》1999 年第 3 期。

劉一曼、曹定雲：《再論殷墟花東 H3 卜辭中占卜主體"子"》，收入《慶祝高明先生八十壽辰暨從事考古研究五十年論文集》，科學出版社，2006 年版。

劉　源：《花園莊卜辭中有關祭祀的兩個問題》，收入《揖芬集——張政烺先生九十華誕紀念文集》，社會科學文獻出版社，2002 年版。

劉　源：《試論殷墟花園莊東地卜辭的行款》，《故宮博物院院刊》2005 年第 1 期。

劉　源：《殷墟花園莊東地甲骨文研究概況》，《歷史研究》2005 年第 2 期。

劉　源：《再談殷墟花東甲骨卜辭中的"囗"》，《甲骨文與殷商史》新 1 輯，綫裝書局，2008 年 12 月。

劉志基：《甲骨文字表〈屯南〉、〈花東〉字形補遺》，《中國文字研究》第 13 輯，大象出版社，2010 年 10 月。

莫伯峰:《〈殷墟花園莊東地甲骨〉中新見的"羔"字》,《甲骨文與殷商史》新 3 輯,上海古籍出版社,2013 年 4 月。

莫伯峰:《花東子卜辭和歷組卜辭新綴四組》,《故宮博物院院刊》2011 年第 1 期。

齊航福:《〈殷墟花園莊東地甲骨·釋文〉求疵(二)》,《考古與文物》2007 年先秦考古專號。

齊航福:《〈殷墟花園莊東地甲骨·釋文〉求疵》,《中州學刊》2006 年第 2 期。

齊航福:《花東卜辭前辭形式探論》,《中州學刊》2011 年第 1 期。

齊航福:《花東卜辭中的祭祀動詞雙賓語句試析》,《古漢語研究》2010 年第 1 期。

裘錫圭:《"花東子卜辭"和"子組卜辭"中指稱武丁的"丁"可能應該讀爲"帝"》,收入《裘錫圭學術文集·甲骨文卷》,復旦大學出版社,2012 年版。

饒宗頤:《"玄鳥"補考》,收入《饒宗頤新出土文獻論證》,上海古籍出版社,2005 年版。

饒宗頤:《殷代地理疑義舉例——古史地域的一些問題和初步詮釋》,《九州》第 3 輯,商務印書館,2003 年 4 月。

沈寶春:《論殷墟花園莊東地甲骨"犰"字與匕器的形義發展關係》,《古文字與古代史》第 1 輯,2007 年 9 月。

沈建華:《從花園莊東地卜辭看"子"的身份》,《中國歷史文物》2007 年第 1 期。

沈建華:《甲骨金文釋字舉例》,收入香港中文大學中國語言及文學系《第四屆國際中國古文字學研討會論文集》,2003 年 10 月。

沈　培:《殷墟花園莊東地甲骨"皀"字用爲"登"證說》,《中國文字學報》第 1 輯,商務印書館,2006 年 12 月。

時　兵:《花東卜辭考釋二則》,《考古與文物》2011 年第 2 期。

時　兵:《花園莊東地甲骨卜辭考釋三則》,《東南文化》2005 年第 2 期。

時　兵:《説花東卜辭中的"狀"及"服卜"》,《中國文字學報》第 3 輯,商務印書館,2010 年 11 月。

宋鎮豪:《從甲骨文考述商代的學校教育》,收入王宇信、宋鎮豪、孟憲武主編《2004 年安陽殷商文明國際學術研討會論文集》,社會科學文獻出版社,2004 年版。

宋鎮豪:《從新出甲骨金文考述晚商射禮》,《中國歷史文物》2006 年第 1 期。

宋鎮豪:《甲骨文中的夢與占夢》,刊於《文物》2006 年第 6 期。

宋鎮豪:《商代的疾患醫療與衛生保健》,《歷史研究》2004 年第 2 期。

宋鎮豪:《殷商計時法補論——關於殷商日界》,《中國文字》新 27 期,臺灣藝文印書館,2001 年 12 月。

孫亞冰:《花東卜辭解詁》,《中國史研究》2011 年第 4 期。

王　暉:《花園卜辭𢆶字音義與古戈頭名稱考》,收入《紀念王懿榮發現甲骨文 110 周年國際學術研討會論文集》,社會科學文獻出版社,2009 年版。

王建軍:《花東子卜辭所見𩰲祭材料的整理與研究》,《中原文物》2010 年第 2 期。

王建生、朱岐祥主編:《花園莊東地甲骨論叢》,臺灣聖環圖書公司,2006 年版。

王譯然:《殷墟花園莊東地甲骨卜辭研究》,遼寧師範大學碩士學位論文,2012 年。

王蘊智:《〈殷墟花園莊東地甲骨·釋文〉校勘劄記》,《古文字研究》第 29 輯,中華書局,2012 年 10 月。

王蘊智:《從花東卜辭"其雨亡后"談古"后"字的釋讀》,《華夏考古》2011 年第 4 期。

王蘊智:《釋甲骨文𠂤字》,《古文字研究》第 26 輯,中華書局,2006 年 11 月。

魏慈德:《論同見於花東卜辭與王卜辭中的人物》,《故宮博物院院刊》2005 年第 6 期。

魏慈德:《殷墟花園莊東地甲骨卜辭的地名及詞語研究》,《中國歷史文物》2005 年第 6 期。

魏慈德:《殷墟花園莊東地甲骨卜辭研究》,臺灣古籍出版有限公司,2006 年版。

武家璧:《花園莊東地甲骨文中的冬至日出觀象記録》,《古代文明研究通訊》第 25 期,2005 年 6 月。

徐寶貴:《甲骨文考釋兩篇》,《古文字研究》第 26 輯,中華書局,2006年 11 月。

徐寶貴:《殷商文字研究兩篇》,《出土文獻與古文字研究》第 1 輯,復旦大學出版社,2006 年 12 月。

徐義華:《試論花園莊東地甲骨"子"的身份》,收入《北京平谷與華夏文明:國際學術研討會論文集(2005)》,社會科學文獻出版社,2006 年版。

閻志:《殷墟花園莊東地甲骨卜用丁日的卜辭》,《故宫博物院院刊》2005 年第 1 期。

楊升南:《婦好墓中"司母辛"銅器的作者與花東 H3 甲骨時代》,《甲骨文與殷商史》新 2 輯,上海古籍出版社,2011 年 11 月。

楊升南:《殷墟花東 H3 卜辭"子"的主人是武丁太子孝己》,收入王宇信、宋鎮豪、孟憲武主編《2004 年安陽殷商文明國際學術研討會論文集》,社會科學文獻出版社,2004 年版。

楊錫璋、劉一曼:《殷墟考古七十年的主要收穫》,《中原文物》1999 年第 2 期。

楊　州:《從花園莊東地甲骨文看殷代的玉禮》,《中原文物》2009 年第 3 期。

姚　萱:《花東甲骨"多牢臣"與相關問題》,《史林》2010 年第 6 期。

姚　萱:《試論花東子卜辭的"子"當爲武丁之子》,《故宫博物院院刊》2005 年第 6 期。

姚　萱:《殷墟卜辭"束"字考釋》,《考古》2008 年第 2 期。

姚　萱:《殷墟花園莊東地甲骨卜辭的初步研究》,綫裝書局,2006 年版。

姚　萱:《殷墟花園莊東地甲骨卜辭考釋(三篇)》,《古漢語研究》2006 年第 2 期。

姚　萱:《殷墟花園莊東地甲骨卜辭考釋》,《漢字文化》2004 年第 4 期。

喻遂生:《〈殷墟花園莊東地甲骨〉中的"疾"字》,《蘭州學刊》2009 年第 10 期。

曾小鵬:《〈殷墟花園莊東地甲骨〉詞類研究》,西南大學碩士學位論文,2006 年。

章秀霞:《花東卜辭背兆類行款走向在卜甲上的分佈特點》,《華夏考古》2014 年第 1 期。

章秀霞:《花東卜辭行款走向與卜兆組合式的整理與研究》,收入《紀念王懿榮發現甲骨文 110 周年國際學術研討會論文集》,社會科學文獻出版社,2009 年版。

章秀霞:《花東卜辭與殷商軍禮研究》,《中原文化研究》2013 年第 5 期。

章秀霞:《花東田獵卜辭的初步整理與研究》,《殷都學刊》2007 年第 1 期。

章秀霞:《殷商後期的貢納、徵求與賞賜——以花東卜辭爲例》,《中州學刊》2008 年第 5 期。

張世超:《花東卜辭祭牲考》,《南方文物》2007 年第 2 期。

張世超:《花東卜辭中的“延祭”》,《吉林師範大學學報》2007 年第 6 期。

張新俊:《釋花園莊東地甲骨中的“乎”字》,《古文字研究》第 29 輯,中華書局,2012 年 10 月。

張永山:《説“大歲”》,收入《黄盛璋先生八秩華誕紀念文集》,中國教育文化出版社,2005 年版。

張永山:《也談花東卜辭中的“丁”》,《古文字研究》第 26 輯,中華書局,2006 年 11 月。

趙　誠:《羌甲探索》,收入《揖芬集——張政烺先生九十華誕紀念文集》,社會科學文獻出版社,2002 年版。

趙　鵬:《從花東子組卜辭中的人名看其時代》,《中國社會科學院歷史研究所學刊》第 6 集,商務印書館,2010 年。

趙平安:《釋花東甲骨文的“痒”和“稽”》,“中國文字學會第五屆學術年會暨漢字學國際學術研討會”論文,2009 年 8 月。後收入陳偉武主編《古文字論壇(第 1 輯):曾憲通教授八十慶壽專號》第 74～79 頁,中山大學出版社,2015 年。

趙　偉:《〈殷墟花園莊東地甲骨·釋文〉校勘》,鄭州大學碩士學位論文,2007 年。

　　鄭傑祥:《殷墟新出卜辭中若干地名考釋》,《中州學刊》2003 年第5 期。

　　中國社會科學院考古研究所:《殷墟的發現與研究·補記》,科學出版社,1994 年版。

　　中國社會科學院考古研究所安陽工作隊:《1991 年安陽花園莊東地、南地發掘簡報》,《考古》1993 年第 6 期。

　　朱鳳瀚:《讀安陽殷墟花園莊東出土的非王卜辭》,收入王宇信、宋鎮豪、孟憲武主編《2004 年安陽殷商文明國際學術研討會論文集》,社會科學文獻出版社,2004 年版。

　　朱鳳瀚:《殷墟花園莊東地甲骨卜辭中的人物關係再探討》,收入《古文字與古代史》第 3 輯,2012 年 3 月。

　　朱岐祥:《〈殷墟花園莊東地甲骨卜辭選釋與初步研究〉讀後》,《中國字》新 26 期,臺灣藝文印書館,2000 年 12 月。

　　朱岐祥:《〈殷墟花園莊東地甲骨釋文〉正補》,收入《許錟輝教授七秩祝壽論文集》,臺灣萬卷樓圖書股份有限公司,2004 年版。

　　朱岐祥:《論花園莊東地甲骨用詞的特殊風格——以歲字句爲例》,收入《古文字研究》第 24 輯,中華書局,2002 年 7 月。

其他論著

白于藍:《殷墟甲骨刻辭摹釋總集校訂》,福建人民出版社,2004 年版。
蔡哲茂:《甲骨綴合集》,臺灣樂學書局有限公司,1999 年版。
蔡哲茂:《甲骨綴合續集》,臺灣文津出版社有限公司,2004 年版。
曹建墩:《東周祭祀研究》,清華大學博士學位論文,2007 年。
曹建墩:《先秦禮制探賾》,天津人民出版社,2010 年版。
常金倉:《周代禮俗研究》,黑龍江人民出版社,2005 年版。
常耀華:《殷墟甲骨非王卜辭研究》,綫裝書局,2006 年版。
常玉芝:《商代周祭制度》,綫裝書局,2009 年版。
常玉芝:《商代宗教祭祀》,中國社會科學出版社,2010 年版。
常玉芝:《殷商曆法研究》,吉林文史出版社,1998 年版。
晁福林:《先秦民俗史》,上海人民出版社,2001 年版。

陳　　劍:《甲骨金文考釋論集》,綫裝書局,2007 年版。

陳　　來:《古代宗教與倫理:儒家思想的根源》,三聯書店,1996 年版。

陳夢家:《殷虛卜辭綜述》,科學出版社,1956 年版。

陳年福:《甲骨文詞義論稿》,上海古籍出版社,2007 年版。

陳戍國:《中國禮制史·先秦卷》,湖南教育出版社,1991 年版。

陳煒湛:《甲骨文田獵刻辭研究》,廣西教育出版社,1995 年版。

[日]赤塚忠:《中国古代の宗教と文化——殷王朝の祭祀》,日本東京角川書店,1977 年版。

[清]褚寅亮:《儀禮管見》,上海古籍出版社,2002 年版。

[日]島邦男著,温天河、李壽林譯:《殷墟卜辭研究》,據鼎文書局 1975 年 12 月初版影印。

丁　　山:《甲骨文所見氏族及其制度》,中華書局,1988 年版。

方稚松:《殷墟甲骨文五種記事刻辭研究》,綫裝書局,2009 年版。

葛兆光:《中國思想史》,復旦大學出版社,2001 年版。

顧頡剛、劉起釪:《尚書校釋譯論》,中華書局,2005 年版。

郭沫若:《卜辭通纂》,科學出版社,1983 年版。

何飛燕:《出土文字資料所見先秦秦漢祖先神崇拜的演變》,科學出版社,2013 年版。

黃德寬主編:《古文字譜系疏證》,商務印書館,2007 年版。

黃天樹:《黃天樹古文字論集》,學苑出版社,2006 年版。

黃天樹:《殷墟王卜辭的分類與斷代》(繁體版),臺灣文津出版社有限公司,1991 年版。

黃天樹:《殷墟王卜辭的分類與斷代》(簡體增訂版),科學出版社,2007 年版。

蔣玉斌:《殷墟子卜辭的整理與研究》,吉林大學博士學位論文,2006 年。

金景芳:《古史論集》,齊魯書社,1981 年版。

金尚理:《禮宜樂和的文化理想》,巴蜀書社,2002 年版。

李立新:《甲骨文中所見祭名研究》,中國社會科學院研究生院博士學位論文,2003 年。

李學勤:《中國古代文明研究》,華東師範大學出版社,2005 年版。

李學勤、彭裕商:《殷墟甲骨分期研究》,上海古籍出版社,1996 年版。

李澤厚:《中國古代思想史論》,人民出版社,1985 年版。

林宏明:《醉古集——甲骨的綴合與研究》,臺灣萬卷樓圖書股份有限公司,2011 年版。

林　澐:《林澐學術文集》,中國大百科全書出版社,1998 年版。

[清]凌廷堪著、彭林點校:《禮經釋例》,臺灣中研院中國文哲研究所,2002 年版。

劉風華:《殷墟村南系列甲骨卜辭整理與研究》,上海古籍出版社,2014 年版。

劉　源:《商周祭祖禮研究》,商務印書館,2004 年版。

劉　釗:《古文字考釋叢稿》,岳麓書社,2005 年版。

柳　肅:《禮的精神——禮樂文化與中國政治》,吉林教育出版社,1990 年版。

門　藝:《殷墟黃組甲骨刻辭的整理與研究》,鄭州大學博士學位論文,2008 年。

彭邦炯:《甲骨文農業資料考辨與研究》,吉林文史出版社,1997 年版。

彭　林:《中國古代禮儀文明》,中華書局,2004 年版。

[日]崎川隆:《賓組甲骨文字體分類研究》,上海人民出版社,2012 年版。

錢　玄:《三禮通論》,南京師範大學出版社,1996 年版。

[清]秦蕙田:《五禮通考》,味經窩初刻試印本,臺灣聖環圖書公司,1994 年版。

秦照芬:《商周時期的祖先崇拜》,臺灣蘭臺出版社,2003 年版。

裘錫圭:《古代文史研究新探》,江蘇古籍出版社,1992 年版。

裘錫圭:《古文字論集》,中華書局,1992 年版。

裘錫圭:《裘錫圭學術文集》,復旦大學出版社,2012 年版。

裘錫圭:《文史叢稿》,上海遠東出版社,1996 年版。

屈萬里:《殷虛文字甲編考釋》,臺灣中研院歷史語言研究所,1961 年版。

饒宗頤:《殷代貞卜人物通考》,香港大學出版社,1959 年版。

沈文倬:《宗周禮樂文明考論》,浙江大學出版社,1999 年版。

宋鎮豪:《夏商社會生活史》,中國社會科學出版社,2005 年版。

宋鎮豪主編:《商代史》,中國社會科學出版社,2010年版。

[清]孫星衍撰,陳抗、盛冬鈴點校:《尚書今古文注疏》,中華書局,2004年版。

[清]孫詒讓撰,王文錦、陳玉霞點校:《周禮正義》,中華書局,1987年版。

唐　蘭:《甲骨文自然分類簡編》,山西教育出版社,1999年版。

王貴民:《商周制度考信》,臺灣明文書局,1989年版。

王國維:《觀堂集林》,中華書局,1959年版。

王　暉:《古史傳説時代新探》,科學出版社,2009年版。

王　暉:《古文字與商周史新證》,中華書局,2003年版。

王　暉:《商周文化比較研究》,人民出版社,2000年版。

王平、[德]顧彬:《甲骨文與殷商人祭》,大象出版社,2007年版。

王宇信、宋鎮豪、孟憲武主編:《2004年安陽殷商文明國際學術研討會論文集》,社會科學文獻出版社,2004年版。

王宇信、宋鎮豪主編:《紀念殷墟甲骨文發現一百周年國際學術研討會論文集》,社會科學文獻出版社,2003年版。

王蘊智:《字學論集》,河南美術出版社,2004年版。

魏慈德:《殷墟 YH127 坑甲骨卜辭研究》,臺灣花木蘭文化出版社,2011年版。

謝　謙:《中國古代宗教與禮樂文化》,四川人民出版社,1996年版。

楊伯峻編著:《春秋左傳注》(修訂本),中華書局,1990年版。

楊　華:《先秦禮樂文化》,湖北教育出版社,1997年版。

楊　寬:《古史新探》,中華書局,1965年版。

楊升南:《商代經濟史》,貴州人民出版社,1992年版。

楊天宇:《鄭玄三禮注研究》,天津人民出版社,2007年版。

楊向奎:《宗周社會與禮樂文明》(修訂本),人民出版社,1997年版。

楊郁彥:《甲骨文合集分組分類總表》,臺灣藝文印書館,2005年版。

楊志剛:《中國禮儀制度研究》,華東師範大學出版社,2001年版。

姚孝遂、肖丁:《小屯南地甲骨考釋》,中華書局,1985年版。

詹鄞鑫:《神靈與祭祀——中國傳統宗教綜論》,江蘇古籍出版社,1992年版。

張政烺：《張政烺文史論集》，中華書局，2004 年版。

趙　誠：《甲骨文與商代文化》，遼寧人民出版社，2000 年版。

趙　鵬：《殷墟甲骨文人名與斷代的初步研究》，綫裝書局，2007 年版。

鄭傑祥：《商代地理概論》，中州古籍出版社，1994 年版。

中國社會科學院考古研究所：《殷墟發掘報告（1958～1961）》，文物出版社，1987 年版。

中國社會科學院考古研究所：《殷墟婦好墓》，文物出版社，1980 年版。

中國社會科學院考古研究所：《中國考古學·夏商卷》，中國社會科學出版社，2003 年版。

朱鳳瀚：《商周家族形態研究》（增訂本），天津古籍出版社，2004 年版。

朱鳳瀚主編：《新出金文與西周歷史》，上海古籍出版社，2011 年版。

鄒昌林：《中國禮文化》，社會科學文獻出版社，2000 年版。

鄒　衡：《夏商周考古學論文集》，文物出版社，1980 年版。

引書簡稱

《補編》：《甲骨文合集補編》（彭邦炯、謝濟、馬季凡，1999）

《初步研究》：《殷墟花園莊東地甲骨卜辭的初步研究》（姚萱，2006）

《合集》：《甲骨文合集》（郭沫若主編，1977～1983）

《花東》：《殷墟花園莊東地甲骨》（中國社會科學院考古研究所，2003）

《花東類纂》：《殷墟花園莊東地甲骨刻辭類纂》（齊航福、章秀霞，2011）

《懷特》：《懷特氏等收藏甲骨文集》（許進雄，1979）

《甲詁》：《甲骨文字詁林》（于省吾，1996）

《簡報》：《1991 年安陽花園莊東地、南地發掘簡報》（中國社會科學院考古研究所安陽工作隊，1993）

《類纂》：《殷墟甲骨刻辭類纂》（姚孝遂、肖丁，1989）

《求疵（二）》：《〈殷墟花園莊東地甲骨·釋文〉求疵（二）》（齊航福，2007）

《求疵》：《〈殷墟花園莊東地甲骨·釋文〉求疵》（齊航福，2006）

《屯南》：《小屯南地甲骨》（中國社會科學院考古研究所，1980～1983）

《校勘》：《〈殷墟花園莊東地甲骨·釋文〉校勘》（趙偉，2007）

《校議》：《〈殷墟花園莊東地甲骨釋文〉校議》（洪颺，2008）

《研究》:《殷墟花園莊東地甲骨卜辭研究》(魏慈德,2006 年)

《英國》:《英國所藏甲骨集》(李學勤、齊文心、[美]艾蘭,1985～1992)

《正補》:《〈殷墟花園莊東地甲骨釋文〉正補》(朱岐祥,2004)

《綜覽》:《甲骨文字字釋綜覽》([日]松丸道雄、高嶋謙一,1993)

後　記

本書即將付梓之際，説幾句題外話。

2004年7月，筆者研究生畢業一個月之後，進入河南省社會科學院歷史研究所工作。又過了一年的實習期，到2005年底至2006年初，便是單位動員科研人員積極申報國家課題的日子。那時，河南安陽新出土的殷墟花園莊東地甲骨資料已經全部刊印，學界相關研究正酣，筆者也以這批子卜辭資料與殷商礼制爲研究主題主持申報了2006年度國家和省級的社科基金項目，并最終獲得了河南省社科規劃項目立項。2011年下半年結項之日，遂成書稿。這便是本書最初的端由。

此後，因項目組成員或忙於工作、求學，或顧於家庭、孩子，書稿也是在斷斷續續中不斷地修改完善。這一過程中，要感謝的學界師友很多：清華大學李學勤先生、中國社會科學院宋鎮豪先生、首都師范大學黃天樹先生，還有郑州大学的张国硕先生，我的硕士导师王蕴智先生、博士导师王暉先生，访学时跟随的导师北京大学朱鳳瀚先生，以及多位同門學友等，此不一一具名。感謝你們的支持、鼓勵和建議！

感謝匿名評審專家們提出的修改與完善意見！

感謝中華書局的羅華彤先生不棄，編輯吳愛蘭女士辛勤工作，使本書最終得以刊印！

最後，需要説明的是，本書是項目組成員的共同成果。具體分工爲：筆者主要負責上編中關於田獵與征伐類、射類、貢納類、兆序字以及與這幾類同版的部分祭祀類資料的分類整理，還有緒論和下編中第四、五、七、九、十章的撰寫；齊航福主要負責上編中祭祀類尤其是祖先祭祀類資料的整理、花東子卜辭資料的排譜整理，以及下編中第六、八章的撰寫，曹建墩主要負責下編第一、二、三、十一章的撰寫。最後的通稿則由筆者負責。

儘管作了不少努力，但限於殷禮研究的複雜性和我們自身知識的局限性，加之衆手成書，其中的不妥甚至錯謬之處一定在所難免，還請學界師友多多批評指正,以便更好地推進商代禮制研究不斷走向深入。

章秀霞
2017 年 7 月 28 日